HERZLICHEN GLÜCKWUNSCH

Und Dankeschön für den Kauf dieses Buches. Als besonderes Schmankerl* finden Sie unten Ihren persönlichen Code, mit dem Sie das Buch exklusiv und kostenlos als eBook erhalten.

Beachten Sie bitte die Systemvoraussetzungen auf der letzten Umschlagseite!

3r65p-6vvz0-
18901-zspex

Registrieren Sie sich einfach in nur zwei Schritten unter **www.hanser.de/ciando** und laden Sie Ihr eBook direkt auf Ihren Rechner.

KOMPETENZ · HANSER · GEWINNT

* Bayrisch für eine leckere Kleinigkeit; ein Leckerbissen

Edlich/Friedland/Hampe/Brauer

NoSQL

Stefan Edlich
Achim Friedland
Jens Hampe
Benjamin Brauer

NoSQL

Einstieg in die Welt nichtrelationaler Web 2.0 Datenbanken

HANSER

Prof. Dr. Stefan Edlich, Beuth Hochschule für Technik, Berlin
Achim Friedland, sones GmbH, Bereich Research & Development
Jens Hampe, Deutsches Zentrum für Luft- und Raumfahrt e.V. (DLR)
Benjamin Brauer, selbständiger Softwareentwickler und Berater

Bibliografische Information der Deutschen Nationalbibliothek:

Die Deutsche Nationalbibliothek verzeichnet diese Publikation in der Deutschen Nationalbibliografie; detaillierte bibliografische Daten sind im Internet über http://dnb.d-nb.de abrufbar.

© 2010 Carl Hanser Verlag München (www.hanser.de)
Lektorat: Margarete Metzger
Herstellung: Irene Weilhart
Copy editing: Jürgen Dubau, Freiburg/Elbe
Umschlagdesign: Marc Müller-Bremer, www.rebranding.de, München
Umschlagrealisation: Stephan Rönigk
Datenbelichtung, Druck und Bindung: Kösel, Krugzell
Ausstattung patentrechtlich geschützt. Kösel FD 351, Patent-Nr. 0748702
Printed in Germany

ISBN 978-3-446-42355-8

Inhalt

Geleitwort

Im Internetzeitalter werden Begriffe auf unkonventionelle Weise „definiert". So etablierte Tim O'Reilly den Begriff Web 2.0 durch Beispiele. Diese Vorgehensweise lässt in unserer schnelllebigen, marketingorientierten Welt Spielräume, um Begriffe bei Bedarf „umzudefinieren" und zu erweitern. Ähnlich verhält es sich mit „NoSQL". Dieser Begriff wird zunächst durch das definiert, was er nicht ist, also kein SQL. Natürlich sind Negativdefinitionen nicht zielführend – insbesondere nicht, um aktuelle Trends auszudrücken, denn natürlich sind alle Datenbanksysteme von IMS über hierarchische Systeme und sogar einige relationale Systeme NoSQL-Datenbanken im Sinne dieser Definition. Allerdings ist das nicht von den NoSQL-Protagonisten beabsichtigt. NoSQL hat nichts mit der strukturierten Anfragesprache SQL zu tun, sondern ist nur als provokative Phrase zu verstehen, um Aufmerksamkeit zu erregen. Dies zeigt sich auch daran, dass heutzutage Teile der Community NoSQL als „not only SQL" auffassen und somit die strikte Abgrenzung von SQL aufweichen.

Worum geht es der NoSQL-Community also wirklich? NoSQL will neue Alternativen zum allgegenwärtigen relationalen Datenmodell und zu üblichen Datenbanktechnologien wie Transaktionsmanagement herausstellen, die für bestimmte Anwendungsklassen hinsichtlich der Betriebskosten, Anwendungsentwicklung oder Skalierbarkeit der eierlegenden Wollmilchsau „relationales Datenbanksystem" überlegen sind. Dabei spielt die Demokratisierung der Softwareentwicklung durch die Open Source-Community eine große Rolle für NoSQL. Heutzutage werden Standards wie z.B. SQL, XML oder XQuery nicht mehr top-down von Standardisierungsgremien entwickelt. Stattdessen entstehen De-facto-Standards wie das Map/Reduce-Programmiermodell durch die breite Anwendung von Open Source-Projekten wie Hadoop. Ferner liefert die Open Source-Community eine große Zahl von anwendungsspezifischen Lösungen für bestimmte Datenverarbeitungsprobleme wie Graphanalyse, Data Mining oder Textanalyse. Diese Lösungen sind zunächst kostengünstiger als kommerzielle Lösungen und erfahren daher insbesondere bei softwareentwicklungsaffinen Internetunternehmen großen Zuspruch. Ein weiterer Aspekt ist die Anwendungsadäquatheit der Systeme und der Datenmodelle. So eignen sich Key/Value Stores hervorragend zur Logfile-Analyse. Map/Reduce-Programme sind aufgrund ihrer funktionalen

Programmierweise für viele Entwickler leichter zu entwickeln als deklarative SQL-Anfragen. Ferner skaliert Map/Reduce bei großen Datenmengen auf großen Rechnerclustern durch spezielle Protokolle zur parallelen, fehlertoleranten Verarbeitung. Andere Systeme wie RDF-Datenbanken eignen sich gut zur Verarbeitung von Ontologien oder anderen graphisch strukturierten Daten mit der Anfragesprache SparQL.

Es bleibt abzuwarten, wie sich die NoSQL-Systeme in Zukunft entwickeln werden. Aufgrund ihrer Anwendungsunabhängigkeit haben sich relationale Datenbanken nachhaltig am Markt behauptet und Strömungen wie Objektorientierung und XML erfolgreich integriert. Ferner verringern relationale Datenbanken den Impedance Mismatch zwischen Programmiersprache und Datenbanksystem durch Technologien wie LinQ. Da NoSQL allerdings nicht nur auf das Datenmodell abzielt, ist eine evolutionäre Integration von Technologien aus diesem Bereich in relationale Datenbanken schwieriger. Die nächsten Jahre werden zeigen, welche der vielen NoSQL-Systeme sich am Markt behaupten werden, und ferner, ob NoSQL-Systeme spezifische Lösungen für Internetunternehmen bleiben oder den Sprung in den Mainstream der Anwendungsentwicklung schaffen.

Prof. Dr. Volker Markl
TU-Berlin, Fachgebiet Datenbanksysteme und Informationsmanagement

Vorwort

Es ist schon ein besonderes Glück, eine Zeit mitzuerleben, in der sich die Datenbankwelt stark reorganisiert und neu erfindet. Und obwohl sie das schon seit der Web 2.0-Datenexplosion tat, fiel es den neuen Datenbanken schwer, sich zu formieren und auf sich aufmerksam zu machen. Dies änderte sich radikal mit der Vereinigung fast aller nicht relationalen Datenbanken unter dem Begriff NoSQL. Täglich schrieben Datenbankhersteller aller Couleur die Autoren an, um ebenfalls auf *http://nosql-databases.org* gelistet zu werden. Dazu gehörten beispielsweise alle XML-Datenbankhersteller, aber auch Firmen wie IBM oder Oracle, die selbst unbedingt mit Lotus Notes/Domino oder BerkeleyDB im NoSQL-Boot sein wollten. Nichtrelationale Datenbanken und die Vermeidung von SQL fingen an, hoffähig zu werden. Die Botschaft, dass die Welt aus mehr als relationalen Beziehungen besteht, begann sich langsam auch in den Köpfen einiger Entscheider festzusetzen.

Dabei ist die Trennung der relationalen SQL- und der NoSQL-Welten nicht trivial, zumal ja die Vermeidung von SQL nicht unbedingt heißen muss, dass auf ein relationales Modell verzichtet wird. Dennoch gibt es in der NoSQL-Welt eine Vielzahl von Systemen wie InfoGrid, HyperGraph, Riak oder memcached, die intern auf bewährt relationale Datenbanken aufsetzen oder aufsetzen können. Sie bieten eben nur nach oben hin andere Datenmodelle, Abfragesprachen und ggf. sogar Konsistenzzusicherungen an. Die Zahl der Hybridlösungen wie HadoopDB oder GenieDB steigt ebenfalls an und erschwert eine scharfe Trennung der Welten.

Ein weiteres Kennzeichen für schnelles Wachstum des NoSQL-Bereichs ist auch, dass bereits viele NoSQL-Systeme wiederum andere NoSQL-Systeme nutzen. Dafür lassen sich viele Beispiele finden. So nutzt OrientDB die Hazelcast-Bibliotheken, um ein verteiltes System zu realisieren. Oder Scalaris kann auch auf Erlangs ETS-Tabellenspeicher oder auf Tokyo Cabinet aufsetzen. Wie ein Netzwerk nutzt hier eine passende Lösung die andere – auch übergreifend zwischen der SQL- und der NoSQL-Welt.

NoSQL dürfte sicherlich einer der Bereiche der Informatik sein, der sich derzeit am schnellsten entwickelt. Dies macht es doppelt schwer, ein Buch zu dieser Thematik zu schreiben. Den Autoren erging es fast immer so, dass sich die API eines Produktes nach Abschluss eines Kapitels zu 25 % vergrößert oder verändert hatte. Aus diesem Grunde war es uns wichtig, auch vorab die theoretischen Grundlagen hinter NoSQL zu beschreiben, um wenigstens einen relativ stabilen Teil im Buch zu haben. Dies kann in diesem weltweit ersten NoSQL-Werk natürlich nicht in der Ausführlichkeit und Tiefe geschehen, wie dies sicherlich einige Experten aus den Universitäten durchaus hätten schreiben können. Da wahrscheinlich der Großteil der Leser jedoch sicherlich nicht übermäßig an den formal theoretischen und mathematischen Grundlagen interessiert ist, haben wir mit den Inhalten in Kapitel 2 mit den Themen Map/Reduce, Hashing, CAP, Eventually Consistent und den Basisalgorithmen hoffentlich einen guten Kompromiss für alle Leser gefunden. Wirklich vertieft konnten wir auf die Theorie hier jedoch nicht eingehen. Durchaus wichtige Themen wie verschiedene Consensus-Protokolle, Replikations- oder Routing-Strategien sind daher bewusst nicht enthalten, da unser Ziel ein praxisorientiertes Werk war. Sie sollten sich aber auch nicht von der Theorie zu Beginn des Buches abschrecken lassen. Sie können in jedes Kapitel einsteigen, ohne unbedingt das Vorwissen von Kapitel 2 mitzubringen.

Der praktische Teil, also die Kapitel zu den bekanntesten NoSQL-Werkzeugen, dient in erster Linie dazu, ein Gefühl für die jeweilige Datenbank zu bekommen. Aus diesem Grunde war es uns einerseits besonders wichtig, zunächst einen kurzen Steckbrief zu jedem Werkzeug anzugeben. Andererseits sind die Bewertungen, Vor- und Nachteile sowie Einsatzgebiete der Datenbanken hoffentlich hilfreich für die Einschätzung der Werkzeuge. Das Gleiche gilt für das letzte Kapitel, welches vorsichtig versucht, einen Leitfaden für die gesamte Datenbankwelt zu entwickeln. Denn auffällig ist derzeit, dass es zwar viele Schriften und Werkzeuge zu Datenbanken gibt, aber kaum Bücher, die Anwender auf dem Weg durch dieses DB-Universum an die Hand nehmen und Orientierung bieten. Dies ist dann auch die wesentliche Zielrichtung des Buches: die Breite des theoretischen und praktischen Spektrums darzustellen und mit Bewertungsrichtlinien zu helfen. Es war nicht das Ziel, ein NoSQL-Monogramm zu erstellen, welches alle Bereiche des NoSQL-Feldes abdeckt. Wir bezweifeln, dass es in diesem expandierenden Universum überhaupt möglich wäre, ein solch umfassendes Werk zu erstellen.

Abschließend möchten die Autoren den Verlagen danken. Zunächst dem Hanser Verlag, der immer sehr gut ansprechbar war und uns mit Frau Margarete Metzger eine kompetente und leidenschaftliche Begleiterin war. Ferner der Neuen Mediengesellschaft Ulm, die mit Erik Franz für dieses Buch gute Synergieeffekte entwickelt hat. Wir hoffen, es ist nicht das letzte Werk in dieser Serie. Unser Dank gilt natürlich auch Marko Röder, der sich sehr viel Zeit nahm, unsere Texte ausführlich mit Kommentaren zu versehen und zu verbessern. Außerdem sei gedankt: Peter Neubauer für das Neo4j-Kapitel, Marc Boeker für das Mongo-DB Review, Henrik und Reidar Hörning für praktische Hilfe und Kamoliddin Mavlonov. Und schließlich möchten wir uns bei den folgenden Firmen für die Unterstützung bedanken: Objectivity / Infinite Graph, Versant, NeoTechnologies und der Sones GmbH.

Berlin im August 2010

Stefan Edlich, Achim Friedland, Jens Hampe, Benjamin Brauer

1 Einführung

NoSQL zu verstehen, bedeutet nicht nur, die Technik zu beherrschen, sondern auch die Geschichte und die Philosophie von NoSQL zu kennen. Wenden wir uns daher zuerst der Geschichte von NoSQL zu.

1.1 Historie

Die Geschichte der NoSQL-Systeme begann durchaus parallel zum Siegeszug der relationalen Systeme. Bereits 1979 entwickelte Ken Thompson eine Key/Hash-Datenbank namens DBM. Mit Systemen wie Lotus Notes, BerkeleyDB und GT.M aus den 80er Jahren entstanden dann die ersten noch heute populären Vorreiter der NoSQL-Systeme, im Vergleich zu heute natürlich noch mit geringen Datenmengen. 1998 tauchte dann der Begriff NoSQL zum ersten Mal bei einer Datenbank von Carlo Strozzi auf. Seiner Datenbank lag zwar immer noch ein relationales Datenbankmodell zugrunde, er stellte aber keine SQL-API zur Verfügung.

Der eigentliche Schub für NoSQL kam aber seit 2000 mit dem Web 2.0 und dem Versuch, auch große Datenmengen zu verarbeiten. So kann man sicherlich Google mit seinen Ansätzen wie Map/Reduce (siehe Abschnitt 2.1) und dem BigTable-Datenbanksystem (2004) auf einem eigenen Filesystem (GFS) als den NoSQL-Vorreiter schlechthin bezeichnen. Und natürlich zogen Firmen wie Yahoo, Amazon und später bald auch alle Sozialnetzwerke wie MySpace, Facebook, LinkedIn usw. nach. Bis 2005 entstanden aber auch einige im Vergleich kleinere hochinteressante Datenbanken, die in vielen Facetten schon NoSQL-Charakter aufwiesen. db4o, Neo4j, memcached und InfoGrid haben hier ihren Ursprung.

Von 2006 bis 2009 entstanden dann die heutigen klassischen NoSQL-Systeme wie HBase/Hypertable, CouchDB, Cassandra, Voldemort, Dynamo/Dynomite, MongoDB, Redis, Riak und viele andere, wie sie z.B. im NoSQL-Archiv hinterlegt sind [NArchiv]. Doch erst im Mai 2009 tauchte der heutige Begriff in einem Weblog von Eric Evans auf [Oska09]. Das Team von Johan Oskarsson suchte damals einen Begriff für ein Event (das NoSQL Meetup vom 11. Juni 2009 in San Francisco [Event09]), welches sich mit „distributed data storage"-Systemen beschäftigte.

Man sieht also, dass es Datenbanken, die stark von der relationalen SQL-Philosophie der leistungsstarken RDBMS-Systeme abweichen, schon seit vielen Jahrzehnten gibt. Eine starke Formation dieser NoSQL-Systeme als Kontrast zu dem RDBMS-Monopol bildete sich jedoch erst seit 2009.

1.2 Definition und Diskussion

Bei der Arbeit am NoSQL-Archiv [NArchiv] haben sich die Autoren früh um eine Definition des Begriffs NoSQL bemüht. Dies fällt relativ schwer, da es weder Gremien noch Organisationen gibt, die sich um eine Begriffsklärung bemüht haben. Dementsprechend versteht heutzutage auch jeder unter NoSQL etwas leicht Verschiedenes, was durchaus seine Berechtigung hat und zur Vielfalt des Ökosystems beiträgt. Dennoch soll an dieser Stelle der Versuch der Definition gewagt werden, um neu einsteigenden Lesern den Zugang zur Materie zu erleichtern. Die Definition aus dem NoSQL-Archiv lautet in deutscher Übersetzung:

Definition:

Unter NoSQL wird eine neue Generation von Datenbanksystemen verstanden, die meistens einige der nachfolgenden Punkte berücksichtigen:

1. Das zugrundeliegende Datenmodell ist nicht relational.
2. Die Systeme sind von Anbeginn an auf eine verteilte und horizontale Skalierbarkeit ausgerichtet.
3. Das NoSQL-System ist Open Source.
4. Das System ist schemafrei oder hat nur schwächere Schemarestriktionen.
5. Aufgrund der verteilten Architektur unterstützt das System eine einfache Datenreplikation.
6. Das System bietet eine einfache API.
7. Dem System liegt meistens auch ein anderes Konsistenzmodell zugrunde: *Eventually Consistent* und BASE, aber nicht ACID (siehe dazu Abschnitt 2.4).

Dies bedarf einiger Erläuterungen. Das Kernziel von NoSQL bestand darin, sogenannte Web-Scale-Datenbanken zu entwickeln, also Datenbanken für die ungeheuren Datenmengen des Web 2.0-Zeitalters im Terabyte- oder sogar Petabyte-Bereich. Dazu kam auch die Erkenntnis, dass es immer schwerer wird, herkömmliche relationale Datenbanken mit normaler *commodity*-Hardware zu skalieren. Die großen relationalen DB-Hersteller versuchten zwar, den Eindruck zu vermitteln, sie könnten die akuten Probleme im Web 2.0 komplett abdecken. Bei genauerer Betrachtung und in der praktischen Anwendung zeigte sich aber, dass dem nicht so ist.

Und so ist mit Punkt eins der Definition gemeint, dass das relationale Datenmodell nicht immer das perfekte Datenmodell sein muss. Sicherlich hat das relationale Datenmodell unbestreitbare Vorteile, die es in zuverlässigen Systemen seit Jahrzehnten bewiesen hat. Nicht umsonst hat es sich durchgesetzt. Dennoch gibt es genügend andere Datenmodelle, die nicht in relationale Strukturen gepresst werden sollten. Das Graphenmodell ist hier ein bekanntes Beispiel: Die Traversion eines Graphen mittels Tabellen und *join*-Operationen lösen zu wollen, bringt erhebliche Performanceprobleme mit sich. Tatsache ist aber, dass Derartiges in der Industrie immer wieder versucht wird und andere Datenbanken – wie Graphdatenbanken – leider gar nicht erst evaluiert werden.

Punkt zwei beschreibt die Verteilung der Datenbank und die Ausrichtung auf Skalierbarkeit. Wenn Tera- oder gar Petabyte von Daten mit Standard-Hardware gespeichert und verwaltet werden müssen, dann ist es von Vorteil, wenn die eingesetzte Datenbank von Anbeginn auf Skalierung ausgerichtet ist. Bei Open Source-Datenbanken wie HBase oder Cassandra ist diese Anforderung als Erstes in das Design der Datenbank mit eingeflossen. Unter horizontaler Skalierbarkeit *(Scale-out)* versteht man das Einfügen (und ggf. auch Löschen) von Nodes (d.h. Rechnerknoten), die dynamisch eingebunden werden und einen Teil der Last/Daten tragen können. Dieses *Scale-out*-Prinzip steht diametral zu dem klassischen *Scale-up*-Prinzip, bei dem ein Server auf mehr Leistungsfähigkeit aufgerüstet wird.

Zu Punkt drei der Definition: Das Open Source-Kriterium wurde in der Community heiß diskutiert, ist aber sicherlich nicht so strikt gemeint, wie es geschrieben den Anschein hat. Es gibt erst einmal keinen logischen Grund, warum Systeme wie Hypertable oder Amazon SimpleDB nicht auch NoSQL-Systeme sein sollten, nur weil sie nicht Open Source sind. Diese Forderung kommt von der Erkenntnis, dass in der Industrie zu oft viel Geld für (u.U. auch relationale) Datenbanksysteme ausgegeben worden ist, die aber dennoch nicht ideal passen. Und so ist fast die gesamte Open Source-Bewegung als Protest zu verstehen, mit der Idee ein anderes Geschäftsmodell zu etablieren. Und tatsächlich sind aus Systemen wie CouchDB oder Neo4j Firmen entstanden, die andere Lizenz- und Businessmodelle verfolgen, mit einem Open Source-Produkt als Basis. In diesem Sinne wird kein NoSQL-Verfechter Open Source als Ausschlusskriterium sehen, sondern eher als Botschaft, sich auch mal in der Open Source-Welt umzuschauen.

Mit der Schemafreiheit oder den schwächeren Schemaanforderungen aus Punkt vier stehen aber handfeste Anforderungen an Web 2.0-Datenbanken auf der Tagesordnung. Warum wurde es immer wichtiger, Schemarestriktionen zu lockern? Die Erfahrung zeigte, dass Web 2.0-Projekte und -Portale deutlich agiler sein müssen als beispielsweise Bankanwendungen aus den 90er Jahren. Der Punkt ist, dass Schemaerweiterungen in relationalen Datenbankanwendungen (mit ALTER TABLE) nicht selten schmerzhaft verlaufen und das darüber liegende Portal für Stunden lahmlegen können. Die Idee der NoSQL-Systeme dagegen ist, einen Teil der Verantwortung im Umgang mit dem Schema auf die Anwendung zu übertragen. Hier kann eine Anpassung nämlich unter Umständen einfacher sein. Anstatt wie bei relationalen Anwendungen die Tabelle stundenlang zu sperren und zu konvertieren, wird vielfach der Ansatz verfolgt, die Daten zu versionieren (siehe Abschnitt 2.4, z.B. MVCC). So kann die Anwendung von Anfang an erweiterte Daten (z.B. mit einem Feld mehr) schreiben und ein Hintergrundprozess die Daten konvertieren und als neue Version schreiben. In diesem Fall gibt es eventuell nur ein kleines Zeitfenster, in dem das Lesen der Daten die alte Version ohne das neue Feld zurückliefert. Aber gerade in Web 2.0-Anwendungen ist diese Einschränkung oft tolerierbar. In sicherheitskritischen Transaktionssysteme natürlich nicht. Daher ist es initial durchaus sinnvoll zu schauen, ob der Anwendungsbereich konsistente Daten erfordert und deshalb ein Schema hilfreich ist, oder ob man schemafrei mit leichten, seltenen Inkonsistenz-Zeitfenstern nicht evtl. agiler entwickeln kann.

Punkt fünf fordert eine einfache Replikationsunterstützung. Dies ist eine logische Konsequenz des verteilten Designs der meisten NoSQL-Anwendungen. Nachdem zugegebenermaßen die Replikation seit den 90er Jahren mit den etablierten relationalen Systemen nur umständlich umgesetzt werden konnte, war es ein inhärenter Wunsch vieler Entwickler, dies von Anfang an einfach zu gestalten. Dies ist der Mehrzahl der Datenbanken auch beeindruckend gelungen. NoSQL-Datenbanken wie CouchDB oder Redis können mit einem einzigen Kommando repliziert werden, was z.B. in der mobilen Welt ganz neue Einsatzgebiete erschließen wird.

Einer der interessantesten und diskussionswürdigsten Aspekte ist aus Punkt sechs die Forderung nach einer einfachen API. Die meisten Datenbankentwickler würden sicherlich sagen, dass SQL bereits recht klar, einfach und dennoch mächtig ist. Es ist schließlich nicht zu widerlegen, dass SQL einer der reifsten Standards der Datenbankwelt ist, insbesondere bei einem sauberen relationalen Modell. Aber die Welt dreht sich weiter, und Anforderungen sowie Technologien ändern sich. Ist das relationale Datenbankmodell quasi schon „verbastelt" und werden immer neue Spalten und Tabellen unüberlegt angefügt, dann kann auch das zugehörige SQL unschön und nicht mehr performant werden. Ein weiterer Punkt ist, dass auch SQL mit Strings arbeitet, die fehleranfällig sind, Fehler zur Compile-Zeit nicht entdeckt werden und auch nicht „refactoring-fest" sind. Dies führte zu einer logischen Weiterentwicklung zum Beispiel im LINQ-Standard. So ist es eine logische Folge, dass auch NoSQL-Datenbanken versuchen, neue Wege zu gehen, wenn die Abfragen vielleicht auch in dem Maße nicht mehr direkt *join*-intensiv sind, wie das bisher der Fall war. Eines der besten Beispiele liefert auch hier CouchDB, bei dem Datenbankoperationen als REST-Anfragen formuliert werden. Dies bedeutet im Vergleich zu SQL einen erheblichen Paradigmenwechsel, eröffnet aber in der Web 2.0-Welt gleichzeitig wieder hochinteressante Einsatzgebiete wie Datenbankbefehle aus dem Browser an andere remote Web-Browser. Viele NoSQL-APIs sind daher tatsächlich einfacher als SQL, bieten aber manchmal auch weniger mächtige (insbesondere Abfrage-) Funktionalität an. Problematisch wird es bei NoSQL-Datenbanken mit komplexen Abfragen, die weiterhin das Hoheitsgebiet von SQL bleiben. Nicht selten müssen NoSQL-Anwender dann z.B. komplexe Abfragen als Map/Reduce-Abfragen (siehe Abschnitt 2.1) formulieren. Und dies in definierten Sprachen, die der Anwender evtl. nicht beherrscht. Hier steht NoSQL noch auf unsicheren Füßen und muss in Sachen Entwicklerfreundlichkeit noch vieles nachholen. Das letzte Wort ist hier jedoch bestimmt noch nicht gesprochen, und die Community wird sicher noch viele Optimierungsfelder finden.

Der letzte Punkt betrifft das Konsistenzmodell von NoSQL-Systemen. Einiges dazu wurde bereits in Punkt vier besprochen und wird in Kapitel 2.2 noch weiter vertieft. Daher soll dies hier nur kurz angesprochen werden. Nicht alle heutigen (Web-)Systeme benötigen die strikten Konsistenz- und Transaktionsanforderungen, die alle bekannten relationalen Systeme zur Verfügung stellen. Nicht alle Anwendungen sind sicherheitskritische Bankanwendungen. Dennoch wird oft suggeriert, dass immer ein klassisches relationales ACID-System die beste Lösung ist. Vielleicht sind die bekanntesten relationalen SQL-Datenbanken sogar die beste Lösung für das Gros der Anforderungen. Aber sicher nicht immer. Das typische Beispiel sind *Social Web*-Portale, die in der Regel keine besonders kritischen Daten halten. Dort ist es unproblematisch, wenn Daten – auch innerhalb der Knoten der verteilten Datenbanken – inkonsistent sind. Blogs oder Freundschaftsmarkierungen in Facebook können sicherlich auch mal für ein kurzes Zeitfenster inkonsistent sein. Man spricht daher von Systemen, die *Eventually Consistent* sind (siehe Abschnitt 2.4), also vielleicht konsistent, vielleicht aber auch nicht. Solche Systeme benötigen daher keine ACID-Garantien (Atomar, Konsistent, Isoliert, Dauerhaft), sondern es reicht die sogenannte optimistischere BASE-Anforderung (*basic* available, soft state, eventually consistent).

Bei vielen NoSQL-Systemen muss man daher genau hinschauen, welches Konsistenzmodell zugrunde liegt. So gibt es durchaus einige NoSQL-Systeme, die trotzdem ACID anbieten. Manche bieten sogar ausschließlich ACID an, bei anderen Systemen hat man die Wahl zwischen ACID und BASE, und viele andere bieten einfach nur BASE oder BASE-Derivate an. Dies ist daher auch eines der Kernkriterien für eine Orientierung bzw. einen Anforderungskatalog, wann welche Datenbank eingesetzt werden sollte. Dazu aber mehr in Kapitel 8.

Abschließend soll auch die Diskussion über den Begriff „NoSQL" nicht unerwähnt bleiben. Schon bald, nachdem sich „NoSQL" als Bezeichnung einer Bewegung durchgesetzt hatte, fühlten sich viele Blogger berufen, gegen diesen Begriff anzugehen (am bekanntesten vielleicht Herr Dhananjay Nene [Nene10]). Und natürlich ist der Begriff relativ nichtssagend. Schon der eingangs erwähnte Carlo Strozzi schlug vor, doch „NoSQL" in „No-REL" umzubenennen. Doch NoSQL war sehr schnell ein Selbstläufer und der Begriff nicht mehr zu verdrängen. Viele Kritiker hatten allerdings unterschätzt, dass NoSQL ein perfekter Marketingbegriff war. Und ohne die Kraft dieses – wenn auch unsinnigen oder nichtssagenden – Begriffs wäre die NoSQL-Community nicht dahin gekommen, wo sie jetzt ist. Immerhin schlug Emil Eifrem von Neo4j frühzeitig vor, NoSQL als „Not only SQL" zu übersetzen, womit sich die Community inzwischen angefreundet hat.

1.3 Kategorisierung von NoSQL-Systemen

Offenbar hat die Marktmacht relationaler (SQL-)Datenbanksysteme alle anderen Datenbanken herausgefordert, sich unter der Fahne von NoSQL zu vereinigen. So haben bisher über 100 nichtrelationale Systeme die Aufnahme in das NoSQL-Archiv beantragt, darunter auch die exotischsten Datenbanken. Sogar Firmen wie Oracle oder IBM – also die klassischen RDBMS-Hersteller – haben sich gemeldet und beantragt, bestimmte Produkte auch unter der NoSQL-Flagge segeln zu lassen.

Aus diesem Grund haben wir NoSQL-Systeme schon frühzeitig in Kern-NoSQL-Systeme (Core) und nachgelagerte (Soft-)NoSQL-Systeme unterteilt. In diesen beiden Hauptgruppen sind dann die folgenden Untergruppen zu finden:

- ■ NoSQL-Kernsysteme:
    - Wide Column Stores/Column Families
    - Document Stores
    - Key/Value/Tuple Stores
    - Graphdatenbanken
- ■ Nachgelagerte NoSQL-Systeme:
    - Objektdatenbanken
    - XML-Datenbanken
    - Grid-Datenbanken
    - und viele weitere nichtrelationale Systeme

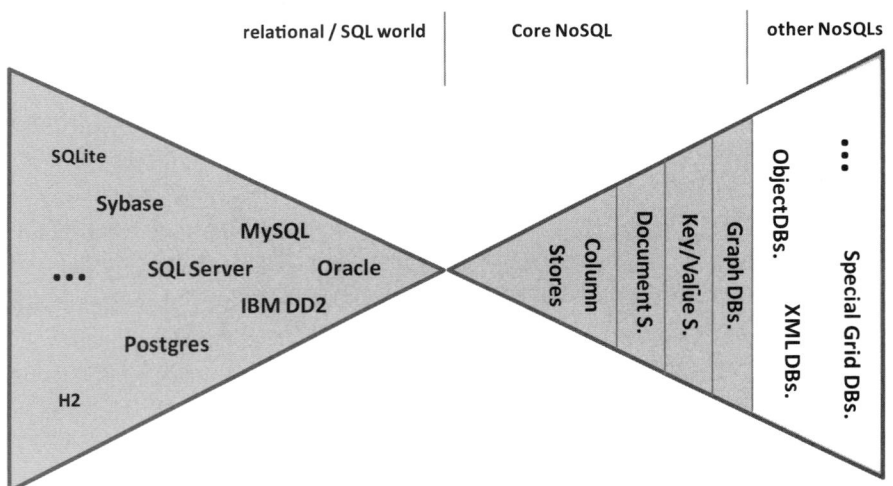

Abbildung 1.1 Relationale SQL-Systeme vs. NoSQL-Kategorien

Wie in Abbildung 1.1 zu erkennen, ist die Grenze der NoSQL-Systeme nicht klar zu ziehen, jeder sieht die Grenze woanders. Die zentralen SQL/relationalen Systeme sind solche, die bis in die 90er Jahre erfolgreich Probleme dieser Zeit gelöst haben. Mit dem Web 2.0 wurden jedoch neue Anforderungen in Bezug auf Skalierbarkeit und Anforderungen an das Schema gestellt. Daher sind Column Stores (wie HBase, Cassandra), Document Stores (wie MongoDB, CouchDB und Riak) und Key/Value-Stores (wie Dynamo, Voldemort, Riak etc.) die ersten echten NoSQL-Systeme. Graphdatenbanken gehören ebenfalls dazu, da ihre Geschichte recht jung ist und sie auch im Zuge des Erfolges von *Location Based Systems* (LBS, Geoinformationssysteme) im Web 2.0 einen starken Schub erfahren haben.

Als nachgelagerte oder auch *soft*-NoSQL genannte Systeme haben sich oft alle restlichen Systeme hinter der NoSQL-Bewegung positioniert. Objektdatenbanken, weil sie seit den 90er Jahren die vielleicht erste ernstzunehmende Alternative für relationale Datenbanken darstellen. XML-Datenbanken, weil diese ebenfalls ein anderes Datenmodell verfolgen (ein hierarchisches) und weil einige der XML-Datenbanken schon sehr lange NoSQL-Prinzipien – wie die Skalierung – realisieren. Und schließlich gibt es noch eine Masse an weiteren Datenbanken und Lösungen, auf die fast alle Kriterien der vorgestellten Definition zutreffen. Beispielhaft werden hier einmal zwei Systeme genannt:

- GigaSpaces mit dem *Space Based Architecture Pattern*
- Hazelcast mit der Fähigkeit, (Java-Util-)Datenstrukturen auf ein Rechner-Grid abzubilden

Damit ist die NoSQL-Welt abgesteckt. Sehen wir uns nun die vier wichtigsten Kategorien näher an, da sich die nachfolgenden Werkzeugkapitel daran orientieren.

1.3.1 Key/Value-Systeme

Diese Gruppe von Systemen bietet mindestens ein einfaches Schema aus Schlüssel und Wert an. Meistens können jedoch die Schlüssel in Namensräume und Datenbanken aufgeteilt werden. Auch die Values sind meistens nicht nur Zeichenketten, häufig können auch Hashes, Sets oder Listen Values sein (siehe z.B. der Abschnitt 5.1 über Redis). Mit diesen zusätzlichen Möglichkeiten ähneln viele dieser Systeme wieder der Gruppe der Column-Family-Systeme. Vorteil der Key/Value-Systeme ist das einfache Datenmodell, das meistens auch eine schnellere und effizientere Datenverwaltung zur Folge hat. Nachteilig ist, dass die Abfragemächtigkeit oft zu wünschen übrig lässt. Eigene, beliebig komplexe Queries können oft nicht selbst geschrieben werden, stattdessen muss man sich oft auf die Mächtigkeit der API verlassen.

Klassiker in diesem Bereich sind die Amazon-Systeme (Dynamo und S3), aber auch die in diesem Buch beschriebenen Systeme Redis, Voldemort und Scalaris gehören dazu.

1.3.2 Column-Family-Systeme

Zu den typischen Vertretern dieser Familie zählen HBase, Cassandra und Hypertable. Die Datenstrukturen ähneln manchmal Excel-Tabellen, haben aber dennoch gewichtige Unterschiede. Denn hier können beliebige Schlüssel auf beliebig viele Key/Value-Paare angewendet werden. Diese Spalte kann mit beliebigen Key/Value-Paaren erweitert werden. Daher auch der Name Column Family. Viele Systeme bieten auch Super-Columns in Form von Sub-Listen an. Die Keys- und Value-Listen können dann meistens nochmals in Form von Keyspaces oder Clustern organisiert werden. Das Ganze erinnert dann an eine Mischung aus Key/Value-System und spaltenorientierter Datenbank oder teilweise auch an relationale Datenbanken.

1.3.3 Document Stores

Document Stores sind im eigentlichen Sinne keine echten Dokumentendatenbanken. Der Begriff selbst stammt noch aus der Zeit von Lotus Notes, wo tatsächlich echte Anwenderdokumente gespeichert wurden. Wahrscheinlich wurde der Begriff sogar vom ehemaligen Lotus Notes-Entwickler Damien Katz geprägt, der später für CouchDB arbeitete. Gemeint sind hier aber nicht Word- oder Textdateien, sondern strukturierte Datensammlungen wie JSON, YAML oder RDF-Dokumente. Document Stores legen z.B. JSON-Dateien zusammen mit einer ID ab. Meist legt die Datenbank nur fest, auf welches Format die ID weist. Mehr aber auch nicht. Der Anzahl der Document Stores ist noch recht übersichtlich: Mit CouchDB, MongoDB oder Riak sind auch schon die wichtigsten Systeme genannt. CouchDB und Riak speichern dabei JSON und MongoDB speichert BSON, welches das binäre Format von JSON ist.

Dazu ein Beispiel:

```
SurName="Doe"
FirstName="John"
Age="42"
```

als Textdatei wäre ebenfalls ein gültiges Dokument für einen Document Store.

```
{
  "SurName" : "Doe"
  "FirstName" : "John"
   "Age" : 42
}
```

1.3.4 Graphdatenbanken

Die letzte hier etwas ausführlicher vorgestellte Kategorie sind die Graphdatenbanken. Hierbei geht es um die Verwaltung von Graph- oder Baumstrukturen, in denen die Elemente miteinander verknüpft sind. Erstaunlicherweise gibt es bisher wenig Literatur und Datenbanksysteme in diesem Bereich, obwohl die Theorie der Graphen recht umfangreich ist. Graphendatenbanken haben in den 80er und 90er das Licht der Welt erblickt und wurden zur Modellierung und Verwaltung von Netzen eingesetzt. Um die Jahrtausendwende gab es aufgrund der Semantic-Web-Forschung immer mehr Systeme in diesem Bereich. Und seit 2008 erfahren Graphdatenbanken aufgrund der sogenannten *Location Based Services* (LBS) immer mehr Aufmerksamkeit. Da diese besonders in Smartphones immer mehr Einzug halten, entstand großer Bedarf, Webinformation (z.B. wer sind meine Freunde) mit Geodaten zu verknüpfen. Aber auch in vielen anderen Bereichen ist der Bedarf für native Graphdatenbanken wie Neo4j (Abschnitt 6.2) oder die SonesDB (Abschnitt 6.3) sehr hoch: Pfadsuche (kürzester Weg), Molekülmodellierung, KI, Page Rank etc. Eine umfangreiche Einführung in Graphendatenbanken ist in Kapitel 6 zu finden.

Doch noch kurz etwas zu den Datenstrukturen. So wie es die verschiedensten Arten von Graphen gibt, gibt es auch die verschiedensten Graphdatenbanken. Die meiste Bedeutung haben derzeit native Graphdatenbanken, die Property-Graphen modellieren. D.h. die Knoten und Kanten des Graphen kann man mit Properties, also Eigenschaften versehen oder gewichten. Der Satz „Alice (23) kennt Bob (42)" kann daher als (wenn auch kleiner) Graph verstanden werden, bei dem eine Graphdatenbank drei Einträge („Alice", „Relation", „Bob") anlegen und zu jedem Eintrag die entsprechenden Properties speichern würde („23", „kennt", „42"). Vorteil der Graphdatenbanken ist daher natürlich, die Relationen viel schneller traversieren zu können, als dies z.B. auf einer relationalen Datenbankstruktur möglich wäre.

In Tabelle 1.1 werden die vorgestellten Eigenschaften der vier Kategorien noch einmal verglichen.

Tabelle 1.1 Vergleich der Eigenschaften der verschiedenen Kategorien

Relationale DB	Server	Database	Table	Primary Key		
Key Value DB	Cluster	Keyspace		Key	Value	
Column Family DB	Cluster	Table / Keyspace	Column Family	Key	Column Name	Column Value	Super Column optional
Document DB	Cluster	Docspace		Doc Name	Doc Content	
GraphDB	Server	Graphspace	Nodes & Links			

Schließlich lassen sich NoSQL-Systeme auch noch danach unterscheiden, ob sie verteilt sind oder nicht. Die meisten wie HBase, Cassandra, MongoDB, Riak, CouchDB Lounge, Voldemort, Scalaris etc. sind verteilt. Und diese Systeme skalieren auch nativ relativ gut. Es gibt aber durchaus interessante NoSQL-Lösungen, die nicht für den Anwender sichtbar verteilt arbeiten wie Redis, die Tokyo-Familie oder Amazon SimpleDB. Als weiteres Kriterium ist interessant, in wieweit NoSQL-Lösungen Disk- oder RAM-basiert arbeiten. Bei vielen Tools wie Redis, Cassandra, HBase, MongoDB, Hypertable etc. ist dies konfigurierbar. Andere NoSQL-Lösungen wie CouchDB oder Riak setzen voll auf eine schnelle Disk-Persistenz.

1.4   Fazit

Wie in diesem Kapitel zu sehen war, ist die Kategorisierung der NoSQL-Systeme keinesfalls so klar, wie das vielleicht erscheinen mag. Das Interessante an der NoSQL-Bewegung ist sicherlich zum einen, dass die relationale Welt wieder einmal herausgefordert wird. Viele Datenbankhersteller arbeiten derzeit daran, auch Map/Reduce-Modelle zu integrieren. Zum anderen gibt es auch hybride Lösungen wie HadoopDB oder GenieDB. Mit HadoopDB wird es beispielsweise leichter möglich, NoSQL-typische *shared nothing*-Cluster aufzubauen, bei denen es keine zentrale Statusinformation gibt. Wichtig dabei ist aber, nicht komplett die Mächtigkeit der Suchanfragen und Transaktionalität verlieren zu müssen. Dabei muss letztlich wieder abgewogen werden, ob die generelle Offenheit von Hadoop besser passt oder der neue Ansatz von HadoopDB.

Die wichtigste philosophische Idee hinter NoSQL besteht allerdings aus drei wichtigen Punkten, die sich hinter dem Begriff **Polyglot Persistence** verbergen:

- Die NoSQL-Bewegung sieht sich ein wenig als Vorreiter, um für eine freie Datenbankauswahl zu kämpfen (siehe z.B. [Lenn10]). Nicht selten bestehen in der Industrie Rahmenverträge oder langfristige Bindungen mit bestimmten Datenbankherstellern. Und obwohl im Unternehmen oft sogar Hunderte von verschiedenen Datenbanken mit den unterschiedlichsten Anforderungen erstellt werden müssen, muss dies mit der einen definierten Unternehmensdatenbank geschehen. So sind den Autoren viele Fälle bekannt, wo beispielsweise ein Graphenmodell in eine klassische relationale Datenbank gepresst werden musste. Es gibt sicher Fälle oder Rahmenbedingungen, wo dies sinnvoll sein kann. In der Regel ist aber für solche Extremfälle eine Lösung besser, bei der eine vielfältigere Persistenz (Polyglot Persistence) realisiert wird. Das bedeutet z.B., für Graphen auch Graphdatenbanken einzusetzen.

- Weiter besteht die Idee von NoSQL auch darin, das Bewusstsein für ein großes Datenbankspektrum zu schärfen. Viele Entwickler kennen – meistens genau – eine Datenbank besonders gut. Oder in vielen Unternehmen liegt Spezialwissen für genau eine Datenbank vor. Viel besser wäre es aber, wenn schon in der Lehre darauf geachtet wird, dass zu jeder Datenbankkategorie Wissen und Praxis vermittelt wird. Einmal in Übungen auch ein Gefühl für die verschiedenen NoSQL-Werkzeuge und -Datenmodelle zu bekommen, ist ohne großen Aufwand umsetzbar, aber leider in den meisten Lehrplänen nicht vorgesehen.

- Das letzte, hier zu erwähnende Ansinnen ist, sich einmal wirklich mehr Arbeit in der Analyse der Daten und der Anforderungen oder Requirements zu machen. Die Erfahrung zeigt, dass in der Praxis leider viel zu selten untersucht wird, welches Datenmodell wirklich gebraucht wird. Und genauso selten wird untersucht, welche Datenbank oder Datenbankkombination wirklich gebraucht wird. Aus diesem Grund werden im letzten Kapitel 8 entsprechende Denkanstöße für die Evaluation geliefert.

Links

[NArchiv] *http://nosql-database.org*

[Oska09] *http://blog.sym-link.com/2009/05/12/nosql_2009.html*

[Event09] *http://nosql.eventbrite.com/*

[Nene10] *http://blog.dhananjaynene.com/2009/10/stop-calling-me-nosql*

[Lenn10] *http://blog.couch.io/post/511008668/nosql-is-about*

2 NoSQL – Theoretische Grundlagen

Wenn Sie NoSQL-Datenbanken einsetzen wollen, sollten Sie auch mit den wichtigsten Grundbegriffen und theoretischen Ansätzen auskennen, auf denen diese Systeme aufbauen. Einige davon sind quasi traditionelle Verfahren der klassischen Datenbankwelt und Ihnen vielleicht schon bekannt. Daneben gibt es aber in der NoSQL-Welt auch Algorithmen und Protokolle, die bisher noch nicht häufig verwendet wurden. Diese wollen wir in diesem Kapitel vorstellen. Dazu zählen:

- Map/Reduce
- CAP-Theorem/Eventually Consistent
- Consistent Hashing
- MVCC-Protokoll
- Vector Clocks
- Paxos

Mit diesen Grundlagen sind Sie gut gerüstet, wenn Sie sich die NoSQL-Welt erobern wollen, weil die meisten NoSQL-Datenbanken auf diesem minimalen Fundament aufbauen. Eine vollständige Darstellung der Theorie, die den NoSQL-Systemen zugrunde liegt, würde eigentlich ein eigenes Buch erfordern. Im Rahmen unseres Buches können und wollen wir nur die wichtigsten Themen ansprechen.

Wenn Sie noch tiefer in die Thematik einsteigen wollen, als wir es in dieser Einführung tun, müssten Sie sich auch noch mit folgenden Themen auseinandersetzen:

- B- und B*-Trees sowie beispielsweise Quad-Trees, die für Key/Value-Datenbanken, räumliche Indexierung und Kollisionserkennung wichtig sind.
- Transaktionsprotokolle und Consensus-Protokolle; Protokolle wie 2PC, 3PC sind für die klassische Datenbankwelt und auch für NoSQL wichtige Grundlagen. Diese sind aber in der Literatur sehr gut behandelt.
- Die Themen Replikation, Partitionierung und Fragmentierung der Daten spielen für NoSQL ebenfalls eine wichtige Rolle. Zu diesem Bereich gehören evtl. auch verschiedene Quorum-Strategien.

Literatur zu allen obigen Themen finden Sie entweder in Büchern zu Algorithmen oder in umfassenderen Standardwerken zum Thema Datenbanken:

- Gunter Saake, Kai-Uwe Sattler, Algorithmen und Datenstrukturen: Eine Einführung mit Java, dpunkt Verlag, 2010
- Hector Garcia-Molina, Jeffrey D. Ullman und Jennifer Widom, Database Systems. The Complete Book, Pearson International, 2nd Edition, 2008

2.1 Map/Reduce

Um die rasant wachsende Menge von Daten und Informationen effizient verarbeiten zu können, wurden neue alternative Algorithmen, Frameworks und Datenbankmanagement-systeme entwickelt. Bei der Verarbeitung großer Datenmengen in der Größenordnung von vielen Terabytes bis hin zu mehreren Petabytes spielt das in diesem Kapitel beschriebene Map/Reduce-Verfahren eine entscheidende Rolle. Mittels eines Map/Reduce-Frameworks wird eine effiziente nebenläufige Berechnung über solch große Datenmengen in Computer-clustern erst ermöglicht.

Entwickelt wurde das Map/Reduce-Framework 2004 bei Google Inc. von den Entwicklern Jeffrey Dean und Sanjay Ghemawat. Eine erste Vorstellung und Demonstration, beschrieben in [Dean04], erfolgte auf der Konferenz „OSDI 04, Sixth Symposium on Operating System Design and Implementation" in San Francisco, Kalifornien, im Dezember 2004[1]. Im Januar 2010 hat Google Inc. auf das dort vorgestellte Map/Reduce-Verfahren vom US-amerikanischen Patentbüro ein Patent erhalten[2]. Experten sind sich allerdings einig, dass es sich hierbei um ein Schutzpatent für Google selbst handelt und Google nun keine Klage-welle beginnen wird.

Die grundlegende Idee, Komponenten, Architektur und Anwendungsbereiche des Map/Re-duce-Verfahrens werden in diesem Abschnitt 2.1 vorgestellt und beschrieben. Die zahlrei-chen Implementierungen, die seit der ersten Vorstellung dieses Verfahrens entwickelt wurden, werden zur Übersicht kurz aufgelistet. Abgerundet wird dieser Abschnitt durch ein einfaches Einsatzbeispiel, welches zum praktischen Nachvollziehen des beschriebenen Map/Reduce-Algorithmus ermuntern soll.

2.1.1 Funktionale Ursprünge

Die Parallelisierung von Prozessen beginnt bei der Formulierung von Algorithmen. Paral-lelisierung ist eine Stärke der funktionalen Sprachen. Die Grundidee von Map/Reduce kommt daher auch von funktionalen Programmiersprachen wie LISP[3] und ML[4]. Hinsicht-

---

[1] *http://labs.google.com/papers/mapreduce.html, 28.02.2010*

[2] Patent Nummer: US007650331; zu finden bei http://patft.uspto.gov

[3] **List** Processing

[4] **Meta** Language

lich der Parallelisierung bieten funktionale Sprachen aufgrund ihrer Arbeitsweise Vorteile gegenüber anderen Sprachen. Es entstehen keine Seiteneffekte wie Verklemmungen (*deadlock*) und Wettlaufsituationen (*race conditions*). Funktionale Operationen ändern die vorhandenen Datenstrukturen nicht, sie arbeiten immer auf neu erstellten Kopien vorhandener Daten. Die Originaldaten bleiben unverändert erhalten. Unterschiedliche Operationen auf dem gleichen Datensatz beeinflussen sich somit nicht gegenseitig, da jede Operation auf einer eigenen Kopie der Originaldaten angewendet wird oder bei Datenergänzungen eine neue Datenstruktur erzeugt wird. Ohne Seiteneffekte spielt auch die Ausführungsreihenfolge von Operationen keine Rolle, wodurch die Parallelisierung dieser Operationen möglich wird.

Das Konzept einer Funktion im Sinne der Mathematik ist in der funktionalen Programmierung am klarsten umgesetzt. Hier stellen die Funktionen Abbildungsvorschriften dar. Eine Funktion besteht dann aus einer Reihe von Definitionen, die diese Vorschrift beschreibt. Ein funktionales Programm besteht ausschließlich aus Funktionsdefinitionen und besitzt keine Kontrollstrukturen wie Schleifen. Wichtigstes Hilfsmittel für die funktionale Programmierung ist daher die Rekursion. Funktionen sind in funktionalen Programmiersprachen Objekte, mit denen wie mit Variablen gearbeitet werden kann. Insbesondere können Funktionen als Argument oder Rückgabewert einer anderen Funktion auftreten. Man spricht dann von Funktionen höherer Ordnung.

Die aus der funktionalen Programmierung bekannten Routinen *map()* und *fold()*, auch als *reduce()* bezeichnet, werden in modifizierter Form im Map/Reduce-Algorithmus jeweils nebenläufig in zwei Phasen ausgeführt. Sie zählen zu den Funktionen höherer Ordnung. Wie der Name der ältesten funktionalen Programmiersprache LISP (= **Lis**t **P**rocessing) schon verrät, geht es dabei um die Verarbeitung von Listen. Die Funktion *map()* wendet eine Funktion sukzessive auf alle Elemente einer Liste an und gibt eine durch die Funktion modifizierte Liste zurück. Die Funktion *reduce()* akkumuliert einzelne Funktionsergebnisse der Listenpaare und reduziert sie damit auf einen Ausgabewert. Diese beiden Funktionen werden in modifizierter Ausprägung als Map/Reduce-Algorithmus jeweils parallel auf verschiedenen Knoten im Netzwerk in zwei Phasen hintereinander angewendet. Das Besondere an der Map/Reduce-Formulierung ist, dass sich mit den zwei Phasen jeweils eine Parallelisierungsmöglichkeit ergibt, die innerhalb eines Computer-Clusters für eine beschleunigte Berechnung von sehr großen Datenmengen verwendet werden kann. Bei solchen Datenmengen ist eine Parallelisierung unter Umständen allein schon deshalb erforderlich, weil diese Datenmengen für einen einzelnen Prozess und das ausführende Rechnersystem bereits zu groß sind.

Die *map()*-Funktion der funktionalen Sprachen erhält als Argument eine Funktion f und wendet diese auf jedes Element einer übergebenen Liste an. Es ist eine polymorphe Funktion, die beliebige Argumenttypen erhalten kann, wie durch die Typvariablen a und b in Listing 2.1.1, angegeben ist.

Listing 2.1.1 Haskell-Definition der map-Funktion[5]

```
map :: (a -> b) -> [a] -> [b]
map f []        = []
map f (x : xs)  = f x : map f xs
```

Die erste Zeile in der Funktionsdefinition wird als Typsignatur bezeichnet und beschreibt die Aufgabe der Funktion. Sie wendet die Funktion (a->b) auf eine Liste [a] an und gibt die Liste [b] zurück. Die zweite und dritte Zeile definieren das Verhalten der *map()*-Funktion für verschiede Eingabemuster. Bei Eingabe einer Funktion f und einer leeren Liste [] wird als Ergebnis auch nur eine leere Liste [] zurückgegeben. Die dritte Zeile zeigt, dass bei Eingabe einer Funktion f und einer Liste, die durch die Listenkonstruktion (x:xs) dargestellt wird, die Funktion f auf das erste Listenelement x und anschließend dann rekursiv auf die restliche Liste xs angewendet wird.

Ein Funktionsaufruf in Haskell mit folgenden Angaben:

```
map (\x -> x^2) [1,2,3,4,5]
```

ergibt das Ergebnis, wie auch in Abbildung 2.1.1 dargestellt:

```
[1,4,9,16,25]
```

Listenelemente der Eingabe

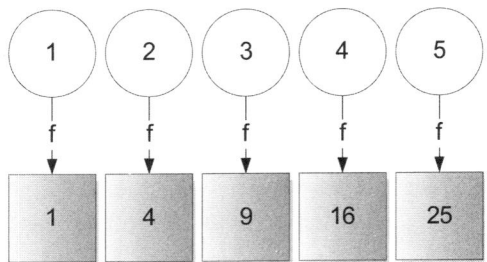

Listenelemente der Ausgabe

Abbildung 2.1.1
Anwenden der map()-Funktion

Die *map()*-Funktion -lässt sich nach Definition auf beliebige Datentypen anwenden. Das folgende Beispiel wendet die Funktion toUpper auf jedes Zeichen des Strings *„nosql"* an. Um die Funktion toUpper nutzen zu können, muss sie vorher durch den Befehl :module +Data.Char in den Arbeitsbereich importiert werden:

```
:module +Data.Char
map toUpper "nosql"
```

und erzeugt damit die Zeichenausgabe in Großbuchstaben (siehe auch Abbildung 2.1.2):

```
"NOSQL"
```

Die Reihenfolge der Elementeingabe und Elementausgabe bleibt bei dieser *n*-zu-*n*-Transformation erhalten, wobei n = Anzahl der Listenelemente ist.

---

[5] Vgl. [Rech02] Seite 559

Listenelemente der Eingabe

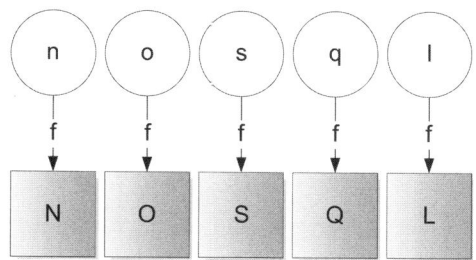

Abbildung 2.1.2
Anwendung der map()-Funktion
mit *toUpper*

Listenelemente der Ausgabe

Die *fold()*-Funktion realisiert quasi eine *n*-zu-1-Transformation und wird in diesem Zusammenhang auch in anderen Sprachen als *reduce-, accumulate-, compress-* oder *inject-*Funktion bezeichnet. Das Ergebnis dieser Transformation muss nicht aus einem Element bestehen, es kann auch wiederum eine Liste von reduzierten Elementen sein. In Haskell wie auch in vielen anderen funktionalen Programmiersprachen werden zwei Varianten von *fold()* unterschieden: die *foldl*-Funktion für die Bearbeitung einer Liste von links nach rechts und die *foldr*-Funktion für die Bearbeitung einer Liste von rechts nach links[6].

Listing 2.1.2 Haskell-Definitionen für foldl

```
foldl :: (a -> b -> a) -> a -> [b] -> a
foldl f z []     = z
foldl f z (x:xs) = foldl f (f z x) xs
```

Listing 2.1.3 Haskell-Definitionen für foldr

```
foldr :: (a -> b -> b) -> b -> [a] -> b
foldr f z []     = z
foldr f z (x:xs) = f x (foldr f z xs)
```

Die Typsignaturen der Funktionen in den jeweils ersten Zeilen geben die Aufgaben der Funktionen wieder. Die Argumente der *foldl*-Funktion bestehen aus einer Schrittfunktion (a -> b -> a), einem initialen Wert für einen Akkumulator a und einer Eingabeliste [b]. Die Schrittfunktion (a -> b -> a) wendet den Akkumulator a auf ein Listenelement b an und gibt einen neuen Akkumulator a zurück. Die Schrittfunktion wird nun rekursiv für alle Listenelemente angewendet und liefert den akkumulierten Rückgabewert a. Das Verhalten für verschiedene Eingabemuster wird in den jeweils folgenden beiden Zeilen des Listings definiert. Bei Eingabe einer Schrittfunktion f, einem Akkumulatorwert z und einer leeren Liste [] besteht das Ergebnis auch nur aus dem initialen Wert des Akkumulators z. Bei Eingabe einer Schrittfunktion f, einem Akkumulatorwert z und einer nicht leeren Liste (x:xs) wird foldl f rekursiv auf alle Listenelemente xs angewendet, wobei der jeweils neue Anfangswert das Ergebnis der Zusammenlegung des alten ursprünglichen Wertes z mit dem nächsten Element x ist, ausgedrückt durch (f z x).

---

[6] Vgl. [Rech02] Seite 559-560

Analog gilt für die Argumente der *foldr*-Funktion die Schrittfunktion (a -> b -> b) mit einem initialen Wert für einen Akkumulator b und einer Eingabeliste [a]. Bei Eingabe einer Schrittfunktion f einem Akkumulatorwert z und einer leeren Liste [] besteht das Ergebnis, so wie auch schon bei der *foldl*-Definition, nur aus dem initialen Wert des Akkumulators z. Bei Eingabe einer Schrittfunktion f, einem Akkumulatorwert z und einer nicht leeren Liste (x:xs) wird f auf das erste Element x der Liste xs und dem Ergebnis der Faltung der restlichen Liste angewendet, ausgedrückt durch f x (foldr f z xs).

Das folgende einfache Beispiel wendet den assoziativen Operator + auf eine Liste an, der Anfangswert ist hierbei 0:

```
foldl (+) 0 [1,2,3,4,5,6,6,7,8]
foldr (+) 0 [1,2,3,4,5,6,6,7,8]
```

Als Ergebnis erhalten wir, da der Operator + assoziativ ist, logischerweise jeweils eine Summe von 42. Die Aufgabe wird aber innerhalb der Funktionen aufgrund ihrer Definitionen jeweils unterschiedlich berechnet. Dieses kann durch einfache Klammerung der einzelnen Operationen wiedergegeben werden:

- Eine Berechnung mit foldl entspricht: $(((((((((0+1) + 2) + 3) + 4)+5)+6)+6)+7)+8$
- Eine Berechnung mit foldr entspricht: $1 + (2 + (3 + (4 + (5+(6+(6+(7+(8+0))))))))$

Abbildung 2.1.3 stellt die Transformation von fünf Listenwerte auf einen Rückgabewert, für den das Beispiel foldl (+) 0 [1,2,3,4,5] gilt, noch einmal grafisch dar.

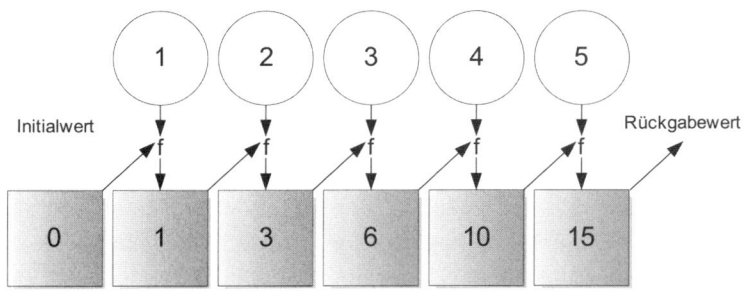

Abbildung 2.1.3
Anwendung der foldl-Funktion

Die aufgezeigten einfachen Beispiele wurden mit der funktionalen Programmiersprache Haskell umgesetzt. Sie können und sollten zum Verständnis nachvollzogen werden. Eine aktuelle Version von Haskell und dem Glasgow Haskell Compiler kann man über die offizielle Haskell-Website *http://www.haskell.org/* frei beziehen. Ein freies Online-Buch über die Programmiersprache Haskell findet man auch unter *http://book.realworldhaskell.org/*.

Die beschriebenen Funktionen *map()*, *foldr()* und *foldl()* als reduzierende Funktionen bilden die Basis des Map/Reduce-Verfahrens. Sie werden in den verschiedenen Frameworks aber in angepasster Weise umgesetzt und unterscheiden sich somit von ihren Namensgebern der funktionalen Programmierung. Die beschriebenen Funktionen sind grundsätzlich nicht entwickelt worden, um dann in einem Map/Reduce-Framework eingesetzt zu werden.

Deshalb ist es auch nicht verwunderlich, dass sie in solch einem Framework in modifizierter Form verwendet werden. In einem Aufsatz beschreibt der Microsoft-Entwickler Ralf Lämmel die Unterschiede zwischen den ursprünglichen Map- und Reduce-Funktionen und der Umsetzung in Googels Map/Reduce-Verfahren; sie können in [Lämm07] nachgelesen werden. Wir verlassen nun die Grundlagen des Map/Reduce-Algorithmus aus der funktionalen Programmierung und kommen zur Beschreibung der Arbeitsweise und der Phasen des Map/Reduce-Verfahrens.

2.1.2 Phasen und Datenfluss

Die grundlegende Arbeitsweise eines Map/Reduce-Verfahrens lässt sich sehr gut anhand seines Datenflusses zeigen. Der Datenfluss kann wie in Abbildung 2.1.4 dargestellt in verschiedene Bereiche eingeteilt werden. Es lassen sich folgende Arbeitsphasen unterscheiden:

■ Zuerst werden alle Eingabedaten auf verschiedene Map-Prozesse aufgeteilt.

■ In der Map-Phase berechnen diese Prozesse jeweils parallel die vom Nutzer bereitgestellte Map-Funktion.

■ Von jedem Map-Prozess fließen Daten in verschiedene Zwischenergebnisspeicher.

■ Die Map-Phase ist beendet, sobald alle Zwischenergebnisse berechnet worden sind.

■ Nun beginnt die Reduce-Phase, in der für jeden Satz an Zwischenergebnissen ein Reduce-Prozess die vom Nutzer bereitgestellte Reduce-Funktion parallel berechnet.

■ Jeder dieser Reduce-Prozesse speichert seine Ergebnisdatei im Dateisystem ab.

■ Die Reduce-Phase ist beendet, sobald alle Ergebnisdateien abgespeichert worden sind. Somit ist auch die gesamte Durchführung des Map/Reduce-Verfahrens beendet.

Dieses sind die grundlegenden Phasen des Map/Reduce-Verfahrens. Realisiert werden sie in einem Map/Reduce-Framework so wie das von Google in C++ implementierte Framework und das darauf basierende Open Source-Map/Reduce-Framework Hadoop.

Die zur Lösung einer Aufgabe benötigte Map-Funktion und Reduce-Funktion muss vom Anwender erstellt werden. Mit ihnen definiert er die Logik seiner Anwendung. Die Verteilung der Daten, der Map-Prozesse, der Reduce-Prozesse sowie die Speicherung der Zwischen- und Endergebnisse werden im Wesentlichen vom Map/Reduce-Framework übernommen. Die Trennung zwischen Anwendungslogik und technischer Seite des Frameworks ermöglicht es dem Anwender, sich auf die Lösung seines Problems zu konzentrieren. Das Framework übernimmt unterdessen intern die schwierigen Details der

■ automatischen Parallelisierung und Verteilung der Prozesse,

■ Realisierung von Fehlertoleranz bei Ausfall von Hardware und Software,

■ I/O-Scheduling,

■ Bereitstellung von Statusinformationen und Überwachungsmöglichkeiten.

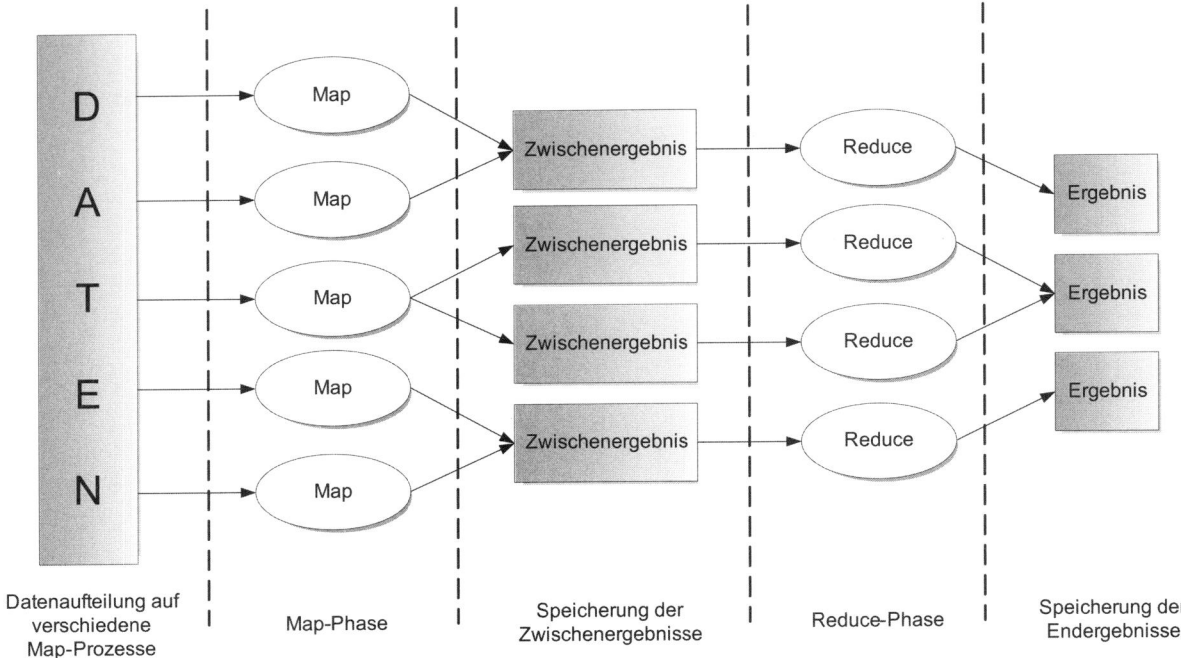

Abbildung 2.1.4 Datenfluss und Phasen des Map/Reduce-Verfahrens

▓ Der Programmierer muss lediglich die beiden namensgebenden Funktionen *map()* und *reduce()* spezifizieren, welche nachfolgend im Pseudocode angegeben werden.

```
map (in_key, in_value) -> list(out_key, intermediate_value)
reduce (out_key, list(intermediate_value)) -> list(out_value)
```

Die Argumente der map-Funktion sind ein Key/Value-Paar: (in_key, in_value). Die map-Funktion bildet daraus eine Liste von neuen Key/Value-Paaren: list(out_key, intermediate_value), sie sind die Zwischenergebnisse der Map-Phase, wie auch in Abbildung 2.1.4 dargestellt ist. Sobald alle Zwischenergebnisse vorliegen, wird die Reduce-Phase gestartet. In ihr werden die Werte der Zwischenergebnisse (intermediate_value) zu einem bestimmten Schlüssel out_key als Liste kombiniert:

```
(out_key,list(intermediate_value))
```

Sie sind die jeweiligen Eingabewerte der reduce-Funktionen, die daraus einen Satz von fusionierten Ergebnissen berechnen.

Ein einfaches Beispiel für ein Problem, das mit dem Map/Reduce-Algorithmus gelöst werden kann, ist die Analyse der Worthäufigkeit in einem umfangreichen Text. Seit es in [Dean04] zur Beschreibung des Map/Reduce-Verfahrens herangezogen wurde, hat es sich zum klassischen Beispiel entwickelt. Man stellt sich dazu das Problem der Zählung von gleichen Worten in einer großen Sammlung von Dokumenten vor. Der zur Lösung des Problems notwendige Pseudo-Code sieht dann folgendermaßen aus:

Listing 2.1.4 Pseudo-Code zur Analyse der Worthäufigkeit[7]

```
map(String key, String value):
// key: document name
// value: document contents
for each word w in value:
  EmitIntermediate(w, "1");

reduce(String key, Iterator values):
// key: a word
// values: a list of counts
int result = 0;
for each v in values:
  result += ParseInt(v);
Emit(AsString(result));
```

Die `map`-Funktionen erhalten als KeyValue-Paare den Namen und den Inhalt des Dokuments. Beim *Durchlaufen* des Dokuments während der Map-Phase wird dann für jedes Wort w das Zwischenergebnis in der Form (w, "1") gespeichert. Ist die Map-Phase beendet, so wurde für jedes Wort eine Zwischenergebnisliste angelegt. Bei n verschiedenen Wörtern erhält man also n Zwischenergebnislisten. In der Reduce-Phase werden diese Zwischenergebnislisten von den `reduce`-Funktionen pro Wort addiert und als Ergebnis zurückgeliefert Emit(AsString(result)). Die Ergebnisse können dann in einer Liste mit den Listeneinträgen Wort und Worthäufigkeit zusammengefasst werden.

Weitere Anwendungsbereiche finden Sie in Abschnitt 2.1.4, ein einfaches Anwendungsbeispiel zur praktischen Auseinandersetzung mit einem Map/Reduce-Framework in Abschnitt 2.1.5. Wie schon beschrieben übernimmt das Map/Reduce-Framework die Verteilung der Daten, der Map- und der Reduce-Prozesse sowie die Speicherung der Zwischen- und Endergebnisse. Um diese Aufgaben erledigen zu können, bedarf es weiterer Komponenten. Diese werden im nächsten Abschnitt beschrieben.

2.1.3   Komponenten und Architektur

Nach [Dean04] sind viele verschiedene Implementierungen eines Map/Reduce-Frameworks möglich. Die Wahl eines passenden Frameworks ist vom jeweiligen Anwendungsbereich abhängig. Einige Frameworks sind für die Verarbeitung von Daten im *shared memory* optimiert, andere für die Verarbeitung in *NUMA*[8]-Architekturen oder in großen verteilten Netzwerken. Eine Auflistung verschiedener Map/Reduce-Frameworks ist in Abschnitt 2.1.4 zu finden. Googles Map/Reduce-Framework wurde für die Verarbeitung sehr großer Datenmengen in einem Ethernet-Netzwerk mit Standard-PCs implementiert. Dieses Framework ist für den Einsatz in folgender Umgebung optimiert worden:

■ Rechner mit Standard Dual-Prozessoren x86

■ 2-4 GB Arbeitsspeicher pro Rechner

■ Linux Betriebssystem

---

[7] [Dean04] Seite 2
[8] Non-Uniform Memory Architecture

- Standardnetzwerkhardware 100 Mbit/s –1 Gbit/s

- Rechnercluster bestehend aus 100 bis mehr als 1.000 Rechnern

- Datenspeicherung auf verteilter Standardhardware mittels GFS[9] (Google File System)

- Die Verarbeitung großer verteilter Datenmengen im Petabyte-Bereich erfordert ein spezielles Dateisystem. Google verwendet hierzu sein eigenes Dateisystem GFS, das für den Umgang mit großen Datenmengen optimiert ist. Ebenso nutzt auch das Open Source-Framework Hadoop eine eigene Implementierung dieses Dateisystems, das HDFS[10] (Hadoop File System). Nach [Grimm09] zeichnen sich diese Dateisysteme durch folgende Eigenschaften aus:

- Verarbeitung großer Datenmengen

- Wenige große Dateien bestehen aus Datenblöcken, typischerweise 64 MByte groß

- Die Datenblöcke liegen redundant (mindestens drei Mal) auf sogenannten Chunk-Servern vor.

- Der Datendurchsatz ist deutlich wichtiger als die Zugriffszeit.

- Streaming-Zugriff auf die Daten. Das heißt insbesondere, dass die Daten meist ganz gelesen werden und die neuen Daten ans Dateiende geschrieben werden.

- Die Daten werden in der Regel einmal geschrieben, aber oft gelesen.

- Das Dateisystem kann mit hohen Fehlerraten umgehen.

Googles Map/Reduce-Framework weist die in Abbildung 2.1.5 dargestellte Architektur und Komponenten auf. Der Datenfluss wird hier noch in erweiterter Darstellung noch einmal etwas genauer betrachtet.

1. Die im Anwendungsprogramm enthaltene Map/Reduce-Library teilt die Eingabedateien in M Teile mit einer Größe von 16-64 MB auf. Kopien des Programms werden dann auf mehreren Rechnern innerhalb eines Rechenclusters gestartet.

2. Eine Kopie des Programms übernimmt dabei spezielle Aufgaben, sie wird als *Master* bezeichnet. Die anderen Kopien des Programms bilden die Gruppe der *Worker*, der *Master* weist ihnen die vorhandenen Map-Aufgaben M und Reduce-Aufgaben R zu.

3. Die Worker, die eine Map-Aufgabe bekommen haben, lesen den korrespondierenden Teil der aufgeteilten Eingabedatei. Ein *Worker* analysiert das Key/Value-Paar der Eingabedaten und verarbeitet sie in der durch den Nutzer definierten Map-Funktion. Die Zwischenergebnisse werden im Speicher als neu erzeugtes Key/Value-Paar gespeichert.

4. Die gespeicherten Zwischenergebnisse werden periodisch auf die lokale Festplatte geschrieben und durch eine Partitionierungsfunktion in R Partitionen aufgeteilt. Die Adressen dieser Partitionen werden dem Master mitgeteilt, der nun für die Weiterleitung dieser Adressen an die *Worker* für die Reduce-Aufgabe zuständig ist.

---

[9]   *http://labs.google.com/papers/gfs.html*
[10]   *http://hadoop.apache.org/hdfs/*

5. Erhält ein *Reduce-Worker* die Adressdaten von R, so greift er über RPC[11] auf diese Daten zu. Er sortiert die Daten anhand des Schlüssels und gruppiert alle Daten mit gleichem Schlüssel.

6. Der Reduce-Worker iteriert über diese sortierten Zwischenergebnisse und übergibt die Key/Value-Paare für jeden Schlüssel an die Reduce-Funktion, welche die Liste von Werten der Partition zu einem Ausgabewert akkumuliert.

7. Sobald alle Worker ihre Aufgaben beendet haben, wird die Kontrolle vom *Master* wieder an das Anwendungsprogramm übergeben. Nach erfolgreicher Bearbeitung aller Aufgaben sind die Ergebnisse in R Ausgabedateien zu finden. Diese Dateien können zusammengefasst werden oder wiederum die Eingaben für einen weiteren Map/Reduce-Durchlauf bilden.

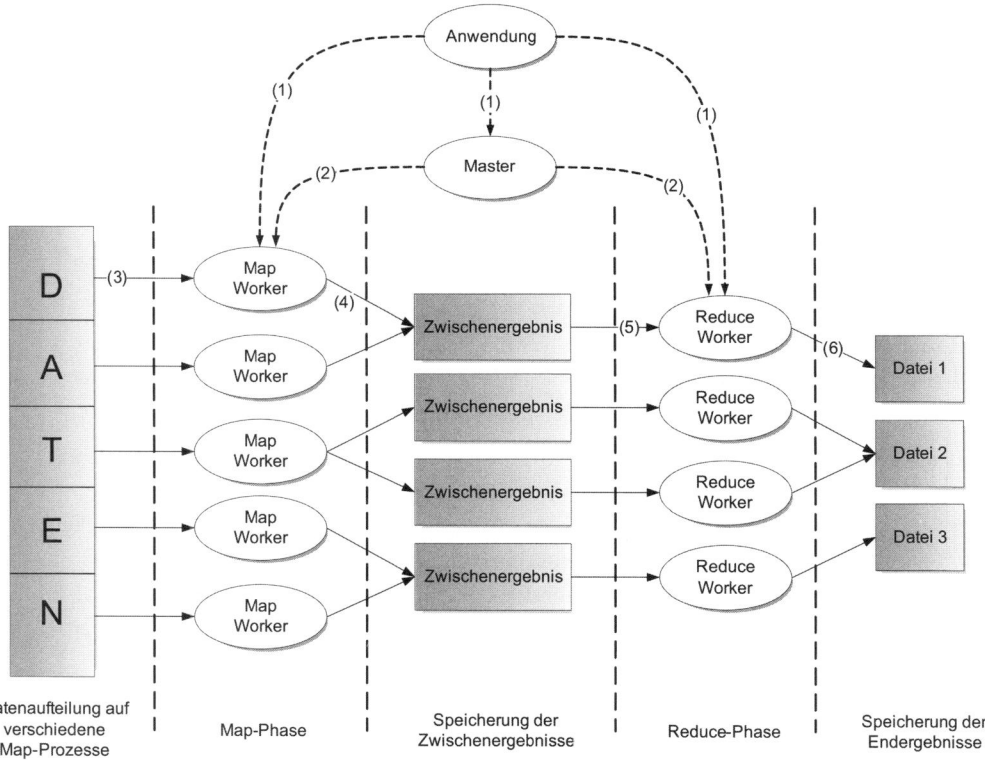

Abbildung 2.1.5 Erweitertes Komponenten- und Datenflussmodell

Im erweiterten Datenflussmodell lassen sich somit die folgenden Komponenten ermitteln:

■ Eine im Anwendungsprogramm enthaltene Komponente der Map/Reduce-Library zum Einlesen der Daten zur Datenaufteilung und zur Aufteilung des *Master-* und der *Worker*-Prozesse in einem Rechnercluster

---

[11] Remote Procedure Call

- Ein *Master*-Prozess zur Verwaltung der *Worker*-Prozesse und zur Überwachung und Verteilung der Map- und Reduce-Aufgaben
- Die jeweiligen Map- und Reduce-Funktionen
- Eine Partitionierungsfunktion zur Aufteilung, Speicherung und Verteilung der Zwischenergebnisse
- Eine Sortierfunktion im *Reduce-Worker*
- Eine Ausgabefunktion zur Speicherung der Endergebnisse
- Je nach Anwendung können auch weitere Komponenten zum Einsatz kommen:
- Eine *Combiner*-Funktion zwischen Map- und Reduce-Phase zur Reduzierung der Netzwerklast durch die Zusammenfassung identischer Ergebnisse der Map-Phase
- Webinterface zur Überwachung und Darstellung von Statusinformationen
- Spezifizierbare Eingabe- und Ausgabefunktionen zur Verknüpfung mehrer Map/Reduce-Durchläufe
- Lokale sequenzielle Map/Reduce-Implementierungen zur Fehleranalyse

2.1.4 Anwendungsbereiche und Implementierungen

Mit einem Map/Reduce-Framework lässt sich eine Vielzahl von Aufgaben lösen, die eine Berechnung großer Datenmengen in einem Verbund von Rechnern erfordern. In [Dean04] (S. 2-3) werden die folgenden Einsatzbereiche skizziert:

- **Verteiltes Suchen (Grep)**: Beim Suchen von Mustern über verteilte Daten liefert die Map-Funktion eine Zeile, wenn der Inhalt der Zeile dem Suchmuster entspricht. Die Reduce-Funktion ist eine Identitätsfunktion welche die Zwischenergebnisse nur zur Liste der Endergebnisse kopiert.

- **Zählen von Zugriffen auf eine URL**: Hier verarbeiten die Map-Funktionen die Zugriffe auf Webseiten aus vorhandenen Aufzeichnungen und geben, ähnlich dem Zählen der Worthäufigkeit, die Key/Value-Paare (URL, "1") aus. Die Reduce-Funktionen addieren diese Zwischenergebnisse pro URL und liefern als Ergebnis die Zugriffe pro URL (URL, total_count).

- **Erstellung von Graphen über Verlinkung von Webseiten zu einem Ziel**: Die Map-Funktionen erzeugen Key/Value-Paare in der Form (target, source) von jeder Verbindung zu einer Ziel-URL (target), die auf einer Quellen-URL (source) gefunden wird. Die Reduce-Funktionen konkatenieren die Liste aller Quellen-URLs in Verbindung mit der Ziel-URL und liefern diese Verbindungen als Ergebnis in der Form von (target, list(source)).

- **Ermittlung des Term-Vectors per Host**: Ein *Term-Vector* fasst die wichtigsten Worte zusammen, die in einem Dokument oder in eine Gruppe von Dokumenten auftreten. Dieser Vector wird in Form einer Liste von Wort-Wortfrequenz-Paaren (word, frequency) dargestellt. Die Map-Funktionen liefern für jedes zum *Host* gehörende Dokument die Key/Value-Paare (hostname, term_vector). Die Reduce-Funktionen überprüfen alle Term-Vectoren pro Dokument und fassen diese Vectoren für die Dokumente zusammen. Dabei werden Terme mit geringer Frequenz verworfen und ein abschließendes Paar `(hostname,term_vector)` geliefert.

■ **Wortindex Erstellung**: Die Map-Funktionen analysieren jedes Dokument und liefern Key/Value-Paare in Form von Wort-Dokumentennummer-Paaren `(word, document_ID)`. Die Reduce-Funktionen sortieren diese Zwischenergebnisse für jedes Wort nach der Dokumentennummer und fassen diese Daten als Liste zusammen. Als Ergebnis wird ein invertierter Wordindex geliefert `(word,list(document_ID)`.

■ **Weitere Anwendungsbereiche:**

   ▪ Sortieren verteilter Daten

   ▪ Kategorisierung von Daten zur Nachrichtenaufbereitung

   ▪ Auswertung beliebiger Logdateien

   ▪ Aufbereitung von Daten für häufige Aufrufe

Das Map/Reduce-Verfahren ist für viele Anwendungsbereiche effizient anwendbar, bei denen es um die Verarbeitung sehr großer Datenmengen geht. Aus diesem Grunde wurden seit der ersten Vorstellung zahlreiche Implementierungen erzeugt, wie in der folgenden Auflistung zu sehen ist[12]:

■ Das Google Map/Reduce Framework ist in C++ implementiert und bietet APIs für Python und Java.

■ Hadoop ist ein Apache Open Source-Java-Framework für skalierbare, verteilte Software. Offizielle Website: *http://hadoop.apache.org/mapreduce/*

■ Twister ist eine Open Source-Java Map/Reduce-Implementierung.
Offizielle Website: *http://www.iterativemapreduce.org/*

■ Greenplum ist eine kommerzielle Map/Reduce-Implementierung. Sie bietet APIs für Python, Perl, SQL und weitere Sprachen.
Offizielle Website: *http://www.greenplum.com/technology/mapreduce/*

■ Aster Data Systems. Das Map/Reduce-Framework unterstützt Java, C, C++, Perl und Python zum Formulieren von SQL-Funktionen in ANSI SQL.
Offizielle Website: *http://www.asterdata.com/*

■ GridGain bietet eine Open Source-Java-Map/Reduce-Implementierung.
Offizielle Website:
http://www.gridgainsystems.com/wiki/display/GG15UG/MapReduce+Overview

■ Phoenix ist ein Map/Reduce-Framework für *shared-memory*. Es wurde an der Stanford Universität Kalifornien in der Programmiersprache C entwickelt.
Offizielle Website: *http://mapreduce.stanford.edu/*

■ FileMap ist ein dateibasiertes Map/Reduce-Framework. Die Open Source-Version ist auf GitHub zu finden: *http://mfisk.github.com/filemap/*.

---

[12] Vgl. *http://en.wikipedia.org/wiki/MapReduce*, 14.10.2010

- Map/Reduce wurde auch für die IBM-Cell-Prozessorserie (*Cell Broadband Engine*) entwickelt: *http://www.cs.wisc.edu/techreports/2007/TR1625.pdf*.

- Map/Reduce wurde auch für NVIDIA GPUs (*Graphics Processors*) mittels *CUDA* entwickelt: *http://www.cse.ust.hk/gpuqp/Mars_tr.pdf*.

- Qt-Concurrent bietet eine vereinfachte Version des Frameworks in C++ zur verteilten Bearbeitung von Aufgaben auf einen Multi-Core-Prozessor.
  Offizielle Website: *http://qt.nokia.com/*
  Dokumentation: *http://doc.trolltech.com/4.6/qtconcurrentmap.html*

- CouchDB nutzt ein Map/Reduce-Framework zur Definition von *views* über verteilte Dokumente. Mehr zur NoSQL-Datenbank ist im Kapitel *4.1 CouchDB* zu finden.

- Skynet ist eine Open Source-Ruby-Implementierung von Googles Map/Reduce-Framework. Offizielle Website: *http://skynet.rubyforge.org/*

- Disco ist eine Open Source-Map/Reduce-Implementierung von Nokia. Das Framework ist in *Erlang* geschrieben, Aufgaben werden in *Python* erstellt.
  Offizielle Website: *http://discoproject.org/*

- Qizmt ist ein C#-Open Source-Map/Reduce-Framework auf MySpace.
  Offizielle Website: *http://qizmt.myspace.com/*

- Das Holumbus-Projekt beinhaltet eine *Haskell*-Map/Reduce-Implementierung. Offizielle Website: *http://holumbus.fh-wedel.de*

- BashReduce ist eine Map/Reduce-Implementierung in Form eines *Bash*-Scripts, welches von Erik Frey auf GitHub veröffentlicht wurde.
  BashReduce auf GitHub: *http://github.com/erikfrey/bashreduce*

- Sector/Sphere ist eine Open Source-Map/Reduce-Variante in C++. Website auf *SourceForge*: *http://sector.sourceforge.net*

- Map/Reduce für die Google Sprache Go.
  Auf GitHub: *http://github.com/dbravender/go_mapreduce*

- MongoDB. Auch die document-orientierte NoSQL-Datenbank nutzt das Map/Reduce-Verfahren. Mehr dazu ist in Abschnitt 4.2 *MongoDB* zu erfahren.

- Amazon Elastic MapReduce, ein Map/Reduce-Service der die Hadoop-Implementierung innerhalb der Amazon-Webservice-Umgebung nutzt:
  http://aws.amazon.com/elasticmapreduce

2.1.5 Praktisches Beispiel

Eine Vielzahl von praktischen Beispielen ist mittlerweile im Internet zu finden. Dabei hat sich das Zählen der Wortfrequenz in einem oder mehreren Dokumenten zum klassischen Beispiel entwickelt. In Abschnitt 3.1 *Hadoop/HBase* ist ein weiteres typisches Einsatzbeispiel im Kontext der NoSQL-Datenbanken beschrieben: die Abfrage von NoSQL-Datenbanken. In diesem kleinen praktischen Beispiel wollen auch wir die Wortfrequenz in Dokumenten ermitteln. Wir nutzen dazu eine vereinfachte Version eines Map/Reduce-Frameworks, welches darauf ausgelegt ist, die Aufgaben innerhalb eines Rechners mit einem Multi-Core-Prozessor auf mehrere *Threads* aufzuteilen. Es handelt sich hierbei um die *QtConcurrent*-API innerhalb der ehemals von der norwegischen Firma *Trolltech* entwickelten plattformunabhängigen C++-Klassenbibliothek *Qt*, die 2008 von der Firma *Nokia* aufgekauft wurde und seitdem unter dem Namen *Qt Development Frameworks* weiterentwickelt und vertrieben wird.

Unter *http://qt.nokia.com/products* kann die aktuelle Version des *Software Development Kits* (SDK) bezogen werden. Neben einer kommerziellen Version kann auch eine kostenfreie Version unter LGPL[13]-Lizenz heruntergeladen werden. Im SDK ist auch die *Qt Creator IDE* enthalten, mit der man das folgende Beispiel bequem erstellen und direkt kompilieren kann. Die Installation gestaltet sich unter Windows recht einfach: Das heruntergeladene *Qt SDK* kann direkt ausgeführt werden, und anschließend wird man durch die einzelnen Installationsschritte geführt. Unter *http://doc.qt.nokia.com/4.6/installation.html* sind weitere Informationen zur Installation auch auf anderen Plattformen zu finden:.

Nun zu unserem Beispiel. Zur Speicherung der Key/Value-Paare bietet sich die assoziative Containerklasse `QMap<K,T>` an, die Key/Value-Paare in aufsteigender Reihenfolge aufnimmt. Da man diese Container vom Typ `<QString,int>` mehrfach benötigt, deklarieren wir für diese Template-Klasse den Alias `KeyValue`.

Listing 2.1.5 typedef-Deklaration für die Key/Value-Paare

```
typedef QMap<QString,int> KeyValue;
```

Den zu analysierenden Text bringen wir in einer Liste von Zeichenketten unter, hierzu können wir die Klasse `QStringList` verwenden.

Listing 2.1.6 Initialisierung der Zeichenkettenliste list

```
QStringList list;
//Gedicht von Heinz Erhart
list << "Das Nasshorn und das Trockenhorn"
     << "spazierten durch die Wueste"
     << "das Trockenhorn verdurstete"
     << "und das Nasshorn sagte"
     << "siehste";
```

Die Map-Funktion teilt den übergebenen Text in einzelne Worte auf, zählt diese und gibt das Ergebnis als Key/Value-Paar zurück. Diese Funktion wird parallel von mehreren *Threads* aufgerufen.

Listing 2.1.7 Definition der Map-Funktion

```
KeyValue mapFunction(const QString &document)
{
    KeyValue keyValue;
    foreach (QString word, document.split(" "))
    keyValue [word] += 1;
    return keyValue;
}
```

---

[13] GNU Lesser General Public License

Und natürlich wird auch eine Reduce-Funktion benötigt, sie iteriert über die Zwischenergebnisse der Map-Phase mittels des Map-Iterators: `QMapIterator<QString,int> i(intermediateResult);` und berechnet daraus das Endergebnis.

Listing 2.1.8 Definition der Reduce-Funktion

```
void reduceFunction(KeyValue &finalResult,
                    const KeyValue &intermediateResult)
{
    QMapIterator<QString, int> i(intermediateResult);
    while (i.hasNext()) {
        i.next();
        finalResult[i.key()] += i.value();
    }
}
```

Schließlich wird alles mit der Map/Reduce-Funktion des Qt-Frameworks zusammen ausgeführt, indem der Funktion die Textliste sowie die beiden erstellten Funktionen übergeben wird.

Listing 2.1.9 Aufruf der Map/Reduce-Funktion des Qt-Frameworks

```
KeyValue finalResult = mappedReduced(list, mapFunction, reduceFunction);
showResult(finalResult);
```

Das Endergebnis wird durch die Funktion `showResult(finalResult)` ausgegeben (siehe Listing 2.1.13).

Listing 2.1.10 Definition der Funktion zur Ausgabe der Key/Value-Paare

```
void showResult(const KeyValue &result)
{
    QMapIterator<QString, int> iter(result);
    while (iter.hasNext()) {
        iter.next();
        std::cout << iter.key().toStdString() << ": "
                  << iter.value() << std::endl;
    }
    std::cout << std::endl;
}
```

In Listing 2.1.11 wird das gesamte Programm dargestellt. Zusätzlich benötigt das Qt-Framework noch eine Projektdatei. Diese wird in Listing 2.1.12 dargestellt. Das Beispiel lässt sich am einfachsten mit der *Qt Creator IDE* erstellen: über den Menüpunkt `Datei->Neu->leeres Qt4-Projekt`, Namen angeben, z.B. `wordfrequenz`. Die Qt-Projektdatei wird dann direkt erstellt und kann editiert werden. Über `Datei->Neu->C++ Quelldatei` kann dann auch die Datei `main.cpp` erstellt werden. Über den Menüpunkt `Erstellen` kann das Programm bequem erstellt und ausgeführt werden.

Listing 2.1.11 Die gesamte Qt-Quelldatei main.cpp

```
#include <QList>
#include <QMap>
#include <QString>
#include <QStringList>
#include <QApplication>
#include <QDebug>
#include <iostream>
```

```
#include <qtconcurrentmap.h>

#ifndef QT_NO_CONCURRENT
// Namensraum für die Funktion mappedReduced im Qt-Framework
using namespace QtConcurrent;

// Deklaration des Containers der Key/Value-Paare
typedef QMap<QString,int> KeyValue;

//Die mapFunction teilt den übergebenen Text in einzelne Worte auf,
//zählt diese und gibt das Ergebnis als Key/Value-Paar zurück. //Diese
Funktion wird parallel von mehreren Threads aufgerufen.
KeyValue mapFunction(const QString &document)
{
    KeyValue keyValue;
    foreach (QString word, document.split(" "))
        keyValue [word] += 1;
    return keyValue;
}

//Die Reduce-Funktion iteriert über die Zwischenergebnisse
//der Map-Phase und berechnet daraus das Endergebnis.
void reduceFunction(KeyValue &finalResult,
                    const KeyValue &intermediateResult)
{
    QMapIterator<QString, int> i(intermediateResult);
    while (i.hasNext()) {
        i.next();
        finalResult[i.key()] += i.value();
    }
}

//Funktion zur Ausgabe der Key/Value-Paare
void showResult(const KeyValue &result)
{
    QMapIterator<QString, int> iter(result);
    while (iter.hasNext()) {
        iter.next();
        std::cout << iter.key().toStdString() << ": "
                  << iter.value() << std::endl;
    }
    std::cout << std::endl;
}

int main(int argc, char** argv)
{
    QApplication app(argc, argv);
    QStringList list;
    //Gedicht von Heinz Erhardt
    list << "Das Nasshorn und das Trockenhorn"
         << "spazierten durch die Wueste"
         << "das Trockenhorn verdurstete"
         << "und das Nasshorn sagte" << "siehste";

    //Aufruf der Map/Reduce-Funktion des Qt-Frameworks
    KeyValue finalResult = mappedReduced(list, mapFunction,
                                         reduceFunction);

    //Ausgabe der Endergebnisse
    showResult(finalResult);
}

#else
int main()
{
    //Ausgabe bei nicht unterstützten Plattformen!
    qDebug() << "Qt Concurrent is not yet supported on this platform";
}
#endif
```

Listing 2.1.12 Qt-Projektdatei wordfrequenz.pro

```
TEMPLATE = app
TARGET +=
DEPENDPATH += .
INCLUDEPATH += .

# Input
 SOURCES += main.cpp
 CONFIG += console
```

Listing 2.1.13 Konsolenausgabe des Endergebnisses

```
Das: 1
Nasshorn: 2
Trockenhorn: 2
Wueste: 1
das: 3
die: 1
durch: 1
sagte: 1
siehste: 1
spazierten: 1
und: 2
verdurstete: 1
```

Dieses kleine Beispiel sollte die grundlegende Vorgehensweise beim Erstellen einer Anwendung für ein Map/Reduce-Framework aufzeigen und zum Experimentieren anregen. Die meisten Beschreibungen der verschiedenen Map/Reduce-Frameworks enthalten ähnliche Beispiele, die zum Ausprobieren einladen.

2.1.6 Zusammenfassung

Das Map/Reduce-Verfahren spielt im Kontext der NoSQL-Datenbanken eine zentrale Rolle. Damit lassen sich große verteilte Datenmengen bei paralleler Ausführung effizient durchsuchen. NoSQL-Datenbanken wie z.B. CouchDB, MongoDB, Riak und HBase nutzen das Map/Reduce-Verfahren zur Abfrage ihrer Datenbankeinträge. Die Ursprünge des Map/Reduce-Verfahrens liegen in der funktionalen Programmierung, welches die Parallelisierung innerhalb der Map/Reduce-Phasen ermöglicht. Die zur Lösung einer Aufgabe benötigte Map-Funktion und Reduce-Funktion muss vom Anwender erstellt werden. Mit ihnen definiert er die Logik seiner Anwendung. Die Verteilung der Daten, von Map- und Reduce-Prozessen sowie die Speicherung der Zwischen- und Endergebnisse werden im Wesentlichen vom Map/Reduce-Framework übernommen. Das Framework ermöglicht außerdem:

- Parallelisierung
- Fehlertoleranz
- Datentransfer
- Lastverteilung
- Monitoring

Zur Verarbeitung großer verteilter Datenmengen im Petabyte-Bereich wird ein spezielles Dateisystem benötigt, nämlich ein verteiltes Dateisystem wie GFS oder HDFS, das für den

Umgang mit großen Datenmengen optimiert ist. Die Verarbeitung und Speicherung großer Datenmengen in verteilten Systemen wird weiter zunehmen. Ein Map/Reduce-Framework ermöglicht es, diese großen Datenmengen effizient zu durchsuchen und zu verarbeiten. Zahlreiche Implementierungen sind inzwischen entstanden.

Links & Literatur

[Dean04]   Jeffrey Deans und Sanjay Ghemawat: MapReduce: Simplified Data Processing on LargeClusters. In OSDI'04, 6th Symposium on Operating Systems Design andImplementation, Sponsored by USENIX, in cooperation with ACM SIGOPS, 2004. *http://labs.google.com/papers/mapreduce.html*

[Grimm09] Rainer Grimm: Funktionale Programmierung 3 – Das MapReduce-Framework, Linux Magazin 17.11.2009, *http://www.linux-magazin.de/Online-Artikel/Funktionale-Programmierung-3-Das-MapReduce-Framework?category=380*

[Rech02]   Peter Rechenberg, Gustav Pomberger: Informatik Handbuch. 2. Auflage. Hanser Fachbuch, Februar 2002.

[Lämm07] Ralf Lämmel: Google's MapReduce Programming Model – Revisited. Data Programmability Team, Microsoft Corp., Redmond, WA, USA. Science of Computer Programming, Volume 70, Issue 1, 1 January 2008, Received 9 February 2006; revised 10 July 2007; accepted 10 July 2007. Available online 18 July 2007.

Haskell – Homepage zum Buch: *http://book.realworldhaskell.org/*

Hadoop – Dokumentation: *http://hadoop.apache.org/mapreduce/*

Wikipedia – *http://en.wikipedia.org/wiki/MapReduce*

Wikipedia – *http://de.wikipedia.org/wiki/MapReduce*

Heise online – *http://www.heise.de/newsticker/meldung/Google-laesst-Map-Reduce-patentieren-908531.html*

Linux Magazin – *http://www.linux-magazin.de/NEWS/Online-Artikel-Googles-MapReduce-Framework-und-Hadoop*

2.2 CAP und Eventually Consistent

2.2.1 Konsistenzmodell relationaler Datenbanken

Bei der Entwicklung von NoSQL-Datenbanken ist eines der vielbeschworenen Ziele, die horizontale Skalierung einfacher und performanter als bei relationalen Pendants zu gestalten. Viele Web 2.0-Unternehmen waren unzufrieden mit den Möglichkeiten der horizontalen Skalierung der relationalen Datenbanken. Als Reaktion darauf stellten deren Hersteller Mittel und Wege bereit, die relationalen Datenbanken horizontal zu skalieren. In der praktischen Anwendung zeigte sich jedoch, dass dabei die für Webunternehmen lebenswichtige schnelle Reaktionszeit insbesondere dann nicht mehr akzeptabel war, wenn man diese mit einer sinnvollen Replikation der Daten zu kombinieren versuchte. Sobald Tabellen und Indizes eine Datenmenge erreicht hatten, die eine Verteilung über mehr als eine Maschine erfordert, stellten die verantwortlichen Entwickler und Administratoren fest, dass sie für eine akzeptable Reaktionszeit nur mit Workarounds und Eingriffen in den Quellcode der verwendeten Datenbanksysteme Herr der Lage werden konnten. Viele Workarounds waren dabei nur solange funktionsfähig, bis die nächste Skalierungsstufe für ein weiteres Wachstum der Nutzerzahlen anstand. Dieser Umstand sorgte in manchen Fällen beim Wachstum dieser Unternehmen für viel Schweiß und Tränen.

Betrachtet man die Schwierigkeiten bei der horizontalen Skalierung relationaler Datenbanken, fragt man sich, ob die Hersteller bei der Systemarchitektur etwas grundlegend falsch gemacht haben. Dabei kann es sich nicht um ein isoliertes Problem eines einzelnen Herstellers handeln, da das Problem unabhängig von der verwendeten relationalen Datenbank auftritt. Um diese Frage beantworten zu können, muss man die Prinzipien betrachten, die der Architektur von relationalen Datenbanksystemen zugrunde liegen. Erwirbt man eines der tiefer gehenden Fachbücher zu relationalen Datenbanken, kann man sicher sein, in diesen an prominenter Stelle etwas über Transaktionen und ein Kürzel namens ACID zu finden, das für *Atomicity*, *Consistency*, *Integrity* und *Durability* steht. Diese Merkmale beschreiben die Kernprinzipien der Architektur von relationalen Datenbanksystemen. Dabei geht es immer um ein zentrales Thema: Konsistenz. Wie gelingt es beim parallelen Zugriff mehrerer Prozesse auf die Datenbank, die Konsistenz der Daten zu gewährleisten? Dieses Ziel steht bei allen bekannten relationalen Datenbanksystemen an oberster Stelle. Schaut man nun in den Fachbüchern nach dem Thema horizontale Skalierung, wird man feststellen, dass dieses nicht zu den Kernthemen relationaler Datenbanken gehört.

Die hohe Bedeutung, die dem Prinzip Konsistenz in der relationalen Welt zugemessen wird, lässt sich aus der Historie dieser Systeme erklären. Diese Systeme hatten ihren Platz in der Geschäftswelt bereits vor dem Internet-Boom gefunden: die Speicherung geschäftskritischer Daten wie beispielsweise Kontostände oder Rechnungspositionen. In diesem Umfeld war die Konsistenz der Daten das oberste Ziel. Eine Inkonsistenz konnte fatale Folgen haben, was das populäre Beispiel eines Geldtransfers zwischen zwei Bankkonten verdeutlicht. Die zu beherrschende Datenmenge war dabei überschaubar im Vergleich zu den Datenmengen, die bereits mittelgroße Web 2.0-Unternehmen verdauen müssen. Um wachsenden Datenmengen in diesem Umfeld Herr zu werden, reichte es meist aus, vertikal zu skalieren, indem ein leistungsfähigerer Server mit der neuesten Technologie angeschafft wurde. Das Thema horizontale Skalierung spielte bis zum Beginn des Internet-Zeitalters für die Hersteller relationaler Systeme nur in Nischenbereichen eine Rolle.

Dies änderte sich schlagartig mit dem Internet-Boom. Viele der Start-ups der ersten und zweiten Generation setzten eingangs auf die bewährte Technologie der relationalen Datenbanken. Dies wurde gefördert durch die Open Source-Vertreter MySQL und PostgreSQL, die für die Anwenderunternehmen die Einstiegskosten gering hielten. Mit zunehmendem Wachstum dieser Unternehmen waren die Hersteller gezwungen, ihre relationalen Systeme auch für die Bedürfnisse dieser Klientel zu trimmen. Dabei stand ihnen nur etwas im Wege: die Konsistenz. Da es zu dieser Zeit noch als undenkbar galt, die Konsistenz als oberstes Prinzip aufzugeben, taten sich die bewährten Hersteller schwer, die Anforderungen ihres neuen Kundenkreises zu erfüllen. Diese reagierten mit der eingangs beschriebenen Unzufriedenheit mit den klassischen relationalen Datenbanken. Es schien etwas nicht zu stimmen mit dem bewährten Denkmuster, eine Datenbank immer vom Prinzip der Konsistenz ausgehend zu entwerfen. Zumindest dann nicht, wenn gleichzeitig völlig neue Anforderungen hinzukommen wie die horizontale Skalierung, Replikation und eine niedrige Reaktionszeit.

2.2.2 CAP-Theorem

In der akademischen Diskussion waren die Erkenntnisse, die man in der Praxis machte, bereits kein Geheimnis mehr. Jedoch waren diese bis dato keinem breiten Kreis an Praktikern bekannt. In dieser Situation bricht im Jahr 2000 ein Vortrag auf dem ACM-Symposium (Association for Computing Machinery) über *Principles of Distributed Computing* den Damm zwischen Theorie und Praxis. Eric Brewer stellt in diesem Vortrag sein CAP-Theorem vor, ein Ergebnis seiner Forschungen zu verteilten Systemen an der University of California. Dieser Vortrag zeigt für Praktiker verständlich, warum das, was man mit dem alten Denkmuster zu erreichen versuchte, nicht möglich ist: die vollständige Vereinbarkeit von Konsistenz (Consistency), Verfügbarkeit (Availability) und Ausfalltoleranz (Partition Tolerance). Die Kernaussage von Brewers CAP-Theorem ist, dass verteilte Datenbanken maximal zwei dieser drei Größen erreichen können. In der Praxis bedeutet dies, dass es für eine hohe Verfügbarkeit und Ausfalltoleranz notwendig ist, die Anforderungen an die Konsistenz zu lockern. Das CAP-Theorem ist dabei zentral für das Verständnis der Veränderungen, die in der Datenbankwelt aktuell durch die NoSQL-Bewegung vor sich gehen. Die Basis für das Verständnis der Aussage des CAP-Theorems bilden die drei Grundgrößen, die es zunächst näher zu erläutern gilt:

■ Die **Konsistenz (Consistency)** steht im CAP-Theorem dafür, dass die verteilte Datenbank nach Abschluss einer Transaktion einen konsistenten Zustand erreicht. Ein verteiltes Datenbanksystem mit mehreren replizierenden Knoten ist beispielsweise dann konsistent, wenn nach einer Transaktion, die auf einem Knoten einen Eintrag in einer Tabelle verändert, alle folgenden Lesezugriffe – egal über welchen Knoten – den aktualisierten Wert zurückliefern. In der Praxis würde dies bedeuten, dass der geänderte Wert erst dann wieder gelesen werden kann, wenn alle replizierenden Knoten aktualisiert sind, was bei einem sehr großen Cluster mit vielen Knoten und einer hohen durchschnittlichen Last dauern kann.

▪ **Verfügbarkeit (Availability)** bezeichnet eine akzeptable Reaktionszeit. Was akzeptabel ist, kann von Anwendung zu Anwendung variieren. Bei vielen E-Commerce-Anwendungen ist dies jedoch ein kritisches Systemmerkmal, das einen direkten Einfluss auf die Geschäftsentwicklung hat. Beispielsweise sinkt der Umsatz von Amazons Buchhandel spürbar, wenn sich die Reaktionszeit beim Bestellvorgang aus technischen Gründen nur kurzzeitig verzögert. Ein verfügbares System muss eine für den konkreten Anwendungsfall akzeptable Reaktionszeit aufweisen. Diese muss bis zu einer vordefinierten Last eingehalten werden können, da die Erfahrung zeigt, dass Reaktionszeiten dann akzeptable Werte unterschreiten, wenn die Last der Anfragen ansteigt.

▪ **Ausfalltoleranz (Partition Tolerance)** bedeutet, dass der Ausfall eines Knotens oder einer Kommunikationsverbindung zwischen den Knoten einer verteilten Datenbank nicht zum Ausfall des gesamten Systems führt, sondern das System weiterhin auf Anfragen von außen reagieren kann. In großen Rechenzentren sind solche Ausfälle an der Tagesordnung. Gerade für Webunternehmen ist es daher unverzichtbar, dass eine verteilte Datenbank solche Ausfälle abfangen kann.

Nachdem nun die drei Größen des CAP-Theorems bekannt sind, soll die Konsequenz an einem Beispiel veranschaulicht werden. Das Beispiel orientiert sich dabei an einem formalen Beweis des CAP-Theorems von Gilbert und Lynch, vereinfacht diesen aber zum besseren Verständnis. Das Beispiel beschreibt eine einfache, aus zwei Knoten K1 und K2 bestehende verteilte Datenbank. Die Knoten stellen Replikationen derselben Daten D0 dar. Dieses verteilte System läuft als Teil eines beliebten Webshops im Netz. Der Knoten K1 ist bei diesem System nur für die Schreiboperationen auf den Daten D0 zuständig, K2 liefert alle Leseoperationen. Abbildung 2.2.1 verdeutlicht das vorgestellte Szenario.

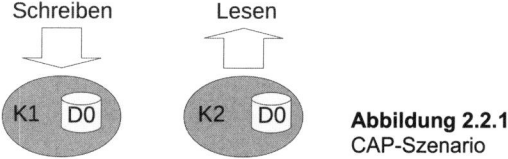

Abbildung 2.2.1
CAP-Szenario

Nachdem D0 durch eine Schreiboperation auf K1 in den Zustand D1 wechselt, wenn beispielsweise ein neuer Artikel in den Katalog des Webshops aufgenommen wird, wird K2 durch eine Nachricht M des Synchronisationsmechanismus der verteilten Datenbank aktualisiert (Abbildung 2.2.2 (1)). Eine darauf folgende Leseoperation auf K2 erhält den neuen Zustand D1. Wenn beispielsweise ein Kunde die Kategorie des neuen Artikels aufruft, wird dieser mit zurückgeliefert (Abbildung 2.2.2 (2)).

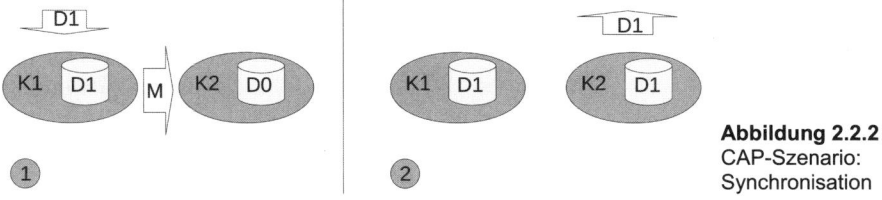

Abbildung 2.2.2
CAP-Szenario:
Synchronisation

Nun kann man sich vorstellen, dass die Kommunikation zwischen Knoten K1 und K2 durch einen Ausfall der Netzwerkverbindung nicht mehr möglich ist. Dann kann nach der Schreiboperation auf K1 die Aktualisierung von D0 auf D1 nicht mehr auf K2 synchronisiert werden (Abbildung 2.2.3 (1)). Sollte das System ein Protokoll verwenden, das erst bei vollständiger Synchronisation aller Knoten eine Transaktion abschließt, wären durch diesen Ausfall Teile der Daten auf K1 blockiert, was bei weiteren Schreiboperationen schnell zu einem Einbruch der Verfügbarkeit des Systems führt. Die Verfügbarkeit kann nur dadurch gewährleistet werden, dass man akzeptiert, dass in diesem Fall die Daten auf K1 und K2 nicht mehr konsistent sind und K2 beim Stand D0 der Daten stehenbliebe. K1 würde seine Schreiboperation ausführen, ohne zu gewährleisten, dass K2 auf den neuen Zustand D1 synchronisiert wird. Im Beispiel würde der neu eingepflegte Artikel den Kunden des Webshops nicht angezeigt werden, da die Leseoperationen auf K2, diesen Artikel nicht zurück liefern, sondern nur den alten Zustand D0 (Abbildung 2.2.3 (2)).

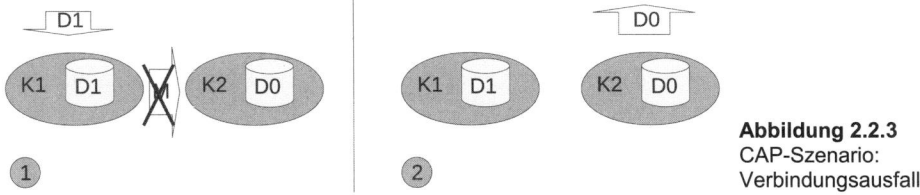

Abbildung 2.2.3
CAP-Szenario:
Verbindungsausfall

Das Beispiel macht deutlich, wie sich das CAP-Theorem in der Praxis auswirkt. Der Praktiker hat zu entscheiden, ob er in seinem System die Konsistenz lockert oder bereit ist, das Risiko zu tragen, dass das System bei einem Ausfall der Verbindungen gar nicht oder nicht mit einer akzeptablen Reaktionszeit antwortet. Für ein Webunternehmen, dessen Profit von der Erreichbarkeit seines Dienstes abhängt, ist dieses Risiko eher nicht tragbar.

2.2.3 Alternatives Konsistenzmodell: BASE

Zur Lösung des Konflikts des CAP-Theorems wurde ein neues Modell zur Betrachtung der Konsistenz in verteilten Datenbanksystemen herangezogen, das sich als Gegenpart zum klassischen ACID versteht. Dieses Modell wird als BASE (Basically Available, Soft State, Eventually Consistent) bezeichnet.

Bei BASE dreht sich im Gegensatz zu ACID alles um Verfügbarkeit. Konsistenz wird der Verfügbarkeit bei BASE untergeordnet. Wo ACID einen pessimistischen Ansatz bei der Konsistenz verfolgt, ist BASE ein optimistischer Ansatz, bei dem Konsistenz als ein Übergangsprozess zu sehen ist und kein fester Zustand nach einer Transaktion. Daraus entsteht ein völlig neuartiges Verständnis von Konsistenz: Eventually Consistency. Systeme, die nach BASE arbeiten, erreichen auch irgendwann den Status der Konsistenz, die Betonung liegt dabei aber auf irgendwann. Infolgedessen wird Konsistenz erst nach einem Zeitfenster der Inkonsistenz erreicht und nicht unmittelbar nach jeder Transaktion. Dies betrifft insbesondere Systeme mit einer Vielzahl von replizierenden Knoten. Die maximale Dauer des Zeitfensters kann dabei auf Basis von Faktoren wie der Zahl der replizierenden Knoten des Systems, den durchschnittlichen Reaktionszeiten und der durchschnittlichen Last des Systems bestimmt werden.

BASE und ACID stellen keine Schwarz-Weiß-Auswahl dar, vielmehr handelt es sich bei diesen Konzepten um ein Spektrum, wie Eric Brewer betont. Jede Datenbank liegt dabei näher an dem einen oder anderen Pol dieses Spektrums. Die bekannten relationalen Vertreter sind dabei sehr nah am ACID-Pol angesiedelt. Die NoSQL-Datenbanken befinden sich meist näher am BASE-Pol. Die Vielfalt der Ansätze unter den NoSQL-Vertretern ist dabei größer als bei den relationalen Datenbanken. Mit dieser wachsenden Vielfalt muss ein Administrator und Entwickler im Umfeld von Datenbanken in Zukunft umgehen lernen.

Für Entwickler ist es wichtig, die Konsequenzen zu verstehen, die sich daraus ergeben, dass NoSQL-Datenbanken ein deutlich schwächeres Konsistenzmodell vorsehen als ihre relationalen Geschwister. Für viele Transaktionen kann man sich eben nicht mehr darauf verlassen, dass auf der Ebene des Datenbanksystems die Konsistenz unmittelbar nach Abschluss für darauf folgende Transaktionen gesichert ist. Der Nachteil dabei ist, dass jedes System der NoSQL-Welt bezogen auf das verwendete Konsistenzmodell sein eigenes Süppchen kocht. Damit man sich besser in dieser Welt orientieren kann, geben zum einen die Steckbriefe der hier vorgestellten Datenbanken einen ersten Hinweis zu dem verwendeten Konsistenzmodell, zum anderen kann man sich an einer von Amazons CTO Werner Vogels erstellten Liste von Merkmalen orientieren, anhand derer sich das Konsistenzmodell einer verteilten Datenbank charakterisieren lässt. Dies sind:

- **Causal Consistency**: Wenn ein Prozess A einen Wert X in eine Datenbank schreibt und darauf ein Prozess B diesen Wert X liest und anschließend einen Wert Y in die Datenbank schreibt, nennt man diese kausal abhängig. Man geht dabei davon aus, dass Prozess B – egal ob dem so ist oder nicht – Wert X für Vorberechnungen verwendet, die zur Schreiboperation von Wert Y führen. Überträgt man dieses auf Transaktionen auf einer verteilten Datenbank mit mehreren Replikationen, so ist Causal Consistency gegeben, wenn trotz der zeitlichen Nähe der von A und B ausgeführten Operationen auf allen replizierenden Knoten gewährleistet ist, dass B den von A geschriebenen Wert X erhält, bevor Y geschrieben wird.

- **Read-your-write Consistency:** Dies ist ein Spezialfall der Causal Consistency. Ein Prozess selbst, der ein Datenobjekt in der Datenbank geändert hat, wird bei jedem folgenden Zugriff keine ältere Version des Datenobjekts erhalten als die von ihm geänderte Version.

- **Session Consistency:** In dieser umsetzungsorientierten Variante greift ein Prozess im Rahmen einer Session auf die Datenbank zu. Solange diese Session existiert, garantiert das System die Read-your-write Consistency. Nach dem Beenden der Session gilt diese in einer neu gestarteten Session nur noch für die innerhalb dieser vorgenommenen Operationen.

■ **Monotonic Read Consistency:** Wenn ein Prozess einen bestimmten Wert eines Datenobjekts bei einer Leseoperation erhalten hat, wird er in jedem darauffolgenden Lesezugriff keine ältere Version des Datenobjekts erhalten.

■ **Monotonic Write Consistency:** In diesem Fall garantiert das System, die Schreiboperationen desselben Prozesses serialisiert auszuführen. D.h. die Schreib-Operationen werden auf der Datenbank in derselben Reihenfolge ausgeführt, wie der Prozess diese angestoßen hat. Systeme, die dieses Merkmal nicht erfüllen, können in der Programmierung schwierig zu handhaben sein. Bei mehreren vom selben Prozess in einem kurzen zeitlichen Abstand angestoßenen Schreiboperationen auf demselben Datenobjekt ist in diesem Fall nicht sicher, welcher Wert nach der Ausführung in der Datenbank steht.

Anhand dieser Merkmale kann man feststellen, wann man bei einem System mit einer ACID-ähnlichen Konsistenz rechnen kann und wann Eventually Consistency zu erwarten ist. Je nach Szenario kann der Entwickler anhand dieser Merkmale entscheiden, ob die unterstützte Konsistenz für den Anwendungsfall ausreichend ist oder ob ein zusätzlicher Mechanismus außerhalb des Datenbanksystems die benötigte Konsistenz sicherstellen muss. Entwickler sind beim Einsatz von NoSQL-Datenbanken gefordert, sich stärker mit der Frage der Konsistenz zu beschäftigen, als dies bei relationalen Datenbanken der Fall ist.

CAP und BASE zeigen, dass in der neuen Welt der NoSQL-Datenbanken alte Weisheiten bezüglich der Konsistenzmodelle von Datenbanken nicht mehr gültig sind. Es ist erforderlich, beim Einsatz dieser Datenbanken umzudenken und das neue Konsistenz-Modell der Eventually Consistency zu verinnerlichen. Erst dann kann man als Entwickler auf sicherem Boden Anwendungen entwickeln, die auch bei gelockerter Konsistenz auf der Datenbankseite die gestellten Anforderungen erfüllen. Sicher bedeutet dieser Prozess des Umdenkens eine Abkehr von seit Langem als fast heilig betrachteten Grundsätzen in der Datenbankentwicklung. Das Umdenken lohnt sich aber, wenn man bedenkt, wie schnell der neue Typus der NoSQL-Datenbanken bei Webunternehmen gegenüber relationalen Datenbanken Boden gutmachen konnte. Am Ende kann auch in der Welt der Konsistenzmodelle eine bunte Vielfalt von Denkansätzen als eine Bereicherung gesehen werden.

Links

Folien zu Eric Brewers Vortrag auf der ACM-PODC-Konferenz:
>*http://www.cs.berkeley.edu/~brewer/cs262b-2004/PODC-keynote.pdf*

Paper von Seth Gilbert und Nancy Lynch zum CAP-Theorem:
>*http://citeseerx.ist.psu.edu/viewdoc/download?doi=10.1.1.20.1495&rep=rep1&type=pdf*

Paper von Werner Vogels (CTO von Amazon) zu Eventually Consistent:
>*http://queue.acm.org/detail.cfm?id=1466448*

Blogpost von Julian Browne zum CAP-Theorem:

> *http://www.julianbrowne.com/article/viewer/brewers-cap-theorem*

Blogpost von Jonathan Gray zum CAP-Theorem:

> *http://devblog.streamy.com/2009/08/24/cap-theorem*

2.3 Consistent-Hashing

Das Consistent-Hashing gehört zur Familie der Hash- bzw. Streuwertfunktionen und definiert, wie nach welcher allgemeinen Vorschrift ein Wert x aus einer üblicherweise sehr großen Quellmenge auf einen Hashwert $v = h(x)$ aus einer deutlich kleineren Wertemenge abgebildet wird. Diese Verfahren haben den Vorteil, dass sie in konstanter Zeit O(1) zu einem Ergebnis kommen, während andere Verfahren wie beispielsweise binäre Bäume hierfür in der Regel deutlich mehr Rechenzyklen benötigen. Ein sehr einfaches Beispiel einer Hashfunktion ist die Modulo-Funktion, welche alle Eingaben x auf eine feste Menge von Werten abbildet: $h(x, n) := x \bmod n$

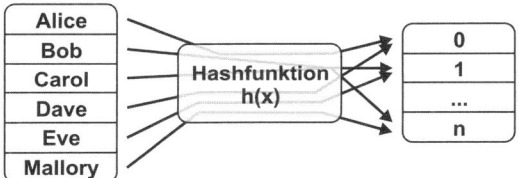

Abbildung 2.3.1
Abbildung einer Quellmenge auf eine Wertemenge mittels einer Hashfunktion h(x)

Die praktischen Anwendungsmöglichkeiten von Hashfunktionen sind äußerst vielfältig. Zu den wichtigsten gehören:

- Prüfsummenberechnung aus Texten oder Objekten, um selbst minimale zufällige Veränderungen sicher erkennen zu können. Aus diesem Grund muss eine Hashfunktion schon bei einem einzelnen geänderten Bit im Eingabewert x eine möglichst große Änderung im Hashwert $v = h(x)$ hervorrufen. Zur Anwendung kommen Hashfunktionen wie beispielsweise das CRC-32-Verfahren bei der Übertragung von Daten über unsichere und verlustbehaftete Transportmedien wie Wireless LAN. Ein weiterer Anwendungsfall ist die Berechnung einer Prüfsumme zur Definition einer eindeutigen Identität eines komplexen Objektes innerhalb von objektorientierten Programmiersprachen. Hierbei ist es zusätzlich notwendig, dass die Hashfunktion möglichst selten die gleiche Prüfsumme für eigentlich unterschiedliche Objekte erzeugt, da die Behandlung solcher „Kollisionen" in der Regel sehr aufwendig ist und nicht mehr in konstanter Zeit realisiert werden kann.

- In der Kryptographie werden Hashfunktionen verwendet, um einen Text t nicht nur gegen zufällige, sondern auch gegen zielgerichtete Manipulationen zu sichern, wodurch die Unversehrtheit eines Textes und die Urheberschaft eines Anwenders (Authentizität) an einem Text überprüft werden kann. Dies wird durch die Zuhilfenahme eines privaten kryptographischen Schlüssels k des Anwenders in die Berechnung des Hashwertes

$v = h(t,k)$ erreicht, welcher in diesem Zusammenhang häufig auch als „Digest" des Textes bezeichnet wird. Hierzu muss eine kryptographisch sichere Hashfunktion gewährleisten, dass aus dem Hashwert möglichst wenig Informationen über den geheimen Schlüssel k verraten werden und es deutlich schneller ist, den Hashwert v zu berechnen als umgekehrt den Schlüssel k aus dem öffentlichen Hashwert v und dem Text t. Eine bekannte Anwendung dieses Verfahrens ist beispielsweise die Challenge-Response-Benutzerauthentifizierung, die aus Sicherheitsgründen nicht ein Login und Passwort übermittelt, sondern mithilfe von kryptographischen Hashfunktionen wie MD5 oder SHA-1 überprüft, ob sowohl der Authentifizierungsdienst als auch die Nutzeranwendung für einen beliebigen Zufallstext t zu dem gleichen Ergebnis der Hashfunktion gekommen ist oder nicht.

■ Sowohl in Programmiersprachen als auch in vielen verteilten Systemen, Peer-to-Peer-Netzwerken oder Web-Caches werden Hashfunktionen verwendet, um zu einem Objekt x möglichst schnell einen festen Speicherort, Slot oder Server aus der Menge aller zur Verfügung stehenden Speicherorte $S_1 \dots S_n$ zu finden. In vielen Programmiersprachen wird diese Funktionalität meist in Form eines Wörterbuches `Dictionary<TKey, TValue>` realisiert, welches ein Objekt x vom Typ `TValue` anhand des Schlüssels k vom Typ `TKey` speichert. Hierzu muss eine Hashfunktion sicherstellen, dass jeder Ergebniswert der Hashfunktion $h(x,n)$ möglichst gleich wahrscheinlich ist, damit eine Überlastung einzelner Slots vermieden wird.

Das Problem, welches das Consistent-Hashing zu lösen versucht, bezieht sich auf den letzten Anwendungsfall, bei dem es darum geht, einen festen Speicherort für ein Objekt x zu finden. In der Praxis zeigt es sich allzu häufig, dass die genaue Anzahl der Speicherorte im Vorfeld nicht bestimmt werden kann oder sich dieser Wert im Laufe des Lebenszyklus einer Anwendung – nicht zuletzt auch durch Systemausfälle und Netzwerkfehler – an den realen und sehr wechselhaften Bedarf anpassen muss. Eine solche dynamische Anpassung der Zahl der Speichereinheiten führt jedoch dazu, dass der überwiegende Teil aller gespeicherten Werte ausgelesen und neu eingefügt werden muss (Abb. 2.3.2). Doch vor allem in verteilten Systemen sind die Datenmengen so umfangreich und die Datentransfergeschwindigkeiten vergleichsweise langsam, dass solche Datenbewegungen praktisch nicht durchführbar sind.

Um diese Problematik zu lösen, ist es folglich wünschenswert, wenn durch das Hinzufügen eines Servers in einem verteilten System nur ein geringer Prozentsatz der im Gesamtsystem gespeicherten Objekte umkopiert und beim Entfernen eines Servers nur die bislang dort gespeicherten Objekte neu verteilt werden müssten. Darüber hinaus wäre es auch vorteilhaft, wenn das Hashverfahren es ermöglichen würde, die unterschiedlichen Speicherkapazitäten der Server zu berücksichtigen, statt die Objekte gleichmäßig über alle Server zu verteilen. Das Consistent-Hashing bietet für beide Anforderungen eine einfache und elegante Lösung.

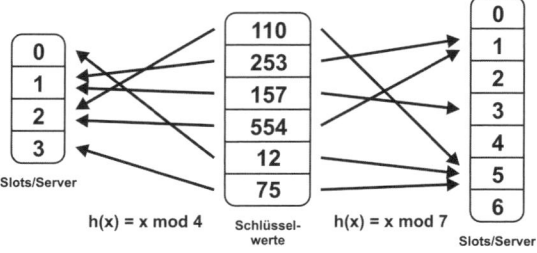

Abbildung. 2.3.2
Umfangreiche Kopieraktionen, nachdem sich die Anzahl der Speicherorte verändert hat

Zunächst wird ein Adressraum von beispielsweise 64 Bit definiert, in dem anschließend alle Key/Values gespeichert werden. Zur besseren Anschaulichkeit des Verfahrens werden die beiden Enden des Adressraums zu einem Ring zusammengeschlossen (Abb. 2.3.3). Im nächsten Schritt werden alle Server $S_1 \dots S_n$ anhand des Hashwertes ihrer Namen, IP-Adressen oder sonstiger Unterscheidungsmerkmale eingefügt. Danach können die Objekte anhand ihrer Hashwertes eingefügt werden. Der für ein Objekt zuständige Server ergibt sich dabei aus dem im Uhrzeigersinn nächstgelegenen Hashwert eines Servers.

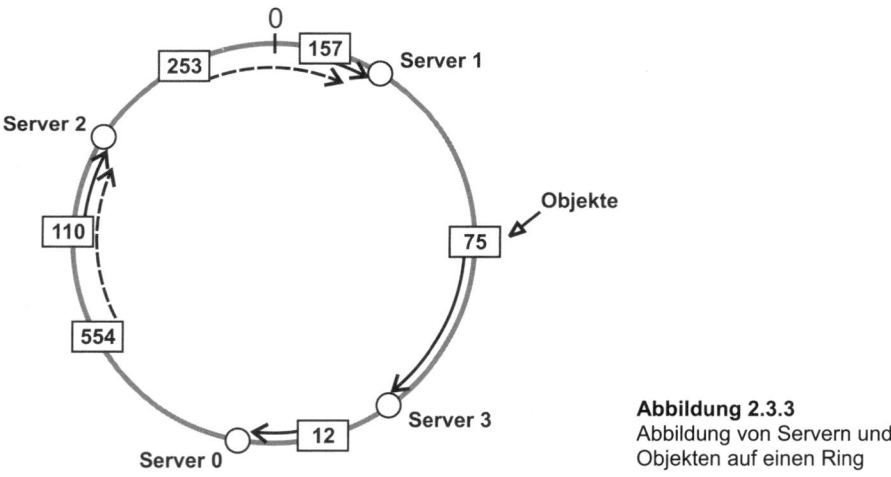

Abbildung 2.3.3
Abbildung von Servern und Objekten auf einen Ring

Wird nun ein Server hinzugefügt oder entfernt, so hat dies nur Auswirkungen auf die Objekte in der unmittelbaren Umgebung des Hashwertes des Servers und nicht auf die Mehrheit aller Objekte. Wie in Abbildung 2.3.4 dargestellt, übernimmt ein neuer Server alle Objekte zwischen dem Hashwert seines Vorgängers und seinem eigenen. Verlässt dagegen ein Server den Ring des Consistent-Hashing-Verfahrens, so kopiert er alle bei ihm gespeicherten Objekte zu seinem Nachfolger im Ring.

Dennoch ist durch das Consistent-Hashing-Verfahren bislang noch keine Anpassung an die Speicherkapazitäten der einzelnen Server erreicht, und inwiefern die Objekte bei einer geringen Anzahl an Servern wirklich über alle Server gleich verteilt werden, hängt stark von der statistischen Qualität der Hashfunktion ab.

Diesen Problemen wird dadurch begegnet, dass man für jeden Server nicht nur einen Hashwert berechnet, sondern eine größere Anzahl an Hashwerten, die in ihrer Anzahl der

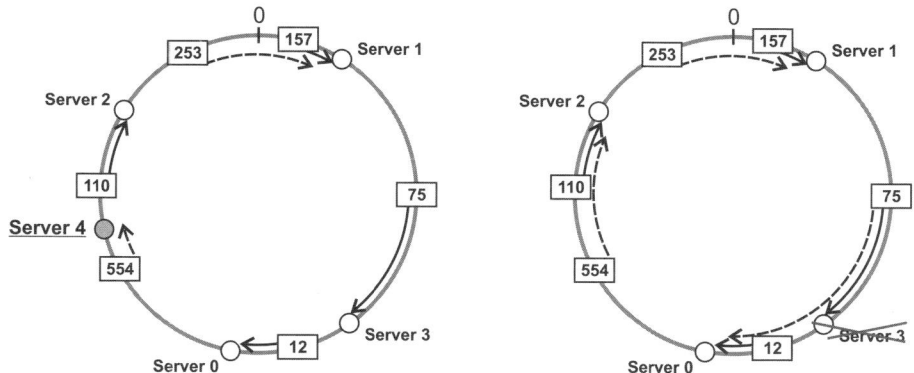

Abbildung 2.3.4 Hinzufügen und Entfernen von Servern in/aus dem Ring

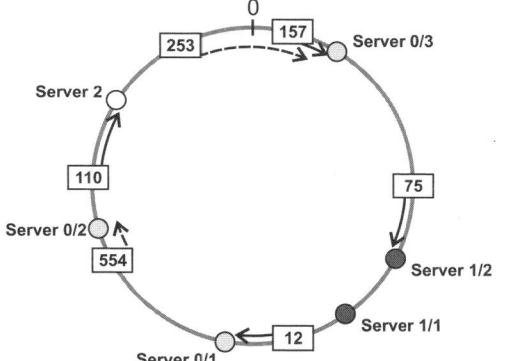

Abbildung 2.3.5
Virtuelle Server zur Anpassung des Verfahrens
an die Leistungsfähigkeit der einzelnen Server

Leistungsfähigkeit des jeweiligen Servers entspricht. Diese können im einfachsten Fall durch den Hashwert des Servernamens und einer laufenden Nummer für den jeweiligen virtuellen Server gebildet werden. Wie in Abbildung 2.3.5 dargestellt, werden somit eine Reihe „virtueller Server" dem Ring hinzugefügt, wodurch sich aufgrund der größeren Anzahl an Servern auch die statistische Verteilung bei der Zuordnung von Objekten zu Servern verbessert.

Ähnlich dem Verfahren der virtuellen Server können auch mehrere Kopien der Objekte innerhalb des Rings gespeichert werden. Auch in diesem Fall kann der Hashwert der einzelnen Replikate durch die Berechnung des Hashwertes aus dem Objektnamen und einer laufenden Nummer für die jeweilige Kopie berechnet werden. Hierdurch kann die Ausfallsicherheit des Gesamtsystems und damit die Verfügbarkeit der Objekte signifikant verbessert werden.

In der praktischen Anwendung gibt es mittlerweile eine Reihe unterschiedlicher Implementierungen des allgemeinen Consistent-Hashing-Verfahrens. Die im NoSQL-Umfeld wohl berühmteste Veröffentlichung ist zweifelsfrei das Amazon Dynamo Paper [GDM07]. Darüber hinaus hat das Verfahren aber auch die Entwicklung mehrerer NoSQL-Datenbanken wie beispielsweise Riak beeinflusst und ist im Bereich der verteilten Hashtabellen mit ihrem wohl bekanntesten Vertreter Chord zu finden [DBK01].

Links & Literatur

[KLL97]   David Karger, Eric Lehman, Tom Leighton, Rina Panigrahy, Matthew Levine, Daniel
            Lewin: Consistent Hashing and Random Trees: Distributed Caching Protocols for Re-
            lieving Hot Spots on the World Wide Web, STOC '97: Proceedings of the twenty-ninth
            annual ACM symposium on Theory of computing, El Paso, Texas, United States
            http://www.akamai.com/dl/technical_publications/ConsistenHashingandRandomTrees
            DistributedCachingprotocolsforrelievingHotSpotsontheworldwideweb.pdf

[GDM07]   Giuseppe DeCandia, Deniz Hastorun, Madan Jampani, Gunavardhan Kakulapati, Avinash
            Lakshman, Alex Pilchin, Swaminathan Sivasubramanian, Peter Vosshall, Werner Vogels:
            Dynamo: Amazon's highly available Key-Value Store, SIGOPS Operating Systems Rev.,
            New York, NY, USA 2007
            http://s3.amazonaws.com/AllThingsDistributed/sosp/amazon-dynamo-sosp2007.pdf

[DBK01]   Frank Dabek, Emma Brunskill, Frans Kaashoek, David Karger, Robert Morris, Ion Stoica:
            Building Peer-to-Peer Systems With Chord, a Distributed Lookup Service, Proceedings
            of the 8th Workshop on Hot Topics in Operating Systems (HotOS-VIII), May 2001.
            http://citeseerx.ist.psu.edu/viewdoc/download?doi=10.1.1.160.7088&rep=rep1&type=pdf

2.4   Multiversion Concurrency Control

Die korrekte Speicherung aller Datensätze und die Sicherstellung ihrer semantischen Integrität ist eine der Hauptaufgaben eines jeden Datenbanksystems. Vor allem in Situationen,
in denen mehrere Anwender gleichzeitig auf den gleichen Datensatz zugreifen und diesen
gegebenenfalls auch verändern möchten, sind umfangreiche Strategien zur Vermeidung
von Inkonsistenzen notwendig. Die klassische Herangehensweise, die vor allem bei zentralen Datenbanksystemen und Mainframes zur Anwendung kommt, sperrt einen Datensatz,
um einen exklusiven Zugriff zu erhalten, verändert diesen und gibt ihn danach wieder für
Lese- und Schreibvorgänge anderer Anwender frei. Diese sogenannten pessimistischen
Sperrverfahren funktionieren problemlos und sehr effizient, solange die Kommunikationskosten zur Erzielung einer Sperre relativ gering sind und Sperren nicht allzu häufig oder zu
lange aufrechterhalten werden, da anderenfalls nebenläufige Lesevorgänge unerwünscht
lange verzögert werden [CAM86].

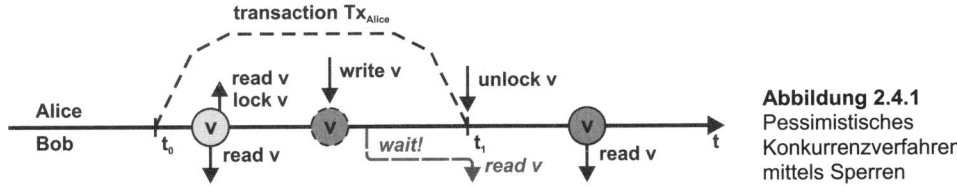

Abbildung 2.4.1
Pessimistisches
Konkurrenzverfahren
mittels Sperren

In den letzten Jahren sind diese klassischen Verfahren jedoch zunehmend in die Kritik ge-
raten. Zum einen haben sich die Anwendungsszenarien von Datenbanken im Umfeld des
Web 2.0 grundlegend geändert, wodurch lange Lesesperren ein immer größeres Problem

für viele Applikationen und deren sehr große Nutzermenge darstellen. Zum anderen sind die Kommunikationskosten nicht nur auf modernen Mehrprozessorsystemen aufgrund ihrer langen Cache-Pipelines, sondern auch in verteilten Datenbank-Clustern sehr teuer, ineffizient und nur schwer zu realisieren, da ein Konsens über eine Sperre in einem verteilten System bei Berücksichtigung von Nachrichtenverlusten bereits aus mathematischen Gründen nicht hundertprozentig erzielbar ist [Bir92].

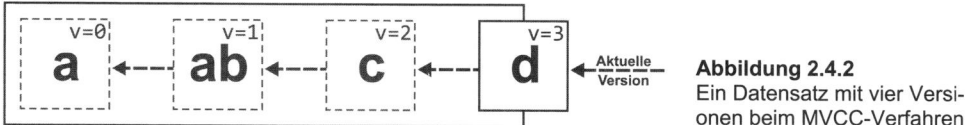

Abbildung 2.4.2
Ein Datensatz mit vier Versionen beim MVCC-Verfahren

Eine Lösung für diese Problematik bietet das Verfahren Multiversion Concurrency Control (MVCC), das nicht mehr länger versucht den Zugriff auf einen zentralen veränderlichen Datensatz mittels Sperren zu koordinieren, sondern mehrere unveränderliche Versionen eines Datensatzes in einer zeitlichen Reihenfolge organisiert (Abbildung 2.4.2). Jeder Schreibvorgang erzeugt hierbei eine neue Version des Datensatzes inklusive einer dazugehörigen eindeutigen Identifikationsnummer dieser Datensatzversion und eines Verweises auf die zuvor gelesene und damit indirekt veränderte Datensatzversion. Weil hierfür keine Sperren notwendig sind, werden Lesezugriffe nicht mehr länger durch Schreibvorgänge verzögert, sondern können jederzeit durch eine frühere Version des Datensatzes beantwortet werden (Abbildung 2.4.3). Darüber hinaus können auch konkurrierende parallele Schreibzugriffe sehr einfach erkannt und behandelt werden, indem beim Schreiben die angegebene Vorgängerversion mit der zu diesem Zeitpunkt aktuellen Version verglichen wird, und, sofern die beiden sich widersprechen, die gesamte Transaktion zurückgerollt und gegebenenfalls nochmals gestartet werden kann (Abbildung 2.4.4).

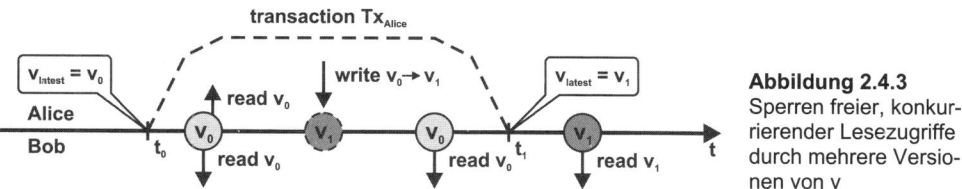

Abbildung 2.4.3
Sperren freier, konkurrierender Lesezugriffe durch mehrere Versionen von v

Die im MVCC-Verfahren verwendete eindeutige Identifikation eines Datensatzes ist nicht näher vorgegeben, sondern kann sich aus unterschiedlichen zur Verfügung stehenden Informationen zusammensetzen. So kann sich diese beispielsweise aus der laufenden Nummer aller Transaktionen ergeben, aus dem Transaktionsstartzeitpunkt, aus dem Zeitpunkt des aktuellen Schreibvorgangs oder für die Operation in verteilten Systemen auch aus der Verwendung von *Vector Clocks*, wie sie in Kapitel 2.5 vorgestellt werden. Hierdurch muss natürlich deutlich mehr Speicherplatz und Rechenzeit aufgewendet werden, als für ein Verfahren mit Sperren und manipulierbaren Datensätzen notwendig gewesen wären. Darüber hinaus ist es notwendig, dass die Datenbank in regelmäßigen Abständen alte und von keiner aktuellen Transaktion mehr benötigte Datensatzversionen dauerhaft aus dem System entfernt. Dennoch relativieren sich die aus diesen erhöhten Anforderungen entstehenden Nachteile recht schnell, wenn man berücksichtigt, dass ein ähnliches Änderungsprotokollierungsverfahren ohnehin von jeder Datenbank zum Schutz gegen unerwartete Hardwareausfälle oder Programmabstürze in Form von Journalen geschrieben werden und nun nur noch für das MVCC-Verfahren verwendet werden müssen [Ora02].

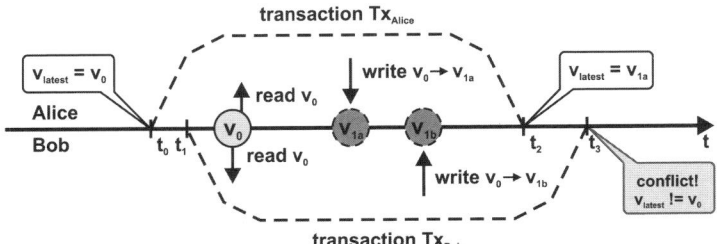

Abbildung 2.4.4
Konflikterkennung
beim MVCC-Verfahren

In der praktischen Anwendung ist das MVCC-Verfahren nach anfänglicher Zurückhaltung mittlerweile bei sehr vielen Datenbankanbietern wie Firebird, Oracle, Postgres, Microsoft SQL Server, einigen MySQL-Varianten, Ingres, BerkeleyDB, CouchDB, sones, Anbietern von Dokumenten- oder Quellcodeverwaltungsprogrammen wie Git und Mercurial, aber auch in vielen vor allem funktionalen Programmiersprachen wie beispielsweise Clojure zu finden. In der konkreten Implementierung können sich aber teilweise erhebliche Unterschiede ergeben, die sich vor allem auf die Transparenz des Verfahrens gegenüber dem Anwender der jeweiligen Software auswirkt:

- Klassische, nicht transparente Implementationen verbergen die unterschiedlichen Versionen eines Datensatzes vor den Anwendern und stellen nur sicher, dass sich das MVCC-Verfahren analog zu den Resultaten bisheriger Sperrverfahren verhält und somit immer ein serialisierbares Endergebnis erzeugt wird.

- Manche Implementationen ermöglichen es den Anwendern, alte Versionen der Datensätze zu erkennen und zu nutzen. Hierdurch können nicht nur alte „Snapshots" der Datensätze abgerufen werden, sondern teilweise auch „Zeitreise"-Anfragen an die Datenbank gestellt werden, welche sich auf einen konsistenten Zustand zu einem Zeitpunkt in der Vergangenheit beziehen. Vor allem langwierige Datenanalysen profitieren hiervon, da diese ungestört von aktuellen Änderungen der noch zu bearbeitenden Datensätze ihre Berechnungen ausführen können.

- Neuere Implementationen wie beispielsweise CouchDB und viele Versionsverwaltungsprogramme wie Git oder Mercurial lassen auch mehrere konkurrierende Schreibvorgänge zu, wodurch zu einem Zeitpunkt mehrere aktuelle Versionen eines Datensatzes vorhanden sein können. Dies wird von diesen Implementationen als Konflikt erkannt und unter Umständen automatisch durch einen Merge-Prozess behoben. Ist keine automatische Behandlung möglich, so kann noch immer der Anwender benachrichtigt und somit der vorliegende Konflikt manuell gelöst werden.

Das Multiversion-Concurrency-Control-Verfahren kann also mit Recht als eines der wichtigsten Programmierkonzepte innerhalb des NoSQL-Umfeldes angesehen werden, da es eine möglichst effiziente Parallelität beim Skalieren auf große Anwenderzahlen, CPU-Kerne, verteilte Rechnerknoten und Datenvolumina erlaubt und Lesezugriffe vollständig von Schreibzugriffen entkoppelt werden.

Literatur

[Bir92]   Kenneth P. Birman: Maintaining consistency in distributed systems, Proceedings of the 5th workshop on ACM SIGOPS European workshop 1992, Mont Saint-Michel, France

[Ora02]   Technical Comparison of Oracle Database vs. IBM DB2 UDB: Focus on Performance, Oracle White Paper, February 2002

[CAM86] Michael J. Carey, Waleed A. Muhanna: The Performance of Multiversion Concurrency Control Algorithms, ACM Transactions on Computer Systems 1986

2.5   Vector Clocks

In verteilten NoSQL-Systemen hat man es mit verschiedenen Instanzen zu tun, die Daten schreiben. Dabei entsteht das Problem der nachträglichen Synchronisation und der Ordnung dieser Ereignisse. Zu diesem Zwecke wurden bereits in den 70er Jahren Algorithmen und der Mechanismus der Vector Clocks erfunden. Ihre Ursprünge hat diese Thematik im Bereich der Betriebssysteme, wo ebenfalls konkurrierende Prozesse kommunizieren. Aber auch für Multicast-Protokolle ist der Algorithmus wichtig. Den Grundstein für diese Thematik legte unter anderem der durch LaTeX bekannte Leslie Lamport. Seine Arbeiten sind auch die Basis für viele andere Algorithmen wie Paxos. Sein ACM-Paper von 1978 mit dem Namen „Time, Clocks, and the Ordering of Events in a Distributed System" [Lam78] wurde mit vielen Auszeichnungen geehrt und beschreibt die dann nach ihm benannten *„Lamport timestamps"*.

Lamport Timestamps/Clocks

Lamport beschreibt einen einfachen Algorithmus, mit dem Ereignisse geordnet werden können (sogenannte partielle Ordnung oder Halbordnung). Die Grundidee ist, dass jede Nachricht einen Zeitstempel bekommt, z.B. einen Unix-Epoch-Zeitstempel `1280304817` oder einen eigenen Zähler. Da es sich nicht um Echtzeituhren handelt, gilt hier nur, dass die Integer-Werte streng monoton steigend sind. Nun sind zwei Fälle interessant:

1. Das **schwache Konsistenzkriterium** sagt aus: Wenn man weiß, dass ein Ereignis e1 die Ursache von e2 war, dann muss der Zeitstempel von e1 auch kleiner als der von e2 sein.

2. Das **starke Konsistenzkriterium** sagt die Umkehrung aus: Wenn man sieht, dass der Zeitstempel von e1 kleiner ist als der von e2, dann muss das Ereignis e1 die Ursache von e2 gewesen sein.

Insbesondere das letzte Kriterium ist interessant. Es erlaubt festzustellen, dass ein Ereignis nicht die Ursache von irgendetwas war, sondern komplett nebenläufig aufgetreten ist.

Bei Lamport-Uhren geht man erst einmal nur von Prozessen aus, die sich Nachrichten senden. Jeder Nachricht wird ein Integer angehängt (z.B. 5), und bei jedem Sende- und Empfangsvorgang wird dieser Zähler erhöht (z.B. 6). Leider genügen Lamport-Uhren nur dem ersten schwachen Konsistenzkriterium.

Version Vector

In direktem Zusammenhang mit Vector Clocks stehen Versions-Vektoren. Diese werden Vektoren genannt, weil zu einem Sender (oder hier zu einer speichernden Instanz) viele Werte bzw. Zeitstempel gesammelt oder erstellt werden. Würde man alle Zeitstempel eines Prozesses sammeln, so hätte man in der Informatik eben ein Tupel oder auch einen Vektor. Dies ist also anders als bei den Lamport-Uhren, die über alle Prozesse zählen und sich keine Zustände merken. Im Gegensatz zu Vector Clocks wird bei Versions-Vektoren üblicherweise auf den letzten, also höchsten Eintrag zugegriffen.

Definition der Vector Clock

Bei der Verwendung der Vector Clock bekommt jeder Prozess einen inkrementierenden Zähler, der beim Senden oder Empfangen erhöht wird. Entscheidend ist, dass sich jeder Prozess (oder auch jede Datenbankinstanz) merkt, von wem das Objekt kommt und welchen Zeitstempel es hatte. Die Prozesse erstellen also eine Liste (Vector) vom Typ **Sender_ID x Zeitstempel** (siehe Abbildung 2.5.1).

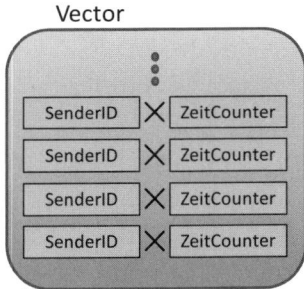

Abbildung 2.5.1
Inhalt einer Vector Clock

Die Sender-ID ist in der Regel eine Prozess-ID, manchmal auch eine MAC-ID oder bei Kommunikationsprotokollen auch eine IP-Adresse.

Wofür werden Vector Clocks nun in NoSQL-Systemen eingesetzt? Nehmen wir an, es gibt vier Instanzen, auf denen Daten gespeichert und untereinander repliziert werden. Dann kann es geschehen, dass Clients einige dieser Instanzen mehrfach updaten. Wenn diese Updates und Replikation recht durcheinander erfolgen, muss der Client feststellen können, welche die aktuelle Version ist. Dies ist das eigentliche Ziel: Ein Client soll verschiedene Versionen erkennen, selbst ordnen und entscheiden können.

Der Algorithmus läuft folgendermaßen ab:

- ■ Wird ein Ereignis festgestellt, dann wird das i'te Element des eigenen Timestamps bzw. der Clock erhöht. Alle Uhren sind initial Null.

- Wenn ein Prozess Daten sendet, packt er seinen Timestamp zur Nachricht dazu.
- Sobald der Prozess eine Nachricht erhält, erhöht er seine eigene Uhr in dem Vektor um eins. Danach wird das Maximum aus der eigenen Uhr und jedem seiner Werte in dem Vektor gebildet und alle Werte im aktuellen Vektor aktualisiert.

Dieser Vorgang lässt sich am einfachsten an einem praktischen Beispiel veranschaulichen, bei dem keine echten Prozess-IDs und Uhren verwendet werden. Statt der Prozess-IDs sollen hier Namen verwendet werden. Die Daten in unserem Beispiel sind einfache Sportaktivitäten. Die Vector Clocks sollen wie folgt notiert werden:

```
Anfangsbuchstabe der Person(d.h. Prozess oder Node) : Zähler
```

Das Beispiel, das in Abbildung 2.5.2 zu sehen ist, ist eine Vereinfachung eines bekannten Beispiels von Riak [Riak10a], [Riak10b].

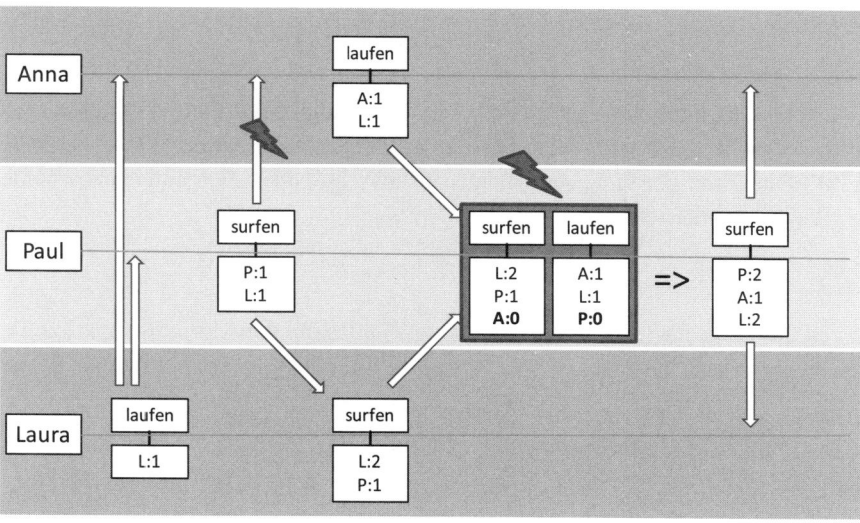

Abbildung 2.5.2 Beispiel für die Konsenssuche dreier verteilter Instanzen

Die Personen Laura, Anna und Paul aus diesem Beispiel entsprechen in einem realen NoSQL-System drei Nodes (Rechnerinstanzen), auf denen Daten zu einem Sachverhalt gespeichert werden sollen. Nodes können untereinander den aktuellen Stand nachfragen und ggf. andere Nodes über Updates informieren. Wenn jedoch viele Personen alias Clients durcheinander senden, ist dies alles andere als trivial.

Die drei Personen möchten eine sportliche Aktivität durchführen und das Ergebnis ihrer Vorschläge und Entscheidungen auf der Node ablegen. Ideal wäre es natürlich, wenn das Ergebnis des Konsens (daher der Begriff Konsensus-Protokolle) im Endeffekt auf allen Systemen das gleiche wäre.

In obigem Beispiel ergreift Laura als erste die Initiative und schlägt vor zu laufen:

```
laufen, [L:1]
```

`laufen` sind hierbei die Daten, die z.B. in das Datenfeld Aktivität geschrieben werden soll. Und zwar bei möglichst allen Kommunikationsteilnehmern (Nodes). Als Vector Clock fügt sie ihr Kürzel `L` mit dem Uhren-Zähler `1` hinzu. Sie sendet oder repliziert diese Information an die Nodes Paul und Anna. Nun wird Paul aktiv und schlägt dagegen die Aktivität `surfen` vor. Dazu packt er sein Kürzel mit seiner Uhr in den Vektor: `P:1`. Und versendet:

```
surfen, [L:1, P:1]
```

Er sendet diese Nachricht ebenfalls an beide andere Kommunikationsteilnehmer. Aufgrund eines Netzwerkfehlers kann die Nachricht aber Anna nicht erreichen. Nur Laura erhält die Nachricht. Sie stimmt Paul zu und sendet die Surfnachricht zurück. Dabei erhöht sie ihre eigene Uhr auf 2:

```
surfen, [P:1, L:2]
```

Nun wird Anna unruhig und stimmt ihrerseits `laufen` zu, basierend auf Lauras Nachricht:

```
laufen, [L:1, A:1]
```

Diese sendet sie an Paul. Paul hat nun ein Problem. Initial hätte Laufen eine Mehrheit gefunden, wenn nicht Laura schon dem Surfen zugestimmt hätte. Dies erkennt man sofort an der Grafik. Paul kann genau diesen trivialen Sachverhalt aber auch anhand der beiden erhaltenen Vektoren erkennen:

```
surfen, [A:0, P:1, L:2]
laufen, [P:0, L:1, A:1]
```

Wichtig ist hier, dass nicht vorhandene Personen/Nodes mit der Uhr null eingefügt werden. Und so erkennt Paul, dass wegen `P:0` Annas Entscheidung nicht auf seinem Vorschlag basiert.

Paul könnte nun beide Entscheidungen (für Laufen oder Surfen) gut begründen und vorschlagen:

- ◼ Entweder Laufen, da ja beide Frauen ursprünglich laufen wollten.

- ◼ Oder Surfen, da sich Laura ja inzwischen anders entschieden hat.

Er trifft nun die Entscheidung, es bei Surfen zu belassen, und übersendet dies wieder an Laura und Anna:

```
surfen, [L:2, A:1, P:2]
```

Dazu packt er Lauras Bestätigung `L:2` mit seinem Stempel `P:2` in den Vektor. Damit ist vielleicht noch lange kein Konsens gefunden (Anna kann immer noch ablehnen und neue Vorschläge machen). Jedoch ist zu erkennen, dass anhand der Größe und der Kennung der Vektoren zum einen sinnvolle Entscheidungen getroffen und zum anderen kausale Abhängigkeiten geprüft werden können.

Interessant ist noch, dass der Wert `P:2` höher sein müsste, wenn die Uhr von Paul inzwischen weiter hochgezählt hätte. Hätte Paul also nach seiner Nachricht `surfen, [P:1, L:1]` weitere Ereignisse verarbeitet und seine Uhr weiter hochgezählt (z.B. auf 5), dann sähe seine letzte Nachricht so aus: `surfen, [P:6, A:1, L:2]`.

Vector Clocks sind daher eine sinnvolle Abstraktion, die nicht von idealen Uhren oder von definierten Latenzzeiten in der Kommunikation ausgehen. Die einzige Annahme ist, dass eine Nachricht später beim Empfänger ankommt als zum Zeitpunkt der Absendung.

Wie in [Riak10b] nachzulesen ist, besteht generell ein weiteres Problem darin, dass bei sehr vielen zu synchronisierenden (v)Nodes die Vektoren schnell sehr groß werden können. Im Falle von Riak sind daher die Personen Nodes bzw. vNodes, die sich synchronisieren müssen.

Literatur

[Lam78] Leslie Lamport: Time, Clocks, and the Ordering of Events in a Distributed System, Communications of the ACM, July 1978, Volume 21, Number 7

[Riak10a] „Why Vector Clocks are Easy", *http://blog.basho.com/2010/01/29/why-vector-clocks-are-easy*

[Riak10b] „Why Vector Clocks are Hard", *http://blog.basho.com/2010/04/05/why-vector-clocks-are-hard/*

2.6   Paxos

Zur Gewährleistung der Datenintegrität bei Teilausfällen von replizierten Daten in einem Computercluster werden sogenannte *Quorum-Consensus*-Algorithmen eingesetzt. Unter Paxos versteht man eine Familie von Protokollen[14], die in einer Gruppe von Teilnehmern einen Konsens, also eine Einigung auf ein Ergebnis herstellen. Die Bedeutung von Paxos für NoSQL liegt in der Erhaltung der Konsistenz replizierter Daten bei Transaktionen. Es wird oft als fehlertolerantes, skalierbares Commit-Protokoll in Key/Value-Stores eingesetzt. Paxos toleriert einen Ausfall von einer Minderheit von Knoten im verteilten System, auf denen repliziert werden soll. Ebenso wird toleriert, dass eine Transaktion abstürzen kann und später wiederholt wird und dass Nachrichten verloren gehen können. Solange eine Mehrheit der Knoten im verteilten System läuft, kann eine Zustimmung zur Transaktion durch die Knoten erfolgen.

Im klassischen Two-Phase-Commit-Protokoll (2PC) ist der koordinierende Prozess darauf angewiesen, dass von allen Teilnehmern, die als *Resource Manager* bezeichnet werden, eine Rückmeldung erfolgt. Außerdem werden die *Resource Manager* alle zentral vom Koordinator − dem *Transaction Manager* − gesteuert. Antwortet ein *Resource Manager* nach einer Zeitüberschreitung nicht, wird die Transaktion durch Senden von `abort` abgebrochen. Fällt der *Transaction Manager* aber aus, bevor alle anderen Teilnehmer ein `abort` oder ein `commit` erhalten, so wird die Transaktion blockiert. Im Gegensatz zum 2PC-Protokoll blockiert Paxos nicht, wenn ein koordinierender Prozess ausfällt.

---

[14] [Turner07], Introduktion

Basic-Paxos-Consensus-Algorithmus[15]

Beim Konsensproblem geht es darum, dass man in einer Gruppe von teilnehmenden Prozessen in einem verteilten System eine Einigung bei der Wahl eines einzelnen Wertes erreicht. Der Wert wird zunächst von einem *Client* vorgeschlagen. Zudem wird vorausgesetzt, dass eine genügend große Menge von Prozessen (*Acceptors*) lauffähig vorhanden ist, um einen Wert auswählen zu können. Es kann gezeigt werden, dass bei einer Anzahl von *2F+1 Acceptors* mindestens *F+1 Acceptors* ordnungsgemäß funktionieren müssen, um eine Einigung auf einen Wert zu erreichen. Paxos verwendet dazu eine Reihe von Wahlgängen (*ballots*), die durch nichtnegative ganze Zahlen nummeriert werden. Die Wahlgänge werden mit einem jeweils vorbestimmten Koordinator, dem *Leader*, durchgeführt. Der *Leader* mit der Wahlgangsnummer *bal=0* ist der *initial Leader*. Die Teilnehmer im verteilten System können weitere Rollen einnehmen, anhand derer die Prozesse in Paxos beschrieben werden können. Es wird unter anderem zwischen folgenden Rollen unterschieden[16]:

- *Client* – stellt eine Anfrage an das verteilte System und erwartet eine Antwort.

- *Acceptor* – sie fungieren als fehlertolerantes „Gedächtnis" des Protokolls und werden als beschlussfähige Menge, als *Quorum* zusammengefasst.

- *Proposer* – unterstützt eine Client-Anfrage, überzeugt die *Acceptors* zur Zustimmung und wirkt als Koordinator für das Protokoll bei auftretenden Konflikten.

- *Leader* – ist ein *Proposer*, der die führende Rolle im Prozessdurchlauf bekommen hat.

Jede Instanz des Basic-Paxos-Protokolls entscheidet über einen einzigen Wert. Das Protokoll geht über mehrere Wahlgänge, und ein erfolgreicher Wahlgang durchläuft dabei die folgenden Phasen:

- Phase 1a (*prepare*): Der Proposer bzw. Leader nimmt eine ihm zugeteilte Wahlgangsnummer *bal*, von der er annimmt, dass es die größte ist, die bis jetzt in Phase 1 gesendet wurde, und sendet diese Nummer an eine beschlussfähige Menge (*Quorum*) von *Acceptors*.

- Phase 1b (*promise*): Wenn die vom Acceptor empfangene Wahlgangsnummer größer ist als jede Nummer, die er zuvor empfangen hat, dann sendet er seinen Status an den Leader. Die Statusmitteilung besteht aus

  - der höchsten Wahlgangsnummer, die er bis jetzt über Phase 1a bekommen hat, und

  - der höchsten Wahlgangsnummer, die er bis jetzt über Phase 2b gesendet hat.

  Er verspricht, keine Wahlgangnummern zu akzeptieren, die kleiner oder gleich der bis jetzt empfangenen Wahlgangsnummer *bal* sind.

- Phase 2a (*accept*): Wenn der Leader für die Wahlgangsnummer *bal* von einem Quorum von Acceptors positive Phase-1b-Nachrichten bekommen hat, ergeben sich zwei Möglichkeiten:

---

[15] Vgl. [Gray04], Seiten 7-10
[16] Vgl. [Turner07], Roles

- *free* – kein Quorum von Acceptors hat bis jetzt eine Wahlgangsnummer über Phase 2b gesendet und somit noch keinen Wert *v* ausgewählt.

- *forced* – ein Quorum von Acceptors hat eine Wahlgangsnummer über Phase 2b gesendet und somit einen Wert *v* ausgewählt.

    Im Fall von *forced* sendet der Leader den Wert *v* mit der Wahlgangsnummer *bal* an ein Quorum, und im Fall von *free* kann der Leader jeden beliebigen Wert an ein Quorum von Acceptors senden, um ihn akzeptiert zu bekommen.

- Phase 2b (*accepted*): Wenn ein Acceptor eine Phase-2a-Nachricht bekommt, für die er ein Versprechen über eine Phase-1b-Nachricht gegeben hat, so wird dieser Wert akzeptiert, und der Acceptor sendet eine Phase-2b-Nachricht mit *v* und *bal* an den Leader.

- Phase 3: Wenn der Leader von einem Quorum von Acceptors eine Phase-2b-Nachricht für den Wert *v* und dem Wahlgang *bal* bekommen hat, weiß er, dass *v* akzeptiert wurde, und kommuniziert dies an alle interessierten Prozesse.

Für den Wahlgang mit der Wahlgangsnummer *bal=0* muss die Phase 1 nicht durchlaufen werden, da es keine Wahlgangsnummer gibt, die kleiner ist. Wenn der Leader einen Wert erhalten hat, sendet er im normalen, störungsfreien Fall eine Phase-2a-Nachricht mit dem Wert *v* und der Wahlgangsnummer *bal=0* an alle Acceptors. Jeder Acceptor erhält diese Nachricht und antwortet mit einer Phase-2b-Nachricht für *bal=0*. Wenn der Leader diese Phase-2b-Nachricht von einer Mehrheit der Acceptors erhalten hat, sendet er eine Phase-3-Nachricht, die verkündet, dass der Wert gewählt wurde. Fällt der initial Leader vor der Wahl eines Wertes aus, muss ein neuer Leader gewählt werden. Die Wahl eines neuen Leaders ist der Lösung des Konsensproblems äquivalent und wird hier aber nicht weiter behandelt. Ein Prozess (*Proposer*), der von sich glaubt, dass er die führende Rolle bekommen hat, initiiert einen neuen Wahlgang, angefangen bei Phase 1a. Da es mehrere Prozesse gibt, die das von sich glauben könnten, kann es sein, dass dadurch Aktionen aus mehreren Phasen nebenläufig ausgeführt werden.

Paxos-Commit-Algorithmus

Der Paxos-Commit-Algorithmus wird genutzt, um eine Entscheidung über *abort* oder *commit* auf jedem Resource Manager zu treffen. Dazu läuft auf jedem Resource Manager eine Instanz des Paxos-Consensus-Algorithmus. Er nutzt auch *2F+1 Acceptors*, macht Fortschritte, wenn mindestens *F+1 Acceptors* ordnungsgemäß funktionieren und ist somit fehlertolerant. Der klassische 2PC-Algorithmus kann auch als spezielle Form des Paxos-Commit-Algorithmus angesehen werden, bei dem *F = 0* ist[17]. Die Resource Managers übernehmen die Rolle der Clients. Sie führen die verteilte Transaktion aus und wählen einen Wert aus, den sie durch eine Mehrheit von Acceptors akzeptiert bekommen wollen. Jeder Resource Manager (RM) ist der erste Antragsteller in einer eigenen Instanz von Paxos. Der Nachrichtenfluss ist nun der folgende[18]:

---

[17] Vgl. [Gray04], Seite 2
[18] Vgl. [Gray04], Seite 13

1. Der RM der Transaktion sendet ein *BeginCommit* an den Leader.

2. Der Leader sendet eine *prepare*-Nachricht an alle andern RMs.

3. Jeder RM sendet für *bal=0* eine Phase-2a-*prepared*-Nachricht an alle Acceptors seiner Instanz.

4. Für jede Paxos-Instanz der RM antworten die Acceptors, die eine Phase-2a-Nachricht bekommen haben, dem Leader mit einer Phase-2b-*prepared*-Nachricht.

5. Der Leader sendet eine *commit*-Nachricht an jeden RM, sie beinhaltet für jede Paxos-Instanz eine Phase-3-*prepared*-Nachricht.

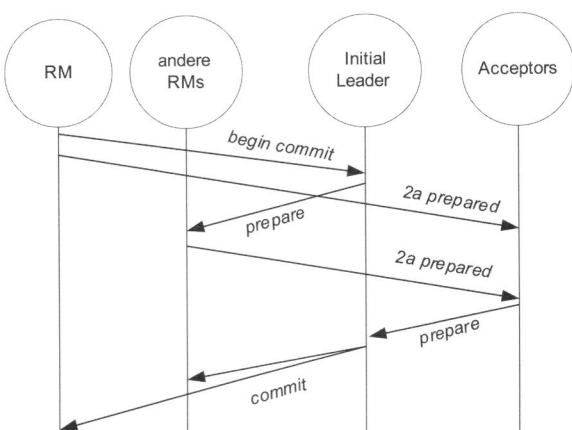

Abbildung 2.6.1
Nachrichtenfluss im fehlerfreien Fall

Zusammenfassung

Der Paxos-Commit-Algorithmus wird im Kontext der NoSQL-Datenbanken oft als fehlertolerantes, skalierbares Commit-Protokoll bei Transaktionen eingesetzt, beispielsweise bei den Key/Value-Stores Scalaris oder dem Keyspace von Scalien. Auch Google nutzt diesen Algorithmus im Chubby-Prozess bei BigTable/GFS, wenn es um das Speichern und Sperren von Metadaten geht [Burr06].

Paxos toleriert einen Ausfall von einer Minderheit von Knoten, auf denen repliziert werden soll. Solange ein Mehrheit der Knoten im verteilten System läuft, kann eine Zustimmung zur Transaktion durch die Knoten erfolgen. Der Paxos-Commit-Algorithmus wird in den Schriften von Leslie Lamport formal spezifiziert[19]. Dort sind auch die verschiedenen Varianten des Paxos-Protokolls (wie Basic, Multi, Cheap, Byzantine etc.) beschrieben. In dieser Einführung haben wir einen ersten Eindruck von Consensus-Protokollen vermittelt, die im NoSQL-Bereich eine immer größere Rolle spielen, um verteilte Einigung über ein Ergebnis, Ereignis oder einen Wert zu erreichen.

---

[19] Vgl. [Gray04], Seite 29

Links & Literatur

[Gray04]   J. Gray, L. Lamport: Consensus on Transaction Commit, Microsoft Research, TechRe-
           portNumber: MSR-TR-2003-96, January 2004
           http://research.microsoft.com/apps/pubs/default.aspx?id=64636

[Turner07] B. Turner: The Paxos Family of Consensus Protocols, Oktober 2007
           http://sites.google.com/site/brturn2/paxosfamily

[Burr06]   Mike Burrows: The Chubby Lock Service for Loosely-Coupled Distributed Systems,
           OSDI'06, Seventh Symposium on Operating System Design and Implementation, Seattle,
           WA, Nov 2006.

3 Wide Column Stores

Die Idee der Wide Column Stores stammt schon aus den 80er Jahren [Kosh87]. In einem Wide Column Store wird jedes Attribut in einer eigenen Tabelle hintereinander (spalten-orientiert) und nicht wie bei relationalen Modellen in einer Tabelle untereinander (reihen-orientiert) gespeichert.

Dabei ist die physische Datenorganisation anders organisiert als bei der relationalen Speichertechnik. Ein relationales Datenbankschema mit den Attributen ID, Name und Alter würde reihenorientiert so gespeichert:

```
1, Tom, 42, 2, Mary, 18, 3, Paul, 36
```

In einer spaltenorientierten Datenbank wären die Daten nach ihrer Spalte gruppiert:

```
1,2,3,Tom, Mary, Paul, 42, 18, 36.
```

Dieses Verfahren hat viele Vorteile bei der Analyse der Daten, der Datenkompression und beispielsweise auch für das Caching. Die Aggregation von Daten ist hier aber natürlich einer der wichtigsten Vorteile, weswegen OLAP- und Data-Warehouse-Umgebungen darauf zurückgreifen.

Aber natürlich gibt es auch Nachteile. Die Suche und das Einfügen von Daten kann eventuell aufwendiger sein. Und natürlich ist das Schreiben und Lesen von Objektstrukturen, d.h. von zusammengehörigen Spaltendaten aufwendiger, da man viel springen und suchen muss (z.B. alle Daten von Tom).

Spaltenorientierte Datenbanken gibt es zwar schon seit den 90er Jahren, aber einen echten Aufschwung erleben sie seit 2000 in Umgebungen, wo ihre Vorteile entscheidend sind. Zu den leistungsfähigen Datenbanken dieser Kategorie zählen Sybase IQ, FluidDB, C-Store und MonetDB.

Partiell spaltenorientiert

Die in diesem Kapitel beschriebenen Datenbanken HBase, Cassandra und Amazon SimpleDB weichen von der oben beschriebenen Idee der Wide Column Stores aber stark ab, und zwar in der Frage des angebotenen Dimensionsformates. Hier hat das Design von

Google BigTable eine Architektur vorgegeben, die als „*sparse, distributed multidimensional sorted map*" beschrieben wurde. Dies sind in der Regel mehrdimensionale Tabellen im folgenden Format:

```
n*[Domain / Keyspace] x [Item / Column Family] x [Key x] n*[Key+Value]
```

Hier gibt es also meistens mehrere oder viele Dimensionen aus *Domains* oder *Keyspaces*, deren kleinstes Feld dann ein `Item` oder eine Column Family bildet. In diesem Item gibt es dann beliebig viele Key/Value-Maps, die wiederum evtl. über einen übergeordneten Schlüssel angesprochen werden können. Dies bedeutet, dass die unterste Ebene eine Menge von Key/Value-Maps sind und so eine Einheit bilden. Auf höherer Ebene findet aber eine Gruppierung ähnlich der spaltenorientierten Datenbanken statt, wo ähnliche Eigenschaften (hier zusammengehörige *Items/Column Families*) zusammengefasst werden.

Derartige Datenbanken sind sehr gut skalierbar und typischerweise für sehr große Datenmengen geeignet. Neben den hier beschriebenen Hadoop/HBase, Cassandra und SimpleDB gibt es noch das Hadoop-Derivat Cloudera, welches in Kapitel 7 kurz beschrieben wird. Weiterhin gibt es durchaus interessante Mischformen wie SciDB (*http://www.scidb.org*), die mehrdimensionale Arrays anbieten.

Literatur

[Kosh87]   S. Khoshafian, G. Copeland, T. Jagodis, H. Boral, P. Valduriez: A query processing strategy for the decomposed storage model, 1987, ICDE.

3.1　HBase

3.1.1　Überblick

HBase ist vergleichbar mit dem freien und quelloffenen OpenOffice. Diese NoSQL-Datenbank modelliert wie OpenOffice ein proprietäres System nach. Aber man sollte nicht unterschätzen, was mit HBase quelloffen zur Verfügung gestellt wird, handelt es sich dabei doch schließlich um eine Nachmodellierung von Googles BigTable.

Ende 2006 veröffentlichte Google einen wissenschaftlichen Artikel zur Architektur des intern entwickelten verteilten Datenbanksystems BigTable. Etwa zur gleichen Zeit begann die Entwicklung von HBase. BigTable wurde von Google so gestaltet, dass es die speziellen Anforderungen der von Google über das Web bereitgestellten Dienste erfüllt.

Trotz der Veröffentlichung der strukturellen Merkmale von BigTable ist das System eine proprietäre Technologie von Google und wird Dritten nicht zur Nutzung bereitgestellt. Diesen Umstand versucht das quelloffene HBase-Projekt zu ändern.

Steckbrief

Webadresse:	http://hadoop.apache.org/hbase/
Kategorie:	Wide Column Store
API:	Java, REST, Thrift
Protokoll:	RPC
Geschrieben in:	Java
Concurrency:	Atomic Locking, Optimistic Concurrency Control
Replikation:	über Hadoop HDFS
Skalierung:	nativ unterstützt durch Hinzufügen neuer RegionServer
Lizenz:	Apache License, Version 2.0

3.1.2 Allgemeines

HBase ist Open Source und ein Teilprojekt von Apache Hadoop, einem Projekt der Apache Software Foundation. Ziel des Hadoop-Projekts ist es, eine freie Implementierung der von Google entwickelten proprietären Infrastrukturtechnologien bereitzustellen. HBase bildet dabei das proprietäre Datenbanksystem BigTable von Google nach.

Die Entwicklung von HBase begann Ende 2006 durch Chad Walters und Jim Kellerman, beide Mitarbeiter der Firma Powerset. Dort benötigte man ein Datenbanksystem wie Big-Table für ein System zur Verarbeitung natürlicher Sprache im Web. Ausgangsbasis dazu war eine nahezu lauffähige Code-Basis eines BigTable-Nachbaus von Mike Cafarella. Walters und Kellerman erweiterten diese. Die Firma Powerset wurde 2008 von Microsoft übernommen. Dies hat jedoch nichts daran geändert, dass Powerset weiterhin den harten Kern der Entwickler für HBase stellt.

HBase ist ein spaltenorientiertes Datenbanksystem zur verteilten Speicherung großer Mengen semistrukturierter Daten. Das System ist in Java implementiert. Wie BigTable mit dem Google File System sieht HBase zur Speicherung der Daten und Log-Dateien die Nutzung eines verteilten Dateisystems wie Hadoops HDFS vor. HBase verzichtet wie alle hier vorgestellten Datenbanksysteme auf die Mehrzahl der Features von relationalen Datenbanken mit dem primären Ziel, möglichst einfach auf preisgünstiger Standardhardware zu skalieren. Produktiv im Einsatz ist HBase bei Firmen wie Yahoo, Adobe und StumbleUpon.

3.1.3 Datenmodell

In HBase werden Daten in Tabellen gespeichert. Eine Tabelle besteht aus Zeilen und Spalten. Eine Zeile steht für einen Datensatz, während eine Spalte ein Attribut repräsentiert. Die Zellen einer Tabelle, die Ausprägung einer Spalte in einer Zeile, werden versioniert. Zu diesem Zweck fügt HBase bei jeder Einfügeoperation automatisch einen Zeitstempel des Ausführungszeitpunkts an.

Jede Zeile wird über einen eindeutigen Schlüssel identifiziert. Der Schlüssel einer Zeile in HBase ist vergleichbar mit einem Primärschlüssel in relationalen Datenbanken. Jeder Zugriff auf eine Tabelle erfolgt über diesen Schlüssel. HBase verwendet für die Schlüssel wie für die Zellen ein Byte-Array. Dies ermöglicht viel Freiraum bei dem Aufbau geeigneter Schlüssel, da von Zeichenketten bis zu rohen Binärdaten vieles denkbar ist. Die Zeilen einer Tabelle werden nach dem Schlüssel sortiert. Standardmäßig wird dabei die Binärsortierung verwendet.

Die Spalten werden in HBase in Spaltenfamilien gruppiert. Ein Schema legt die Spaltenfamilien einer Tabelle und deren Eigenschaften fest. Der Zugriff auf eine Spalte erfolgt über eine Kombination aus einem Präfix für die Spaltenfamilie und dem Bezeichner der Spalte:

```
[Spaltenfamilie]:[Spaltenbezeichner]
Beispiel: map:image
```

Das Präfix für die Spaltenfamilie muss aus druckbaren Zeichen bestehen, darf aber nicht das Trennzeichen enthalten. Dieses ist per Konvention als „:" festgelegt. Der Bezeichner für eine Spalte kann jedoch ein beliebiges Byte-Array sein. Eine Spaltenfamilie muss vorab als Teil des Schemas einer Tabelle definiert werden. Spalten können später nach Bedarf zu einer Spaltenfamilie hinzugefügt werden. Clients können in einer Update-Operation beliebige Spalten hinzufügen, solange die zughörige Spaltenfamilie bereits definiert wurde. Physisch werden die Daten einer Spaltenfamilie zusammenhängend gespeichert.

Trotz der Verwendung von Bezeichnungen der relationalen Welt für das Datenmodell von HBase hebt sich dieses jedoch deutlich vom relationalen Modell ab. Das Datenmodell von HBase ist im Grunde ein assoziatives Array, auch als Map oder Dictionary bekannt. Dieses ist nach Schlüsseln sortiert, von denen jeder auf eine Zeile zeigt. Die Zeilen können wiederum als ein assoziatives Array interpretiert werden. In diesem Fall sind die Schlüssel die Bezeichner der Spaltenfamilien. Auch die Werte der Spaltenfamilien sind ein assoziatives Array mit den Spaltenbezeichnern als Schlüssel. Letztlich handelt es sich daher bei dem Datenmodell von HBase um ein mehrdimensionales assoziatives Array, wie es folgendes Listing verdeutlichen soll:

Listing 3.1.1 HBase-Datenmodell als mehrdimensionales assoziatives Array

```
KEY_1 => COLUMN_FAMILY_ONE => A => Value
                           => B => Value
      => COLUMN_FAMILY_TWO => C => Value

KEY_2 => COLUMN_FAMILY_ONE => A => Value
      => COLUMN_FAMILY_TWO => D => Value
                           => E => Value

KEY_3 => COLUMN_FAMILY_ONE => A => Value
                           => E => Value
                           => F => Value
      => COLUMN_FAMILY_TWO => C => Value
                           => D => Value
```

3.1.4 Installation

Die Installation von HBase ist ein nicht ganz triviales Unterfangen und setzt grundlegende Kenntnisse von Linux oder anderen POSIX-kompatiblen Betriebssystemen voraus. Damit wurde schon vorweggenommen, dass bisher nur eine Implementierung für Linux bereit steht. HBase verwendet zur Steuerung Shell-Skripte. Daher ist HBase auf Windows-Systemen nur mit der Kompatibilitätsschicht Cygwin sinnvoll nutzbar. Zur Installation lädt man das aktuellste stabile Release von der HBase-Release-Seite unter der URL *http://hadoop.apache.org/hbase/releases.html*. Dann entpackt man das Archiv und wechselt in das Verzeichnis:

```
$ tar -xzf hbase-x.y.z.tar.gz
$ cd ./hbase-x.z.z
```

HBase benötigt zur Ausführung ein installiertes Java-Paket in der Version 6. Damit HBase die zu verwendende Java-Installation finden kann, ist es wichtig, dass man entweder die Umgebungsvariable JAVA_HOME oder in der Konfigurationsdatei *conf/hbase-env.sh* die JAVA_HOME-Variable auf das lokale Installationsverzeichnis von Java setzt.

Die Programme zur Steuerung und Konfiguration von HBase befinden sich im Unterverzeichnis *bin*. Folgende Eingabe liefert eine Übersicht der verfügbaren Optionen des zentralen Shell-Skripts zur Steuerung von HBase:

Listing 3.1.2 HBase: Verfügbare Kommandozeilenoptionen des Shell-Skripts von HBase

```
$ ./bin/hbase

Usage: hbase <command>
Where <command> is one of:
  shell            run the HBase shell
  master           run an HBase HMaster node
  regionserver     run an HBase HRegionServer node
  rest             run an HBase REST server
  thrift           run an HBase Thrift server
  zookeeper        run a ZooKeeper server
  migrate          upgrade n hbase.rootdir
or
  CLASSNAME        run the class named CLASSNAME
Most commands print help when invoked w/o parameters.
```

HBase ist im Auslieferungszustand als lokaler *Single-Node-Cluster* vorkonfiguriert. In diesem Modus speichert HBase seine persistenten Daten im Ordner *tmp* im Stammverzeichnis des Systems. Dadurch ist es möglich, sofort nach der Installation HBase auf dem eigenen Rechner für erste Gehversuche zu starten. Zum Starten benutzt man einfach das mitgelieferte Shell-Skript:

```
$ bin/start-hbase.sh
```

Das Shell-Skript startet zwei Prozesse: eine lokale HBase-Instanz, die Daten persistent auf die lokale Platte speichert, und eine Instanz von ZooKeeper, dem Koordinationsdienst für HBase-Cluster.

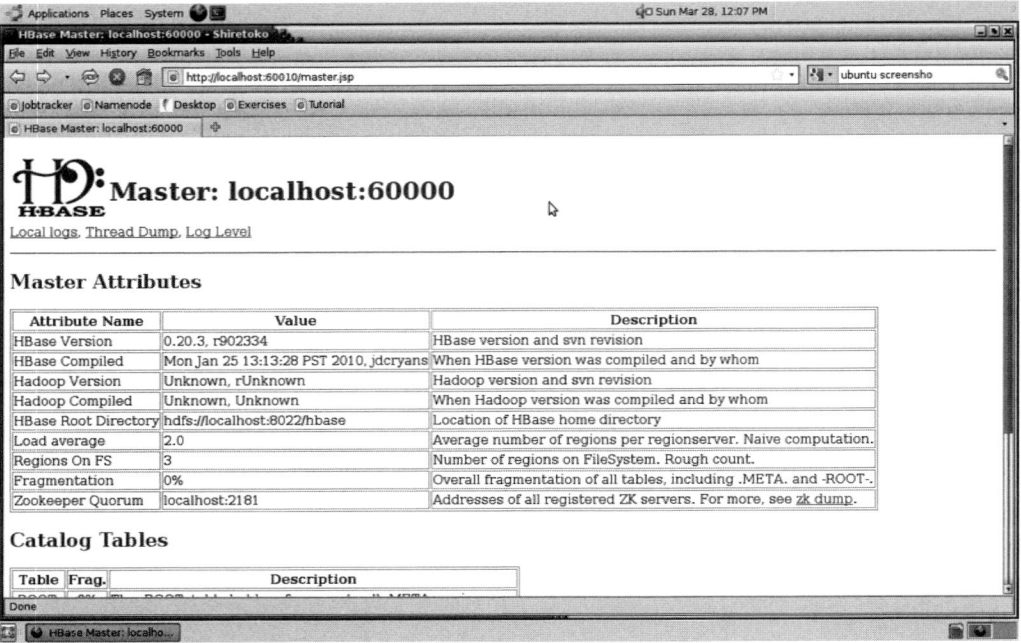

Abbildung 3.1.1 HBase: Screenshot des Web-Interfaces

Um zu prüfen, ob die lokale HBase-Instanz ordnungsgemäß läuft, ruft man im Browser das Web-Interface von HBase auf dem Port 60010 auf (*http://localhost:60010*, siehe Abbildung 3.1.1).

Zum Stoppen des HBase-Clusters steht ein weiteres Shell-Skript bereit:

```
$ bin/stop-hbase.sh
```

Der beschriebene *Single-Node-Cluster* ist vor allem für Testzwecke geeignet. In einem Produktivsystem will man jedoch meist die Vorteile der horizontalen Verteilung von HBase nutzen, indem man einen *Multi-Node-Cluster* aufsetzt. Näheres dazu wird im Abschnitt 3.1.7 zur Skalierung erläutert.

3.1.5   CRUD-Operationen

Erstellung eines Schemas

Ehe man Daten in HBase speichern kann, ist es wie bereits beschrieben notwendig, eine Tabelle mit Schema anzulegen. Dies kann über die integrierte JRuby-Shell oder die verfügbare Java-API geschehen. An dieser Stelle werden beide Wege demonstriert.

Für den Weg über JRuby startet man zunächst die Shell durch folgende Eingabe:

```
$ bin/hbase shell
HBase Shell; enter 'help<RETURN>' for list of supported commands.
Version: 0.20.3, r902334, Mon Jan 25 13:13:28 PST 2010
hbase(main):001:0>
```

Nun kann ein Schema erstellt werden. Ein Schema für eine Tabelle besteht aus deren Namen und der Deklaration von zugehörigen Spaltenfamilien. Für jede Spaltenfamilie können verschiedene Attribute spezifiziert werden wie beispielsweise die Zahl der zu speichernden Versionen einer Zelle. Die Deklarationen der Spaltenfamilien folgen als *Dictionaries* nach dem Tabellennamen.

```
hbase(main):002:0> create 'Table', {NAME => 'F1', VERSIONS => 2}
```

Der Befehl *create* erzeugt eine neue Tabelle mit dem Namen „Table" und eine Spaltenfamilie mit dem Namen „F1". Alle Zellen einer Spaltenfamilie speichern die letzten zwei Versionen (durch VERSIONS => 2). Mit dem Befehl *list* lassen sich alle Tabellen der verbundenen HBase-Instanz anzeigen.

```
hbase(main):002:0> list
Table

1 row(s) in 0.1030 seconds
```

Dasselbe Ergebnis erreicht man durch Nutzung der Java-API mit folgendem Code:

Listing 3.1.3 HBase: Erstellen eines Schemas mit der Java-API

```
import org.apache.hadoop.hbase.*;
import org.apache.hadoop.hbase.client.*;

public class FirstHBaseClient {
  public static void main(String[] args) throws IOException
  {
    HTableDescriptor table = new HTableDescriptor("Table");
    HColumnDescriptor family = new HColumnDescriptor("F1");
    family.setMaxVersions(2);
    table.addFamily(family);

    HBaseConfiguration config = new HBaseConfiguration();
    HBaseAdmin admin = new HBaseAdmin(config);
    admin.createTable(table);

    HTableDescriptor tables = admin.listTables();
    for (int i=0; i<tables.length; i++)
      System.out.println( tables[i].getNameAsString() );
  }
}
```

Einfügeoperationen mit Java

Zum Einfügen einer neuen Zeile in eine Tabelle erzeugt man ein Objekt der Klasse *Put* aus dem Paket *org.apache.hadoop.hbase.client*. Dem Konstruktor des *Put*-Objekts wird dabei der Schlüssel für die neue Zeile übergeben. Mit der *add*-Methode werden die neuen Zellen in dieser Zeile mit Werten belegt. Dabei sind neben dem zu speichernden Wert der Name der zu verwendenden Spaltenfamilie und der Spaltenname als Parameter anzugeben. Wie oben beschrieben, muss nur die Spaltenfamilie bereits bei der Schemadefinition angelegt worden sein. Neue Spalten können von einem Client jederzeit zu einer bestehenden Spaltenfamilie hinzugefügt werden. Übergibt man die *Put*-Objektinstanz der *add*-Methode einer Objektinstanz der *HTable*-Klasse, wird die neue Zeile in der von dem Objekt repräsentierten Tabelle angelegt.

Listing 3.1.4 HBase: Einfügeoperation mit der Java-API

```java
import java.io.IOException;
import org.apache.hadoop.hbase.*;
import org.apache.hadoop.hbase.client.*;
import org.apache.hadoop.hbase.util.Bytes;

public class FirstHBaseClient {
  public static void main(String[] args) throws IOException
  {
    HBaseConfiguration config = new HBaseConfiguration();

    HTable table = new HTable(config, "Table");

    Put p = new Put(Bytes.toBytes("FirstRowKey"));

    p.add(Bytes.toBytes("F1"), Bytes.toBytes("FirstColumn"),
    Bytes.toBytes("First Value"));

    table.put(p);
  }
}
```

Leseoperationen mit Java

Für den lesenden Zugriff auf eine Zeile erzeugt man ein Objekt der Klass *Get*. Dem Konstruktor übergibt man den Schlüssel der zu lesenden Zeile als Parameter. Für eine Einschränkung des Bereichs wie beispielsweise der Spalten oder der Spaltenfamilie, die man lesen möchte, stehen Methoden wie beispielsweise *addColumn* oder *addFamily* bereit. Um die Ergebnisse aus der Tabelle abzurufen, übergibt man sein erzeugtes *Get*-Objekt der *get*-Methode einer Objektinstanz der Klasse *HTable*. Diese liefert ein Objekt der Klasse *Result* als Ergebnis, welches die abgefragten Daten enthält. Die Klasse *Result* bietet verschiedene Zugriffsmethoden, um auf die Zellen der Spalten einer Zeile zuzugreifen. Die *getValue*-Methode liefert beispielsweise den Inhalt einer Zelle als Byte-Array.

Listing 3.1.5 HBase: Leseoperation mit der Java-API

```java
import java.io.IOException;
import org.apache.hadoop.hbase.*;
import org.apache.hadoop.hbase.client.*;
import org.apache.hadoop.hbase.util.Bytes;

public class FirstHBaseClient {
  public static void main(String[] args) throws IOException
  {
    HBaseConfiguration config = new HBaseConfiguration();

    HTable table = new HTable(config, "Table");

    Get get = new Get(Bytes.toBytes("FirstRowKey"));

    Result result = table.get(get);

    byte[] value = result.getValue(
      Bytes.toBytes("F1"), Bytes.toBytes("FirstColumn"));

    System.out.println(Bytes.toString(value));
  }
}
```

Aktualisierungsoperationen mit Java

Die Aktualisierung einer Zeile ist eine unspektakuläre Operation. Die Java-API von HBase sieht dafür dieselbe Vorgehensweise vor wie beim Einfügen. So erzeugt man erst ein *Put*-Objekt und fügt dann per *add*-Methode die gewünschten Änderungen hinzu. Für ein Code-Beispiel sei deshalb auf die Einfügeoperation verwiesen.

Löschoperationen mit Java

Analog zu den vorangegangenen Vorgehensweisen bietet die Java-API von HBase auch für die Löschoperationen eine eigene Klasse an, die *Delete*-Klasse. Wie bei den anderen Klassen bezieht sich eine Objektinstanz immer auf eine Zeile und benötigt im Konstruktor deren Schlüssel. Es ist aber auch möglich, nur bestimmte Spaltenwerte einer Zeile zu löschen. Durch Aufruf der *delete*-Methode und Übergabe der *Delete*-Objektinstanz als Parameter auf einer Objektinstanz der Klasse *HTable* wird die Löschoperation ausgeführt.

Listing 3.1.6 HBase: Löschoperationen mit der Java-API

```java
import java.io.IOException;
import org.apache.hadoop.hbase.*;
import org.apache.hadoop.hbase.client.*;
import org.apache.hadoop.hbase.util.Bytes;

public class FirstHBaseClient {
  public static void main(String[] args) throws IOException
  {
    HBaseConfiguration config = new HBaseConfiguration();

    HTable table = new HTable(config, "Table");

    Delete del = new Delete(Bytes.toBytes("FirstRowKey"));

    table.delete(del);
  }
}
```

Zugriff über REST

Der Zugriff auf HBase ist auch über eine REST-API möglich. Dazu dient ein im heruntergeladenen Release enthaltenes Java-Servlet namens Stargate, das sich derzeit noch im Alpha-Status befindet. Stargate soll die als veraltet eingestufte bestehende REST-Komponente des HBase-Projekts ersetzen, die aus diesem Grund hier nicht mehr vorgestellt werden soll.

Um Stargate zu starten, gibt es zwei Möglichkeiten: Entweder nutzt man die mitgelieferte Java-Web-Applikation (WAR) und lässt diese in einem beliebigen Servlet-Container wie Tomcat, GlassFish oder dergleichen laufen oder startet einen eigenen Daemon, der einen eingebetteten Jetty-Servlet-Container startet und in diesem Stargate ausführt. An dieser Stelle wird nur die zweite Möglichkeit demonstriert.

Die zu Stargate gehörenden Dateien befinden sich vom HBase-Stammverzeichnis aus im Verzeichnis *contrib/stargate*. Damit Stargate als Daemon gestartet werden kann, müssen die JAR-Datei und deren benötigte Bibliotheken in das *lib*-Verzeichnis im HBase-Stamm-verzeichnis kopiert werden. Danach kann der Daemon mit einer optionalen Angabe des Ports (der Standardport ist 8080) gestartet werden:

```
$ cp contrib/stargate/hbase-[version]-stargate.jar lib/
$ cp contrib/stargate/lib/* lib/
$ bin/hbase-daemon.sh start org.apache.hadoop.hbase.stargate.Main -p
<port>
```

Nun ist Stargate bereit, auf HTTP-Anfragen zu antworten. Zum Test, ob der Daemon korrekt funktioniert, kann man z.B. mit dem Tool curl über die URL *http://localhost:<Port>/<Path>/<Tabellenname>/schema* eine Beschreibung des Schemas der zuvor angelegten Tabelle „Table" abrufen:

```
$ curl http://localhost:8080/Table/schema
{ NAME=> 'Table', IS_META => 'false', IS_ROOT => 'false', COLUMNS => [ {
NAME => 'F1', BLOCKSIZE => '65536', BLOOMFILTER => 'false', BLOCKCACHE =>
'true', COMPRESSION => 'NONE', VERSIONS => '2', TTL => '2147483647',
IN_MEMORY => 'false' } ] }
```

Lässt man wie oben die Angabe des *Encodings* im *Http-Header* weg, liefert Stargate die Darstellung des Schemas im JSON-Format (*application/json*). Weitere unterstützte Formate sind binär (*application/binary*), XML (*application/xml*) und Googles protobuf (siehe *http://code.google.com/p/protobuf/*).

Für lesende und schreibende Zugriffe auf eine HBase-Datenbank mittels Stargate stehen die für REST-üblichen HTTP-Operationen GET, POST, PUT und DELETE bereit. Im folgenden Beispielaufruf wird mit dem Tool curl eine HTTP GET-Operation ausgeführt, um eine über den Schlüssel identifizierte Zeile mit einer URL der Form *<path>/<table>/<rowkey>* aus HBase im XML-Format abzurufen:

```
$ curl -H „Accept: text/xml" http://localhost:8080/Table/FirstRowKey
<?xml version="1.0" encoding="UTF-8" standalone="yes"?>
<CellSet>
  <Row key="Rmlyc3RSb3dLZXk=">
    <Cell timestamp="1268772237126"
      Column="RjE6Rmlyc3RDb2x1bW4=">VmFsdWU=</Cell>
  </Row>
</CellSet>
```

Die Antwort repräsentiert die unter dem in der URL angegebenen Schlüssel gespeicherte Zeile. Das Wurzelelement einer solchen XML-Datei ist ein *CellSet*, das ein *Row*-Element mit der abgefragten Zeile enthält. Jede Zelle einer Zeile wird durch ein *Cell*-Element repräsentiert. Das *Column*-Attribut des *Cell*-Elements bezeichnet den Spaltennamen der Zelle und das *timestamp*-Attribut den Zeitstempel der Version der Zelle. Die Werte sind alle Byte-Arrays, die BASE64-enkodiert sind, und müssen beim Parsen des XML in einer Anwendung in den zu verwendenden Datentyp umgewandelt werden.

Für die Nutzung der REST-API in einem Java-Programm stellt HBase die Klasse *Client* im Paket *org.apache.hadoop.hbase.stargate.client* bereit. Die Nutzung der REST-API sowie der Aufbau der URLs für alle weiteren Operationen sind im Projekt-Wiki von HBase unter *http://wiki.apache.org/hadoop/Hbase/Stargate* beschrieben.

Zugriff über Thrift

Zu guter Letzt bietet HBase auch einen Zugriff über Thrift, welches ebenfalls ein Open Source-Projekt aus dem Kosmos der Apache Foundation (*http://incubator.apache.org/thrift/*) ist. Thrift ist ein Framework für die Entwicklung von Services, die programmiersprachenübergreifend genutzt werden können. Thrift Services werden in der Meta-Sprache Thrift IDL definiert, und mit einem Generator werden daraus Code-Vorlagen zur Implementierung des Services auf Server- und Client-Seite erzeugt. Aktuell bietet Thrift die Erstellung von Code-Vorlagen in den Sprachen C++, C#, Erlang, Haskell, Java, Objective C/Cocoa, OCaml, Perl, PHP, Python, Ruby und Smalltalk an.

Die aktuelle HBase-Version [0.20.03] enthält sowohl eine Meta-Beschreibung der Services sowie eine Implementierung des Servers in Java. Die Servicebeschreibung *HBase.thrift* findet man vom Hauptverzeichnis aus im Pfad *src/java/org/apache/hadoop/hbase/thrift/*. Der Thrift-Server zur Bereitstellung der Services kann mit folgendem Kommando bequem über die Shell gestartet werden:

```
$ bin/hbase-daemon.sh start thrift
```

Zum Beenden des Servers verwendet man folgendes Kommando:

```
$ bin/hbase-daemon.sh stop thrift
```

Die Dokumentation zur Nutzung der Thrift-API von HBase ist im Wiki des Thrift-Projekts unter der URL *http://wiki.apache.org/thrift/FrontPage* zu finden.

3.1.6 Fortgeschrittene Abfragen mit Map/Reduce

Die Möglichkeit, fortgeschrittene Abfragen in einer eigens dafür vorgesehenen Abfragesprache wie SQL zu formulieren, ist in HBase derzeit nicht vorgesehen. HBase ist ein Datenbanksystem, das von Anfang an auf eine möglichst simple Skalierbarkeit hin entwickelt wurde. Aus diesem Grund sind Funktionen wie eine Abfragesprache und dazugehörige Abfrageoptimierer nicht von oberster Priorität für das Projekt.

Für den Anwender bedeutet dies, dass er für Abfragen, die über das hinausgehen, was sich auf Client-Seite mit der geschickten Komposition von CRUD-Operationen performant lösen lässt, nicht um die Nutzung des integrierten Map/Reduce-Frameworks von HBase herumkommt. Für die steile Lernkurve bei der ersten Verwendung von Map/Reduce wird man mit einer deutlich gesteigerten Performance im Vergleich zu klassischen relationalen Datenbanksystemen belohnt, wenn man Datenmengen im Terabyte- oder Petabyte-Bereich verarbeitet.

Die Basis für das Map/Reduce-Framework von HBase bildet die vom Mutterprojekt Hadoop bereitgestellte Implementierung. Die Nutzung dieses Map/Reduce-Frameworks mit HBase erfolgt über eine Reihe von für HBase angepassten Java-Klassen und Paketen, die unter *org.apache.hadoop.hbase.mapreduce* zu finden sind. Mit diesen ist es möglich, HBase als Datenquelle und/oder -senke für Map/Reduce-Jobs zu verwenden.

Die Nutzung dieses Frameworks soll an einem Beispiel in Java demonstriert werden. Im Beispiel soll aus einer Spalte mit Integer-Werten der maximale Wert ermittelt werden. Dazu wird eine eigene Klasse *MaxFinder* implementiert, die die zwei inneren Klassen *MaxFinderMapper* und *MaxFinderReducer* beinhaltet.

MaxFinderMapper erweitert die abstrakte Klasse *TableMapper* und überschreibt die *map*-Methode, die das eigentliche Mapping vornimmt. Die abstrakte Klasse *TableMapper* ist eine generische Klasse, die bei der Erweiterung die Angabe der Klassentypen für den Schlüssel und den Wert der von der Map-Prozedur zurückgelieferten Key-Value-Paare erfordert. Zulässige Klassentypen sind für HBase im Paket *org.apache.hadoop.hbase.io.* und allgemein für Hadoop im Paket *org.apache.hadoop.io* zu finden. Im Beispiel wird für den Schlüssel die Klasse *ImmutableBytesWritable* und für den Wert die Klasse *IntWritable* verwendet. Die *map*-Methode implementiert im Beispiel das simple Sammeln der Werte aus der interessierenden Spalte und die Konvertierung des Byte-Arrays in einen Integer. Für den Zugriff auf das Framework steht ein *context*-Objekt zur Verfügung. Über die *write*-Methode werden die Key-Value-Paare in der *map*-Methode an das Map/Reduce-Framework weitergereicht, das diese für die Reduce-Sequenz sammelt.

Die Reduce-Sequenz wird über eine Erweiterung der abstrakten Klasse *TableReducer* in der *MaxFinderReducer*-Klasse implementiert. Diese ebenso generische Klasse erfordert bei der Erweiterung die Angabe der Klassentypen für den Schlüssel und den Wert der Key-Value-Paare, die von der Map-Sequenz geliefert werden (wie man im Beispiel sieht, müssen diese mit den für die Map-Sequenz angegebenen Typen übereinstimmen), sowie für den Schlüssel der Ausgabe der Reduce-Sequenz. Die konkreten Schritte der Reduce-Sequenz sind in einer Überschreibung der *reduce*-Methode zu implementieren. Über die Konfigurationsparameter *OutputFormat* und *InputFormat* des Map/Reduce-Jobs lassen sich die Datenquelle und -senke des Jobs festlegen. Ist das *OutputFormat* wie im Beispiel auf die *TableOutputFormat*-Klasse festgelegt, dann kann dem *context*-Objekt in der *reduce*-Methode als Wert ein *Put*- oder *Delete*-Objekt übergeben werden, die die dem *Map/Reduce*-Job zugrunde liegende Tabelle ändern. Der zugehörige Schlüssel wird in diesem Fall ignoriert. So wird im Beispiel eine neue Zeile mit dem Schlüssel „max" angelegt und der Maximalwert in der dem Job übergebenen Spalte gespeichert.

Zur Ausführung des Map/Reduce-Jobs erzeugt man eine Instanz der *Job*-Klasse. Im Beispiel geschieht dies in der Methode *createSubmittableJob*. Dem Konstruktor der *Job*-Klasse übergibt man einen Verweis auf ein *Configuration*-Objekt. Im Beispiel ist dies ein Objekt der Klasse *HBaseConfiguration*, die die allgemeine *Configuration*-Klasse beerbt. Als zweiten Parameter übergibt man dem Konstruktor der *Job*-Klasse einen Namen für den Job. Die Klasse, die den auszuführenden Map/Reduce-Job implementiert, teilt man dem *Job*-Objekt mit der Methode *setJarByClass* mit. Im Beispiel ist dies die Klasse *MapFinder*. Der Beispielcode zeigt anschließend die Erzeugung eines *Scan*-Objekts, einem Zeiger vergleichbar, das die Werte aus der HBase-Datenbank liefert, die der Map-Sequenz vom Framework übergeben werden. Das *Scan*-Objekt im Beispiel wird mit der *addColumns*-Methode auf die relevante Spalte eingegrenzt. Zur Konfiguration eines Map/Reduce-Jobs für die Verwendung mit HBase als Datenquelle oder -senke steht die Utility-Klasse *Table-*

MapReduceUtil bereit. Im Beispiel wird diese verwendet, um dem *Job*-Objekt mit der Methode *initTableMapperJob* die *Mapper*-Klasse, den Tabellennamen, das *Scan*-Objekt und die Typen von Schlüssel und Wert der Key-Value-Paare, die die Map-Sequenz ausgibt, mitzuteilen. Zur Einstellung der Reduce-Sequenz wird die Methode *initTableReduceJob* benutzt, die wiederum den Tabellennamen, die Klasse für die Reduce-Sequenz und die Klasse für die Partitionierung der Reduce-Jobs auf die Regionen des HBase-Clusters einstellt. Im Beispiel wird für die Partitionierung, die von HBase als Standard gelieferte Klasse *HRegionPartitioner* verwendet. Zur Ausführung des Jobs ruft man die *waitForCompletion*-Methode auf, die bei Erfolg als Rückgabewert *true* liefert.

Dieses simple Beispiel macht deutlich, welchen Aufwand die Entwicklung selbst einfacher Aufgaben mit dem Map/Reduce-Framework von HBase erfordert. In einem konkreten Anwendungsszenario ist es daher sinnvoll, eine eigene Bibliothek mit Wrapper-Klassen für wiederkehrende Patterns zu implementieren.

Listing 3.1.7 HBase: Beispielimplementierung eines Map/Reduce-Jobs in Java

```java
import java.io.IOException;
import org.apache.hadoop.conf.Configuration;
import org.apache.hadoop.hbase.*;
import org.apache.hadoop.hbase.client.*;
import org.apache.hadoop.hbase.filter.FirstKeyOnlyFilter;
import org.apache.hadoop.hbase.io.*;
import org.apache.hadoop.hbase.mapreduce.*;
import org.apache.hadoop.hbase.util.*;
import org.apache.hadoop.hbase.HBaseConfiguration;

public class MaxFinder{

    private static String Spaltenfamilie;
    private static String column;

    static class MaxFinderMapper
        extends TableMapper<ImmutableBytesWritable, IntWritable> {

        @Override
        protected void map(ImmutableBytesWritable row, Result values,
            Context context)
            throws IOException, InterruptedException {
                int value = Bytes.toInt(values.value());
                String key = "max";
                context.write(new  ImmutableBytesWritable(Bytes.toBytes(key)),
                new IntWritable(value));
        }
    }

    static class MaxFinderReducer
        extends TableReducer<ImmutableBytesWritable, IntWritable ,
        ImmutableBytesWritable>
        {
        @Override
        protected void reduce(ImmutableBytesWritable key,
            Iterable<IntWritable> values, Context context)
            throws IOException ,InterruptedException {
            int max = 0;
            for(IntWritable value : values ) {
                if(value.get() > max)
                max = value.get();
```

```
        }
        Put put = new Put(Bytes.toBytes("max"));
        put.add(Bytes.toBytes(Spaltenfamilie),
        Bytes.toBytes(column),Bytes.toBytes(max));
        context.write(key, put);
    }
}

public static void main(String[] args) throws Exception {
    HBaseConfiguration conf = new HBaseConfiguration();
    String[] otherArgs = new
      GenericOptionsParser(args).getRemainingArgs();
    if (otherArgs.length < 3) {
      System.err.println("ERROR: Wrong number of parameters: " +
        args.length);
      System.err.println("Usage: MaxFinder <tablename> <Spaltenfamilie>
        <column>");
      System.exit(-1);
    }
    Job job = createSubmittableJob(conf, otherArgs);
    System.exit(job.waitForCompletion(true) ? 0 : 1);
}

public static Job createSubmittableJob(Configuration conf,
    String[] args) throws IOException {
      String tableName = args[0];
      Spaltenfamilie = args[1];
      column = args[2];
    Job job = new Job(conf, "maxfinder_" + tableName);
      job.setJarByClass(MaxFinder.class);
      Scan scan = new Scan();
      scan.addColumns(Spaltenfamilie + ":" + column);
      TableMapReduceUtil.initTableMapperJob(tableName, scan,
        MaxFinderMapper.class, ImmutableBytesWritable.class,
        IntWritable.class, job);
      TableMapReduceUtil.initTableReducerJob(tableName,
      MaxFinderReducer.class , job,  HRegionPartitioner.class);
      return job;
    }
}
```

3.1.7   Skalierung und Konfiguration

Der Kern von HBase ist so implementiert, dass das System unkompliziert skaliert. Dazu ist ein HBase-Cluster nach dem 1-Master-/N-Slaves-Prinzip aufgebaut. Ein zentraler Master, der auch in der Terminologie von HBase so genannt wird, überwacht den Cluster mehrerer Slaves, die als RegionServer bezeichnet werden. Die RegionServer stellen den Zugriff auf die Daten bereit und übernehmen die persistente Speicherung. Bei Bedarf braucht man zum Skalieren für HBase nur einen zusätzlichen RegionServer einrichten. Die Verteilung einer in Regions aufgeteilten Tabelle erfolgt dann automatisch durch den Master, was Entwickler und Administratoren entlastet.

Im Ausgangszustand umfasst eine Tabelle nur eine Region. Überschreitet die Datenmenge einer Region einen festgelegten Grenzwert, wird diese automatisch in zwei neue Regions etwa gleicher Größe aufgeteilt. Diese werden auf die im Cluster verfügbaren RegionServer verteilt. Die Verwaltung der Zuteilung von Regions zu den RegionServern übernimmt der Master. Ein RegionServer hält alle Datensätze von einem Start- bis zu einem bestimmten

Endschlüssel. Die Datensätze werden nach dem Schlüssel sortiert gespeichert. So kann der RegionServer, der eine Zeile speichert, über deren Schlüssel bestimmt werden. Für die allgemeine Synchronisation, Konfiguration und Verfügbarkeitskontrolle des Clusters greift HBase auf ein ZooKeeper-Cluster zurück (siehe *http://hadoop.apache.org/zookeeper/*). Den dargestellten Aufbau eines HBase-Clusters verdeutlicht die Abbildung 3.1.2

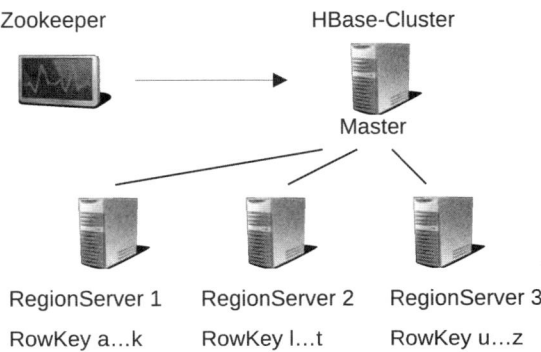

Zookeeper	HBase-Cluster

Master

RegionServer 1	RegionServer 2	RegionServer 3
RowKey a...k	RowKey l...t	RowKey u...z

Abbildung 3.1.2
HBase: Schematischer Aufbau eines Clusters

Zur Konfiguration des HBase-Clusters dienen die Dateien *regionservers* und *hbase-site.xml* im *conf*-Verzeichnis der HBase-Installation auf dem Master. Die Datei *regionservers* enthält pro Zeile den Name eines RegionServers. Für die Erweiterung des Clusters um einen neuen RegionServer muss dessen IP-Adresse nur in dieser Datei eingetragen werden. In der XML-Datei *hbase-site.xml* werden allgemeine Einstellungen für den Cluster festgelegt. Eine Übersicht der möglichen Einstellungen ist in der Datei *hbase-default.xml* im selben Verzeichnis zu finden. Beispiele wichtiger Einstellungsoptionen sind in Tabelle 3.1 beschrieben. Die Default-Einstellungen von HBase sind dabei jeweils mit angegeben.

Tabelle 3.1 Wichtige Konfigurationsoptionen für einen HBase-Cluster

Konfiguration	Beschreibung
hbase.rootdir	Verzeichnis für die DBs der RegionServer, z.B. hdfs://HDFS_NAMENODE:PORT/HBASE_ROOTDIR
hbase.master.port 60000	Port für den Master Node
hbase.regionserver.port 60030	Port für den lokalen RegionServer
hbase.cluster.distributed [true | false]	Schalter für den verteilten Modus (true) und pseudo-verteilten bzw. Einzelmodus (false)
hbase.client.write.buffer 2097152 (2MB)	Größe des Schreibpuffers in Bytes. Je größer der Puffer, desto höher der Hauptspeicherbedarf auf Client- und Serverseite. Um den Verbrauch auf der Serverseite abzuschätzen, muss die Größe des hbase.client.write.buffer mit der Anzahl hbase.regionserver.handler.count multipliziert werden.
hbase.regionserver.handler.count 10	Zahl der auf einem RegionServer laufenden RPC-Server-Instanzen.

Konfiguration	Beschreibung
hbase.client.retries.number 25	Maximale Zahl der Versuche, um eine Operation wie beispielsweise das Auslesen eines Zellenwertes oder der Beginn des Updates einer Zeile auszuführen.
hbase.hregion.max.filesize 268435456 (256MB)	Maximale Größe einer HStore-Datei für eine Spaltenfamilie. Nach dem Überschreiten dieser Grenze wird die Region aufgeteilt.

3.1.8 Replikation

HBase bietet noch keine integrierte Replikation an. Diese kann jedoch auf Dateiebene über das vom Mutterprojekt Apache Hadoop bereitgestellte verteilte Dateisystem HDFS gelöst werden. Die RegionServer eines HBase-Clusters speichern die Daten persistent in einem HDFS-Dateisystem auf einem Hadoop-Cluster. Dieser Cluster erledigt dann die Replikation der im Dateisystem gespeicherten HBase-Datenbankdateien. Dadurch entfällt für einen HBase-Cluster derzeit der Overhead für die Verwaltung der Replikation. Dies wird durch den Hadoop-Cluster erledigt. Die Beschreibung der Replikation eines Hadoop-Clusters und des verteilten Dateisystems HDFS ist in der Dokumentation des Hadoop-Projekts unter der URL *http://hadoop.apache.org/hdfs/* zu finden.

3.1.9 Bewertung

HBase mit seinem Stack an Hadoop-Komponenten (HDFS, Map/Reduce, ZooKeeper) ist ein Schwergewicht unter den NoSQL-Datenbanken. Dieses Schwergewicht verlangt im praktischen Einsatz auch nach einer ihm ebenbürtigen Aufgabe. Dies sind Einsatzbereiche, in denen wirklich große Datenmengen im oberen Tera- oder Petabyte-Bereich mit Zeilenzahlen im hohen Millionenbereich oder darüber, ständigem Wachstum der Datenmenge und einem wahlfreien Zugriff auf diese Daten verarbeitet werden sollen. Wenn darüber hinaus die Anforderung des zeitkritischen Ausführens von Abfragen oder Analysen der Daten hinzukommt, sollte HBase mit integriertem Map/Reduce das System der Wahl sein.

Vorteile

- HBase skaliert nativ durch simples Hinzufügen eines RegionServers. Dadurch lässt sich auf handelsüblicher Standardhardware kostengünstig ein leistungsstarkes verteiltes Datenbanksystem aufsetzen.

- HBase nutzt mit dem integrierten Map/Reduce-Framework die volle Leistung eines verteilten Systems durch verteiltes Rechnen von erweiterten Abfragen aus.

- Das HBase-Projekt und das Hadoop-Mutterprojekt haben eine starke und aktive Community, die von renommierten Organisationen gesponsert wird.

- HBase bietet mit einer Java-API, REST und Jython vielfältige Schnittstellen zur Anbindung an eigene Anwendungen an. So kann HBase in unterschiedlichsten Anwendungskontexten als Datenbanksystem eingesetzt werden.

Nachteile

- Das Aufsetzen, Optimieren und Warten eines HBase-Clusters mit dazugehörigem ZooKeeper und Hadoop-Cluster ist sehr komplex und aufwendig.

- Die Erstellung erweiterter Abfragen, die in SQL leicht von der Hand gehen, ist mit Map/Reduce etwas aufwendiger.

- Es gibt noch keine integrierte Replikation auf Ebene der Datenbank. Dies ist derzeit nur über die Replikation auf Dateiebene des HDFS-Dateisystems von Hadoop oder ähnliche Mechanismen möglich.

Da HBase Googles BigTable nachbildet, ist der offensichtlich typische Anwendungsfall eine Suchmaschine, die das Internet oder Teile davon indiziert. Aber auch andere datenintensive Webanwendungen wie Googles GMail sind typische Beispiele für ein ideales Einsatzgebiet von HBase.

Schlechter ist HBase geeignet, wenn keine wirklich großen Datenmengen verarbeitet und gespeichert werden müssen. Für richtig große Daten gibt es aber derzeit kein besser in der Praxis erprobtes System als HBase.

Links & Literatur:

Homepage: *http://hbase.apache.org/*

Tom White: Hadoop: The Definitive Guide, O'Reilly, 2009

Blogpost von Jim Wilson zu HBase:
> *http://jimbojw.com/wiki/index.php?title=Understanding_Hbase_and_BigTable*

Blogpost von Lars George zu HBase-Map/Reduce:
> *http://www.larsgeorge.com/2009/05/hbase-mapreduce-101-part-i.html*

Blogpost von Lars George zu HBase-Architektur:
> *http://www.larsgeorge.com/2009/10/hbase-architecture-101-storage.html*

Blogpost von Cosmin Lehene zu HBase:
> *http://hstack.org/why-were-using-hbase-part-1/*

3.2 Cassandra

Cassandra wurde von Facebook entwickelt und 2008 als Open Source freigegeben. Es wurde von Apache Anfang 2010 als Top-Level-Projekt aufgenommen. Wie auch bei einigen anderen NoSQL-Ansätzen (z.B. HBase) war Googles BigTable hier Vorbild. Cassandra hebt sich aber von diesen Ansätzen durch seinen hybriden Ansatz ab: Cassandra enthält sowohl Key/Value-Eigenschaften als auch eine relativ flexible Schemaunterstützung. Damit will Cassandra einerseits eine größtmögliche Flexibilität und Skalierbarkeit und andererseits auch eine durch SQL-Datenbanken vertraute Schemasicherheit bieten.

Ein weiteres Schlüsselmerkmal von Cassandra ist die verteilte Architektur, die eine absolut notwendige Anforderung im Kontext von Facebook und anderen sozialen Netzwerken darstellt, die mit Millionen von Nutzern hohe Datenaufkommen verwalten. Vor der Entwicklung von Cassandra stand Facebook vor der Aufgabe, die Nachrichten der Nutzer untereinander zu speichern. Der Versuch, diese Anforderung mit dem Ansatz der vertikalen Skalierung – die Performance eines Rechenknotens immer weiter zu verbessern – zu lösen, wurde bei der Entwicklung von Cassandra zugunsten der horizontalen Skalierung mit vielen Knoten im Cluster aufgegeben. Der Preis für die hiermit gewonnene Verfügbarkeit ist die absolute Konsistenz der Daten. Cassandra verwendet die bei vielen NoSQL-Systemen propagierte Eventual Consistency, d.h. die Daten werden nur zu einem bestimmten Zeitpunkt konsistent sein. Wann dieser Zeitpunkt sein wird, kann durch später vorgestellte Parameter konfiguriert werden.

Steckbrief

Webadresse:	http://cassandra.apache.org
Kategorie:	Wide Column Store / Extensible Record Stores
API:	Thrift (Support für viele Sprachen, darunter Ruby, Java, Python, C#, PHP, C++, Erlang etc.)
Protokoll:	RPC
Geschrieben in:	vollständig in Java
Concurrency:	Atomic Locking , Optimistic Concurrency Control
Replikation:	über Hadoop HDFS
Skalierung:	unterstützt durch Hinzufügen neuer Knoten
Lizenz:	Apache License, Version 2.0

3.2.1 Allgemeines

Cassandra wurde 2007 von den Facebook-Mitarbeitern Prashant Malik und Avinash Lakshman entwickelt. Lakshman war auch einer der Autoren von Amazon Dynamo (siehe Abschnitt 7.3.1). Die Herausforderung bestand darin, Indizes (genauer Reverse Indices) von Nutzernachrichten effizient zu speichern und eine performante Suche innerhalb bestimmter Service Level Agreements und Kostenparameter zu ermöglichen. Hohe Verfügbarkeit und Skalierbarkeit wurden höher bewertet als sofortige Konsistenz, daher bot sich eine verteilte Datenbanklösung mit relativ dynamischem Datenschema zur Realisierung an. Eine Verteilung der Daten auf mehrere Datenbankknoten verhindert einen *Single Point of Failure* und erfüllt die Anforderung einer „Zero-Downtime", also die möglichst ständige Erreichbarkeit der Anwendung bei ständiger Weiterentwicklung. Letzteres ist ohne ein dynamisches, flexibles Datenschema deutlich schwieriger zu erreichen. Man stelle sich z.B. Migrationsszenarien wie „Füge eine Spalte in einer relationalen Tabelle mit Millionen von Einträgen hinzu, bei konstantem Antwortverhalten des DBMS" vor.

Die Flexibilität des Cassandra-Schemas ist im Vergleich zu anderen NoSQL-Vertretern wie z.B. den Document Stores eingeschränkt, was die grobe, anwendungsdefinierte Datenstruktur betrifft. Die erste Datenstruktur, die mit Cassandra definiert werden muss, wird

„Table" oder auch „Keyspace" genannt, was meistens einer Anwendung zugeordnet wird. Zu jedem „Table" können „Column Families" definiert werden, die in etwa den wichtigsten Tabellen innerhalb eines SQL-DBMS entsprechen, wie etwa „Users" oder „Messages". „Table" und „Column Families" müssen vor dem Start der Anwendung definiert werden und sind somit nicht dynamisch. Darunter können mit „Columns" und „Super Columns" jedoch beliebige Datenstrukturen zur Laufzeit erzeugt und gefüllt werden.

3.2.2 Datenmodell

Das Datenmodell lässt sich im Detail am besten anhand eines Beispiels erläutern. Die hypothetische Anforderung lautet: Es ist die Datenstruktur einer Facebook-Anwendung zu modellieren, genauer gesagt eines „Social Games". Der Begriff „Social Games" spiegelt die Einbettung des Spieles innerhalb eines sozialen Netzwerks wie Facebook wider und hat– wie später zu sehen ist – direkte Auswirkungen auf die Datenmodellierung. Bei diesem Spiel soll es sich um eine Art „Wild West"-Spiel handeln, bei dem die Nutzer des sozialen Netzwerks Rollen wie „Outlaw", „Sheriff", „Cowboy" etc. annehmen und untereinander agieren können.

In unserem Beispiel sei der Keyspace „WildWest" derjenige, der alle anwendungsrelevanten Daten kapselt. Mit den Column Families „Users", „Horses" und „Weapons" soll der statische Datenaspekt des Spiels erfasst werden. Da es sich hierbei um ein Spiel handelt, das auf einer Plattform mit ausgeprägter Nutzerinteraktion spielbar sein soll, benötigt man zusätzlich Datenstrukturen, die die Interaktion der Spieler protokollieren, beispielsweise Duelle untereinander und die Benachrichtigungen der Mitspieler darüber. Diese Datenstrukturen werden in einer Datei namens *storage-conf.xml* abgelegt, die von Cassandra beim Start eingelesen wird. Diese ist im `conf`-Verzeichnis zu finden.

Als erste Näherung erhält man diese Konfiguration:

Listing 3.2.1 Die erste Version der storage-conf.xml

```
<Keyspace Name="WildWest">
  <ColumnFamily Name="Users"/>
  <ColumnFamily Name="Horses"/>
  <ColumnFamily Name="Weapons"/>
  <ColumnFamily Name="Duels"/>
  <ColumnFamily Name="Messages"/>
</Keyspace>
```

Die eigentlichen Datenstrukturen und ihre Inhalte für einen Spieler oder ein Duell werden zur Laufzeit definiert, wobei jeder Eintrag über einen „Key" identifiziert wird. Dieser Key dient als von Cassandra automatisch erzeugter Index für diesen Eintrag. Nach dem Einfügen einiger Daten zur Laufzeit könnte ein Cassandra-Snapshot wie in Abbildung 3.2.1 aussehen.

Bisher haben zwei Spieler an „WildWest" teilgenommen, Jim und Joe, Letzterer auch „Little Joe" genannt. Während Jim ein Pferd namens Kelly besitzt, trägt Joe einen Colt. Dadurch konnte er ein Duell gegen Jim gewinnen, was er diesem per Message mitteilte.

Keyspace:WildWest			
CF:Users			
	"Jim"	„reactivity":"2"	
	"Joe"	„reactivity":"9"	„nick_name":"Little Joe"
CF:Horses			
	"Kelly"	"color":"white"	"owner":"Jim"
CF:Weapons			
	"Colt"	"ammo":"15"	"owner":"Joe"
CF:Duels			
	"high_noon"	"player_1":"Jim"	"player_2":"Joe"	"winner":"Joe"
CF:Messages			
	"high_noon_1"	"from":"Joe"	"to":"Jim"	"text":"Looooser!"

Abbildung 3.2.1 Cassandra-Zustand nach ersten Inserts

Jede dieser Column Families (CF) enthält einfache Key/Value-Paare. Die CF „Duels"
speichert beispielsweise den Gewinner des Duells unter dem Schlüssel „winner_id".
Möchte man in einer CF viele zueinander gehörende Daten unterbringen, bietet es sich an,
diese zu strukturieren. Cassandra stellt zu diesem Zweck sogenannte Super Columns zur
Verfügung. Eine Super Column besitzt einen Namen und eine dazugehörende Liste von
Columns, sie aggregiert also mehrere Columns zu einer Einheit. Im Falle eines Duells
könnte dessen Austragungsort von Interesse sein. Um diesen mit den bisherigen Daten zu
speichern, muss man die initiale Konfiguration der CF „Duels" ändern:

```
<Keyspace Name="WildWest">
...
<ColumnFamily Name="Duels" ColumnType="Super"/>
...
</Keyspace>
```

Der ColumnType-Eintrag mit dem Wert „Super" teilt Cassandra mit, dass es sich hierbei
um eine Super Column handelt. Welche Unterspalten „Duels" enthält, wird nicht konfiguriert, sondern zur Laufzeit entschieden. Das obige Duell zwischen Jim und Joe kann nun
durch den Austragungsort erweitert werden: In diesem Spiel wird nun jeder Austragungsort per x- und y-Koordinate auf einer Karte und einer textuellen Beschreibung identifiziert.
Wie der Zustand nach dem neuen Einfügen dieses Duells in Cassandra aussieht, zeigt Abbildung 3.2.2.

Was die Modellierung der Daten für die Anwendung betrifft, ist das Beispiel komplett.
Allerdings wäre sie ohne eine Erweiterung der Konfiguration nicht lauffähig, da eine für
Cassandra notwendige Information fehlt: Wie werden die Einträge pro Column Family bei
der Sortierung miteinander verglichen? Generell werden alle Columns anhand ihres Namens sortiert, wobei die Sortierung beim Einfügen erfolgt, nicht bei späterer Abfrage. Die
Daten sind somit stets sortiert. Beim sortierten Einfügen können für den Vergleich der Einträge folgende Optionen gewählt werden:

Keyspace:WildWest					
...					
CF:Duels					
	"high_noon"				
		2010-05-20 15:10:23	"player_1":"Jim"	"player_2":"Joe"	"winner":"Joe"
		2010-05-20 15:10:23	"x":"13"	"y":"21"	"desc":"Main Street"
	...				

Abbildung 3.2.2 Cassandra-Zustand nach den Super Column Inserts

- ■ **BytesType**: Sortierung nach Byte-Wert des Namens
- ■ **UTF8Type**: Sortierung nach dem UTF-8-Wert des Namens
- ■ **LexicalUUIDType**: 128bit UUID, der Byte-Wert wird lexikalisch verglichen.
- ■ **TimeUUIDType**: 128bit UUID, der Zeitstempel des Namens wird verglichen.
- ■ **AsciiType**: Sortierung nach dem Byte-Wert des Namens; dabei findet eine Prüfung statt, ob dieser als US-Ascii interpretiert werden kann.
- ■ **LongType**: Werte des Namens werden als 64bit Long-Werte interpretiert.

Eine Sonderstellung nimmt hierbei die Option TimeUUIDType ein, da hierbei nicht der Wert des Namens zum Vergleich der Einträge herangezogen wird, sondern der Zeitstempel des Eintrags. Dieser Zeitstempel wird von Cassandra automatisch jedem Eintrag hinzugefügt. Weiterhin werden beim Einfügen der Daten deren Namen validiert, sofern es sich beim Vergleichstyp nicht um BytesType handelt. Der Versuch, Daten zu einem Namen „Joe" einzufügen, wenn die Column Family den Vergleichstyp LongType besitzt, würde somit zu einem Fehler führen.

Die bisherige Konfiguration wird nun pro Column Family um eine Vergleichsoption erweitert:

```
<Keyspace Name="WildWest">
  <ColumnFamily Name="Users" CompareWith="UTF8Type"/>
  <ColumnFamily Name="Horses" CompareWith="UTF8Type"/>
  <ColumnFamily Name="Weapons" CompareWith="UTF8Type"/>
  <ColumnFamily Name="Duels" ColumnType="Super"
    CompareWith="TimeUUIDType" CompareSubcolumnsWith="BytesType"/>
  <ColumnFamily Name="Messages" CompareWith="UTF8Type"/>
</Keyspace>
```

Bei einer Super Column muss zusätzlich angegeben werden, nach welchem Prinzip deren Unterspalten sortiert werden sollen. Im obigen Beispiel werden Duelle nach ihrem Zeitstempel, die Daten pro Duell nach ihrem Byte-Wert sortiert.

3.2.3 Installation

Cassandra ist komplett in Java implementiert und setzt daher eine Java Virtual Machine Version 1.6 voraus, inklusive der auf die Installation der JVM zeigenden Umgebungsvariablen JAVA_HOME und die Aufnahme des bin-Verzeichnisses in die PATH-Variable. Unter Mac OS wird das Setzen der beiden Variablen folgendermaßen erreicht:

```
$ export
JAVA_HOME="/System/Library/Frameworks/Java.VM.framework/Versions/1.6/Home"

$ export PATH="$JAVA_HOME/bin:$PATH"
```

Die Installation von Cassandra selbst ist wie bei den meisten Java-Anwendungen denkbar einfach: Man lädt das aktuelle Release (aktuell 0.6.2, *http://cassandra.apache.org/download/*) herunter und entpackt es in ein beliebiges Verzeichnis:

```
$ tar -xzf apache-cassandra-0.6.2-bin.tar.gz
```

Vor dem Start ist die Konfigurationsdatei `storage-conf.xml` zu prüfen. Diese enthält nicht nur die grundlegenden Konfigurationen der Column Families, sondern auch die Pfade zu dem Verzeichnis, in dem die Commit Logs abgelegt werden (*CommitLogDirectory*), und dem Verzeichnis für die eigentlichen Daten (*DataFileDirectories*). Auf Unix-Systemen muss sichergestellt werden, dass der Cassandra-Prozess die notwendigen Zugriffsrechte (Lesen und Schreiben) in diesen Verzeichnissen besitzt. Ist dies sichergestellt, kann Cassandra gestartet werden.

```
$ cd apache-cassandra-0.6.2

$ ./bin/cassandra -f
INFO 08:34:37,053 Auto DiskAccessMode determined to be mmap
INFO 08:34:37,281 Replaying /var/lib/cassandra/commitlog/CommitLog-
1277101508021.log
INFO 08:34:37,287 Log replay complete
INFO 08:34:37,317 Saved Token not found. Using
7795759658515150945197624484782404042399
INFO 08:34:37,318 Saved ClusterName not found. Using Test Cluster
INFO 08:34:37,323 Creating new commitlog seg-
ment/var/lib/cassandra/commitlog/CommitLog-1277102077323.log
INFO 08:34:37,341 Starting up server gossip
INFO 08:34:37,387 Binding thrift service to localhost/127.0.0.1:9160
INFO 08:34:37,390 Cassandra starting up...
```

Standardmäßig ist der Log-Level auf INFO eingestellt, was in *conf/log4j.properties* angepasst werden kann. Die von Cassandra bereitgestellten Cluster-Möglichkeiten werden später vorgestellt.

Cassandra ist nun bereit, Anfragen entgegenzunehmen. Diese können mit verschiedenen Programmiersprachen und Technologien formuliert werden, da Cassandras Interface mit Apache Thrift implementiert wurde. Thrift bietet die Möglichkeit, Services und die dabei zwischen Client und Server ausgetauschten Daten programmiersprachenunabhängig zu definieren und mit einem programmiersprachenabhängigen Codegenerator und Compiler die für die Kommunikation notwendigen Serialisierungs- und Transportmechanismen zu erzeugen. Aktuell unterstützt Thrift die zu Anfang genannten Programmiersprachen wie Java, Python, Ruby, C#, C++ usw. Für weitere Information in Bezug auf Thrift sei auf die Thrift-Homepage von Apache verwiesen (*http://incubator.apache.org/thrift*).

Für die im nächsten Abschnitt beschriebenen CRUD-Optionen – anhand des im vorherigen Abschnitt eingeführten Wildwest-Beispiels – wird Ruby als API-Sprache für das Thrift-Interface gewählt. Voraussetzung hierfür sind Ruby ab Version 1.8, Java 1.6, Rubygems ab 1.3 und das Kontrollversionssystem Git, Version 1.6. Sind diese Voraussetzungen erfüllt, kann mit

```
$ sudo gem install cassandra
```

der Cassandra Installer inklusive Thrift und den benötigten Ruby-Bindings installiert werden. Cassandra kann nun per

```
$ cassandra_helper cassandra // /bin/cassandra_helper
```

erstellt und gestartet werden. Dieser Befehl stellt einen Ruby Rake Task dar, der auch Cassandra-Updates automatisch herunterlädt und installiert. Durch Weglassen des Parameters `cassandra` werden weitere Optionen des Tasks aufgelistet.

Initial lauscht Cassandra nun wie folgt auf eingehende TCP-Kommunikation:

- Port 7000 für die Kommunikation im Cluster
- Port 9160 für alle Clients und Thrift-Clients
- Port 8080 für die JMX-Kommunikation zwecks Überwachung des Clusters

Alle Konfigurationen können in `bin/cassandra.in.sh` oder in `/etc/cassandra` verändert werden.

Mögliche Fehler

Ein häufiger Fehler bei der Installation ist die Meldung: `Error: Failed to build gem native extension`. Hier fehlen dem Build-Prozess einige Dateien.

Damit der Build funktioniert, empfiehlt es sich, nicht

```
sudo apt-get install ruby
```

sondern

```
sudo apt-get install ruby-dev
```

zu installieren, da der Standard-Ruby-Version viele Dateien fehlen.

Mit `gem list -remote -all cassandra` kann man sich die aktuell verfügbaren Versionen anschauen und ggf. einzeln laden. Bei einer erfolgreichen Installation sieht man, welche Packages geladen worden sind:

```
Building native extensions.  This could take a while...
Successfully installed thrift-0.2.0.4
Successfully installed thrift_client-0.4.6
Successfully installed json-1.4.3
Successfully installed rake-0.8.7
Successfully installed simple_uuid-0.1.1
Successfully installed cassandra-0.8.2
6 gems installed
// dann noch viel ri- und RDoc-Dokumentation
```

Falls nun `cassandra_helper` nicht zu finden ist (z.B. unter `/var/lib/gems/1.8/bin`), so gibt es noch einige andere Möglichkeiten Cassandra zu installieren (z.B. via ppa

```
http://www.unixmen.com/linux-tutorials/960-install-nosql-cassandra-db-
in-ubuntu-via-ppa-repository).
```

Konfiguration von Cassandra

Das wichtigste Konfigurationsfile von Cassandra ist wie bereits erwähnt die *storage-conf.xml*. Neben den definierten ColumnFamilies und der Keyspaces sind dort noch weitere Parameter definiert. Anbei ein Auszug der Parameter (wobei in der Datei selbst alle Parameter in XML codiert werden):

```
ClusterName = Test
AutoBootstrap = false
Authenticator=org.apache.cassandra.auth.AllowAllAuthenticator
Partitioner=org.apache.cassandra.dht.RandomPartiioner
InitialTokens=
CommitLogDirectory=data/cassandra/commitlog
DataFileDirectory=/data/cassandra/data
StagingFileDirectory=...
Seeds(seed=127.0.0.1,...)
RpcTimeoutInMillis=5000
CommitLogRotationThresholdInMB=128
ListenAddress=localhost
StoragePort=7000
ThriftPort=9160
ThriftFramedTransport=false
...
ColumnIndexsizeInKB=64
...
ConcurrentReads=8
ConcurrentWrite=32
CommitLogSync=periodic
CommitLogSyncPeriodInMS=10000
...
```

Alle Parameter sind in der XML-Datei im `conf`-Verzeichnis näher beschrieben.

3.2.4 CRUD-Operationen

Aufgrund der verteilten Architektur von Cassandra lassen sich die Operationen der Clients an jede Node im Cluster richten. Der Partitioner findet selbst die richtige Node und sorgt für die Weiterleitung der Operation. Ein Teil des Namensraumes der zu speichernden Daten muss jedoch vorher festgelegt werden, womit wir jetzt beginnen werden.

Erstellung eines Schemas

Wir starten, indem wir noch einmal auf die `storage-conf.xml` aus dem Wildwest-Beispiel schauen:

```
<Keyspace Name="WildWest">
  <ColumnFamily Name="Users" CompareWith="UTF8Type"/>
  <ColumnFamily Name="Horses" CompareWith="UTF8Type"/>
  <ColumnFamily Name="Weapons" CompareWith="UTF8Type"/>
  <ColumnFamily Name="Duels" ColumnType="Super"
    CompareWith="TimeUUIDType" CompareSubcolumnsWith="BytesType"/>
  <ColumnFamily Name="Messages" CompareWith="UTF8Type"/>
</Keyspace>
```

Nach der Installation von Cassandra liegt in deren *conf*-Verzeichnis eine `storage-conf.xml` vor, deren Default-Werte kommentiert sind. Für die Einführung der CRUD-Operation sind diese nicht von Belang, sondern spielen vor allem für die Skalierung und Clusterkonfiguration eine wichtige Rolle.

Nachdem Cassandra per `cassandra_helper cassandra` gestartet wurde, kann in einem weiteren Terminal-Fenster per `irb` eine Ruby-Shell gestartet werden:

```
$ irb
```

Alternativ kann in einem Editor eine neue Datei, beispielsweise `cassandra.rb` erstellt werden, um diese später mit dem Ruby-Interpreter auszuführen:

```
$ ruby cassandra.rb
```

Wählt man die Alternative der Ruby-Shell, benötigt man vor dem ersten Erzeugen von Daten die Einbindung der notwendigen Cassandra-Klassen und -Konstanten in Ruby:

```
>> require 'rubygems'
>> require 'cassandra'
>> include SimpleUUID #oder require Cassandra::Constants je nach Umgebung
```

Anschließend stehen alle Operationen des Ruby-Clients von Cassandra zur Verfügung.

Beispiele für CRUD-Operationen

Zuerst muss ein clientseitiges Cassandra-Objekt erzeugt werden, das einen Keyspace repräsentiert:

```
>> wild_west = Cassandra.new("WildWest")
=> #<Cassandra:-612320248, @keyspace="WildWest", @schema={},
@servers=["127.0.0.1:9160"]>
```

Als Parameter des Konstruktors muss der Name des Keyspace angegeben werden. Anschließend können die einzelnen Spieler angelegt und eingefügt werden:

```
>> joe = { "reactivity" => "2", "nick_name" => "Little Joe" }
=> {"reactivity"=>"2", "nick_name" => "Little Joe"}

>> wild_west.insert(:Users, "Joe", joe)
=> nil
```

Scheitert dies, so ist wahrscheinlich der Keyspace noch nicht angelegt worden. Alternativ können die Daten natürlich ohne Umweg in die Column Family eingetragen werden:

```
>> wild_west.insert(:Users, "Joe", { "reactivity" => "2", "nick_name" =>
"Little Joe" } )
```

Die einzufügenden Daten stellen im Ruby-Interface Hashes dar, wobei sowohl Schlüssel als auch Werte Strings darstellen. Dies Hashes werden über das Client-Objekt per `insert` eingefügt, das `insert` muss mit Column Family, Column Name und den einzufügenden Daten parametrisiert werden. Neben der Column Family `:Users` und den Daten wird hier als zweiter Parameter noch der Key (hier „Joe") angegeben.

Das Lesen eines Schlüssels geht nun relativ einfach von statten:

```
>> hash_result = wild_west.get(:Users, "Joe")
```

Als Ergebnis erhält man hier auch eine Liste von Hashes, über die sich in Ruby leicht iterieren lässt.

Die allgemeine Herangehensweise entspricht dem klassischen Schemagedanken, bei dem – über alle Zeilen hinweg – Schlüssel statisch und Werte variabel angesehen werden. Jedem User werden in diesem Fall eine Reaktionszeit und ein Spitzname zugeordnet. Die erste Abweichung davon ist die freie Auswahl der Spaltennamen. Pro User muss weder Reaktionszeit noch Spitzname angegeben werden noch sind diese ausschließlich möglich. Die Anwendung kann jederzeit entscheiden, dass z.B. die E-Mail-Adresse des Users notwendigerweise gespeichert werden muss, und würde in diesem Fall Joe wie folgt einfügen:

```
>> wild_west.insert(:Users, "Joe",
   {"nick_name" => "Little Joe", "email" => "joe@ponderosa.com" } )
=> nil
```

Für das Löschen von Daten gibt es viele Möglichkeiten:

```
wild_west.remove(:Users, key)
```

Um den gesamten Keyspace zu löschen, gibt es:

```
wild_west.clear_keyspace!
```

Die Existenz von Daten in einer Column Family kann mit `exists?` überprüft werden:

```
wild_west.exist?(:Users, "Joe")
```

Dabei können beliebige Columns und SubColumns angegeben werden, um tiefer zu suchen.

Interessant ist weiterhin noch die Batch-Operation. Dabei werden alle Operationen gepuffert und dann atomar zum Server gesendet. Für diese Operation können wiederum ganz individuelle Konsistenzeinstellungen gewählt werden. Hier ein Beispiel ohne Rumpf:

```
wild_west.batch do
   ... # ganz viele inserts und removes
end
```

Im Übrigen hat fast jeder Lese- oder Schreibbefehl am Ende Optionen für die Konsistenz, d.h. zum Beispiel bei wie viel Node-Bestätigungen die Operation erfolgreich zurückkehren soll.

Die Referenzen für die gesamte API sind am Ende dieses Cassandra-Abschnitts zu finden.

Super Column Families

Mit Super Columns können jetzt Listen von Key/Value-Listen gespeichert werden, wenn diese wie vorher beschrieben in der `storage-conf.xml` richtig worden definiert ist. Im Folgenden wird eine Super Column mit Daten gefüllt:

```
wild_west = Cassandra.new("WildWest")
Duell = { "player_1" => "Jim", "player_2" => "Joe", "winner" => "Joe" }
position1 = { "x" => 13, "y" => "21", "desc" => "Main Street" }
wild_west.insert(:Users, "high_noon", {Timestamp1 => Duell, Timestamp2 =>
position1}
```

Und es ergibt sich das Bild entsprechend der Abbildung 3.2.2.

Auch hier kann man wieder die Vergleichsmethode konfigurieren, wenn die Schlüssel der Subcolumns den entsprechenden Typ hätten:

```
<columnfamily name="Users" columntype="Super" comparesubcol-
umnswith="UTF8Type" comparewith="LongType" >
```

Schließlich bleibt anzumerken, dass Cassandra viele Versionen lang Super Columns nicht indiziert hat. Performante Abfragen sind daher problematisch, da auch alle SubColumns der Super Column geladen werden müssen.

3.2.5 Abfragen in Cassandra

Eine weitere Abweichung vom Schemaansatz ist die Möglichkeit, auch die Schlüssel variabel zu halten, sie also mit echten Daten zu füllen. Sind z.B. für einen User-Eintrag Spitzname und Reaktionszeit ausreichend, so kann der Spitzname als Schlüssel und die Reaktionszeit als Wert verwendet werden:

```
>> wild_west.insert(:Users, '1', { „Little Joe" => „2" } )
=> nil
```

Dadurch lassen sich bei großem Datenaufkommen pro Column Family performante Bereichsabfragen formulieren:

```
>> ww.get_range(:Users, :start => 'a', :finish => '4')
```

Die Operationen .get und .get_range unterstützen die Optionen :count, :start und :finish.

Eine andere oft benötigte Variante besteht darin, Zeitstempel als Schlüssel zu verwenden. Hier bieten sich monoton steigende Zeitstempel wie zeitbasierte UUIDS an, für die es genügend Bibliotheken gibt. Dabei muss Cassandra aber wiederum vorher mitgeteilt werden, wie diese Schlüssel zu sortieren und abzulegen sind.

Dies kann jedoch leicht im aktuellen Keyspace geschehen, so wie es vorher in der storage-conf.xml definiert wurde:

```
<Keyspace Name="WildWest">
   <Columnfamily Name="Users" Comparewith="LexicalUUIDType" />
</Keyspace>
```

3.2.6 Zugriff mit Java

Generell versuchen alle Sprachen, die Cassandra-API mehr oder weniger tief abzubilden. Dabei sind viele Parameter wie das Verhalten von Read oder Write parametrisierbar. Bei read- und write-Operationen kann beispielsweise definiert werden, wie viele Knoten die Operation erst bestätigt haben müssen, bevor der Client eine Antwort bekommt.

Generell lassen sich die Cassandra-Operationen in viele Kategorien einteilen, von denen aber nicht alle für den Client zur Verfügung stehen:

- Anmelden am Ring

- Liste oder Information über die Keyspaces

- Columns oder Super Columns lesen

- Anzahl der Columns lesen

- CRUD-Operationen

- etc.

Unter Java werden einige Bibliotheken benötigt, die in den Pfad CASSANDRA_HOME/lib aufgenommen werden müssen. Dies sind neben der Cassandra-Bibliothek selbst einige Log4j-Framework-Bibliotheken und die Thrift-Bibliothek. Das nachfolgende Listing zeigt einen Beispielzugriff unter Java:

```
import org.apache.thrift.transport.TTransport;
import org.apache.thrift.protocol.TBinaryProtocol;
import org.apache.thrift.protocol.TProtocol;
import org.apache.thrift.transport.TSocket;
import org.apache.cassandra.thrift.Cassandra;

TTransport trans = new TSocket("localhost", 9160);
TProtocol proto = new TBinaryProtocol(trans);
Cassandra.Client cli = new Cassandra.Client(proto);
transport.open();

Map<String, List<ColumnOrSuperColumn>> jim =
    new HashMap<String, List<ColumnOrSuperColumn>>();

ColumnOrSuperColumn col = new ColumnOrSuperColumn();
col.setColumn(new Column("reactivity".getBytes("utf-8"),
                "2".getBytes("utf-8"), timestamp))
columns.add(col);
jim.put("Jim", columns);
cli.batch_insert("WildWest", "Users", data, ConsistencyLevel.ANY);
trans.flush(); // Exceptions müssen in beiden Fällen gefangen werden
trans.close();
```

Weitere Links zu Client-Bibliotheken für Python und C# sind am Ende des Cassandra-Abschnitts zu finden.

3.2.7 Replikation und Skalierung

Replikation und Skalierung gehören in Cassandra eng zusammen, da als Architektur hier ein Ring gewählt wurde, welcher mit der Consistent-Hashing-Strategie verwaltet wird. Es gibt bei Cassandra kein Node-Hopping, bei dem man eine Instanz fragt, wer verantwortlich ist, und dann weitergereicht wird. Die Partitionierung der Daten und die Replikationsstrategie ähnelt stark der von Amazon Dynamo oder Riak. Bei Cassandra wird der Ring über sogenannte Tokens verwaltet, die einen 2^127 großen Adressraum verteilen.

Skalierung ist die Stärke von Cassandra und das eigentliche Kern-Feature. Eine neue Node, die in den Ring einsteigen möchte, muss lediglich die Adresse eines anderen Knotens kennen (*seed node*). Das Bootstrap-Verfahren sorgt dann dafür, dass das Wissen optimal verteilt wird, welcher Knoten wofür verantwortlich ist. Beim Erweitern des Rings zeigt Cassandra daher in der Latenzzeitverteilung initial meistens große Schwankungen, sodass das

System sich meistens erst einmal einpendeln muss. Es empfiehlt sich daher, einige Minuten zu warten, bis der Ringraum aufgeteilt ist und sich alle Knoten per Bootstrapping initialisiert haben. Mittlerweile gibt es für Cassandra einen Befehl (*nodetool decommission*), mit dem Nodes wieder aus dem Ring herausgenommen werden können. Diese Art der „Rück-Skalierung" fehlt bei einigen anderen NoSQL-Datenbanken.

Die Datenkonsistenz kann wie bei Riak mit den Parametern R und W für Lese- und Schreiboperationen eingestellt werden. Bei vielen Operationen können auch individuelle Consistency-Level eingestellt werden, sodass hier gut zwischen Performance und Konsistenz gewählt werden kann:

- **ZERO**: Für Schreiboperationen wird nichts garantiert.
- **ANY**: Die Schreiboperation muss mindestens auf einer Node geschrieben worden sein.
- **ONE**: Stellt beim Schreiben sicher, dass mindestens eine Node in den Commit Log und in die RAM-Tabellen geschrieben hat, bevor der Client eine Bestätigung bekommt. Leseoperationen erhalten das erste verfügbare Ergebnis. Eine *repair*-Operation stellt jedoch sicher, dass nachfolgende Leseoperationen garantiert ein richtiges Ergebnis liefern.
- **QUORUM**: Beim Schreiben müssen erst ReplikationsFaktor / 2 + 1 Clients geantwortet haben. Beim Lesen wird der Eintrag mit dem letzten TimeStamp zurückgeliefert (des Weiteren gibt es mit DCQUORUM eine weitere rack-aware-Strategie).
- **ALL**: Eine Operation muss von allen Replika-Nodes eine positive Antwort erhalten, bevor die Client-Operation Erfolg hat.

Cassandra vergleicht mit jedem Read die Versionen der Daten. Nodes, die nicht aktuell sind, werden über die Neuerungen informiert. Eine nodetool repair-Operation kann zudem auf Nodes angewendet werden, um derartige Reparaturen selbsttätig zu finden und durchzuführen. Knoten, die komplett ausgefallen sind, können über die Bootstrap-Methode durch neue Instanzen ersetzt werden.

Cassandra sollte mit viel verfügbarem RAM aufgesetzt werden, da die Operationen initial im Cache ausgeführt werden. Schreiboperationen werden geloggt und zunächst im Hauptspeicher abgelegt. Erst später wird ein *commit-log* ausgeführt und danach die Operationen mit einer *flush*-Operation versendet. Cassandra arbeitet daher ohne Locks, d.h. mit optimistischer Replikation, die defaultmäßig auf drei Nodes eingestellt ist.

Empfohlen wird für Cassandra, nicht auf (kleine) EC2-Instanzen aufzusetzen, da *virtual I/O* meist eine Kommunikationsbremse für Cassandra ist. Die Daten eines Cassandra-Clusters können mit einem Snapshot-Tool gesichert werden. Weiterhin stellt Cassandra ein Werkzeug zur Verfügung (*sstable2json* und *json2sstable*), mit dem komplette Datenbankfiles oder einzelne Keys über JSON im- und exportiert werden können. Cassandra stellt ein JMX-Interface bereit, mit dem viele Parameter überwacht werden können. Hier sind insbesondere die Lese- und Schreiboperationen pro Zeit und die Latenzzeit für diese Operationen interessant.

3.2.8 Bewertung

Cassandra ist noch ein junges System, das derzeit von vielen Anwendern auf Herz und Nieren getestet wird. Dennoch ist es bereits bei vielen Firmen produktiv im Einsatz. Viele neue Features wie Kompression oder Security-ACL-Listen sind in Planung.

Vorteile

■ Extrem einfach skalierbar. Das Hinzufügen eines weiteren Knoten ist mit dem Starten einer neuen Cassandra-Instanz erledigt. Weitere Aktivitäten sind nicht notwendig. Es gibt bei Cassandra keinen *Single Point of Failure*. Das Schreiben oder Lesen von Daten ist nicht auf bestimmte Nodes beschränkt. Cassandra-Cluster sind selbstheilend und können auf wenig Latenz optimiert werden. Der Ring ist zudem leicht verkleinerbar.

■ Erweiterungen des Datenmodells im vorgegebenen Rahmen sind leicht möglich. Key-Spaces und Column Families können erweitert werden, müssen aber bekannt gemacht werden. Innerhalb der Column Families ist man allerdings genauso frei wie bei einer Dokumentdatenbank. Neue Key/Value-Paare können zur Laufzeit beliebig eingefügt werden. Mit den Super Columns wurde ähnlich wie bei Redis eine weitere Dimension eingefügt, mit der Columns Listen von Key/Value-Paaren sind. In vielen Key/Value-NoSQL-Datenbanken ist dies nicht der Fall. Über diese indizierten Daten kann Cassandra effiziente Bereichsabfragen durchführen.

■ Replikation kann auch leicht über verschiedene Lokationen konfiguriert werden, sodass man die Ausfallsicherheit sehr gut minimieren kann.

■ Konsistenz, Dauerhaftigkeit und Latenzzeit sind recht gut konfigurierbar, sodass der Anwender selbst wählen kann, in welcher Ecke des CAP-Dreiecks das System eher liegen sollte. Viele Parameter sind mit JMX gut zu überwachen. Tools für Dumping, Im- und Export stehen bereit.

Nachteile

■ Cassandra verfügt über viel weniger Abfragemöglichkeiten als beispielsweise MongoDB. Map/Reduce-ähnliche Abfragemöglichkeiten sind jedoch in Planung.

■ Änderungen des Schemas der `storage-conf.xml`-Datei im laufenden Betrieb sind nicht so einfach und transparent möglich. In einigen der letzten Versionen musste dafür ein Node mehrfach gebootet werden. In anderen NoSQL-Datenbanken geht dies leichter, da z.B. bei Redis einfach im Schlüssel beliebige Namensräume eröffnet werden können, in denen dann Listen, Sets und Hashes gespeichert werden können. Dafür ist Redis jedoch nicht nativ verteilt.

■ Versions-Updates für Cassandra sind derzeit nicht einfach möglich, da sich das Speicherformat bisher einige Male verändert hat.

■ Ab und zu landen kritische Fehlermeldungen im Jira-System von Cassandra. Diese sollte man sorgfältig beobachten (*https://issues.apache.org/jira/browse/cassandra*).

- Cassandra benötigt synchronisierte Uhren für sein Konflikthandling. Daher besteht hier eine Abhängigkeit zu einem funktionierenden Daemon mit NTP-Protokoll (Network Time Protocol).

- Die Dokumentation ist – auch im Wiki – stark verstreut. Literatur ist wird wohl erst Anfang 2011 verfügbar sein.

Das typische Einsatzgebiet von Cassandra sind skalierende Webanwendungen. Facebook selbst ist hier das beste Beispiel, wo Cassandra auf Hunderten von Nodes deployt ist. Dort sind keine zu komplexen Abfragen nötig, aber das System muss stabil antworten und skalieren. Die größte Cassandra-Installation ist derzeit auf mehr als 150 Rechnern mit mehr als 100 TB Daten verteilt. Twitter wollte ebenfalls auf Cassandra migrieren, schreckte aber im Sommer 2010 anscheinend noch vor dem großen Migrationsaufwand zurück, da unter anderem auch Clients in der Programmiersprache Scala verwendet werden müssen. Yahoo hat Cassandra ebenfalls evaluiert. Cassandra ist bei Cisco, Mhalo, Ooyala, Digg, Rackspace, Reddit, Cloudkick und vielen weiteren Firmen aktuell in Produktion.

Links

Ruby-Client: *http://github.com/fauna/cassandra*

Ruby API: *http://blog.evanweaver.com/files/doc/fauna/cassandra/files/README_rdoc.html*

Python-Client: *http://github.com/digg/lazyboy*

C#-Client: http://github.com/mattvv/hectorsharp

3.3 Amazon SimpleDB

Das Webportal Amazon Web Services (AWS) realisiert weltweites Cloud-Computing für Entwickler und Unternehmen und bietet eine Infrastruktur für Computing, Bereitstellung von Inhalten, E-Commerce, Messaging, Überwachung, Zahlungen und Rechnungsstellung, Support, Web-Datenverkehr und Speicherung von Daten in seinen Datenbanken. Das alles basiert auf dem Web-Service SimpleDB. Damit bietet Amazon seinen Kunden ein einfaches hochverfügbares, geografisch verteiltes, schemafreies und skalierbares Datenbankmanagementsystem, dessen Kosten nutzungsabhängig berechnet werden.

Steckbrief

Webadresse:	http://aws.amazon.com/de/simpledb/
Kategorie:	Wide Column Store
API:	SOAP, REST , Java, C#, Perl, PHP und JavaScript
Protokoll:	HTTP, HTTPS
Geschrieben in:	vermutlich Erlang[1]

---

[1] Vgl. [Müller10], Neue DBMS im Vergleich, Seite 124

Concurrency	*Eventually Consistent Read* und *Consistent Read*
Replikation:	Automatisch über AWS geografisch verteilt
Skalierung	Automatisch über AWS, horizontale Skalierung über neue Domänen
Lizenz:	AWS Customer Agreement

3.3.1 Allgemeines

Amazon SimpleDB ist eine hochverfügbare und skalierbare Datenbanklösung. Während die Daten wachsen, werden automatisch verstreut neue Domains erstellt und Sicherheitskopien auf den Domains verteilt. Es existieren SimpleDB-Zentralen in den USA (2x), in Irland und Singapur. Als Anwender meldet man eine dieser Regionen als Hauptdomain an. Die Kommunikation mit der Datenbank erfolgt über Web-Service-Anfragen der Form PUT, DELETE, etc., für die Amazon REST- und SOAP-Zugriffe zur Verfügung stellt. Die abgelegten Daten werden automatisch indiziert. Ein besonderer Vorteil von SimpleDB ist sicherlich, dass man nur die Ressourcen zahlt, die man tatsächlich benötigt. Ein weiterer Vorteil der Datenhaltung ist, dass man sich an kein festes Schema halten muss. Das Schema ist beliebig erweiterbar. Aufgrund der gleichen Lokalität der Services treten dann beim Abruf der Daten laut Amazon nur LAN-ähnliche Verzögerungszeiten auf. Mit den beschriebenen Features ist Amazon SimpleDB ideal für Anwendungen innerhalb von EC2 (*Amazon Elastic Compute Cloud*). Bezüglich der Datenkonsistenz unterstützt SimpleDB zwei Optionen zum Lesen von Daten:

- *Eventually Consistent Read* – Besitzt eine geringe Latenz und ermöglicht einen hohen Durchsatz für Leseoperationen. Liefert aber unter Umständen nicht die Ergebnisse einer kürzlich abgeschlossenen Schreiboperation, da die Herstellung der Konsistenz über alle Kopien der Daten in der Regel eine Sekunde dauert.

- *Consistent Read* – Besitzt eine höhere Latenz und einen geringeren Datendurchsatz bei Leseoperationen. Gewährleistet aber die Konsistenz der Daten bezüglich der vor der Leseoperation erfolgreich abgeschlossenen Schreiboperationen.

Per Standard werden die Leseoperationen als *Eventually Consistent Read* durchgeführt.

Die Preisgestaltung[2] von SimpleDB basiert auf Grundlage der tatsächlichen Nutzung. Diese wird gemessen und auf den nächstliegenden Cent gerundet. Es treten die folgenden Nettokosten auf:

- **Übertragungskosten**: Das erste GB ist kostenlos, danach fallen 8-19 US-Cent pro GB je nach Region und Volumen an.

- **Speicherkosten**: Auch hier ist das erste GB kostenlos, danach fallen 27,5 US-Cent pro GB und Monat an.

- **Anfragekosten**: Jede Abfrage – insbesondere auch Query – wird auf einen 1,7 GHz Xeon 2007er Rechner normiert und kostet dann 14 Cent pro Maschinenstunde.

---

[2] Vgl. http://aws.amazon.com/de/simpledb/#pricing

Nutzung und auflaufende Kosten können über den eigenen AWS-Account eingesehen und kontrolliert werden.

3.3.2 Datenmodell

SimpleDB ist eine schemafreie Datenbank, zur Strukturierung der Daten wird zwischen Domänen (*Domains*), Elementen (*Items*), Attributen (*Attributes*) und Werten (*Values*) unterschieden. Diese Strukturelemente sind mit denen einer Tabellenkalkulation vergleichbar und erinnern ein wenig an die Tabelle eines RDBMS, eine Schemadefinition wird zur strukturierten Ablage der Daten aber trotzdem nicht benötigt.

- *Domains* sind vergleichbar mit einem Arbeitsblatt, also Tabellen, die gleiche Daten enthalten.

- *Items* entsprechen den Zeilen der Tabelle und somit einem Objekt, das ein oder mehrere Attribute besitzen kann.

- *Attributes* entsprechen den Spalten der Tabelle und repräsentieren Attributkategorien von Daten, die zugeordnet werden können.

- *Values* sind die Werte der Zellen und repräsentieren die Instanzen der Attribute eines Elements. In einer Zelle können auch mehrere Werte enthalten sein.

Jedes Nutzerkonto hat initial 100 Domänen zur Verfügung, in denen Daten gespeichert werden können. Pro Domäne dürfen bis maximal 10 GB Daten in Form von maximal 1 Milliarde Attributen enthalten sein. In den Tabellen von SimpleDB können beliebige UTF-8-Zeichenketten gespeichert werden. Für jedes Element kann man 256 Attribute definieren. Element- und Attributname dürfen wie auch der Wert eines Attributs eine Länge von 1024 Bytes aufweisen[3]. Die Datenbank fügt selbst 45 Bytes an Metainformation je Element, Attributname und Attributpaar hinzu, die bei der Preisberechnung berücksichtigt werden müssen. Sollten 100 Domänen nicht reichen, können mehr Domänen beantragt werden.

SimpleDB unterstützt eine Leistungsverbesserung durch die Parallelisierung von Abfragen auf partitionierte Daten. Die Datenmenge wird dazu in kleinere Datensätze auf verschiedene Domänen aufgeteilt. Da die Abfragen bei SimpleDB grundsätzlich nur gegen eine Domäne erfolgen können, muss eine Aggregation der Ergebnisse dann in der Anwendung selbst erfolgen.

3.3.3 Datensicherheit und Datenschutz

Mit AWS stellt Amazon eine hoch skalierbare und hoch verfügbare Cloud-Computing-Plattform zur Verführung. Um in dieser Cloud-Computing-Plattform Sicherheit anzubieten und private Daten vor fremden Zugriffen zu schützen, setzt Amazon auf Dienste, die mit

---

[3] Vgl. Amazon SimpleDB Developer Guide (API Version 2009-04-15), Seite 13

den heute üblichen Sicherungsmaßnamen übereinstimmen. Zur Gewährleistung einer sicheren Infrastruktur verfolgt Amazon die folgenden grundlegenden Ansätze[4]:

- *Zertifizierungen und Akkreditierungen* – AWS hat erfolgreich ein SAS70[5] Typ-II-Audit bestanden und wird auch weiterhin die geeigneten Sicherheitsmaßnahmen ergreifen, um Akkreditierungen zu erhalten, die die Sicherheit der Infrastruktur und Dienstleistungen demonstrieren.

- *Sichere Designprinzipien und Dienste* – Die Softwareentwicklung bei Amazon erfolgt nach sicheren, bewährten Methoden (*Best Practices*) und beinhaltet unter anderem: *Design Reviews* durch das interne Sicherheitsteam, eine Risikobewertung, statistische Analysen sowie Tests durch ausgesuchte Industrieexperten. Jeder Dienst innerhalb von AWS wurde so entwickelt, um Sicherheit zu bieten, und enthält eine Reihe von Funktionen, die unbefugten Zugriff oder Verwendung beschränken, ohne dabei die Flexibilität der Kunden einzuschränken.

- *Physical Security* – Amazon hat viele Jahre Erfahrung in der Planung sowie dem Bau und Betrieb großer Rechenzentren. Die AWS-Infrastruktur ist in kontrollierten Rechenzentren auf der ganzen Welt untergebracht. Nur geprüftes Personal mit einer speziellen Berechtigung kennt die tatsächliche Lage der Rechenzentren. Die Rechenzentren selbst sind mit einer Vielzahl von physischen Barrieren gesichert, um unbefugten Zugriff zu verhindern.

- *Backups* – Die Daten der AWS werden redundant an verschiedenen Standorten gespeichert.

- *Datenschutz* – Schutz gegen unberechtigten Zugriff wird durch AWS-Authentifizierungsmechanismen bereitgestellt. Dazu nutzt AWS bewährte kryptographische Verfahren.

- *Netzwerksicherheit* – Das AWS-Netzwerk bietet Schutz gegen eine Vielzahl von bekannten Angriffsmethoden und Schwachstellen im Internet wie z. B. DDoS-Angriffe (*Distributed Denial Of Service*), MITM-Angriffe (*Man In the Middle*), IP-Spoofing, Port Scanning, Packet Sniffing.

3.3.4 Installation

Von einer Installation im herkömmlichen Sinne kann man bei der Amazon SimpleDB nicht reden, da sie als *Software as a Service* (SaaS) innerhalb der AWS-Infrastruktur bereitgestellt wird. Grundsätzlich ist zur Nutzung aller in der AWS-Infrastruktur angebotenen Dienste die Erstellung eines AWS-Accounts notwendig. Anschließend kann man sich für einen oder mehrere Dienste anmelden. Im Falle der Nutzung der SimpleDB sind dazu folgende Schritte notwendig:

1. Die Anmeldung über den Link „Jetzt Anmelden" auf *http://aws.amazon.com/de/*

---

[4] Vgl. Amazon Web Services – Sicherheitsprozesse im Überblick, November 2009
[5] SAS – **S**tatement on **A**uditing **S**tandards, http://sas70.com/

2. Eingabe einer gültigen E-Mail-Adresse und Auswahl von „*I am a new customer*".

3. Auf der nächsten Seite müssen Name und Passwort eingegeben werden.

4. Auf der folgenden *Account Info*"Seite sind weitere Kontaktdaten einzugeben, und das *AWS Customer Agreement* ist zu bestätigen.

Mit Erhalt einer Bestätigungsmail ist die Erstellung des AWS-Accounts abgeschlossen. Man kann sich nun zur Nutzung der SimpleDB anmelden:

5. Die Anmeldung erfolgt über den Link „Anmelden für Amazon SimpleDB" auf der Website *http://aws.amazon.com/de/simpledb/*

6. Die Bezahlung des Dienstes erfolgt über eine Kreditkarte. Auf den folgenden Seiten sind Angaben zur Kreditkarte und Rechnungsadresse einzugeben.

7. Nach einer Überprüfung der Angaben wird die Anmeldung durch den Erhalt einer Bestätigungsmail abgeschlossen.

Für den autorisierten Zugriff auf Daten in der SimpleDB werden zwei *AWS Access Key Identifiers* benötigt. Diese werden beim Anlegen des AWS-Accounts von Amazon erstellt:

■ Access Key ID (20 alphanumerische Zeichen) z.B.: `022QF06E7MXBSH9DHM02`

■ Secret Access Key (40 alphanumerische Zeichen)
z.B.: `kWcrlUX5JEDGM/LtmEENI/aVmYvHNif5zB+d9+ct`

Die nicht geheime *Access Key ID* ist mit dem Account verbunden und dient der Referenzierung des erstellten Accounts. Er kann von jedem für Anfragen an AWS genutzt werden. Der *Secret Access Key* sollte, wie der Name schon sagt, geheim gehalten werden. Er dient zur Generierung einer digitalen Unterschrift, mit der der Nutzer seine Identität beim Zugriff auf den Account nachweisen kann. Die *AWS Access Key Identifiers* werden bei der Erstellung des AWS-Accounts dargestellt und können nach der Anmeldung über die *AWS Access Key Identifiers Page* jederzeit angezeigt werden.

3.3.5 CRUD-Operationen

Der native Zugriff auf SimpleDB kann über das Architekturprinzip REST oder über das Web-Service-Protokoll SOAP erfolgen und setzt hiermit auch auf bewährte Web-Techniken. Die API von SimpleDB ist recht einfach und beschränkt sich auf Grundoperationen. Für das Domänenmanagement gibt es die Befehle `CreateDomain`, `DeleteDomain`, `List-Domain` und `DomainMetadata`. Für die Manipulation der einzelnen Attribute in der Domain gibt es die Befehle `PutAttributes`, `BatchPutAttributes`, `DeleteAttributes` und `GetAttributes`. Interessant ist, dass es keinen Update-Befehl für die einzelnen Attribute gibt, da `PutAttributes` sowohl für das initiale Anlegen als auch für Veränderungen zum Einsatz kommt. Für allgemeine Abfragen gibt es den `Select`-Befehl, der dem gleichen Befehl in SQL entspricht, aber ein geringeres Subset darstellt. Der generelle Aufbau der Select-Abfrage ist der folgende:

Listing 3.3.1 Amazon SimpleDB: Select-Abfrage

```
select output_list // *, itemName(), count(*), list of attributes
from domain_name
[where expression]
[sort_instruction]
[limit limit] // default 100, max 250
```

Die Ausdrücke (Expressions) können mit vielen Vergleichsoperatoren versehen werden wie: `=, != , >, >=, <, <=, like, not like, between, in, is null, is not null, every`.

Das strenge Sicherheitskonzept in AWS erfordert für die meisten Anfragen eine Authentifizierung des Nutzers. Damit wird sichergestellt, dass der Nutzer die nötigen Berechtigungen für die entsprechende Anfrage besitzt und der Account nicht durch unerlaubte Anfragen mit Kosten belastet wird. Beim Zugriff auf SimpleDB mittels SOAP ohne Nutzung von WS-Security[6] oder REST erfolgt die Authentifizierung mittels der folgenden Komponenten:

- *Access Key ID* – zur Identifizierung des Accounts.

- *Signature* – Aus *Secret Access Key* und Inhalt berechnete HMAC-SHA[7]-Signatur.

- *Date* – Jede Anfrage benötigt je nach verwendeter API einen Zeitstempel oder eine Zeitspanne in Form eines `dateTime`[8]-Objektes, in der die Abfrage erfolgen muss. Bei Angabe eines Zeitstempels muss die Anfrage innerhalb von 15 Minuten erfolgen, hier ist auf die Zeit des AWS-Servers zu achten.

Der generelle Ablauf zur Authentifizierung ist dann der folgende:

1. Erstellung der Anfrage an SimpleDB mit Zeitstempel.

2. Berechnung der Signatur aus *Secret Access Key* und Inhalt der Anfrage.

3. *Access Key ID* und Signatur wird in die Anfrage integriert und an SimpleDB gesendet. Bei der Verwendung von REST erfolgt dieses über HTTP oder HTTPS, und bei der Verwendung von SOAP wird über HTTPS gesendet.

Bei einer Nutzung von SOAP mit WS-Security wird ein X.509-Zertifikat zur Authentifizierung benötigt. Auch das kann über den eigenen Amazon Account erstellt werden[9].

Wie schon im Steckbrief beschrieben, werden für die AWS-Infrastruktur APIs für die folgenden Sprachen bereitgestellt:

- Java – AWS SDK for Java: *http://aws.amazon.com/sdkforjava/*

- AWS Toolkit for Eclipse: *http://aws.amazon.com/eclipse/*

- C# – AWS SDK for .NET: *http://aws.amazon.com/sdkfornet/*

- Perl – Perl Library for Amazon SimpleDB: *http://developer.amazonwebservices.com/connect/entry.jspa?externalID=1136*

---

[6] WebService Security, http://www.oasis-open.org/committees/tc_home.php?wg_abbrev=wss
[7] Keyed-Hashing for Message Authentication, http://www.ietf.org/rfc/rfc2104.txt
[8] XML-dateTime, http://www.w3.org/TR/xmlschema-2/#dateTime
[9] Vgl. Amazon SimpleDB Developer Guide (API Version 2009-04-15), Seite 28

■ PHP – PHP Library for Amazon SimpleDB:
http://developer.amazonwebservices.com/connect/entry.jspa?externalID=1135

■ JavaScript/AJAX – Scratchpad for Amazon SimpleDB:
http://developer.amazonwebservices.com/connect/entry.jspa?externalID=1137

Die letztgenannte Anwendung *Scratchpad for Amazon SimpleDB* ist ein einfaches HTML-und JavaScript-Web-Interface, das es erlaubt, die API von SimpleDB ohne zusätzlichen Code zu testen. Um SimpleDB mit Scratchpad zu erkunden, müssen lediglich die unter Apache License 2.0 stehenden gepackten Dateien der Anwendung heruntergeladen und in einem beliebigen Verzeichnis entpackt werden. Gestartet wird die Anwendung durch einfaches Aufrufen der Datei `index.html` im Dateiordner `/AmazonSimpleDB-2009-04-15-scratchpad/webapp/`. Wie in Abbildung 3.3.1 zu sehen ist, kann die API über das Menü *Explore API* erkundet werden. Zur Authentifizierung wird eine *Access Key ID* und ein gemeinsames Geheimnis in Form des *Secret Access Key* benötigt.

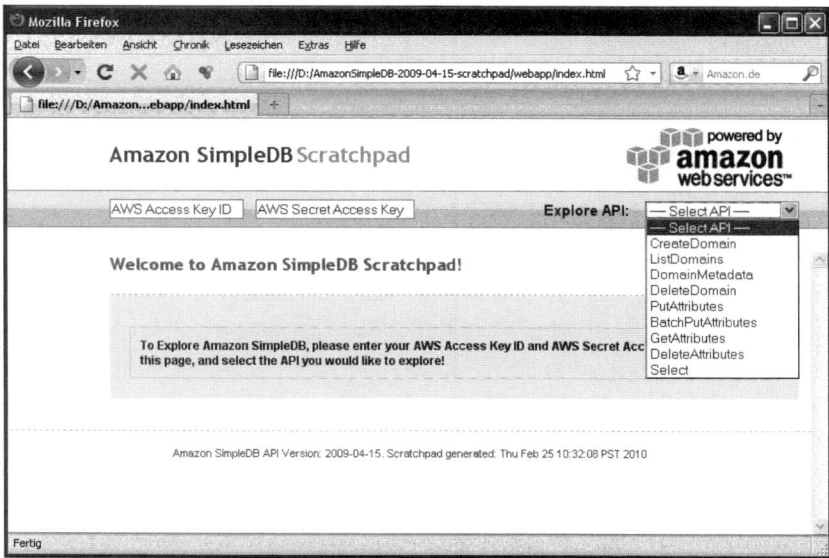

Abbildung 3.3.1 Amazon SimpleDB: Scratchpad

Create-Operation

Das Erzeugen und Befüllen einer Domäne über das Web-Interface Scratchpad ist recht einfach und erklärt sich weitgehend selbst. Das Anlegen einer Domäne erfolgt durch Auswahl von `CreateDomain` über das erwähnte Menü. In der erscheinenden Ansicht kann der gewünschte Name der zu erzeugenden Domäne, z.B. `my_first_simpledb`, direkt angegeben werden. Es stehen nun jeweils mehrere Möglichkeiten zur Erkundung der API zur Verfügung:

■ *Display String to Sign* – ermöglicht die Anzeige der zur Authentifizierung zu signierenden Zeichenkette:

```
ActionCreateDomainAWSAccessKeyId< Access Key ID >DomainName
my_first_simpledbSignatureVersion1Timestamp2010-07-27T14:17:12.000Z Ver-
sion2009-04-15
```

■ *Display Signed URL* – ermöglicht die Anzeige der signierten Anfrage:

```
https://sdb.amazonaws.com?SignatureVersion=1
&Action=CreateDomain
&Version=2009-04-15
&DomainName=my_first_simpledb
&Timestamp=2010-07-27T14%3A18%3A55.000Z
&AWSAccessKeyId=[valid Access Key ID]
&Signature=[valid Signature]
```

Diese REST-Anfrage kann kopiert und direkt in den Browser eingefügt und an den SimpleDB-Account gesendet werden. Amazon SimpleDB wird eine entsprechende Antwort zurückliefern.

■ *Invoke Request* – sendet die signierte Anfrage über Scratchpad an den SimpleDB-Account. Amazon SimpleDB liefert eine entsprechende Antwort zurück:

```
<CreateDomainResponse>
  <ResponseMetadata>
    <RequestId>b2350602-de5d-47c6-0130-4b972f9e0392</RequestId>
    <BoxUsage>0.0055590278</BoxUsage>
  </ResponseMetadata>
</CreateDomainResponse>
```

■ *Reset Form* – setzt die Anfrage auf den Urzustand zurück.

Diese Möglichkeiten stehen grundsätzlich beim Erkunden aller Operationen mit dem Scratchpad bereit. Die dabei erzeugten REST-Aufrufe werden mit GET oder POST an SimpleDB übertragen. Der Action-Parameter bestimmt die Methode, die aufgerufen wird. Die Antwort auf eine Anfrage ist jeweils ein XML-Dokument. Es beinhaltet neben den Ergebnissen der jeweiligen Abfrage auch immer den *Tag* ResponseMetadata. Er beinhaltet eine RequestID zum Verfolgen der Nachricht sowie eine Bewertungszahl, die die Maschinenauslastung ohne Speicherung und Transferkosten für die jeweilige Anfrage wiedergibt. Dieser *Benchmark* dient der Optimierung der eigenen Abfragen. Ein hoher *Box-Usage*-Wert zeigt, dass die Anfrage kostenintensiv bezüglich der Maschinenauslastung ist.

Über die Operation ListDomain lassen sich alle erzeugten Domänen anzeigen. Hierzu ist im Scratchpad zur Limitierung der Antwort die maximale Anzahl von Domänen anzugeben. Sollten mehrere Domänen vorhanden sein, so liefert SimpleDB ein Token zurück, über den die noch nicht dargestellten Domänen angezeigt werden können. Scratchpad bietet hierfür die Eingabezeile Next Token an. Die signierte Anfrage und zurückgelieferte Antwort auf ListDomain sind in Listing 3.3.2 und Listing 3.3.3 zu sehen.

Listing 3.3.2 Signed URL für ListDomains

```
https://sdb.amazonaws.com?SignatureVersion=1
&Action=ListDomains
&Version=2009-04-15
&MaxNumberOfDomains=5
&Timestamp=2010-07-27T16%3A04%3A30.000Z
&AWSAccessKeyId=[valid Access Key ID]
&Signature=[valid Signature]
```

Listing 3.3.3 Antwort auf ListDomain-Operation

```
<ListDomainsResponse>
  <ListDomainsResult>
    <DomainName>my_first_simpledb</DomainName>
    <DomainName>my_second_simpledb</DomainName>
  </ListDomainsResult>
  <ResponseMetadata>
    <RequestId>cd95079c-7e31-c2eb-4a4a-774a52556318</RequestId>
    <BoxUsage>0.0000071759</BoxUsage>
  </ResponseMetadata>
</ListDomainsResponse>
```

Zum Befüllen der Domäne mit Daten stehen die Operationen `PutAttributes` und `Batch-PutAttributes` im Menü zur Verfügung. `BatchPutAttributes` ermöglicht im Gegensatz zu `PutAttributes` die Übertragung von Attribut-Wert-Paaren für mehrere Elemente. Scratchpad stellt dazu die in Abbildung 3.3.2 dargestellte Eingabemaske bereit.

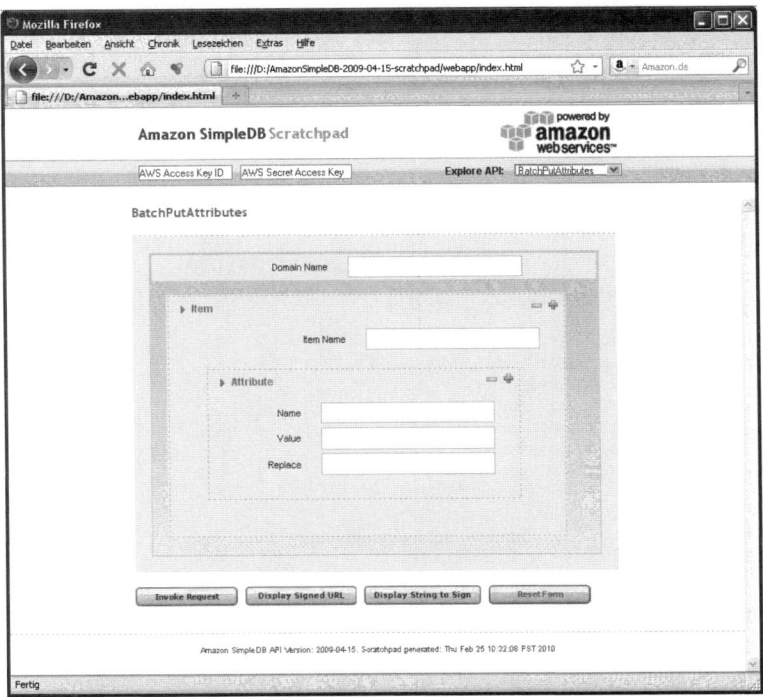

Abbildung 3.3.2: Amazon SimpleDB: Scratchpad, BatchPutAttributes

Über die Plus- und Minus-Buttons können die gewünschten Elemente und Attribut-Wert-Paare hinzugefügt werden. Im Eingabefeld `Replace` ist jeweils der Wert `false` einzugeben. Mit der in Listing 3.3.4 über Scratchpad erzeugten Anweisung wird die Tabelle 3.3.1 in der Domäne `my_first_simpledb` erzeugt.

Tabelle 3.3.1 my_first_simpledb-Inhalte

ItemName	Typ	Name	Quantity	Supplier
Element_01	Fruit	Banana	4200	
Element_02	Fruit	Apple	5300	
Element_03	Fruit	Cherry	20000 10000	Food Ltd. Amarena Ltd.

Listing 3.3.4 Signed URL für BatchPutAttributes

```
https://sdb.amazonaws.com?SignatureVersion=1
&Action=BatchPutAttributes&Version=2009-04-15
&DomainName=my_first_simpledb
&Item.1.ItemName=Element_01
&Item.1.Attribute.1.Name=Typ
&Item.1.Attribute.1.Value=Fruit
&Item.1.Attribute.1.Replace=false
&Item.1.Attribute.2.Name=Name
&Item.1.Attribute.2.Value=Banana
&Item.1.Attribute.2.Replace=false
&Item.1.Attribute.3.Name=Quantity
&Item.1.Attribute.3.Value=4200
&Item.1.Attribute.3.Replace=false
&Item.2.ItemName=Element_02
&Item.2.Attribute.1.Name=Typ
&Item.2.Attribute.1.Value=Fruit
&Item.2.Attribute.1.Replace=false
&Item.2.Attribute.2.Name=Name
&Item.2.Attribute.2.Value=Apple
&Item.2.Attribute.2.Replace=false
&Item.2.Attribute.3.Name=Quantity
&Item.2.Attribute.3.Value=5300
&Item.2.Attribute.3.Replace=false
&Item.3.ItemName=Element_03
&Item.3.Attribute.1.Name=Typ
&Item.3.Attribute.1.Value=Fruit
&Item.3.Attribute.1.Replace=false
&Item.3.Attribute.2.Name=Name
&Item.3.Attribute.2.Value=Cherry
&Item.3.Attribute.2.Replace=false
&Item.3.Attribute.3.Name=Quantity
&Item.3.Attribute.3.Value=20000
&Item.3.Attribute.3.Replace=false
&Item.3.Attribute.4.Name=Quantity
&Item.3.Attribute.4.Value=10000
&Item.3.Attribute.4.Replace=false
&Item.3.Attribute.5.Name=Supplier
&Item.3.Attribute.5.Value=Food%20Ltd.
&Item.3.Attribute.5.Replace=false
&Item.3.Attribute.6.Name=Supplier
&Item.3.Attribute.6.Value=Amarena%20Ltd.
&Item.3.Attribute.6.Replace=false
&Timestamp=2010-07-28T13%3A26%3A56.000Z
&AWSAccessKeyId=[valid Access Key ID]&Signature=[valid Signature]
```

Listing 3.3.5 Antwort auf die BatchPutAttributes-Operation

```
<BatchPutAttributesResponse>
  <ResponseMetadata>
    <RequestId>3d6d33c8-8355-4cdc-02f1-e0cf6c77b4b3</RequestId>
    <BoxUsage>0.0000462183</BoxUsage>
  </ResponseMetadata>
</BatchPutAttributesResponse>
```

Im `Element_03` wurde das zusätzliche Attribut `Supplier` hinzugefügt, ebenso wurden den Attributen `Quantity` und `Supplier` jeweils zwei Werte zugewiesen. Diese Flexibilität spiegelt einen entscheidenden Vorteil von SimpleDB wider. Wie bei einem Telefonbuch, das man in einem Texteditor führt, gibt es bei manchen Personen keinen Geburtstag, keine E-Mail, keine Handynummer usw. Manchmal aber eben doch. Entscheidend sind dabei nicht die eventuell fehlenden Werte, die auch bei relationalen Datenbanken üblich sind, sondern die selbständige Erweiterung des Schemas bei neuen Daten.

Read-Operation

Für das Lesen der Daten stehen die zwei Operationen `GetAttributes` und `Select` bereit. Mit `GetAttributes` können die Attribute eines Elementes gezielt abgefragt werden, wie in Listing 3.3.6 und Listing 3.3.7 wiedergegeben wird. Hier werden die Attributwerte für `Quantity` und `Supplier` vom `Element_03` abgefragt. Durch Setzen von `Consistent-Read=[true|false]` kann dabei zwischen *Eventually Consistent Read* und *Consistent Read* gewählt werden.

Listing 3.3.6: Signed URL für GetAttributes

```
https://sdb.amazonaws.com?SignatureVersion=1
&Action=GetAttributes
&Version=2009-04-15
&DomainName=my_first_simpledb
&ItemName=Element_03
&AttributeName.1=Quantity
&AttributeName.2=Supplier
&ConsistentRead=true
&Timestamp=2010-07-28T16%3A53%3A21.000Z
&AWSAccessKeyId=[valid Access Key ID]
&Signature=[valid Signature]
```

Listing 3.3.7: Antwort auf GetAttributes

```
<GetAttributesResponse>
  <GetAttributesResult>
    <Attribute>
      <Name>Quantity</Name>
      <Value>10000</Value>
    </Attribute>
    <Attribute>
      <Name>Quantity</Name>
      <Value>20000</Value>
    </Attribute>
    <Attribute>
      <Name>Supplier</Name>
      <Value>Amarena Ltd.</Value>
    </Attribute>
    <Attribute>
      <Name>Supplier</Name>
      <Value>Food Ltd.</Value>
    </Attribute>
  </GetAttributesResult>
  <ResponseMetadata>
    <RequestId>457fd438-e4f4-b7a6-2560-72797581e0b3</RequestId>
    <BoxUsage>0.0000093282</BoxUsage>
  </ResponseMetadata>
</GetAttributesResponse>
```

Die `Select`-Operation entspricht der gleichen Operation in SQL, stellt aber ein geringeres Subset dar. Der generelle Aufbau der Select-Abfrage wurde bereits in Listing 3.3.1 gezeigt. Eine einfache Abfrage in der Form `select * from my_first_simpledb where Supplier='Amarena Ltd.'` wird in Listing 3.3.8 und Listing 3.3.9 gezeigt.

Listing 3.3.8: Signed URL für Select

```
https://sdb.amazonaws.com?SignatureVersion=1
&Action=Select&Version=2009-04-15
&SelectExpression=select%20*%20from%20my_first_simpledb%20
              where%20Supplier%3D'Amarena%20Ltd.'
&ConsistentRead=true
&Timestamp=2010-07-28T18%3A19%3A16.000Z
&AWSAccessKeyId=[valid Access Key ID]
&Signature=[valid Signature]
```

Listing 3.3.9 Antwort auf einfaches Select

```
<SelectResponse>
  <SelectResult>
    <Item>
      <Name>Element_03</Name>
      <Attribute>
        <Name>Name</Name>
        <Value>Cherry</Value>
      </Attribute>
      <Attribute>
        <Name>Supplier</Name>
        <Value>Amarena Ltd.</Value>
       </Attribute>
      <Attribute>
        <Name>Supplier</Name>
        <Value>Food Ltd.</Value>
      </Attribute>
      <Attribute>
        <Name>Quantity</Name>
        <Value>10000</Value>
      </Attribute>
      <Attribute>
        <Name>Quantity</Name>
        <Value>20000</Value>
      </Attribute>
      <Attribute>
        <Name>Typ</Name>
        <Value>Fruit</Value>
      </Attribute>
    </Item>
  </SelectResult>
  <ResponseMetadata>
    <RequestId>d943e992-18f9-fc7b-91fb-d34d65e471bc</RequestId>
    <BoxUsage>0.0000228616</BoxUsage>
  </ResponseMetadata>
</SelectResponse>
```

Update-Operation

Ein Update der Attribute erfolgt auch über die Operationen `BatchPutAttributes` und `PutAttributes`, hierzu ist lediglich der Parameter `Replace=true` zu setzen, so wie im Beispiel in Listing 3.3.10 und Listing 3.3.11 zu sehen ist. SimpleDB bietet auch die Möglichkeit, ein *Conditional PutAttributes* durchzuführen. Einfügen oder Ersetzen von Werten für ein oder mehrere Attribute eines Elements erfolgt dann nur, wenn der vorhandene Wert eines Attributs den vorgegebenen Bedingungen entspricht. Hiermit kann das bei parallelen Schreibzugriffen auftretende *Lost-Update*-Problem vermieden werden. Ein *Conditional PutAttributes* geht allerdings nur bei Attributen, die einzelne Werte enthalten. Die Bedingungen, das heißt die erwarteten Werte sind wie in Listing 3.3.12 in den Parametern für `Expected` anzugeben. Im Beispiel wird im `Element_02` der `Supplier='Malus Ltd.'` Gesetzt, wenn `Name='Apple'` existiert.

Listing 3.3.10 Signed URL für PutAttributes mit Replace=true

```
https://sdb.amazonaws.com?SignatureVersion=1
&Action=PutAttributes
&Version=2009-04-15
&DomainName=my_first_simpledb
&ItemName=Element_01
&Attribute.1.Name=Quantity&Attribute.1.Value=5000
&Attribute.1.Replace=true
&Timestamp=2010-07-28T19%3A35%3A44.000Z
&AWSAccessKeyId=[valid Access Key ID]
&Signature=[valid Signature]
```

Listing 3.3.11 Antwort auf PutAttributes mit Replace=true

```
<PutAttributesResponse>
  <ResponseMetadata>
    <RequestId>f4641617-73c5-55b6-48ea-6d8b9a6f27a3</RequestId>
    <BoxUsage>0.0000219909</BoxUsage>
  </ResponseMetadata>
</PutAttributesResponse>
```

Listing 3.3.12 Signed URL für Conditional PutAttributes

```
https://sdb.amazonaws.com?SignatureVersion=1
&Action=PutAttributes
&Version=2009-04-15
&DomainName=my_first_simpledb
&ItemName=Element_02
&Attribute.1.Name=Supplier
&Attribute.1.Value=Malus%20Ltd.
&Attribute.1.Replace=true
&Expected.Name=Name
&Expected.Value=Apple
&Expected.Exists=true
&Timestamp=2010-07-30T16%3A48%3A03.000Z
&AWSAccessKeyId=[valid Access Key ID]
&Signature=[valid Signature]
```

Listing 3.3.13: Antwort auf Conditional PutAttributes

```
<PutAttributesResponse>
  <ResponseMetadata>
    <RequestId>9e42232c-97ea-2d20-cec1-21a385337e24</RequestId>
    <BoxUsage>0.0000219909</BoxUsage>
  </ResponseMetadata>
</PutAttributesResponse>
```

Delete-Operation

Das Löschen von Werten, Attributen und Domänen erfolgt, wie der Name der Operationen schon verrät, mit `DeleteAttributes` und `DeleteDomain`, dieses wird in Listing 3.3.14 bis Listing 3.3.19 dargestellt. Auch die Löschoperationen können als *Conditional Delete* erfolgen, aber allerdings auch nur bei Attributen mit nur einem Wert.

Listing 3.3.14 Signed URL für DeleteAttributes Value

```
https://sdb.amazonaws.com?SignatureVersion=1
&Action=DeleteAttributes
&Version=2009-04-15
&DomainName=my_first_simpledb
&ItemName=Element_03
&Attribute.1.Name=Quantity
&Attribute.1.Value=20000
&Timestamp=2010-07-30T17%3A17%3A51.000Z
&AWSAccessKeyId=[valid Access Key ID]
&Signature=[valid Signature]
```

Listing 3.3.15 Antwort auf DeleteAttributes Value

```
<DeleteAttributesResponse>
  <ResponseMetadata>
    <RequestId>f1a042d8-f0f2-972e-6576-1c49f4810a80</RequestId>
    <BoxUsage>0.0000219909</BoxUsage>
  </ResponseMetadata>
</DeleteAttributesResponse>
```

Listing 3.3.16 Signed URL für DeleteAttributes

```
https://sdb.amazonaws.com?SignatureVersion=1
&Action=DeleteAttributes
&Version=2009-04-15
&DomainName=my_first_simpledb
&ItemName=Element_03
&Attribute.1.Name=Supplier
&Timestamp=2010-07-30T17%3A22%3A44.000Z
&AWSAccessKeyId=[valid Access Key ID]
&Signature=[valid Signature]
```

Listing 3.3.17 Antwort auf DeleteAttributes

```
<DeleteAttributesResponse>
  <ResponseMetadata>
    <RequestId>7cbfada9-9ecd-0b3a-666e-3f0e522905f5</RequestId>
    <BoxUsage>0.0000219909</BoxUsage>
  </ResponseMetadata>
</DeleteAttributesResponse>
```

Listing 3.3.18 Signed URL für DeleteDomain

```
https://sdb.amazonaws.com?SignatureVersion=1
&Action=DeleteDomain
&Version=2009-04-15
&DomainName=my_second_simpledb
&Timestamp=2010-07-30T17%3A33%3A19.000Z
&AWSAccessKeyId=[valid Access Key ID]
&Signature=[valid Signature]
```

Listing 3.3.19 Antwort auf DeleteDomain

```
<DeleteDomainResponse>
  <ResponseMetadata>
    <RequestId>416b3ffe-a4c4-02e6-6e5b-e57a6e132d32</RequestId>
    <BoxUsage>0.0055590278</BoxUsage>
  </ResponseMetadata>
</DeleteDomainResponse>
```

Metadatenabfrage

Über die Operation `DomainMetadata` können Informationen über eine angegebene Datenbank abgerufen werden. Diese Daten beinhalten Informationen über die Anzahl der Elemente und Attribute und die Größe der Attributnamen und -werte.

Listing 3.3.20 Signed URL für DomainMetadata

```
https://sdb.amazonaws.com?SignatureVersion=1
&Action=DomainMetadata
&Version=2009-04-15
&DomainName=my_first_simpledb
&Timestamp=2010-07-30T17%3A26%3A18.000Z
&AWSAccessKeyId=[valid Access Key ID]
&Signature=[valid Signature]
```

Listing 3.3.21 Antwort auf DomainMetadata-Anfrage

```
<DomainMetadataResponse>
  <DomainMetadataResult>
    <ItemCount>3</ItemCount>
    <ItemNamesSizeBytes>30</ItemNamesSizeBytes>
    <AttributeNameCount>3</AttributeNameCount>
    <AttributeNamesSizeBytes>15</AttributeNamesSizeBytes>
    <AttributeValueCount>9</AttributeValueCount>
    <AttributeValuesSizeBytes>45</AttributeValuesSizeBytes>
    <Timestamp>1280510861</Timestamp>
  </DomainMetadataResult>
  <ResponseMetadata>
    <RequestId>ab3102ae-e1a4-cd3a-4d87-06d2142c3f0a</RequestId>
    <BoxUsage>0.0000071759</BoxUsage>
  </ResponseMetadata>
</DomainMetadataResponse>
```

3.3.6 Replikation und Skalierung

SimpleDB wird im Kontext von AWS als SaaS bereitgestellt. Die Indizierung der Daten sowie die Erstellung geografisch redundanter Replikationen erfolgt automatisch. Dadurch wird eine hohe Verfügbarkeit gewährleistet. Ebenso erfolgt eine automatische Skalierung bei einer Änderung des Aufkommens von Anfragen und der Datenbanknutzung. Eine horizontale Skalierung kann durch Erzeugung neuer Domänen erfolgen.

3.3.7 Bewertung

Mit SimpleDB bietet Amazon ein einfaches Datenbanksystem zur Nutzung innerhalb der AWS-Dienste an. Die Vor- und Nachteile werden im Folgenden zusammengefasst beschrieben.

Vorteile

- Bereitstellung als SaaS in der AWS-Umgebung: Die Bereitstellung der Infrastruktur und Software erfolgt über Amazon, daraus ergibt sich eine sofortige Verfügbarkeit und eine geringere administrative Belastung. Der geringere Verwaltungsaufwand lässt dem Entwickler mehr Zeit, sich auf die Entwicklung der Anwendung zu konzentrieren.
- Einfache, flexible, schemafreie Datenstruktur analog einer Tabellenkalkulation.
- Einfache, gut dokumentierte Schnittstellen und APIs für die gängigen Programmiersprachen.
- Automatische, geografisch verteilte Replizierung und spontane Skalierung zur Gewährleistung einer hohen Verfügbarkeit und eines hohen Durchsatzes. Horizontale Skalierung durch Erstellung neuer Domänen möglich.
- Faire, erschwingliche Preisgestaltung, die nur die tatsächliche Nutzung der Datenbank berechnet.

Nachteile

- Die Daten liegen bei einem Dritten (Datenschutz). Zum Schutz der Daten betreibt Amazon aber ein aufwendiges Sicherheitskonzept.
- Eine direkte Kontrolle über die Datenbank und die Art der Speicherung ist nicht möglich. Im Wesentlichen für den Einsatz in AWS-Kontext konzipiert.
- Daten werden als UTF-8-String gespeichert. Vergleiche von Daten erfolgen nur nach lexikographischer Ordnung. Es entsteht somit mehr Aufwand bei der Nutzung von negativen Zahlen. Hier muss mit einem Offsetwert und einer vergleichbaren Anzahl von Zeichen ein positiver vergleichbarer Wert hergestellt werden. Datum und Zeiten sollten in ISO-8601 konvertiert werden, ISO-8601 unterstützt Vergleiche nach lexikographischer Ordnung.
- Eventuell können sich Nachteile durch die technische Beschränkung der Anzahl von Domänen und Attributen ergeben.

Abschließend ein kurzer Vergleich, wie ihn auch Amazon selbst für alle Datenbanken und Speicherlösungen angibt:

- **S3**: Ist der normaler Speicherservice für unstrukturierte Rohdaten, die üblicherweise größer als SimpleDB-Einträge sind. Auch hier wird nur bei Bedarf bezahlt.
- **SimpleDB**: Skaliert von selbst, beinhaltet eine kleine Blockgröße, erweitert sein Schema von selbst und rechnet nur das verbrauchte Volumen ab.
- **RDS**: Steht für Relational Database Service und liefert eine gemanagte und automatisch skalierende Lösung auf MySQL-Basis an. Hier sind neben dem Skalieren auch der Mehrwert der Einrichtung, automatisierte Backups, Snapshots und Management-Tools interessant.
- **EC2 AIMs**: Amazon selbst stellt im Rahmen seiner EC2-Serverkapazität Images zur Verfügung, die vom Anwender geladen und verwendet werden können. Gespeichert

wird dann in Amazons *Elastic Block Store* (EBS). Zur Verfügung stehen hier die Datenbanken IBM DB2, Microsoft SQL Server, MySQL, Oracle, PostgreSQL, Sybase und Vertica (wobei Letztere auch als spaltenorientierte NoSQL-Datenbank angesehen werden kann). Vorteil dieser Lösung ist sicherlich die volle Kontrolle über die Datenbank.

Amazon selbst nennt als Beispiele für den Einsatz von SimpleDB Logging-Anwendungen, Online-Spiele oder Metadatenindizierung, weitere wie Failover, Datenverteilung, Replikation, Datenkonsistenz mittels Transaktionen und der Lastverwaltung. SimpleDB ist auch dafür konzipiert, mit anderen AWS-Dienstleistungen wie z.B. Amazon S3 und EC2 zusammenzuarbeiten.

Links

[Müller10] Frank Müller: Es geht auch einfach - Datenbanken ohne SQL und Relationen, Heise Zeitschriften Verlag GmbH, *http://www.heise.de/kiosk/archiv/ix/2010/2/122*

Amazon SimpleDB – *http://aws.amazon.com/de/simpledb/*

Amazon SimpleDB Getting Started Guide (API Version 2009-04-15), *http://awsdocs.s3.amazonaws.com/SDB/latest/sdb-gsg.pdf*

Amazon SimpleDB Developer Guide (API Version 2009-04-15), *http://awsdocs.s3.amazonaws.com/SDB/latest/sdb-dg.pdf*

Amazon Web Services – Sicherheitsprozesse im Überblick, November 2009 *http://awsmedia.s3.amazonaws.com/de/Whitepaper_AWS_Security_Whitepaper(DE).pdf*

4 Document Stores

Der Bereich der Document Stores gehört sicherlich zu den interessantesten Teilen der NoSQL-Bewegung. Mit seinen Ursprüngen in Lotus Notes war sicherlich Damien Katz von CouchDB einer der Visionäre und Motoren der Document-Store-Bewegung. Dementsprechend werden wir CouchDB als Erstes vorstellen.

Erstaunlicherweise ist die Anzahl der wirklich relevanten Document Stores relativ gering. Neben CouchDB hat MongoDB eine große Bedeutung und wird von der dahinterstehenden Firma 10gen stark gefördert. Aber nach diesen beiden wird die Luft schon etwas dünn. Die Autoren sind der Meinung, dass auch Riak zu den Document Stores gezählt werden muss. Riak speichert primär JSON-Daten. Dass Riak diese JSON-Daten selbst interpretieren kann (Vector Clock Information, Links etc.), ist eigentlich ein klares Kriterium für eine Dokumentendatenbank. Gleichzeitig hat Riak mit seinem Bucket-Key/Value-Raum aber auch klassische Eigenschaften eines Key/Value-Stores, weswegen das dahinterstehende Basho-Team Wert darauf legt, dass Riak in die Kategorie Key/Value-Store gehört. Der Leser möge sich daher selbst eine Meinung bilden und Riak unbedingt unter beiden Aspekten prüfen.

Auch Terrastore, ThruDB, OrientDB und RavenDB könnte man als Document Stores ansehen. Sie werden in Kapitel 7 eingehend besprochen.

Der Zauber der Dokumentendatenbanken liegt darin, die Schemaverantwortung aus der Datenbank herauszuziehen und der Anwendung zu übergeben. Dies hat für viele Anwendungsfälle große Nachteile, wenn beispielsweise eine Normalform extrem wichtig ist oder referenzielle Integrität sichergestellt sein muss. Aber gerade für agile Web 2.0-Anwendungen hat genau das auch viele Vorteile. Die Anwendung kann sich selbst um Schemaerweiterungen oder sogar Schemainkompatibilitäten kümmern. Dieser Gedanke, der in den 90er Jahren aufgrund fehlender Anwendungsfelder und Web-/Cloud-Infrastrukturen noch kaum denkbar war, ist jetzt im Web 2.0-Zeitalter reif für diese neuen Anwendungsfälle.

4.1   CouchDB

4.1.1   Überblick

CouchDB ist wie viele andere NoSQL-Datenbanken auch entwickelt worden, um den wachsenden Anforderungen der Web 2.0-Zeitalters gerecht werden zu können. Dieser Document Store orientiert sich an Googles BigTable und damit auch an der Zugriffsmöglichkeit auf Daten mittels Map/Reduce sowie am Dokumentmanagement-Framework Lotus Notes. Inspiriert durch die Vorteile dieser Technologien hat der ehemalige Senior-Entwickler von Lotus Notes, Damien Katz, im Jahre 2005 mit der Entwicklung der dokumentorientierten Datenbank CouchDB begonnen. Die zuerst auf privater Basis und später als Apache-Projekt entstandene Datenbank erfreut sich seitdem wachsender Beliebtheit.

Steckbrief

Webadresse:	http://couchdb.org
Kategorie:	Dokumentorientierte Datenbank mit JSON
API:	RESTful JSON API, JavaScript, Plug-in-Architektur PHP, Perl, Ruby ....
Protokoll:	HTTP, (TCP/UDP) Portnummer 5984
Geschrieben in:	Erlang
Concurrency	MVCC
Replikation:	inkrementelle Replikation mit bidirektionaler Konflikterkennung und -Management. Master-Master, Master-Slave
Skalierung	Über Replikation und CouchDB Lounge Framework
Lizenz:	Apache Lizenz 2.0

4.1.2   Beschreibung

„Apache CouchDB has started. Time to relax"[1]

Auf der offiziellen Website der Datenbank CouchDB fällt einem sofort das CouchDB-Logo mit der plakativ dargestellten entspannten Person und der Schriftzug *„relax"* auf. Dieses Logo symbolisiert das grundsätzliche Prinzip des Projektes, denn CouchDB setzt auf bewährte Prinzipien. Entwickler, die sich mit CouchDB beschäftigen und schon Erfahrung im Bereich der Webentwicklung haben, werden sich in CouchDB daher schnell zurechtfinden. Die CouchDB-Entwickler legten und legen den Fokus ihrer Arbeiten auf eine einfache unkomplizierte Nutzung der Datenbank. Entspannung ist auch im Kontext der Fehlertoleranz, Fehlersuche, Skalierbarkeit (über die CouchDB-Lounge) und Performance angesagt, auch in diesen Bereichen wird es den Entwicklern leicht gemacht. CouchDB rechnet damit, dass nicht immer und überall eine Netzwerkverbindung vorhanden ist, und

---

[1] [Ander10], Part I. Introduction, 01. Why CouchDB?

dass Fehler in verteilten Systemen nichts Ungewöhnliches sind. Der Name CouchDB steht deshalb ironischer Weise für: „*Cluster of unreliable commodity hardware Data Base*"

Wie schon erwähnt, begann Damian Katz mit der Entwicklung von CouchDB im Jahre 2005 zunächst auf privater Grundlage. Sein Projekt erweckte schnell Interesse bei IBM, und so setzte er seine Arbeiten an CouchDB von 2008 bis 2009 offiziell bei IBM fort. CouchDB war ab Februar 2008 im *Incubator* der *Apache Software Foundation* und wurde im November 2008 zum vollwertigen Apache-Projekt erklärt. Seit Ende 2009 wird die Entwicklung von CouchDB unter dem Dach des von Damian Katz und weiteren Entwicklern gegründeten Unternehmens Relaxed Inc. vorangetrieben [JAN10][FROM10].

CouchDB ist eine schemafreie, dokumentorientierte Datenbank. Die Daten werden in Form von JSON-Datenstrukturen abgelegt. Der Zugriff auf die Daten erfolgt über HTTP mittels einer RESTful JSON API. Gefilterte Abfragen der Datenbank erfolgen mittels Java-Script über das Map/Reduce-Verfahren. CouchDB unterstützt das Replizieren der Daten auf mehrere Knoten und kann so Lesevorgänge parallelisieren. Apache CouchDB gewährleistet alle ACID-Eigenschaften. Lesevorgänge erfolgen über ein MVCC-Modell, bei dem jeder Nutzer vom Anfang bis zum Ende der Leseoperation einen konsistenten Snapshot der Datenbank erhält. CouchDB wurde auf der Erlang/OPT-Plattform entwickelt. Erlang/OPT (*The Open Telecom Platform*) umfasst die Sprache, das Laufzeitsystem und eine umfangreiche Bibliothek. Erlang ist eine funktionale, nebenläufige und verteilte Programmiersprache, dessen geistiger Vater Joe Armstrong ist. Sie wurde ursprünglich für Echtzeit-Telekomanwendungen mit einer extremen Betonung auf Zuverlässigkeit und Verfügbarkeit entwickelt. Diese positiven Eigenschaften boten ideale Vorrausetzungen zur Entwicklung der verteilten und auf Nebenläufigkeit ausgelegten Datenbank CouchDB.[2]

4.1.3   Datenmodell

In CouchDB können wie in jeder schemafreien, dokumentorientierten Datenbank Dokumente beliebiger Syntax abgelegt werden. Dokumente bedeuten hierbei JSON-Datenstrukturen. Die Dokumente werden in B-Bäumen gespeichert und erhalten zur Indexierung eine Dokument-ID und eine Revisions-ID. Bei jedem Update einer Instanz wird eine neue Revisions-ID erzeugt, die später ein inkrementelles Auffinden der Änderungen ermöglicht. Dokumente sind wie auch bei MongoDB das Äquivalent der Tupel der relationalen Datenbanken. JSON-Objekte bestehen syntaktisch aus einer durch Kommata getrennten Liste von Eigenschaften. Jede Eigenschaft wiederum ist ein Key/Value-Paar, wobei der Value wiederum eine Eigenschaft sein kann. Mit JSON lassen sich einerseits beliebig komplexe Datenstrukturen ausdrücken, und andererseits ist im Gegensatz zu den relationalen Datenbanken keine aufwendige Schemadefinition notwendig. Die generelle JSON-Struktur basiert auf Key/Value-Paaren und Listen, die beliebig verschachtelt werden können. JSON besitzt folgende Basistypen[3]: Objekte, Arrays, Zeichenketten, Zahlen, Boolesche Werte

---

[2] Vgl. *http://couchdb.apache.org/docs/overview.html*
[3] Vgl. [AND10], http://books.couchdb.org/relax/appendix/json-primer

true, false und null. Werden Daten im bereits kompakten JSON-Datenformat für den Datenaustausch zwischen Anwendungen genutzt, so liegt es nahe, dieses Datenformat auch zur Speicherung der Daten zu nutzen. Die Umwandlung in andere Speicherformate zur Ablage in einer Datenbank ist dann nicht mehr notwendig, das kann insgesamt ein Performancegewinn für das System der agierenden Anwendungen bedeuten.

4.1.4 View-Modell

Das integrierte View-Modell ermöglicht die Aggregation und Darstellung der Dokumente in einer Datenbank. Views werden nach Bedarf dynamisch erzeugt und haben keinen Einfluss auf die zugrunde liegenden Dokumente. Es können viele und unterschiedliche Views der gleichen Daten erstellt werden. Views werden in speziellen *design documents* definiert und können über Datenbankinstanzen wie normale Dokumente repliziert werden. So können in CouchDB nicht nur Dokumente, sondern auch ganze Anwendungs-Designs repliziert werden. Views werden in den *design documents* mittels JavaScript-Funktionen und Map/Reduce erstellt. Die JavaScript-Funktion übernimmt dabei die Rolle der Map- bzw. Reduce-Funktion; sie wird für jedes Dokument aufgerufen und aggregiert die in der View gewünschten Daten.

4.1.5 Zugriffskontrolle

Für die Zugriffskontrolle und damit zum Schutz der Daten bietet CouchDB ein einfaches Modell für den lesenden Zugriff und zur Validierung von Updates. Dieses kann, je nach gestellter Anforderung, in den folgenden Bereichen angepasst werden:

- Administrator Access
- Reader Access
- Update Validation

Administratoren können neue Accounts anlegen und haben unter anderem Zugriff auf die *design documents*, in denen die View-Funktionen enthalten sind. Für die Dokumente lassen sich Nutzerlisten festlegen, über die geregelt wird, welche Nutzer das Dokument oder Teile davon sehen dürfen. Wenn die Daten auf die Festplatte geschrieben werden, können sie dynamisch durch JavaScript-Funktionen validiert und auf Schreibrechte überprüft werden.

4.1.6 Installation

Wie viele andere erfolgreiche Datenbanken kann auch CouchDB auf einer Vielzahl von Plattformen eingesetzt werden. Die jeweils aktuelle Version für Unix/Linux-Systeme steht unter *http://couchdb.apache.org/downloads.html* zum Download unter der Apache License 2.0 bereit. Zum Zeitpunkt der Buchrecherche trug das aktuelle Release die Versionsnummer 0.11.0. Dieses Release wurde als „*feature-freeze release candidate*" Apache CouchDB 1.0 bezeichnet und kennzeichnet damit einen weiteren Meilenstein in seiner

Entwicklung. Die Apache CouchDB 1.0 ist im weiteren Verlauf der Bucherstellung am 14. Juli 2010 fertiggestellt worden. Im CouchDB-Wiki, das auch über die offizielle Website des Apache CouchDB-Projektes zu erreichen ist, stehen Anleitungen zur Installation auf unterschiedlichen Systemen zur Verfügung (siehe *http://wiki.apache.org/couchdb/FrontPage* und *http://wiki.apache.org/couchdb/Installation*).

Im Juli 2010, dem Zeitpunkt der Bucherstellung, wurden folgende Systeme unterstützt oder die Unterstützung befand sich aktuell in der Entwicklung:

- Android (in Entwicklung)
- Apple Mac
- BSD Unix
- Linux and Solaris
- WebOS (in Entwicklung)
- Windows
- Installation mittels Nix package manager

Für einen ersten Kontakt mit CouchDB wird in diesem Buch das Installationspaket für Windows genutzt. Damit dauert die Installation nur wenige Minuten. Der Installer ist auf Windows 7 (64 Bit) Windows Vista (32 und 64 Bit) und Windows XP (32 bit) getestet worden. Es brauchen keine zusätzlichen Komponenten installiert werden. Alles, was benötigt wird, ist im Installationspaket enthalten, unter anderem:

- Erlang
- OpenSSL
- die JavaScript-Engine SpiderMonkey

Nach dem Herunterladen von *http://wiki.apache.org/couchdb/Windows_binary_installer* kann die aktuelle Windows-Binary-Version von CouchDB direkt ausgeführt werden. Zur Installation werden Administratorrechte benötigt. Der Installer fragt im Verlauf der Installation nach, ob CouchDB als Windows Service installiert werden soll. Erfolgt eine Zustimmung, so wird CouchDB automatisch beim nächsten Systemstart geladen. CouchDB ist so in wenigen Minuten für den ersten Einsatz betriebsbereit, und die lokal installierte Datenbank ist nach erfolgreicher Installation sofort über die URL `http://localhost:5984` erreichbar.

Die Ausgabe `{"couchdb":"Welcome","version":"0.11.0"}` im Webbrowser bestätigt die erfolgreiche Installation. CouchDB stellt auch ein bequemes Web-Interface mit dem treffenden Namen Futon bereit. Ein Blick in die mitgelieferte Readme.txt zeigt, dass Futon nicht im Microsoft Internet Explorer funktioniert. Zur Nutzung wird Mozilla Firefox empfohlen. Über die URL `http://localhost:5984/_utils` kann das Web-Interface aufgerufen werden. Es bietet viele Möglichkeiten zur Verwaltung der Datenbank. Über Futon lassen sich unter anderem Datenbanken erzeugen, Dokumente ablegen, und auch die Replikation der Datenbank wird über Futon unterstützt. In Abbildung 4.1.1 ist das Web-Interface in seiner Konfigurationsansicht dargestellt.

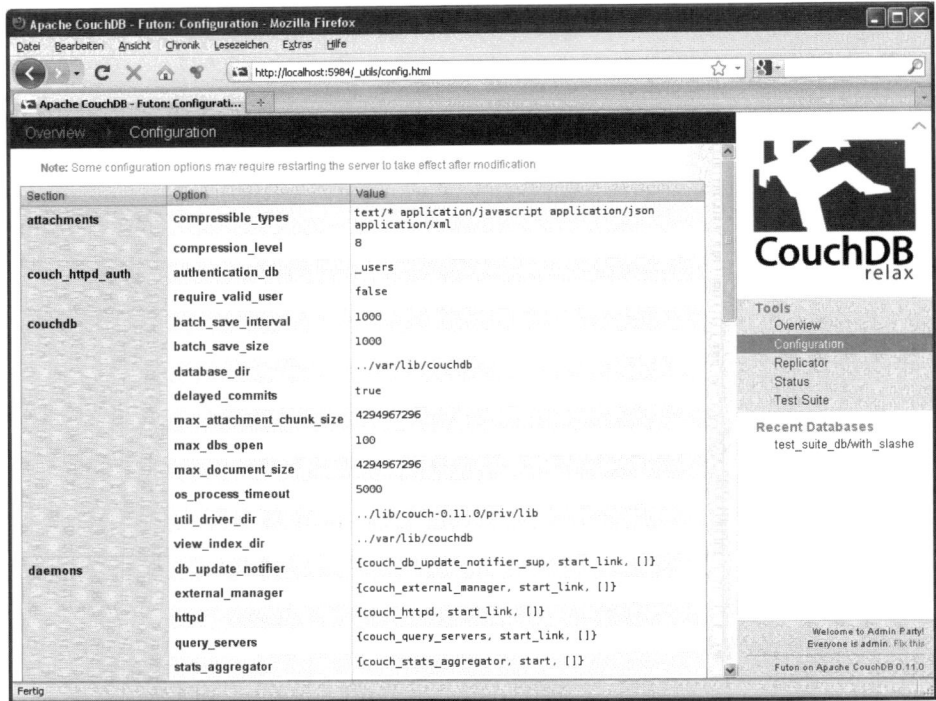

Abbildung 4.1.1 CouchDB: Web-Interface Futon, Screenshot der Ansicht Configuration

Wurde CouchDB nicht als Windows-Service installiert, so lässt es sich auch mittels der Batchdatei `couchdb.bat` im `bin`-Verzeichnis über die Windowskonsole starten. Verknüpfungen zur Batchdatei, zum Web-Interface Futon und zur offiziellen CouchDB-Webseite sind auch bequem über das Startmenü in Windows erreichbar. Bei der Installation wurde im Programmmenü auch ein Ordner für Apache CouchDB angelegt.

Hosting mit Couchio

CouchDB kann auch ohne eigene lokale Installation getestet werden. Dies ist über die Website *www.couch.io* der von Damian Katz und weiteren Entwicklern gegründeten Firma Relaxed Inc. bzw. Couchio möglich. Couchio bietet ein freies CouchDB-Hosting an. Hier können Sie auch die jeweils aktuelle CouchDB-Version für verschiedene Plattformen herunterladen und lokal installieren. Ist man an einem Hosting auf Couchio interessiert, genügt eine Registrierung unter Angabe des Vor- und Nachnamens, einer gültigen E-Mail-Adresse sowie die Angabe einer Subdomain-Adresse. Die CouchDB-Instanz und ihr Web-Interface sind dann über die Subdomain unter der Adresse *http://(subdomain).couchone.com/_utils/* erreichbar.

Standardmäßig ist nach erfolgter Installation jeder Nutzer der Datenbank auch ein Administrator. Dies kann und sollte mittels Futon über den Link *Welcome to Admin Party! Everyone is admin. Fix this* geändert werden. Der Link ist im Browserfenster unten rechts zu finden, wie auch in Abbildung 4.1.1 zu sehen ist.

4.1.7 CRUD-Operationen

Allgemeines

CouchDB nutzt, wie schon beschrieben, bewährte Internettechniken wie zum Beispiel die Strukturierung von Daten mittels JSON. Die Zugriffe auf die Datenbank erfolgen über das Architekturprinzip REST. Auch hier nutzt CouchDB bewährte Prinzipien des Web 2.0-Paradigmas. Jede Ressource innerhalb einer Anwendung wird durch eine URI repräsentiert, und alle Zugriffe auf die Ressource erfolgen über die HTTP-Aufrufe GET, POST, PUT, DELETE. Durch die Verwendung dieser gängigen Architektur und Internetprotokolle existieren viele Möglichkeiten, mit der Datenbank zu interagieren.

Angefangen bei dem im CouchDB-Paket enthaltenen Web-Interface Futon über Telnet bis hin zu 21 verschiedenen Programmiersprachen bzw. Anwendungen, die zum Zeitpunkt der Bucherstellung in der CouchDB-Wiki unter *http://wiki.apache.org/couchdb/Basics* aufgelistet wurden, können für den Zugriff auf die Datenbank genutzt werden. Diese können hier natürlich nicht alle behandelt werden.

CRUD-Operation mit Futon

Den schnellsten Zugang zu CouchDB und den einfachsten Weg zur Erzeugung einer Datenbank bietet das Web-Interface Futon. Hier kann in der Ansicht *Overview* über den Link *Create Database* auf einfache Weise eine Datenbank erzeugt werden, z.B. mit dem Namen my_first_couch. Futon zeigt dann automatisch eine noch leere Datenbank an. Über den

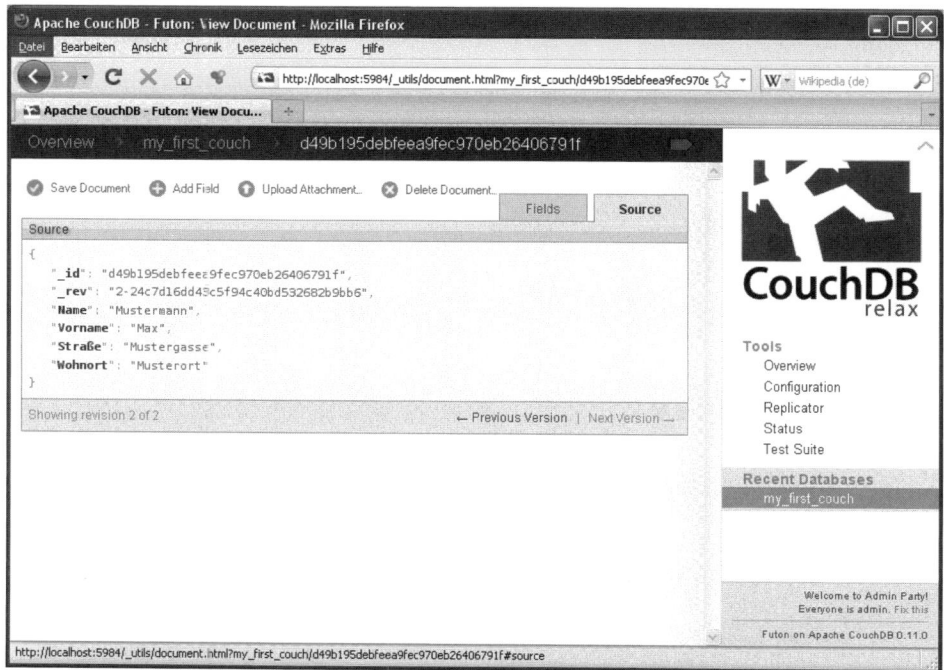

Abbildung 4.1.2 CouchDB: Web-Interface Futon, Ansicht Source

Link *New Document* kann dann ein JSON-Dokument angelegt werden. Futon erzeugt für dieses Dokument eine `_id` in Form einer UUID (*Universally Unique IDentifier*). Über den Link *Save Document* wird das Dokument in der Datenbank abgelegt und erhält seine erste Revisionsnummer `_rev`. Über den Link *Add Field* kann das JSON-Dokument um weitere Felder ergänzt werden, zum Beispiel Adressdaten mit den Feldern Vorname, Name, Straße, Wohnort. Die Inhalte der Felder werden jeweils mit Doppelklick ausgewählt, und die Eingabe kann mit *Enter* oder Klick auf das grüne Häkchen bestätigt werden. Über *Save Document* werden die Änderungen übernommen und die Revisionsnummer erhöht. Über *Previous Version* und *Next Version* kann man sich die verschiedenen Revisionen anzeigen lassen. Auch die JSON-Source lässt sich in Futon anzeigen (siehe Abbildung 4.1.2).

Einfache CRUD-Operationen über das Web-Interface Futon sind, wie man sieht, im Wesentlichen selbsterklärend.

CRUD-Operation über cURL

Eine weitere Möglichkeit, um über die RESTful JSON API mit CouchDB zu arbeiten und erste Erfahrungen zu sammeln, bietet das Kommandozeilenwerkzeug cURL (*Client for URLs*). Dieses Programm ist auf viele verschiedene Betriebssysteme portiert worden und Bestandteil der meisten Linux-Distributionen. Auch eine Win32-Version kann über die offizielle Website *http://curl.haxx.se/* heruntergeladen werden. Ein Download-Wizard hilft beim Finden der benötigten Version: *http://curl.haxx.se/dlwiz/*.

Mit der folgenden Zeile können über cURL alle in CouchDB angelegten Datenbanken angefragt werden:

```
$curl -vX GET http://127.0.0.1:5984/_all_dbs
```

Per Default werden über cURL Anfragen mit GET durchgeführt, das Argument `-X` ermöglicht die Auswahl zwischen GET, POST, PUT, DELETE. Das Argument `-v` ermöglicht die erweiterte Ausgabe, um auch den Verbindungsaufbau und Abbau verfolgen zu können. Folgende Zeilen sollten dann nach Eingabe der cURL-Anweisung in die Konsole ausgegeben werden:

```
* About to connect() to 127.0.0.1 port 5984 (#0)
* Trying 127.0.0.1... connected
* Connected to 127.0.0.1 (127.0.0.1) port 5984 (#0)
> GET /_all_dbs HTTP/1.1
> User-Agent:
  curl/7.21.0 (i386-pc-win32) libcurl/7.21.0 OpenSSL/0.9.8o zlib/1.2.5
> Host: 127.0.0.1:5984
> Accept: */*
>
< HTTP/1.1 200 OK
< Server: CouchDB/0.11.0 (Erlang OTP/R13B)
< Date: Tue, 29 Jun 2010 15:27:39 GMT
< Content-Type: text/plain;charset=utf-8
< Content-Length: 19
< Cache-Control: must-revalidate
<
["my_first_couch"]
* Connection #0 to host 127.0.0.1 left intact
* Closing connection #0
```

Die Zeilen zeigen Details zum Verbindungsaufbau und -abbau und zum Datenaustausch zwischen Client und Server sowie die gewünschte Information über alle enthaltenen Datenbanken im JSON-Format, in diesem Fall die vorher über Futon angelegte Datenbank ["my_first_couch"].

Das Anlegen einer Datenbank mittels cURL erfolgt folgendermaßen:

```
$curl -X PUT http://127.0.0.1:5984/my_second_couch
```

CouchDB antwortet dann bestätigend mit:

```
{"ok":true}
```

Zum Anlegen eines Dokuments benötigen wir eine eindeutige Dokument-ID in Form einer UUID. Diese kann über CouchDB erstellt werden:

```
$curl -X GET http://127.0.0.1:5984/_uuids?count=1
```

Antwort:

```
{"uuids":["d49b195debfeea9fec970eb26406c168"]}
```

Über den Parameter `?count=1` kann die Anzahl der benötigten UUID angegeben werden. Ohne Parameterangabe liefert CouchDB nur eine UUID. Das Anlegen eines Dokuments in der erstellten Datenbank erfolgt nun unter Windows mit den entsprechenden Escape-Sequenzen für das doppelte Anführungszeichen (\") und ohne einfaches Anführungszeichen im String der JSON-Struktur, die mittels -d-Argument dem Body der PUT-Anweisung übergeben wird:

```
$curl -X PUT
http://127.0.0.1:5984/my_second_couch/d49b195debfeea9fec970eb26406c168
-d {\"Name\":\"Musterfrau\",\"Vorname\":\"Maxi\"}
```

Als Antwort erhält man neben der Speicherbestätigung der Dokument-ID auch die aktuelle Revisions-ID:

```
{"ok":true,"id":"d49b195debfeea9fec970eb26406c168",
        "rev":"1-0df5b49c8f83e8454e996674a620bb96"}
```

Im Folgenden ein einfaches *read, update* und *delete* des Dokuments mit der jeweiligen Antwort des Datenbankservers:

```
$curl -X GET
http://127.0.0.1:5984/my_second_couch/d49b195debfeea9fec970eb26406c168

{"_id":"d49b195debfeea9fec970eb26406c168",
 "_rev":"1-0df5b49c8f83e8454e996674a620bb96",
 "Name":"Musterfrau","Vorname":"Maxi"}

$curl -X PUT
http://127.0.0.1:5984/my_second_couch/d49b195debfeea9fec970eb26406c168 -d
{\"_rev\":\"1-0df5b49c8f83e8454e996674a620bb96\",
 \"Name\":\"Musterfrau\",\"Vorname\":\"Trixi\"}

{"ok":true,"id":"d49b195debfeea9fec970eb26406c168",
        "rev":"2-ba2efa6f0209a4a5bbb0e5a074ab780e"}
```

```
$curl -X DELETE
http://127.0.0.1:5984/my_second_couch/d49b195debfeea9fec970eb26406c168
        ?rev=2-ba2efa6f0209a4a5bbb0e5a074ab780e

{"ok":true,"id":"d49b195debfeea9fec970eb26406c168",
 "rev":"3-cfba4b82dd6a56c8dbfa440d4ba9b014"}

$curl -X DELETE http://127.0.0.1:5984/my_second_couch

{"ok":true}
```

update- und *delete-*Operationen erfolgen immer mit Angabe der Dokument-ID und der Revisions-ID. Über die Revisions-ID werden mittels MVCC Schreib- und Lesekonflikte im Multiuserbetrieb vermieden und die Konsistenz der Daten gewährleistet.

Dokumentanhänge

CouchDB bietet auch die Möglichkeit, Dokumente mit Anhängen zu versehen. So wie auch bei E-Mail-Anhängen werden die angehängten Dateien über den Namen und eine MIME-Typ- oder Content-Typ-Definition gekennzeichnet und identifiziert. Art und Inhalt der Anlage werden nicht eingeschränkt, es können Bilder, Texte, Filme oder auch andere Daten enthalten sein.[4] Auch das lässt sich am einfachsten über das Web-Interface Futon testen. Hier kann man in der Dokumentenansicht über den Link *Upload Attachment* den Dokumenten auf einfache Weise Dateien anhängen.

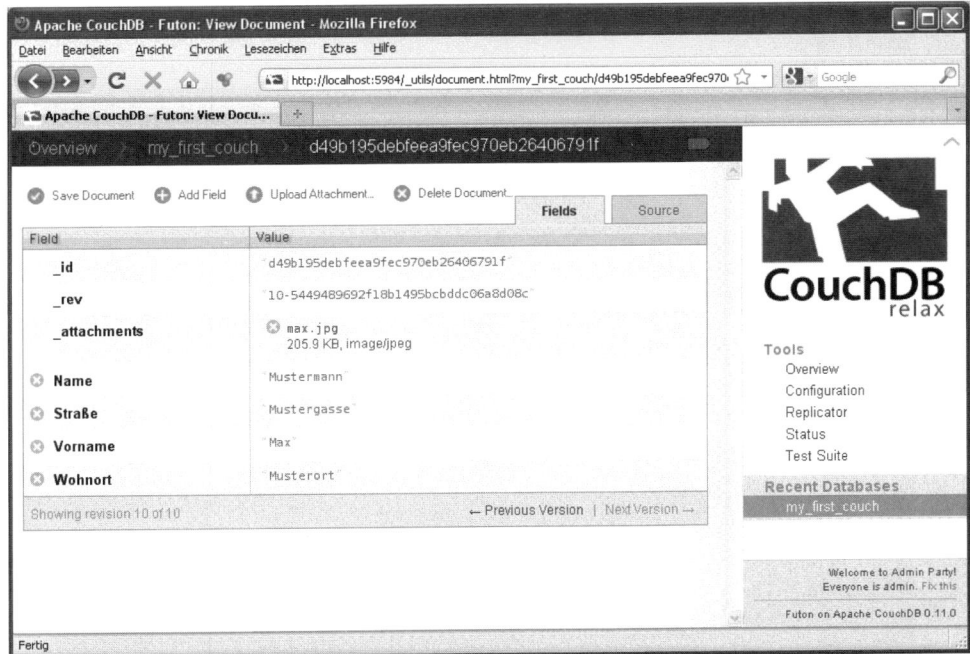

Abbildung 4.1.3 CouchDB: Web-Interface Futon, Dokument mit Attachments

---

[4] Vgl. [Anderson10], *http://books.couchdb.org/relax/intro/core-api*

4.1.8 Erstellen von Views

Die Aggregation und strukturierte Darstellung bestimmter Daten aus den gespeicherten JSON-Dokumenten erfolgt mittels Map/Reduce über JavaScript-Funktionen in sogenannten Views. Der Anwendungscode hierfür wird in speziellen *design documents* erstellt und abgelegt. Die damit aggregierten Daten werden für einen effizienten Zugriff in Form von Key/Value-Paaren in B-Bäumen gespeichert. Auch die *design documents* werden von CouchDB wie jedes andere Dokument behandelt. Neben den Views lassen sich auch weitere anwendungsbezogene Funktionen dort angeben. Dies sind unter anderem:

- Funktionen zur Validierung
- Darstellungseigenschaften über Shows- und List-Funktionen
- Angabe von Bibliotheken
- Anhänge

Alle diese Möglichkeiten hier zu beschreiben, würden den Rahmen des Buches sprengen. Wir beschränken uns auf die einfache Erstellung einer View-Funktion über Futon über eine temporäre View. Die benötigte Eingabemaske ist über die Overview-Ansicht einer erstellten Datenbank z.B. der `my_first_couch` zu erreichen. Über das View-Auswahlmenü kann die Ansicht auf *Temporary view* gestellt werden. Hier kann man nun die benötigte Map- und Reduce-Funktion mittels JavaScript erstellen und ausprobieren. Die temporären Views dienen zum Experimentieren mit den Map- und Reduce-Funktionen, für den produktiven Einsatz sollte eine View aus Gründen der Performance über den Button *Save As* permanent als *design document* gespeichert werden. Zum Experimentieren wird die erstellte Datenbank `my_first_couch` mit weiteren Adressdaten der gleichen JSON-Struktur über Futon oder mit cURL befüllt. Eine einfache Map-Funktion, die nun alle Vornamen mit dem jeweiligen Wohnort als Key/Value-Paar ausgibt ist im Folgenden zu sehen:

```
function(doc) {
    emit(doc.Vorname, {Ort: doc.Wohnort});
}
```

Die erzeugte View sollte je nach eingegebenen Adressdaten der folgenden Liste gleichen:

```
"Moritz"
ID: b02435f18799e6d75c236d982e001f75      {Ort: "Musterort"}
"Maxi"
ID: b02435f18799e6d75c236d982e000705      {Ort: "Musterort"}
"Max"
ID: d49b195debfeea9fec970eb26406791f      {Ort: "Musterort"}
"Jenny"
ID: b02435f18799e6d75c236d982e002906      {Ort: "London"}
"James"
ID: b02435f18799e6d75c236d982e0026ca      {Ort: "London"}
```

Mit einer Reduce-Funktion kann die Ergebnisliste dieser View auf weniger Ergebniselemente reduziert werden.

4.1.9 Replikation

CouchDB unterstützt das Replizieren der Daten auf mehrere Knoten inkrementell mit bidirektionaler Konflikterkennung und bidirektionalem Konfliktmanagement und kann so Lesevorgänge parallelisieren. Das Replizieren kann von der Anwendung ausgelöst werden oder auch kontinuierlich erfolgen. CouchDB erlangt seine Verteiltheit über Replikation zwischen einzelnen CouchDB-Knoten und kann somit als *peer-based distributed* bezeichnet werden. CouchDB rechnet damit, dass nicht immer eine permanente Verbindung zwischen den einzelnen CouchDB-Knoten vorhanden ist. Man kann sagen, eine CouchDB-Instanz ist *offline by default*. Sobald die Knoten nach einer Unterbrechung wieder Netzzugang besitzen, erfolgt die Synchronisation auf eine vorher definierte Weise. Die bei einer Synchronisation üblicherweise auftretenden Konflikte werden durch die CouchDB-Konflikterkennung markiert. CouchDB wählt deterministisch eine gewinnende Version des konfliktbehafteten Datensatzes aus. Ist man mit der Auswahl nicht zufrieden, so kann man manuell oder durch eine Anwendung die gewünschte Revision über die Markierung auswählen und den Konflikt lösen. Es ist auch möglich, über Filter partielle Replikationen von Dokumenten vorzunehmen. CouchDB ermöglicht den Austausch aller Dokumente über Replikationen, sodass vollständige Datenbankanwendungen, einschließlich Anwendungsdesign, Logik und Daten, repliziert werden können.

Auch einfache getriggerte Replizierungen lassen sich über das Web-Interface Futon durch Auswahl des Links *Replicator* im Tool-Menü erstellen.

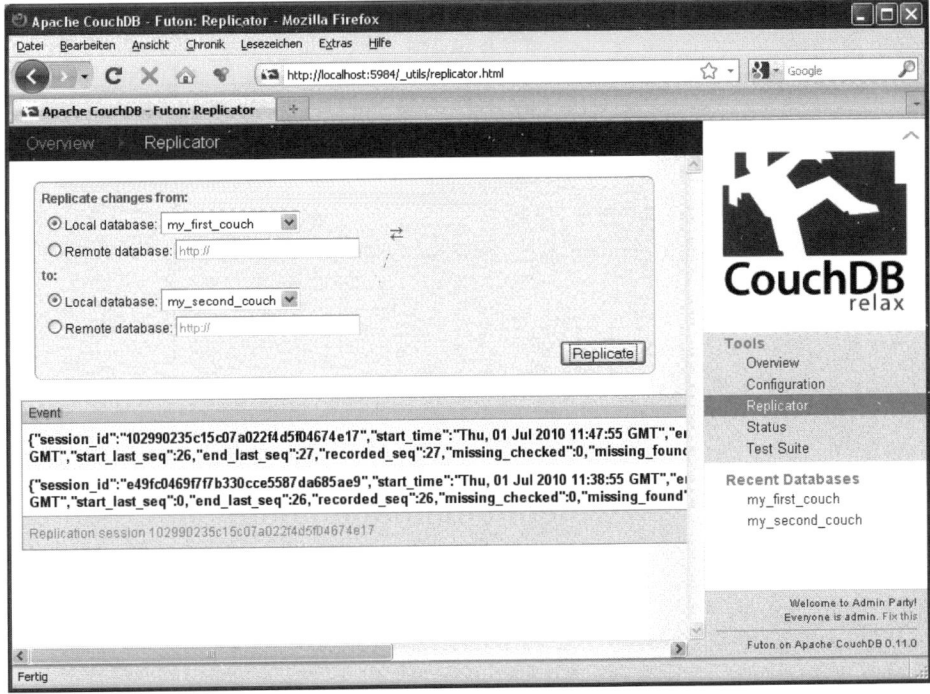

Abbildung 4.1.4 CouchDB: Web-Interface Futon, Replicator

4.1.10 Skalierung

Grundsätzlich bildet die Replizierung die Basis zur Skalierung in CouchDB. Da CouchDB Partitionierung und Sharding noch nicht standardmäßig unterstützt, muss auf Nutzung zusätzlicher Open Source-Frameworks wie CouchDB-Lounge[5] zurückgegriffen werden. CouchDB-Lounge wurde von den Mitarbeitern des webbasierten Messaging-Service Meebo[6] entwickelt. Die CouchDB-Lounge ist ein proxybasiertes Framework zur Partitionierung und Clusterung von CouchDB. Das Framework besteht grundsätzlich aus den beiden Hauptteilen

- dumbproxy:
  Ein NGINX[7]-Modul (Reverse-HTTP-Proxy) für einfache GET- und PUT-Anfragen, die nicht view-bezogen sind.

- smartproxy:
  Ein Twisted[8]-Daemon (Python Framework), der alle view-bezogenen Anfragen auf alle *Shards* im Cluster bearbeitet.

CouchDB-Lounge ermöglicht *Consistent Hashing* in CouchDB und damit eine Skalierung mittels *Oversharding,* bei der jeder *Shard* durch eine CouchDB-Lounge ersetzt werden kann. Diese auch als *Fractal Scaling* bezeichnete Technik ermöglicht eine anwendungsbezogene Skalierung über verknüpfte CouchDB-Cluster.

4.1.11 CouchApps

Wie schon beschrieben, werden alle Daten in CouchDB in Form von Dokumenten gespeichert, so auch die *design documents*. Ein *design document* ermöglicht unter anderem die Erstellung von eigenständigen Anwendungen mittels JavaScript. Über Dokumentanhänge kann jede Art von Daten an die Dokumente angehängt werden, so auch HTML-Dokumente und andere webbezogene Inhalte. Diese Anwendungen, die von einer Standard-CouchDB-Instanz bereitgestellt werden können, bezeichnet man als CouchApps. Anwendungen und Daten werden auf diese Weise zu Dokumenten, die natürlich auch über den Replizierungsmechanismus einfach ausgetauscht und dann von den Anwendern für die eigenen Anforderungen angepasst werden können. CouchDB ermöglicht so die Bereitstellung ganzer Webanwendungen mit dokumentbasierter Datenhaltung. Das Web-Interface Futon ist ein schönes Beispiel für dieses Konzept, die voll funktionsfähige Datenbankmanagement-Anwendung wurde nur mit HTML, CSS und JavaScript erstellt.

---

[5] *http://tilgovi.github.com/couchdb-lounge/*

[6] *http://www.meebo.com/*

[7] *http://nginx.org/en/*

[8] *http://twistedmatrix.com/*

4.1.12 Bewertung

CouchDB wird von seinen Entwicklern als Local-Web-Plattform gesehen und setzt auf bewährte Web-Techniken *„build of the web"* auf. Das macht den ersten Einstieg und Umgang mit CouchDB einfach und rüstet die Datenbank für zukünftige Entwicklungen im Internet. CouchDB rechnet mit dem Auftreten von Fehlern in verteilten Systemen *„offline by default"* und bietet Möglichkeiten zur Konflikterkennung und zum Konfliktmanagement. Anwendungen mit dieser Datenbank lassen sich auch ohne Netzzugang nutzen. CouchDB schlägt eine Brücke zwischen Anwendungen im Internet bzw. in einer Cloud und lokalen Anwendungen. Das Paradigma der *Document Stores* passt auf Anwendungsbereiche, bei denen ein relationales Schema die Flexibilität der Anwendung einschränkt.

Vorteile

- Setzt auf bewährte Web-Techniken und Erlang als Entwicklungsumgebung
- Robust und fehlertolerant
- Flexible und vielseitige Replizierungsmechanismen
- Bietet Konflikterkennung und Konfliktmanagement
- Erfordert keine Schemaerstellung
- Lässt sich auf vielen Betriebssystemen installieren
- Liefert eigenes Web-Interface Futon mit intuitiver Bedienung
- Bietet APIs für viele Programmiersprachen über Plug-in-Architektur

Nachteile

- Views-Aktualisierung und Erzeugung der Indizes erfolgt erst beim Datenzugriff, der dadurch nach vielen Änderungen zeitlich verzögert wird.
- Keine partiellen Updates. Fehlermeldungen sind nicht immer hilfreich.
- Bietet keine eigenen Skalierungsmechanismus außer über Replizierung. Eine Skalierung ist aber über CouchDB-Lounge der Firma Meebo möglich.
- Bisher nur inoffizielle Unterstützung für Windows über einen *binary installer* im Betastadium.
- Realisierung erweiterter Abfragen über Map/Reduce könnten aufwendiger sein als mit SQL und bedürfen etwas Einarbeitungszeit.

Typische Einsatzbereiche für CouchDB sind daher mobile oder Offline-Anwendungen im Web. Es werden gerade nicht extrem hochskalierbare Anwendungen adressiert. Eine Auflistung der Einsatzbereiche ist unter anderem auch über das CouchDB-Wiki zu finden: *http://wiki.apache.org/couchdb/CouchDB_in_the_wild*.

Apache CouchDB wird derzeit unter anderem von der BBC, Meebo, Assay Depot und Engine Yard eingesetzt und ist mittlerweile ein integraler Bestandteil des Ubuntu-Betriebssystems geworden. Der File-Hosting-Dienst Ubuntu-One der Firma Canonical Ltd. nutzt

CouchDB zur Synchronisierung von Profildaten. Einige Fallstudien zum Einsatz von CouchDB sind auch auf der Website *http://www.couch.io/case-studies* zu finden.

Die Apache CouchDB Version 1.0 ist im Verlauf der Bucherstellung, nämlich am 14. Juli 2010 fertiggestellt worden. Damit hat die Datenbank einen weiteren Meilenstein in ihrer Entwicklung zum vollwertigen, produktiv einsetzbaren Datenbankmanagementsystem erreicht.

Links & Literatur

[AND10]   J. Chris Anderson, Jan Lehnardt, Noah Slater: CouchDB: The Definitive Guide. O'Reilly Media Inc., Abruf: 26.01.2010, *http://books.couchdb.org/relax/*

[JAN10]   Rudolf Jansen: CouchDB – angesagter Vertreter der „NoSQL"-Datenbanken. Heise Developer, 12.02.2010, *http://www.heise.de/developer/artikel/CouchDB-angesagter-Vertreter-der-NoSQL-Datenbanken-929070.html*

[FROM10] Oliver Frommel: Mal ausspannen – CouchDB: Neue Datenbanken fürs Web. Linux Magazin, 29.9.2009, *http://www.linux-magazin.de/Online-Artikel/CouchDB*

CouchDB-Wiki: *http://wiki.apache.org/couchdb/FrontPage*

CouchDB, Technische Dokumentation: *http://couchdb.apache.org/docs/overview.html*

CouchDB bei Wikipedia (englisch): *http://en.wikipedia.org/wiki/CouchDB*

CouchDB bei Wikipedia (deutsch): *http://de.wikipedia.org/wiki/CouchDB*

4.2   MongoDB

4.2.1   Überblick

MongoDB gehört zu den Stars am Himmel der NoSQL-Vertreter – gemessen an der Euphorie, die dieser Datenbank in der Blogosphäre entgegen gebracht wird. Dies ist kaum verwunderlich, kann MongoDB doch mit Features auftrumpfen, die man bei anderen Vertretern aus dem NoSQL-Lager vermisst.

MongoDB hat das Ziel, die Lücke zwischen klassischen relationalen Datenbanken und den Key/Value-Stores zu schließen. Dazu sollen möglichst umfangreiche Abfragemöglichkeiten mit guter Skalierbarkeit und Performance kombiniert werden. Darüber hinaus kann MongoDB an viele bekannte Programmiersprachen angebunden werden.

Es sollte erwähnt werden, dass hinter MongoDB ein Team bekannter Größen aus erfolgreichen Web-Unternehmen in den USA steht, die ihre langjährigen technischen Erfahrungen in der Entwicklung von MongoDB bündeln.

Steckbrief

Webadresse:	http://www.mongodb.org/
Kategorie:	Document Store
API:	C, C++, Java, PHP, Ruby, Perl, Python und viele mehr (über Treiber)
Protokoll:	BSON-basiertes Protokoll
geschrieben in:	C++
Concurrency:	Update in Place
Replikation:	Master Slave
Skalierung:	Automatisches Sharding
Lizenz:	GNU AGPL v3.0

Allgemeines

MongoDB ist ein Open Source-Projekt, hinter dem das Unternehmen 10gen aus New York steht. Finanziert durch Venture Capital bietet 10gen umfangreichen Service wie Schulungen oder Support für MongoDB an. Einer der wichtigen Köpfe hinter 10gen und MongoDB ist CEO Dwight Merriman, Mitgründer und ehemaliger CTO von DoubleClick. Ihm zur Seite steht als CTO Eliot Horrowitz, Mitgründer von ShopWiki. Der Name MongoDB leitet sich vom englischen hu*mongo*us ab, was riesig bedeutet. Der Name wurde mit Hinblick auf die Speicherung von großen Datenmengen gewählt, für die MongoDB besonders geeignet ist.

MongoDB wurde mit dem Ziel einer möglichst hohen Leistung entwickelt, d.h. sehr kurzen Reaktionszeiten auch bei großen Datenmengen. Die Datenbank ist in der Programmiersprache C++ geschrieben, was wohl mit der Möglichkeit zur besseren Leistungsoptimierung zu begründen ist. Sie gehört zur Kategorie der Document Stores, d.h. eine Datenbank für umfangreichere zusammenhängende Datenstrukturen wie beispielsweise einem Blogpost mit Kommentaren ohne relationale Beziehungen zu anderen Datenstrukturen. Für Abfragen steht sowohl eine eigene Syntax für einfachere dynamische Abfragen bereit sowie eine Implementierung des Map/Reduce-Algorithmus, um Auswertungen über sehr große Datenmengen verteilt ausführen zu können. Die primäre Sprache zur Interaktion mit MongoDB ist JavaScript. Wer sich intensiv mit MongoDB beschäftigen möchte, sollte daher erwägen, sich Grundkenntnisse dieser Programmiersprache anzueignen, soweit diese noch nicht vorhanden sind. Bei der Entwicklung wird auf eine sehr einfache Installation und Konfiguration von MongoDB geachtet.

4.2.2 Datenmodell

MongoDB gehört zu den schemafreien Datenbanken. Es ist daher nicht notwendig, vor dem Einfügen von Daten ein Schema festzulegen. Das Schema wird mit Einfügen eines Dokuments zur Laufzeit erzeugt. Wie in der relationalen Welt kann ein MongoDB-Server mehrere Datenbanken enthalten. Jede Datenbank unterteilt sich in Collections, die den Tabellen der relationalen Welt vergleichbar sind. In den Collections werden Dokumente abgelegt. Die Dokumente einer Collection müssen nicht notwendigerweise dieselbe Struktur haben. Für eine höhere Effizienz bei der Indizierung ist eine zumindest grundlegend gleiche Struktur jedoch zu empfehlen. Die Bezeichnung für eine Collection sollte mit einem Buchstaben oder einem Unterstrich beginnen, Zahlen in der Bezeichnung sind erlaubt, das „$"-Zeichen ist reserviert und das Namespace-Präfix „system." ist für Metainformationen für die jeweilige Datenbank reserviert.

Dokumente sind das Äquivalent der Tupel in der relationalen Welt. Dokumente sind im Gegensatz zu Tupeln nicht immer eine simple Folge von Feldern fest definierter Datentypen, sondern dynamische assoziative Arrays. Technisch sind diese implementiert, wie man es von JavaScripts JSON, dem Hash-Objekt in Ruby oder dem Array bei PHP kennt. Wie man es bei diesen Sprachen gewohnt ist, ist es auch in MongoDB möglich, Arrays und Objekte in andere Arrays und Objekte zu verschachteln. Die Schlüssel in diesen Arrays sind Zeichenketten, dürfen aber per Konvention das Zeichen „." nicht enthalten, und das Zeichen „$"darf nicht am Anfang des Schlüssels stehen, da dieses für die Formulierung von Abfragen verwendet werden, wie später gezeigt wird. Dokumente werden im BSON-Format gespeichert und übertragen, ein am JSON-Standard orientiertes effizientes Datenformat (*http://bsonspec.org/*), das um einige Datentypen erweitert wurde. Das B im Namen steht dabei für Binary, da es sich um ein binäres Format handelt. Die Beschreibung des Formats steht unter der *Creative Commons*-Lizenz.

MongoDB unterstützt Indizes, wie man sie von relationalen Datenbanken kennt. Ein Index bezieht sich bei MongoDB auf einen Schlüssel eines Dokuments. Wie bei relationalen Datenbanken ist der primäre Nutzen von Indizes die gesteigerte Performance von Abfragen und/oder die Gewährleistung der eindeutigen Identifizierbarkeit.

Eine Restriktion von MongoDB ist die Begrenzung der Größe von Dokumenten im BSON-Format auf 4MB. Für die Speicherung größerer Dateien verwendet MongoDB einen speziellen Mechanismus, der GridFS genannt wird. Dabei werden Dateien gesplittet und über mehrere Dokumente verteilt. Somit ist es möglich, Videos oder Musikdateien in Teilen aus der Datenbank zu lesen.

4.2.3 Installation

Der Einsatz von MongoDB ist auf einer Vielzahl von Plattformen möglich. Kompilierte Releases von MongoDB stehen für die Plattformen Linux, Windows, MacOS X sowie Solaris jeweils in 32bit- und 64bit-Version bereit. Ein aktuelles Release findet man auf der Website des Projekts unter der URL *http://www.mongodb.org/display/DOCS/Downloads*. Darüber hinaus ist MongoDB über den Paketmanager auf den Plattformen Debian/Ubuntu, Gentoo, Fedora/CentOS, FreeBSD, Homebrew, ArchLinux sowie MacPorts installierbar.

Im offiziellen Release sind folgende Programme enthalten:

- MongoDB Datenbankserver
- MongoDB JavaScript-Shell

- Backup- und Wiederherstellungstools
- Import- und Exporttools
- GridFS Tool
- MongoDB C++ Client
- MongoDB Sharding Dispatcher
- Administrationstools

Für die Darstellungen in diesem Buch wird auf die 32bit-Version für Linux zurückgegriffen. Nach dem Laden der aktuellen Version von MongoDB aus dem Web entpackt man den geladenen Tarball und erzeugt ein Verzeichnis für die Datenspeicherung. Dann startet man einen lokalen Server, übergibt das zuvor erzeugte Verzeichnis als Parameter und ist schon für erste Gehversuche bereit:

```
$ tar xvf monodb-linux-i686-x.x.x.tgz
$ mkdir -p ./data/db
$ cd ./monodb-linux-i686-x.x.x
$ ./bin/mongod --dbpath ./data/db
```

Der Status des lokalen Servers lässt sich über das Web-Interface von MongoDB auf dem Port 28017 anzeigen, das in Abbildung 4.2.1 gezeigt wird.

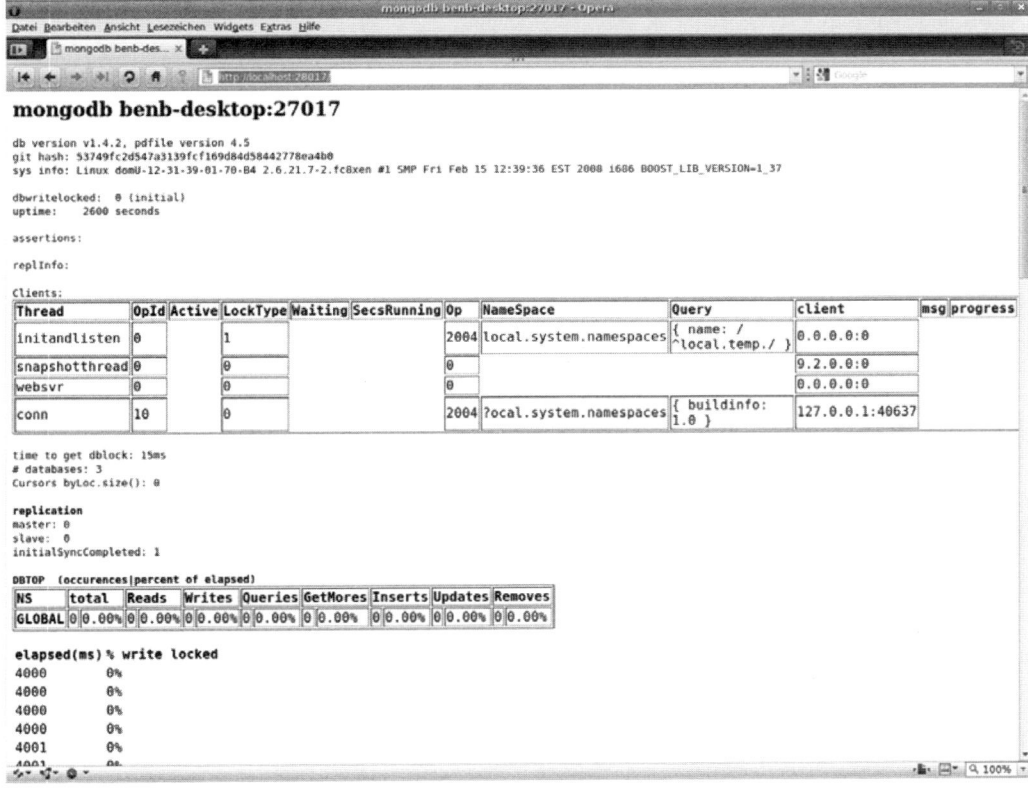

Abbildung 4.2.1 MongoDB: Screenshot des Web-Interfaces

4.2.4 CRUD-Operationen

Es ist für die ersten Tests der CRUD-Operationen nicht erforderlich, vorab ein Schema festzulegen. MongoDB ist, wie bereits dargelegt wurde, eine schemafreie Datenbank. Es ist nicht einmal notwendig, eine Datenbank oder eine Collection zu definieren, ehe man in diese Dokumente einfügt. Datenbanken und Collections werden zur Laufzeit beim ersten Einfügen eines Dokuments von MongoDB erzeugt.

Zur Überprüfung, ob der lokale Server auch auf Client-Anfragen reagiert, startet man mit folgendem Kommando die in der Installation enthaltene JavaScript-Shell:

```
$ ./bin/mongo
MongoDB shell version: 1.4.2
url: test
connecting to: test
type "help" for help
>
```

Die Shell baut ohne die Angabe weiterer Parameter eine Verbindung zu `localhost` über den standardmäßig verwendeten Port 27017 auf. Als ersten Testlauf legt man das erste Dokument in der neu erstellten Datenbank ab und ruft es anschließend wieder ab. Dazu gibt man in der Shell folgendes JavaScript ein:

```
> db.foo.insert( { Key : Value })
> db.foo.find()
```

Die mitgelieferte JavaScript-Shell ist ein nützliches Werkzeug, um unkompliziert von der Kommandozeile mit MongoDB zu interagieren. Für Testläufe, Indexverwaltung und Administration ist die Shell das Mittel der Wahl für den Administrator einer MongoDB-Instanz. Für die Anbindung an ein Programm wird ein Entwickler – in einem realistischen Szenario – wohl eher einen der vielen Treiber nutzen, die für MongoDB bereitgestellt werden. An dieser Stelle soll daher nicht weiter auf die JavaScript-API eingegangen und der Zugriff über den Java-Treiber demonstriert werden. Weitere Treiber stehen für eine Vielzahl von Sprachen wie beispielsweise C/C++, PHP oder Ruby bereit.

Der Zugriff auf MongoDB über Java erfolgt über eine eigene API. Zur Einbindung dieser in ein Projekt lädt man aus dem Projekt-Repository die aktuelle Version der Java-Klassenbibliothek unter der URL *http://github.com/mongodb/mongo-java-driver/downloads*. Nun ist nur noch darauf zu achten die heruntergeladene Jar-Datei dem Classpath des eigenen Java-Projekts hinzuzufügen.

Einfügeoperation mit Java

Die Java-API stellt zur Kapselung des Zugriffs auf die Collections in einer Datenbank die Klasse *DBCollection* aus dem Paket *com.mongodb* bereit. Diese hat eine Methode *insert*, mit der neue Dokumente in eine Collection eingefügt werden können. Objekte, die dieser Methode zum Einfügen übergeben werden, müssen das Interface *DBObject* implementieren. Praktischerweise bietet die Java-API von MongoDB eine einfache Standardimplementierung mit der Klasse *BasicDBObject*. Diese ist im Prinzip eine einfach gehaltene Kapselung für ein Dokument. Mit der *put*-Methode dieser Klasse werden Key/Value-Paare eingefügt und geändert. Folgender Code-Auszug zeigt, wie ein neues Dokument mit einem *BasicDBObject*-Objekt erzeugt, mit Werten bestückt und in die Collection *testCollection* in der Datenbank *TestDB* auf der lokalen MongoDB Datenbank mit der Java-API eingefügt wird:

Listing 4.2.1 MongoDB: Einfügeoperation mit der Java-API

```
import java.net.UnknownHostException;
import com.mongodb.*;

public class FirstMongoDBClient {
  public static void main(String[] args)
  {
    try {
      Mongo m = new Mongo("localhost",27017);
      DB db = m.getDB("TestDB");
      DBCollection col =  db.getCollection("testCollection");

      BasicDBObject doc = new BasicDBObject();
      doc.put("MyKey", 555);
      doc.put("foo", "bar");

      col.insert(doc);
    }
    catch (UnknownHostException e) {}
    catch (MongoException e) {}
  }
}
```

Leseoperation mit Java

Zum Lesen von Dokumenten aus einer Collection in einer MongoDB-Datenbank mit der Java-API stellt die Klasse *DBCollection* die Methoden *find* und *findOne* bereit. Beide Methoden bieten verschiedene Überladungen, von denen an dieser Stelle jene für den Einsteiger interessantesten vorgestellt werden sollen. Ruft man die Methode *find* auf einer Instanz der Klasse *DBCollection* ohne Parameter auf, liefert diese als Ergebnis alle Dokumente, die in der Collection gespeichert sind. Der Zugriff auf die Ergebnismenge erfolgt über ein *DBCursor*-Objekt, das ein Iterator für *DBObject*-Objekte ist. Die Methode *findOne* hingegen liefert ohne Parameter das erste Dokument aus der Collection als Instanz der *DBObject*-Klasse oder null zurück, wenn kein Dokument in der Collection gespeichert ist. Man kann beiden Methoden aber auch ein *DBObject* als Parameter übergeben. Dies dient als eine Art Query, mit dem in der Collection gespeicherte Dokumente verglichen werden. Als Rückgabewert erhält man bei diesem Aufruf bei der *find*-Methode wieder einen *DBCursor*-Iterator mit allen Dokumenten, die mit dem als Parameter übergebenen *DBObject* in ihren Key/Value-Paaren übereinstimmen. Die *findOne*-Methode liefert wiederum nur das erste übereinstimmende *DBObject* oder null, wenn keine Übereinstimmung existiert bzw. die Collection leer ist. Folgender Code-Auszug demonstriert das beschriebene Vorgehen:

Listing 4.2.2 MongoDB: Leseoperation mit Java

```
import java.net.UnknownHostException;
import com.mongodb.*;

public class FirstMongoDBClient {
```

```
public static void main(String[] args)
{
  try {
    Mongo m = new Mongo("localhost",27017);
    DB db = m.getDB("TestDB");
    DBCollection col = db.getCollection("testCollection");

    DBObject myDoc = col.findOne();
    System.out.println(myDoc);

    DBCursor cur = col.find();
    while( cur.hasNext())
      System.out.println(cur.next());

    BasicDBObject query = new BasicDBObject("MyKey",555);

    myDoc = col.findOne(query);
    System.out.println(myDoc);

    DBCursor cur = col.find(query);
    while( cur.hasNext())
      System.out.println(cur.next());
  }
  catch (UnknownHostException e) {}
  catch (MongoException e) {}
}
}
```

Aktualisierungsoperation mit Java

Ein Weg zur Aktualisierung eines Dokuments ist, das Dokument aus der Datenbank zu lesen, die Änderungen vorzunehmen und mit der zuvor beschriebenen *insert*- oder der *save*-Methode die Änderungen in der Collection zu speichern. Dies funktioniert, da jedes Dokument einen eindeutigen _id-Wert hat, über den MongoDB das bestehende Dokument erkennt und ersetzt. Einfacher geht es mit der *update*-Methode der *DBCollection*-Klasse. Dieser Methode übergibt man in der einfachsten Überladung als Parameter das *DBObject*, das als Query für den Vergleich mit den gespeicherten Dokumenten dient, und ein *DBObject*, das mit Modifikationsoperatoren als Schlüssel beschreibt, was an dem gespeicherten Dokument modifiziert werden soll. Existieren mehrere Dokumente, die mit der Query übereinstimmen, modifiziert die *update*-Methode nur das erste gefundene Dokument. Um alle mit der Query übereinstimmenden Dokumente zu modifizieren, benutzt man die *update-Multi*-Methode. Die Benutzung von Operatoren als Schlüssel ist eine Besonderheit von MongoDB, auf die in Abschnitt 4.2.3 zu fortgeschrittenen Abfragen noch näher eingegangen wird. In folgendem Code-Auszug wird der *$set*-Operator verwendet, um in dem Dokument einem Schlüssel einen Wert zuzuweisen. Das Beispiel demonstriert die zwei beschriebenen Wege zur Aktualisierung von Dokumenten in MongoDB.

Listing 4.2.3 MongoDB: Aktualisierungsoperation mit Java

```
import java.net.UnknownHostException;
import com.mongodb.*;

public class FirstMongoDBClient {
  public static void main(String[] args)
  {
    try {
      Mongo m = new Mongo("localhost",27017);
```

```
         DB db = m.getDB("TestDB");
         DBCollection col =  db.getCollection("testCollection");

         BasicDBObject query = new BasicDBObject("MyKey",555);

         myDoc = col.findOne(query);
         myDoc.put("foo","Hello World");
         col.save(doc);

         col.update(query, new BasicDBObject("$set",
           new BasicDBObject("foo","Hello World")));
      }
      catch (UnknownHostException e) {}
      catch (MongoException e) {}
    }
  }
```

Löschoperation mit Java

Für das Löschen von Dokumenten aus MongoDB ist in der Java-API die Methode *remove* der *DBCollection*-Klasse vorgesehen. Als Parameter wird ein *DBObject*-Objekt übergeben, das wieder für eine Query dient, die alle Dokumente löscht, die mit diesem Dokument übereinstimmende Key/Value-Paare aufweisen. Das Löschen von Dokumenten mit der Java-API demonstriert folgendes Code-Beispiel:

Listing 4.2.4 MongoDB: Löschoperation mit Java

```
import java.net.UnknownHostException;
import com.mongodb.*;

public class FirstMongoDBClient {
  public static void main(String[] args)
  {
    try {
      Mongo m = new Mongo("localhost",27017);
      DB db = m.getDB("TestDB");
      DBCollection col =  db.getCollection("testCollection");

      BasicDBObject query = new BasicDBObject("MyKey",555);

      col.remove(query);
    }
    catch (UnknownHostException e) {}
    catch (MongoException e) {}
  }
}
```

Operationen mit anderen Sprachen

Die vorgestellte API wird in dieser oder ähnlicher Weise von allen Treibern implementiert, die für MongoDB aktuell bereitstehen. Eine Übersicht zu äquivalenten Objekten und Methoden in anderen offiziell von MongoDB unterstützten Treibern stellt Tabelle 4.2.1 dar.

Tabelle 4.2.1 MongoDB: Syntaxtabelle verschiedener Sprachen

Java	JavaScript	Ruby	PHP
BasicDBObject	{ }	{ }	array
doc.put("x",1)	doc.x = 1	doc['x'] = 1	doc["x"] = 1
DBCollection	DBCollection	Collection	MongoCollection
col.find	col.find	col.find	col.find
col.remove	col.remove	col.remove	col.remove
DB	DB	DB	MongoDB
db.getCollection	db.getCollection	db[ ]	db->
new Mongo("localhost")	connect("localhost")	Mongo.new("localhost")	new Mongo("localhost")
mongo.getDB	mongo.getDB	mongo[ ]	mongo->

4.2.5 Fortgeschrittene Abfragen und Map/Reduce

Im Vergleich zu anderen NoSQL-Datenbanken kann MongoDB im Bereich der Abfragen Pluspunkte sammeln. MongoDB bietet sowohl eine eigene Syntax für dynamische Abfragen als auch eine Implementierung des Map/Reduce-Algorithmus. Dies bedeutet, dass man für viele Abfragen bei MongoDB auf die Verwendung des Map/Reduce verzichten kann, was einen deutlich geringeren Aufwand bedeutet.

Die Syntax für dynamische Abfragen von MongoDB bietet ähnlich umfangreiche Möglichkeiten der Filterung und Selektion, wie man sie von SQL bei relationalen Datenbanken gewöhnt ist. Jedoch verwendet MongoDB eine spezifische Syntax, die aber bei vorhandenen SQL-Kenntnissen mit etwas Training zu erlernen ist.

Wie im vorangehenden Abschnitt bereits dargestellt wurde, verwendet man für die Formulierung des Filters einer Abfrage Dokumente. In diesem Dokument legt man Werte für die Schlüssel fest, nach denen man filtern möchte. Folgender Code-Schnipsel demonstriert mit der Java-API, wie in einer Collection mit der bereits vorgestellten *find*-Methode nach allen Dokumenten gefiltert wird, bei denen der Schlüssel „Name" auf die Zeichenkette „Hans" als Wert verweist:

```
BasicDBObject query = new BasicDBObject("Name","Hans");
Cursor cur = col.find(query);
```

Es wurde bereits erklärt, dass Dokumente bei MongoDB auch verschachtelt werden können. Wie man nach einem Wert in einem Unterdokument filtern könnte, zeigt folgendes Beispiel, bei dem alle Dokumente gesucht werden, bei denen der Schlüssel „Adresse" auf ein Dokument mit dem Schlüssel „Ort" und dem Wert „Berlin" verweist:

```
BasicDBObject query = new BasicDBObject("Adresse", new BasicDBObject("Ort","Berlin"));
Cursor cur = col.find(query);
```

Auf diesem Weg werden aber Dokumente ausgeschlossen, deren Schlüssel „Adresse" auf ein Unterdokument verweist, das nicht exakt die angegebenen Key/Value-Paare enthält.

Ein Unterdokument mit einem weiteren Schlüssel „Adresse" würde somit durch diesen Filter bereits ausgeschlossen. Möchte man in tiefer verschachtelten Dokumenten mit Schlüsseln, die auf Unterdokumente verweisen, nur auf einzelne Schlüssel filtern, benutzt man bei MongoDB eine Punktnotation, d.h. man verwendet eine Zeichenkette mit der Hierarchie der Schlüssel vom obersten Schlüssel ausgehend durch Punkte getrennt. Folgendes Beispiel zeigt, wie man mit der Punktnotation das Feld „Ort" in einem Unterdokument, auf das der Schlüssel „Adresse" verweist, nach dem Wert „Berlin" filtert:

```
BasicDBObject query = BasicDBObject("Adresse.Ort","Berlin");
Cursor cur = col.find(query);
```

Kompliziertere Vergleiche sind mit Operatoren umzusetzen. Diese beginnen immer mit einem „$"-Zeichen. Um beispielsweise nach allen Dokumenten zu filtern, deren Schlüssel „Alter" einen Wert zwischen 20 und 40 enthält, verwendet man folgenden Code:

```
BasicDBObject operators = new BasicDBObject();
operators.put("$gte",20);
operators.put("$lte", 40);
BasicDBObject query = BasicDBObject("Alter",operators);
Cursor cur = col.find(query);
```

Eine Übersicht aller Operatoren und weiterer Möglichkeiten für Abfragen wie beispielsweise die Sortierung ist in der ausführlichen Dokumentation von MongoDB im Internet unter dieser URL zu finden: *http://www.mongodb.org/display/DOCS/Advanced+Queries*.

Map/Reduce

MongoDB bietet auch eine eigene Implementierung des Map/Reduce-Algorithmus an. Map/Reduce ist unter MongoDB insbesondere für die stapelweise Datenmanipulation oder Datenaggregation nützlich. Bezogen auf die Datenaggregation ermöglicht es Map/Reduce, mit MongoDB Abfragen zu definieren, die man bei relationalen Datenbanken in SQL mit einem GROUP BY realisieren würde.

Wie es der Map/Reduce-Algorithmus vorsieht, werden auch bei MongoDB die Map- und die Reduce-Funktionen auf dem Server ausgeführt. Intern ist der Serverprozess von MongoDB für die Abarbeitung von Map/Reduce-Aufträgen mit einer JavaScript-Engine ausgestattet. Unabhängig vom verwendeten Treiber verwendet man daher JavaScript zur Formulierung von Map- und Reduce-Aufträgen. Die Formulierung eines Map/Reduce-Auftrags sollte Kennern von JavaScript daher nicht schwer von der Hand gehen.

Bei der Formulierung der Map- und der Reduce-Funktion in JavaScript sind die folgenden Konventionen zu beachten: Für die Map-Funktion steht die Variable *this* für den Zugriff auf das aktuell zu verarbeitende Dokument bereit. Zur Weitergabe von Key/Value-Wert-Paaren an die Reduce-Funktion ruft man die Funktion *emit(key, value)* auf. Eine Map-Funktion gibt keinen Wert zurück. Die Reduce-Funktion erhält die Parameter *key*, der Schlüssel, und *values*, ein Array der von der Map-Funktion zum Schlüssel gesammelten Werte. Nach der Aggregation gibt man das berechnete Ergebnis für den Schlüssel als Wert zurück.

Ein Beispiel soll es erleichtern, die Verwendung von Map/Reduce mit MongoDB zu verstehen. In dem Beispiel sind in einer Collection mit dem Namen „links" Dokumente abgelegt, die Tags für Webadressen speichern. In JSON sieht ein Beispiel eines in dieser Collection gespeicherten Dokuments wie folgt aus:

```
{ _id: 1, url: 'http://www.abc.de', tags: ['foo', 'bar'] }
```

Das folgende Beispiel demonstriert anhand der Java-API die Formulierung eines Map/Reduce-Auftrags, der die Häufigkeit der Verwendung von Tags zählt:

Listing 4.2.5 MongoDB: Map/Reduce-Beispiel

```
DBCollection col = db.getCollection("links");
String map =
  "function(){" +
    "this.tags.forEach(" +
      "function(tag){ emit( tag, { count: 1 }); }" +
    ");" +
  "};";

String reduce =
  "function(key, values){ " +
    "var total = 0; " +
    "for (var i=0; i<values.length; i++)" +
      "total += values[i].count; " +
    "return { count: total };" +
  "};";

MapReduceOutput out = col.mapReduce(map,reduce,null,null);
Cursor cur = out.results();
while(cur.hasNext()){
  System.out.println(cur.next());
}
```

4.2.6 Skalierung

MongoDB unterstützt ein automatisches horizontales Skalieren der Datenbank. So ist es mit MongoDB ohne großen Aufwand möglich, mit einem einzelnen Server zu beginnen und diesen später zu einem Cluster auszubauen. Die Architektur der von MongoDB mit dem gängigen Begriff Sharding bezeichneten horizontalen Skalierung ist dabei stark an die Architektur von Googles BigTable und damit auch HBase (siehe Abschnitt 3.1) angelehnt. Wie diese arbeitet das Sharding in MongoDB nach dem Master-N-Slaves-Prinzip. Das Sharding von MongoDB ist jedoch noch im Alpha-Status. Das Sharding soll zum kommenden Release 1.6 für den produktiven Einsatz fertig sein.

Die horizontale Verteilung der Daten erfolgt bei MongoDB auf der Ebene der Collections. Für eine Collection muss eine Kombination von einem oder mehreren Schlüsseln festgelegt werden, die für die Aufteilung der Daten verwendet wird (sogenannte Sharding-Keys). Dadurch gewährleistet MongoDB, dass die Daten so gespeichert werden, dass bezogen auf die festgelegte Schlüsselkombination nah beieinanderliegende Dokumente auf demselben Server gespeichert sind. Es ist daher notwendig, bei der Administration eines MongoDB-Clusters eine geeignete Schlüsselkombination für das Sharding festzulegen, die eine für den Anwendungszweck sinnvolle Aufteilung der Daten bewirkt.

Die Aufteilung der Collections erfolgt in Paketen einer konfigurierbaren maximalen Größe, die man als Chunk bezeichnet. Ein Chunk ist Teil einer bestimmten Collection mit einem definierten Bereich der Schlüsselkombination. Sobald ein Chunk die maximale Größe erreicht, wird dieser automatisch aufgeteilt.

Gespeichert werden Chunks auf Servern, die man als Shard bezeichnet. Dabei stellt ein Shard einen oder mehrere Server dar. Besteht ein Shard aus mehreren Servern, so bilden diese eine automatische Replikationsgruppe (sog. Replica-Set), ein spezieller Replikationsmodus, der wie das Sharding für das Release 1.6 angekündigt ist. Die Verteilung der Chunks auf die Shards erfolgt automatisch, wobei eine möglichst gleichmäßige Verteilung der Speicherlast angestrebt wird. Ist ein Shard im Vergleich zu anderen Shards mit Chunks überfrachtet, so werden diese automatisch auf andere Shards umverteilt.

Die Verwaltung der Metadaten eines Clusters übernehmen einer oder mehrere Config-Server. Diese halten allgemeine Informationen über die vorhandenen Shards und die Aufteilung der Chunks auf die Shards. Auf jedem Config-Server wird eine vollständige Übersicht der Aufteilung der Chunk gespeichert.

Das Routing von Client-Anfragen an ein Replica-Set erfolgt über einen oder mehrere Routing-Server. Der Client kommuniziert dabei nur mit dem Routing-Server. Dieser kontaktiert einen Config-Server, um die Shards der benötigten Chunks zu erfragen. Dann kontaktiert der Routing-Server die Shards und sammelt von diesen die benötigten Daten, um sie abschließend an den Client weiterzuleiten. Die vorgestellte Architektur eines MongoDB-Clusters fasst Abbildung 4.2.2 zusammen.

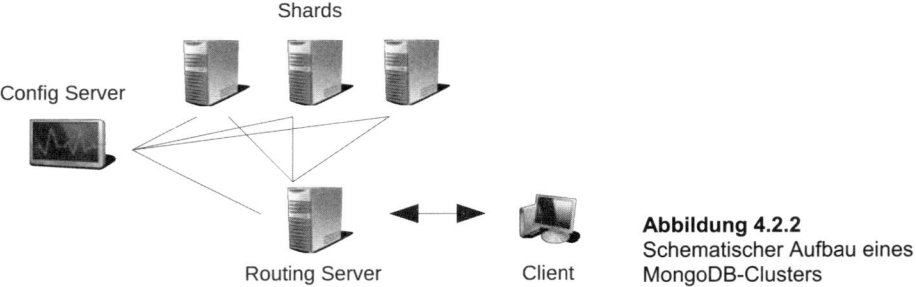

Abbildung 4.2.2
Schematischer Aufbau eines
MongoDB-Clusters

In einem Produktivszenario laufen die beschriebenen Server als Prozesse nicht notwendigerweise alle auf einem einzelnen Rechner, was die Zahl der notwendigen Maschinen schnell in die Höhe treiben würde. Für die effiziente Ressourcennutzung sind verschiedene Szenarien der Kombination von Prozessen auf den Rechnern eines Clusters denkbar.

Für einen ersten Test soll an dieser Stelle demonstriert werden, wie man einen vollständigen MongoDB-Cluster bestehend aus zwei Shards, einem Config-Server und einem Routing-Server auf einem lokalen Rechner startet. Dazu startet man zunächst zwei Shards über die Kommandozeile:

```
$ ./bin/mongod --shardsvr --dbpath ./data/db/shardA --port 10000
$ ./bin/mongod --shardsvr --dbpath ./data/db/shardB --port 10001
```

Dann startet man den Config-Server:

```
$ ./bin/mongod --configsvr --dbpath ./data/db/config --port 20000
```

Es fehlt nur noch der Routing-Server:

```
$ .bin/mongos --configdb localhost:20000
```

Jetzt sind alle Prozesse bereit. Man muss nur noch dem Config-Server die vorhandenen Shards mitteilen. Das erledigt man über die MongoDB-Shell:

```
$ ./bin/mongo
…
> use admin
> db.runCommand( { addshard : "localhost:10000", allowLocal : true } )
> db.runCommand( { addshard : "localhost:10001", allowLocal : true } )
```

Damit eine Collection nun über das Cluster partitioniert wird, muss man sowohl für die zugehörige Datenbank wie auch für die Collection selbst das Sharding aktivieren. Dies kann man auch über die MongoDB-Shell erledigen, wie folgender Auszug am Beispiel der Collection „people" in der Datenbank „test" zeigt:

```
> db.runCommand( { enablesharding : "test" } )
> db.runCommand( { shardcollection : "test.people", key : {name : 1} }
```

Jetzt hat man einen voll funktionsfähigen Cluster auf dem lokalen Rechner gestartet. Dieses Beispiel zeigt, dass eine horizontale Skalierung mit MongoDB mit vertretbarem Administrationsaufwand verbunden ist.

4.2.7 Replikation

Zur Absicherung von MongoDB gegen den Ausfall eines Servers werden zwei Modi zur Replikation bereitgestellt: ein manueller und ein automatischer Modus. Beide Modi arbeiten nach dem Master-Slave-Prinzip, bei dem ein Master alle Client-Abfragen beantwortet und ein Slave bereitsteht, der bei einem Ausfall den Master ersetzt und eine Kopie von dessen Daten bereit hält. Beim manuellen Modus wird von Hand festgelegt, welcher Server als Master fungiert und welcher als Slave. Bei einem Ausfall muss bei diesem Modus der Slave manuell zum Master deklariert werden.

Einen Master für den manuellen Modus startet man von der Kommandozeile wie folgt:

```
$ ./bin/mongod --master --dbpath ./data/masterdb
```

Für Testzwecke kann man einen Slave auf demselben Rechner starten wie den Master. Dazu gibt man beim Slave „localhost" als Argument für die Option --*source* an, gibt mit der Option --*dbpath* ein vom Master abweichendes Verzeichnis für die Daten an und benutzt die Option --*port*, um einen vom Master abweichenden Port festzulegen. Das demonstriert folgender Befehl für die Kommandozeile:

```
$ ./bin/mongod --slave --source localhost --port 27117 --dbpath
  ./data/slavedb
```

Beim automatischen Mechanismus handeln die beteiligten Server untereinander aus, welcher die Rolle des Masters übernimmt und welche die des Slaves. Im aktuellen Release 1.5 wird dabei nur ein Replikationspaar aus einem Master und einem Slave unterstützt. Dies soll sich mit dem folgenden Release 1.6 ändern, bei dem der automatische Modus auch für mehr als zwei Slaves unterstützt werden soll.

Zum Test eines lokalen Replikationspaars auf einem Server startet man den ersten Partner mit folgendem Befehl:

```
$ ./bin/mongod --pairwith localhost:27117 --dbpath ./data/db1
```

Den zweiten Partner startet man mit einem abweichenden Port und einem abweichenden Pfad für die Daten, wie es bereits beim manuellen Modus beschrieben wurde:

```
$ ./bin/mongod --pairwith localhost --port 27117 --dbpath ./data/db2
```

4.2.8 Bewertung

MongoDB gehört zusammen mit HBase zu den etwas ausgereifteren Vertretern der NoSQL-Fraktion der Datenbankwelt. Man kann also bedenkenlos für den produktiven Einsatz zugreifen. Jedoch sollte MongoDB auch für die zu bewältigende Aufgabe geeignet sein. Dabei ist zu allererst die von MongoDB verwendete Datenstruktur des Dokuments zu berücksichtigen. Sind assoziative Arrays im JSON-Stil eine passende Struktur für die Daten einer Applikation, dann ist MongoDB vielleicht die erste Wahl. Insbesondere in dynamischen Web-Applikationen, die auf Applikationsebene viel mit JSON arbeiten, das persistent gespeichert werden soll, bietet sich MongoDB als Datenbank an. Spielt daneben die Performance noch eine wichtige Rolle, kann MongoDB noch mal punkten. MongoDB ist durch effiziente Nutzung des Arbeitsspeichers für das Caching der Daten sehr schnell. Sollen größere Datenmengen im Peta- oder Terabyte gespeichert werden, so muss man sich noch etwas gedulden und auf das fertige Sharding im Release 1.6 warten. Besonders hervorzuheben sind die Möglichkeiten zur Formulierung dynamischer Abfragen. Damit bietet MongoDB einen zwar nicht ebenbürtigen Ersatz für fehlendes SQL, aber immerhin eine sehr brauchbare Alternative für fortgeschrittene Abfragen. Für komplexe Abfragen steht eine Implementierung des Map/Reduce-Algorithmus bereit.

Vorteile

- MongoDB hat eine sehr gute Performance durch das effiziente binäre Datenformat BSON und die Nutzung von Memory-Mapped-Files für das Caching der Daten.
- Die Möglichkeiten für die Formulierung dynamischer Abfragen sind ein guter teilweiser Ersatz für klassisches SQL.
- MongoDB bietet sehr vielfältige Anbindungsmöglichkeiten durch die Bereitstellung von Treibern für eine Vielzahl von Sprachen.
- Das Open Source-Projekt glänzt mit einer starken und aktiven Community. Die Firma hinter dem Projekt bietet kommerziellen Support an.

Nachteile

- ■ Das Sharding für die horizontale Skalierung befindet sich noch im Alpha-Status. Mit dem Release 1.6 soll es für den produktiven Einsatz bereit sein.

- ■ Transaktionen sind nur auf der Ebene des einzelnen Dokuments atomar. Das stapelweise Einfügen oder Bearbeiten von Dokumenten kann nicht als atomare Transaktion durchgeführt werden.

- ■ Collections mit einer Größe über 2 Gigabyte erfordern wegen des Caching über Memory-Mapped-Files ein 64bit-Betriebssytem.

Wie der Begriff Dokument bereits suggeriert, ist einer der typischen Anwendungsfälle für MongoDB eine Content-getriebene Anwendung wie beispielsweise ein Content Management System oder ein Weblog. Zu weiteren sinnvollen Anwendungen zählen das Speichern von Logs oder Session-Informationen.

Weniger geeignet ist MongoDB in Bereichen, die eine höhere Transaktionssicherheit erfordern. Geschäftsanwendungen, bei denen die Konsistenz der Daten und Dauerhaftigkeit der Speicherung wichtige Faktoren sind, gehören zu diesem Bereich, in dem MongoDB nicht als Datenbank zu empfehlen ist.

Links & Literatur:

Homepage: *www.mongodb.org*

Michael Dirolf, Kristina Chodorow: MongoDB – The definitive Guide. O'Reilly (Angekündigt für Oktober 2010)

Artikel im Linux Magazine zu MongoDB: *http://www.linux-mag.com/id/7530*

Blogpost von Mathias Meyer zu MongoDB: *http://www.paperplanes.de/2010/2/25/notes_on_mongodb.html*

Video von Dwight Merriman zu MongoDB: *http://www.leadit.us/hands-on-tech/MongoDB-High-Performance-SQL-Free-Database*

Blogpost von David Mytton zu MongoDB: *http://blog.boxedice.com/2009/07/25/choosing-a-non-relational-database-why-we -migrated-from-mysql-to-mongodb/*

5 Key/Value-Datenbanken

Key/Value-Datenbanken gehören – wie in Kapitel 1 beschrieben – zu den ältesten Datenbanken und sind seit den 70er Jahren im Einsatz. Erstaunlich ist jedoch, dass sie erst im Web- und Cloud-Zeitalter den Aufschwung erfahren, den wir gerade erleben. Es stellt sich daher unweigerlich die Frage, warum dies so ist?

Ein Großteil der Daten im Web 2.0 sind Daten ohne Relationen. Darüber hinaus haben die Daten im Cloud-Zeitalter sehr unterschiedliche Anforderungen an die Datenbanksysteme, die in Kapitel 8 analysiert werden. In den 90er Jahren hat man fast immer alle Daten in relationalen Systemen verwaltet, unabhängig von ihren Anforderungen an die Systeme. Selbst Daten mit Key/Value-Struktur wurden in den 90er Jahren in relationalen Tabellen verwaltet.

Seit diesem Jahrtausend ist das Datenvolumen aber geradezu explodiert, und Firmen wie Facebook, LinkedIn, Digg, Amazon, Twitter etc. haben Key/Value-Daten, die auf viele Tausende Rechnerinstanzen verteilt werden müssen. In dieser Situation ist es nicht mehr selbstverständlich, große relationale Datenbanken zu verwenden. Viele Wissenschaftler, die sich mit NoSQL beschäftigen, sehen den Vorteil der Key/Value-Datenbanken gerade in der Skalierbarkeit. Und dies aus dem einfachen Grunde, weil Key/Value-Daten oder viele Web 2.0-Daten eben nicht relational miteinander verbunden sind. In relationalen oder joinintensiven Daten und Anwendungen ist Skalierung viel komplizierter. Auch in Graphdatenbanken ist dies nicht einfach. Dagegen lassen sich Key/Value-Strukturen aufgrund ihrer Unabhängigkeit viel einfacher skalieren. Dies legt nahe, entsprechende Daten auch in Key/Value-Systemen abzulegen. Gerade auch, wenn dieses trivial als Service möglich ist.

Die Zahl der Key/Value-Datenbanken ist deutlich größer als die der Dokument-Datenbanken. Wahrscheinlich ist der Key/Value-Bereich auch der am schnellsten wachsende Bereich der NoSQL-Bewegung. In diesem Kapitel werden wir drei Anwendungen beispielhaft herausnehmen und an ihnen die generelle Funktionsweise von Key/Value-Datenbanken erklären: Redis, Chordless und Riak.

Viele andere bedeutende Key/Value-Datenbanken wie Voldemort, Membase, Azure Table Store, Tokyo Cabinet, BerkeleyDB, Scalaris, GT.M hätten hier ein eigenes Kapitel verdient. Die meistens von ihnen werden in Kapitel 7 kurz vorgestellt, um den Überblick dieser Kategorie zu vervollständigen.

5.1 Redis

5.1.1 Überblick

Würde man Redis mit Autos vergleichen, so wäre Redis sicherlich einer der schnellsten Hybridwagen der Welt. Redis speichert alle Daten im RAM und synchronisiert sich von Zeit zu Zeit auf der Festplatte. Alternativ kann auch etwas langsamer im *Append Only Mode* alles auf die Festplatte geschrieben werden. Daher gilt bei Redis die Randbedingung, dass alle Daten in den RAM passen müssen. Wenn dies aber im Projekt realisierbar ist, dann bietet Redis eine Menge Vorteile eines Stores, der weit über eine Key/Value-Datenbank hinausgeht. Da die Datenstrukturen aber auch Hashes, Listen, Sets und geordnete Sets beinhalten können, hat Redis auch etwas Ähnlichkeit mit den vorher beschriebenen Column Stores. Zudem gibt es einige Sortier- und Mengenoperationen.

Steckbrief

Webadresse:	http://code.google.com/p/redis/
Kategorie:	Key/Value-Store mit Lists und Sets als zusätzlichen Values
API:	Ruby, Python, PHP, Erlang, Tcl, Perl, Lua, Java, Scala, Clojure, C+, C, JavaScript, C#, Scala und weitere
Protokoll:	Über die Programmiersprache
Geschrieben in:	ANSI C
Concurrency:	in-memory und asynchron auf Platte oder Append Only
Replikation:	Master/Slave
Skalierung:	Sharding mittels Consistent Hashing
Lizenz:	New-BSD-Lizenz

5.1.2 Allgemeines

Redis wurde wie fast alle Open Source-NoSQL-Projekte als ein Ein-Mann-Projekt Anfang 2009 von Salvatore Sanfillippo (antirez) gestartet. Seit März 2010 hat VMWare den Redis-Autor angestellt. Nach dem Ausstieg aus einem SecuPity-Projekt war er von RAM-basierten Lösungen fasziniert und sicher, an Redis noch in vielen Jahren zu arbeiten. Gleichzeitig sollte Redis den LLOOGG-Service unterstützen, der in Echtzeit aufzeigt, wer eine Webseite besucht.

Der Name Redis stammt von dem Wort „Redistribute" (die relationale Datenbank auf den Redis Server) und von „REmote DIctionary Server". Redis wird als legitimer Nachfolger von Memcached gehandelt, da es über eine mächtigere API verfügt. Unterstützt werden als Values die folgenden Typen:

- Strings
- Hashes
- Listen: Sequenz mit Duplikaten möglich

- Sets: Collections ohne Duplikate
- Sortierte Sets

Listen sind in Redis recht interessant, weil mit den Operationen LPUSH und RPUSH in konstantem Aufwand – also extrem schnell – in die Datenbank geschrieben werden kann. Sets sind interessant, weil sie viele Mengenoperationen ermöglichen und so reichhaltigere Abfragen erlauben.

Standardmäßig kennt Redis zwei Arbeitsweisen:

- **Snapshotting Mode**:
  Standardmäßig ist Redis so eingestellt, dass es das Dictionary im RAM hält und dieses in bestimmten Intervallen auf die Platte sichert. Bei einem Crash werden die vergangenen Operationen nachgeladen, und so wird der ursprüngliche Zustand wieder hergestellt. Dieses Konzept wurde schon früher von vielen Produkten wie dem Prevayler.org genutzt. Dieser erlaubt es, *in-memory,* aber persistent auf Java-Datenstrukturen zu arbeiten. Das Speicherintervall zum Zurückschreiben auf die Platte kann selbst konfiguriert werden, indem die maximale Anzahl der Schreiboperationen (z.B. 10000) und eine Zeitgrenze (z.B. 100 Sekunden) festgelegt wird.

- **Append Only File Mode**:
  Jeder Schreibvorgang wird sofort auch auf die Platte geschrieben. Beim Neustart können die Kommandos genauso wieder abgespielt werden, um den Zustand vor dem Crash wiederherzustellen.

Natürlich werden ähnlich zu den MVCC-Datenbanken auch hier die Datenbankdateien immer größer. Selbst wenn also im System nur ein Key gespeichert wurde, kann eine große Datei vorliegen, wenn der Key sehr oft geändert wurde. Redis hat daher wie fast alle guten Datenbanken einen *Compression-* oder *Compact-Mode,* der in einem separaten Prozess den letzten Datenbankzustand herstellt und dann die neu erstellte Datei mit der aktuell verwendeten Datei tauscht.

5.1.3 Installation

Eines der angenehmsten Ziele von Redis war, innerhalb von fünf Minuten installierbar zu sein. Nach Meinung des Redis-Autors sind Anwender nur dann bereit, ein breiteres Spektrum an Features zu prüfen und das Produkt besser zu evaluieren. Wer sich die UNIX-Installation sparen möchte, kann Redis online ausprobieren (siehe Links am Ende von Abschnitt 5.1).

Redis ist ein klassisches Unix-Projekt und läuft daher wahrscheinlich auf allen POSIX-kompatiblen Unix-Systemen völlig problemlos. Es gibt keine aktive Windows-Unterstützung. Der schnellste Weg, Redis zu testen, besteht daher unter Windows darin, ein beliebiges virtuelles UNIX-Image wie Ubuntu zu nutzen (z.B. zu finden unter *http://linhost.info/ vmware*). Dies emuliert dann beispielsweise eine CPU und ein System mit 512 MB RAM, 25 GB Platte und einem Ethernet-Adapter. Nun öffnen wir eine Shell (\$ steht für das Kommandoprompt) und laden uns die letzte stabile Distribution vom Web auf die Platte:

```
$ wget http://redis.googlecode.com/files/redis-1.2.2.tar.gz
```

Redis liegt nicht als Bibliothek vor, sondern muss kompiliert und dann gestartet werden. Dies geschieht wie folgt:

```
$ tar xvzf redis-1.2.2.tar.gz
```

entpackt den Quellcode in das Verzeichnis redis-1.2.2. Nun müssen wir in dieses Verzeichnis wechseln und make aufrufen, um das System zu kompilieren und ein Executable zu bauen:

```
$ cd redis-1.2.2
```

In diesem Verzeichnis lohnt sich auch ein Blick in die Redis-Quellen, die derzeit mit ca. 16 C-Dateien und ca. 12.000 Zeilen Code (V 1.2.2) noch recht übersichtlich sind. Diese sind auch hier zu finden: *http://github.com/antirez/redis*.

```
$ make
```

Dadurch werden dann ca. 10 C-Dateien kompiliert und daraus ein *redis-server*-Executable erstellt. Der Server lässt sich wie folgt starten (und danach ist das System betriebsbereit):

```
$ ./redis-server
```

Der Server meldet sich mit den folgenden Zeilen, denen man entnehmen kann, ob Objekte ungespeichert sind und wie viele Verbindungen gerade offen sind:

```
01 Mar 08:57:11 . DB 0: 5 keys (0 volatile) in 8 slots HAT
01 Mar 08:57:11 . 0 clients connected (0 slaves), 1395146 bytes in use...
```

Standardmäßig kann Redis jetzt Kommandos auf Port 6379 empfangen. Später sollte zudem eine Konfigurationsdatei *redis.conf* angelegt werden. Mit ps -u kann dann die Prozess-ID ermittelt werden, sodass der Server beispielsweise mit kill 6107 gestoppt werden kann. Bei Bedarf können auch alle Kommandos global bekannt gemacht werden mit:

```
$ sudo cp redis-server redis-cli /usr/local/bin
```

oder mit

```
ln -s redis-cli /usr/local/bin
```

5.1.4 CRUD-Operationen

Um die Redis-API zu verstehen, sollte man zuerst mit dem Client und Telnet spielen. Redis kennt über 65 API-Kommandos. Dies sind entweder Kommandos, um CRUD-Operationen (Create, Read, Update, Delete) auf den Daten auszuführen oder um mit dem Server selbst zu kommunizieren. Redis stellt also initial eine eher abstrakte API zur Verfügung, die mit der Client-Bibliothek oder *telnet* getestet werden kann. Für die Verarbeitung von Massendaten kommt natürlich nur ein Zugriff aus Programmen in Frage. Dafür ergeben sich die folgenden Möglichkeiten:

1. Es kann auf die vielen Client-APIs zurückgegriffen werden, die es für Redis gibt. Auf der Homepage von Redis sind hier über 13 der populärsten Sprachen zu finden. Diese Client-Bibliotheken bieten die Kern-API-Funktionalität in den unterschiedlichsten Ausprägungen dar. Bei dieser Variante gibt es z.B. auch Java-Bibliotheken, die wiederum einen SQL-ähnlichen Zugriff anbieten (was bei einem NoSQL-Produkt schon wieder recht ironisch erscheint).

2. Genauso wichtig ist aber die Möglichkeit, selbst einen Client entwickeln zu können. Mit beliebigen Programmiersprachen oder Umgebungen stellt es kein Problem dar, Daten vom Redis-Port zu empfangen und an diesen zu senden. Wenn also beispielsweise Client-Bibliotheken in bestimmten Sprachen nicht alle Anforderungen oder alle Befehle abdecken, bietet es sich an, diese selbst zu implementieren. Ein Blick in diese Bibliotheken und in die im Wiki enthaltene Protokollspezifikation zeigt, dass dies relativ einfach möglich ist.

Wie dies ein selbstgeschriebener Client tun würde, kann mit dem Kommando *telnet* leicht nachvollzogen werden (unter Umständen muss *telnet* unter Windows erst aktiviert werden):

Listing 5.1.1 Telnet-Sitzung zu einem Redis-Server

```
$ telnet 192.168.204.128 6379
Trying 192.168.204.128
Connected to 192.168.204.128.
Escape character is '^]'.
set NoSql 5
veryhot
+OK
get NoSql
$7
veryhot
quit
```

Diese triviale Sitzung nimmt über den Standard-Port 6379 Verbindung zum Server auf. Die IP des lokalen Servers kann mit `ifconfig -a` ermittelt werden. Nachdem die Verbindung aufgebaut ist, wird dann mit `set` der Key `NoSQL` vorbereitet, dem 7 Bytes namens `veryhot` folgen. Mit `get` lässt sich anschließend dieser Key wieder aus der Datenbank lesen. Diese Vorgehensweise ist natürlich nur zum Testen praktikabel, wenn der Server z.B. nach Statistiken gefragt wird. Bevor wir uns dann in Abschnitt 5.1.3 den Zugriff von Programmiersprachen aus anschauen, empfiehlt es sich, die API mit dem lokalen Redis-Client kennenzulernen. Dies geschieht am besten auf dem Rechner, auf dem der Redis-Server läuft, unter Verwendung einer neuen Shell. Wir kürzen hier der Einfachheit halber das Kommando `./redis-cli` einfach ab:

```
$ alias rc='redis-cli'
```

Und können jetzt bequem die wichtigsten Kommandos mit `rc` ausprobieren. Alle Kommandos können hier nicht dargestellt werden, sind aber im Web auf der Redis-Website in der Kategorie *CommandReference* zu finden.

Arbeit mit dem Server

Der Server kann auch so gestartet und konfiguriert werden, dass nur mit einem Passwort darauf zugegriffen werden kann oder dass nur bestimmte Verbindungen zugelassen sind. Dann könnte man sich mit dem Kommando AUTH passwort verbinden. Wir gehen im Folgenden von einer ungesicherten Verbindung aus und lassen die OK-Bestätigungen des Servers weg.

Listing 5.1.2 Shell-Sitzung zur Serversteuerung

```
$ rc SET apple 42
$ rc SET banana 19
$ INFO
redis_version:1.2.2
uptime_in_seconds:1324
...
$ rc MOVE apple 2
(integer) 1
$ rc KEYS '*'
banana
$ rc FLUSHALL
$ rc SET cherry 33
$ rc SAVE
$ rc LASTSAVE
1267543681
$ rc SHUTDOWN
```

Nach dem Kommando rc folgt ein SET des Schlüssels apple auf den Wert 42. set kann dabei genauso gut kleingeschrieben werden. Hier werden die beiden Schlüssel apple und banana gesetzt und danach mit INFO Information über die Datenbank ausgegeben. Interessant bei den Kommandos SELECT und MOVE ist, dass man auf beliebig vielen Datenbanken arbeiten kann. Mit SELECT 42 kann man daher auf die Datenbank 42 schalten und dort weiterarbeiten. Dies geht leider im Redis-Client nicht, da dieser standardmäßig mit der Datenbank 0 verbunden ist. Jedoch können wir mit move Werte von z.B. DB 0 nach DB 1 verschieben. Und tatsächlich sehen wir danach mit rc KEXS '*' nur noch die banane. FLUSHDB und FLUSHALL löscht alle Keys aus der aktuellen oder allen Datenbanken. Die Datenbank ist damit quasi leer, aber noch nicht komprimiert. Mit BGREWRITEAOF kann man jede Datenbank in einen kompakten Zustand bringen. Schließlich wird in dem Beispiel nochmals ein Key gesetzt, die DB auf Platte gesichert, die letzte Schreibzeit angezeigt und dann der Server heruntergefahren. Interessant ist, dass das Kommando SAVE dann auch mit BGSAVE im Hintergrund ausgeführt werden kann.

Arbeit mit Key/Value-Paaren

Bei der Arbeit mit einfachen Key/Values ist zu beachten, dass alle Keys und Values Zeichenketten sind. Dennoch können Values (im Folgenden auch Werte genannt), die tatsächlich ein Integer sind, aber als solche aufgefasst und bearbeitet werden. Mehr dazu unten. Es wird empfohlen, die nachstehende Sitzung einmal selbst durchzuspielen. Die wichtigsten Ausgaben sind dabei nach dem Symbol „=>" angegeben. Wichtig bei REDIS ist, alle Schlüssel sind kontextsensitiv, d.h. Groß- und Kleinschreibung wird unterschieden. APPLE und apple sind also zwei verschiedene Schlüssel.

Listing 5.1.3 Beispielsitzung mit einfachen Keys und Values

```
rc SET england 44      // Erstelle 44 als Value (ist aber String)
rc SET gemany 49       // Erstelle noch ein Key/Value-Paar
rc EXISTS england      // => 1 = ok
rc SET france 39       // falsche Nummer
rc KEXS '*'            // => france germany england
rc DBSIZE              // => 3
rc DEL france          // Delete = Update Value
rc SET france 33       // Update ist Löschen und dann wieder Setzen
rc TYPE france         // Es gibt: none, string, list, set
rc RANDOMKEY           // => england (als zufälliger Wert)
rc RENAME england greatbritain // Ein Update auf den Key
rc SET water cold      // neues Testpaar
rc EXPIRE water 10     // Der Key 'water' lebt ab jetzt nur 10 Sekunden
rc GET water           // => cold
rc GET water           // => (nil) // nach 10 Sekunden)
rc SET water cold      // nochmal neu
rc GETSET water warm // => cold (liefert cold ist aber warm)
rc MGET germany france greatbritain // 1. 49, 2. 33, 3. 44
rc MSET italy 39 swiss 41 spain 34 // 3 values set in bulk mode
rc SET hour 6          // es ist sechs Uhr
rc INCR hour           // => 7 jetzt ist sieben Uhr
```

Wie die Beispiele zeigen, gibt es die üblichen Kommandos, um Key/Value-Paare zu manipulieren oder die Anzahl der verfügbaren Keys abzufragen. Wichtig dabei ist, dass als Typen hier immer nur Strings verarbeitet werden (oder *none* als leere Ergebnismenge). Alternativ kann das Ergebnis auch vom Typ *list* oder *set* sein. Wichtig sind dabei drei weitere Möglichkeiten aus dem Beispiel:

■ Die Möglichkeit, eine TTL (Time To Live) – d.h. eine Lebensdauer in Sekunden – für Keys anzugeben. Dies ist gerade in Web-Anwendungen mit flüchtigen Informationen ein wichtiges Mittel, um die Datenbank kompakt zu halten.

■ Values können intern von Redis als Integer interpretiert werden. Damit ist dann eine einfache Inkrement/Dekrement-Arithmetik – um den Wert von Values – möglich.

■ Mit den M*-Befehlen ist es möglich, Bulk-Kommandos abzusetzen und so ggf. Verbindungszeit zu sparen. Angenehm dabei ist, dass diese auch noch atomar sind. Das bedeutet, andere Operationen können zwischen zwei Paaren als Parameter keine inkonsistenten Werte lesen.

Dazu ein Beispiel:

```
rc MSET de:rentacar:customer:2787643:class 300
rc MSET de:rentacar:customer:2787643:class E
```

Mit dieser einen atomaren Operation kann ein Kunde einer Autovermietung zusätzlich 300 € zahlen und wird dann in die neue Mietwagenkategorie E hochgestuft (er bekommt also einen besseren Wagen). Eine andere Operation auf einer anderen Verbindung zur gleichen Datenbank sieht nun entweder 300 € und E oder noch keine Änderung. Mit beliebigen Sonderzeichen (wie hier dem „:") kann man so Namensräume schaffen.

Abschließend sei noch erwähnt, dass es mit RENAMENX und MSETNX noch zwei weitere Operationen gibt, die wie das Original ohne ‚NX' arbeiten, aber nichts tun, wenn es den Ziel-Schlüssel schon gibt.

Arbeit mit Listen

Listen sind in Redis Sammlungen beliebiger Strings, die auch doppelt vorkommen dürfen.

Bei der Arbeit mit Listen ist bei fast jedem Kommando der erste Parameter der Name der Liste. Über diesen Schlüssel können beliebig viele Listen aufgebaut werden.

Listing 5.1.4 Die Arbeit mit Redis-Listen

```
$ rc RPUSH mylist Fiat // (Fiat)
$ rc LPUSH mylist BMW // (BMW, Fiat)
$ rc RPUSH mylist Audi // (BMW, Fiat, Audi)
$ rc LRANGE mylist 0 -1 // => (BMW, Fiat, Audi)
$ rc RPUSH mylist Goggomobil // => (BMW, Fiat, Audi, Goggomobil)
$ rc LPUSH mylist Goggomobil // gleiche sind erlaubt!
//=>(Goggomobil, BMW, Fiat, Audi, Goggomobil)
$ rc LTRIM mylist 1 3 // => (BMW, Fiat, Audi) // Alte Autos löschen
$ rc LINDEX mylist 1 // => Fiat // Wahlfreier Zurgiff
$ rc LSET mylist 1 Ferarri // (BMW, Ferarri, Audi)
$ rc RPUSH mylist BMW // (BMW, Ferarri, Audi, BMW)
$ rc RPUSH mylist BMW // (BMW, Ferarri, Audi, BMW, BMW)
$ rc LREM mylist 2 BMW // => 2 // (Ferarri, Audi, BMW)
$ rc LPOP mylist // => Ferrari // (Audi, BMW)
$ rc RPOP mylist // => BMW // (Audi)
```

Das Beispiel zeigt die erwarteten Befehle, bei der die Liste als Stack oder Queue aufgefasst werden kann und Elemente von beiden Seiten hinzugefügt oder entfernt werden können. Dennoch hat man wahlfreien Zugriff auf die Liste durch Lesen oder Setzen der Elemente mit LINDEX und LSET. Gleiches gilt für Bereiche der Liste. LRANGE gibt einen Bereich zurück, und LTRIM beschneidet die Liste. Dabei beginnt der Index mit 0 und -1 steht für das letzte Element (-2 für das vorletzte Element). Abschließend sei bemerkt, dass Redis noch Kommandos zur Verfügung stellt, um aus mehreren Listen blockierend (mit Timeout-Angabe) zu lesen. Schreibende Bulk-Kommandos gibt es aber wegen mangelnder Unterscheidbarkeit der Parameter leider noch nicht. Mit dem Kommando RPOPLPUSH können zudem Elemente von einer Liste (via Pop) in eine andere Liste (via Push) verschoben werden.

Arbeit mit Sets und sortierten Sets

Sets sind im Prinzip so ähnlich wie Listen mit dem wichtigen Unterschied, dass jedes Element nur einmal im Set vorkommen darf. Wie bereits erwähnt, werden Listen meist als Stack oder Queue verwendet, d.h. sind von links oder rechts zugreifbar. Dies ist bei Sets nicht möglich. Es gibt hier nur Hinzufügen oder Löschen.

Listing 5.1.5 Basiskommandos mit Sets

```
rc SADD Salat Gurke // => 1 (ok)
rc SADD Salat Gurke // => 0 (false)
rc SADD Salat Tomate
rc SMEMBERS Salat // (Tomate, Gurke)
rc SADD Salat Wasser // (Wasser, Tomate, Gurke)
rc SRANDMEMBER Salat // => Wasser // liefert ein Zufallselement
rc SREM Salat Wasser // (Tomate, Gurke)
rc SADD Salat Luft // (Luft, Tomate, Gurke)
rc SPOP Salat // => Tomate (Luft, Gurke) // Zufallselement
rc SCARD Salat // => 2 // Zwei Elemente enthalten
rc SISMEMBER Salat Tomate // => 0 // falsch
```

Die zweite Zeile zeigt: Die Elemente des Sets sind eindeutig. Zwei Gurken sind im Salat nicht erlaubt. Weiterhin gibt es noch Mengenoperationen auf Sets:

- ▣ SINTER = Schnittmenge
- ▣ SUNION = Vereinigung
- ▣ SDIFF = alle Elemente außer der Schnittmenge

Diese ermitteln entweder das Ergebnis oder schreiben es (mit STORE am Ende) gleich in ein neues Set.

Bei sortierten Sets ist es wichtig, selbst einen Gewichtungswert mit anzugeben. Daher ist bei sortierten Sets nativ keine alphabetische Sortierung intern in Redis möglich, da es intern keine Funktionen für die verschiedenen Sortiervarianten gibt (dies gibt es nur bei dem Befehl SORT, der weiter unten besprochen wird). Redis bildet dann intern einen Index über die Gewichte und kann Bereiche sortiert zurückliefern.

Listing 5.1.6 Beispiel mit sorted-Sets

```
rc ZADD wallet 4.2 euro
rc ZADD wallet 3.3 dollar
rc ZADD wallet 2.5 yen
rc ZRANGE wallet 0 -1 // (yen, dollar, euro)
rc ZINCRBY wallet -2 euro // reduce euro to be on top of the list
rc ZRANGE wallet 0 -1 // (euro, yen, dollar) // mit 2.2, 2.5 und 3.3
rc ZRANGEBYSCORE wallet 2.4 3.0 // => yen (hat 2.5)
rc ZREVRANGE wallet 0 -1 // => (dollar, yen, euro) // Jetzt umgekehrt
rc ZSCORE wallet euro // => 2.2 (wurde ja geändert)
rc ZREMRANGEBYSCORE wallet 3.0 3.5 // Dollar ist jetzt mit 3.3 gelöscht
rc ZRANGE wallet 0 -1 // => (euro, yen)
```

Abschließend gibt es aber den Befehl SORT, um Listen, Sets und sortierte Sets beliebig sortiert zurückzugeben. Die Syntax sieht folgendermaßen aus:

```
SORT key [BY pattern] [LIMIT start count] [GET pattern]
                      [ASC|DESC] [ALPHA] [STORE dstkey]
```

Listing 5.1.7 Beispiel mit der Sortierungsanweisung:

```
rc RPUSH zahlen 5
rc RPUSH zahlen 7
rc RPUSH zahlen 3
rc RPUSH zahlen 11
rc SORT zahlen // => (3, 5, 7, 11) // ASC = aufsteigend ist hier optional
rc SORT zahlen DESC // => (11, 7, 5, 3) // absteigend
rc LRANGE zahlen 0 -1 // => (5,7,3,11) // sind noch im Original drin
rc SORT zahlen LIMIT 1 2 DESC // => (7, 5) // 2. und 3. absteigend
```

Das zuletzt verwendete Limit-Kommando kann hier beispielsweise für Paging-Operationen verwendet werden. Das Gleiche nun mit lexikographischer Sortierung und anschließender Speicherung des Ergebnisses:

```
rc RPUSH group Jim
rc RPUSH group Tom
rc RPUSH group Ben
rc SORT group ALPHA STORE meeting // => (Ben, Jim, Tom)
```

Das gespeicherte Zwischenergebnis kann dann beispielsweise mit einem Timeout versehen, und so nur temporär gecachet werden.

Abschließend können auch externe Key/Value-Paare zum Sortieren verwendet werden.

Listing 5.1.8 Weitere Sort-Operationen

```
rc RPUSH mylist 1
rc RPUSH mylist 2
rc RPUSH mylist 3
rc RPUSH mylist 4
rc SET myweights_1 13
rc SET myweights_2 5
rc SET myweights_3 15
rc SET myweights_4 2
rc SORT mylist BY myweights_* // (4,2,1,3)
rc SET object_1 Bier
rc SET object_2 Kaffee
rc SET object_3 Wein
rc SET object_4 Tee
rc SORT mylist BY myweights_* GET object_*
// => (Tee, Kaffee, Bier, Wein)
```

Das SORT-Kommando setzt also die Werte der Liste mylist bei * in myweights ein und
erstellt eine neue sortierte Liste mit den gewichteten Key/Value-Paaren.

5.1.5   Redis Hashes

Seit Version 1.3 enthält Redis auch Hashes. Diese funktionieren analog zu Key/Values.
Unter einem Key wird ein Hash und ein Value gespeichert. Dies ist beispielsweise die ideale Vorgehensweise, um Objektfelder zu speichern.

Listing 5.1.9 Hashes angewendet

```
rc HSET person name john // Create
rc HSET person age 42     // Create
rc HSET person error nil // Create false entry
rc HDEL person error      // Delete false entry
rc HGET person age        // => 42
rc HEXISTS person name    // => 1 = ok
rc HLEN person            // => 2
rc HKEYS person           // => (name, age)
rc HVALS person           // => (john, 42)
rc HGETALL person         // => ((name, john)(age, 42))
```

Damit ist die API fast komplett beschrieben und wird sicherlich in den Versionen nach 1.3
noch weitere Operationen erhalten.

5.1.6   Zugriff aus anderen Programmiersprachen

Derzeit unterstützt Redis die im Steckbrief genannten Sprachen. Für Java stehen zwei Bibliotheken bereit. Diese sind zwar einsetzbar, befinden sich aber noch in einem frühen Stadium. Vernünftige API-Beschreibungen und Tutorials sind leider noch sehr rar. Oftmals
muss man sich die Quellen selbst von Github oder Google Code ziehen und die JavaDoc

der entsprechenden Java-Files lesen, um die API zu verstehen. Alle Bibliotheken sind auf der Homepage von Redis zu finden.

Zum einen gibt es JDBC Redis eine API, die zwar nur einen kleinen Teil von JDBC anbietet, sich aber dafür so ähnlich wie SQL-basierte JDBC-Bibliotheken anfühlt.

Listing 5.1.10 SQL-ähnlicher Zugriff mit JDBC Redis

```
Class.forName("br.com.svvs.jdbc.redis.RedisDriver");
Connection conn = DriverMan-
ager.getConnection("jdbc:redis://192.168.204.128:6379");
Statement statement = conn.createStatement();
statement.execute("set fruit apple");
statement.execute("get fruit");
ResultSet r = statement.getResultSet();
while(r.next()) {
    System.out.println(r.getString(0)+"|");
```

Diese Form des Zugriffs ist vielleicht für manche Entwickler weniger interessant, weil hier mit SQL auf eine NoSQL-Datenbank zugegriffen wird. Daher ein Blick auf JRedis, welches die Kommandos so implementiert, wie man es ohne SQL erwarten würde. Dazu ein kleines Beispiel mit nur einem set/get.

Listing 5.1.11 JRedis-Zugriff

```
JRedis  jredis = new JRedisClient();
jredis.auth(password);
jredis.set("de.hanser.nosqlbook:appearance", "2010");
jredis.get("de.hanser.nosqlbook:appearance");
```

Redis ist UTF-8 fähig, jedoch müssen Sonderzeichen dafür mit encode behandelt werden. Die Verbindungsdetails für JRedis können dafür zum Beispiel in einer speziellen Datei gesetzt werden (siehe dazu UsingConnectionSpec.java).

Listing 5.1.12 Verbindungsdaten für JRedis

```
String passwcrd = "verysecure";
int port = 6188; // anderer Port als Standardport
int db = 5;
InetAddress address = InetAddress.getLocalHost(); // oder andere Adresse
```

Mit jredis.select(db) kann man hier die Datenbank auswählen, auf der gearbeitet wird.

Sehr einfach ist auch die Verbindung von Ruby und Redis mit der Bibliothek *redis-rb*, die ebenfalls auf der Redis-Homepage referenziert ist. Es nutzt die vereinfachte Syntax von Ruby, indem z.B. Klammern weggelassen werden können. Das folgende Beispiel kann auch leicht im IRB ausprobiert werden.

Listing 5.1.13 Einfacher Redis-Zugriff aus Ruby

```
require 'rubygems'
require 'redis'
db = Redis.new
db['John'] = '42'
p db['fruit'] # => '42' wird durch p ausgegeben
db.push_tail 'fruits','apple','banana','peach'
db.list_range 'fruits', 0, -1 # // => (apple, banana, peach)
```

```
de.set_add 'money', 'euro'
de.set_add 'money', 'dollar'
de.set_add 'money', 'yen'
p.set_members 'money'  # // => (euro, dollar, yen)
```

Die Syntax aller weiteren API-Befehle wie z.B. `list_trim`, `set_intersect` oder `incr` ist intuitiv an die API von Redis selbst angelehnt.

Abschließend der Zugriff der Scala-Bibliothek (siehe Redis-Homepage), der zwar lediglich die Strings behandelt, dafür aber an einigen Stellen sehr gut von Scala-Features Gebrauch macht.

Listing 5.1.14 Redis-Zugriff aus Scala

```
import com.redis._

val db = new Redis("192.168.204.128", 6379)
db.set("John", 42)
val res = db.get("John")
db.pushTail("fruit", "apple")
val strRes = db.popTail("fruit")
```

Die letzte Operation liefert dabei eine `Option` zurück, die entweder einen String enthält oder leer ist. Ein Scala-Client implementiert dann fast alle Funktionen unter gleichem Namen wie der Redis-Client selbst: `shutdown`, `info`, `selectDb`, `flushDB`, `delete`, `incr`, `exists`, `keys`, `ttl`, `setIntersect`, `setDiff`, `setUnion` sowie die Sortier-Operationen.

5.1.7 Replikation und Konfiguration

Redis implementiert eine einfache Master-N-Slaves-Replikation. D.h. es kann nur einen Master geben, an den aber beliebig viele Slaves – in Reihe und in Serie – angebunden werden können, wie in Abbildung 5.1.1 dargestellt.

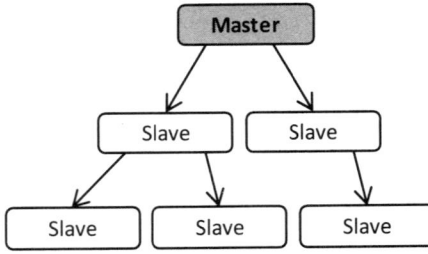

Abbildung 5.1.1
Master-Slave-Architektur in Redis

Dabei blockiert der Master nie, die Slaves blockieren bei der Synchronisation. Um die Synchronisation zu starten, sendet der Client (Slave) einfach ein SYNC-Kommando, das den Master veranlasst, ein Dump-File zu erstellen, welches dann beim Slave eingespielt wird.

Diese Form der Replikation erlaubt mehrere sinnvolle Architekturen. Zum einen kann der Master so konfiguriert werden, dass nicht auf die Platte gesichert wird (siehe unten), sondern dass der Slave persistent schreibt. So kann eine optimale Antwortzeit des Masters erreicht werden. Zudem können natürlich (relativ komplexe) Abfragen allein von den Slaves beantwortet und der Master so entlastet werden.

Die Konfiguration geschieht durch eine Zeile in der Konfigurationsdatei, deren Einstellungsmöglichkeiten in Tabelle 5.1.1 beschrieben sind. Dabei sind die Standardeinstellungen von Redis links angegeben.

Tabelle 5.1.1 Redis-Konfigurationen in der Datei redis-conf

Konfiguration	Beschreibung
daemonize [no|yes]	per default läuft Redis nicht als Daemon
pidfile /var/run/redis.pid	PID-Datei für die Daemon-Variante
port __PORT__	Gibt einen anderen Port für Redis an. Statt des Standards 6379 kann ein anderer verwendet werden.
bind 127.0.0.1	Erlaubt die Einschränkung auf eine IP.
timeout 300	Anzahl an Sekunden bis zum Disconnect eines Clients
save 900 1 save 300 10 save 60 10000	Dies gibt als Erstes die Sekunden und dann die Anzahl der Keys ein, die erreicht werden müssen, damit auf die Platte geschrieben wird. Das zweite Beispiel definiert, dass alle 300 Sekunden gesichert werden muss, aber nur, wenn mindestens 10 Keys geschrieben wurden.
dbfilename dump.rdb	Dateiname für einen DB-Dump
dir ./	Gibt das Verzeichnis an, aus dem die DB gelesen werden soll.
loglevel debug logfile stdout	Gibt den Logging-Level und den Dateinamen an, der für das Logging benutzt wird.
databases 16	Gibt die Anzahl der intern verfügbaren Datenbanken an. Per Default wird auf DB0 gearbeitet.
slaveof <masterip> <masterport>	Hier gibt man z.B. slaveof 192.168.204.129 6379 (also seine IP-Adresse mit Port) an, um dem Slave zu sagen, wo sich der Master befindet.
requirepass <pwd>	Erlaubt nur gesicherte Verbindungen mit Passwort.
maxclients 128	Beschränkt die Anzahl der gleichzeitigen Verbindungen zum Server (hier 128).
maxmemory <bytes>	Erlaubt es, den RAM zu beschränken. Redis versucht zwar dann, expired Keys zu löschen. Dies ist aber beim Scheitern gefährlich.
glueoutputbuf [yes|no]	Sammelt Kommandos. Dies braucht mehr CPU, macht aber das System meist schneller.
shareobjects [no|yes] shareobjectspoolsize 1024	Experimentelles Feature, um Objekte zu teilen, d.h. gleiche Objekte aus verschiedenen Datenstrukturen nur einmal zu speichern. Opfert CPU zugunsten des Speicherverbrauchs.

Die Konfigurationsdatei lässt sich mit *./redis-server redis-conf* laden.

5.1.8 Skalierung

Redis skaliert nicht nativ, wie dies beispielsweise bei Cassandra oder Hadoop der Fall ist. Das dynamische und fehlertolerante Verteilen und Einfügen von neuen Knoten – auf die die Daten verteilt werden – wird aktuell noch nicht unterstützt. Dies ist Teil des Projektes für Redis 2.

Dennoch gibt es zwei Möglichkeiten, Redis mit noch mehr Nodes noch performanter zu machen:

- **Client-Sharding**: Ein Sharding kann bei Redis leicht auf Applikationsebene realisiert werden. Entsprechende Frameworks dafür werden sicherlich auch bald verfügbar sein. Dabei können Client-Daten – ähnlich wie beim Consistent-Hashing-Verfahren – auf mehrere Redis-Nodes verteilt werden (siehe z.B. redis-rb). Der einfachste Hash würde hier die Keys von Key/Value-Paaren, Listen oder Sets analysieren und z.B. alphabetisch Keys auf definierte Nodes mappen, was die Last auf einem Server reduziert.

- **Replikation**: Wie im vorigen Kapitel erwähnt, kann Replikation eingesetzt werden, um das System schneller zu machen. Dabei kann der Slave entweder für das Schreiben oder für Abfragen zuständig sein. Beides entlastet den Redis-Master-Server, der dann evtl. komplett RAM-basiert arbeiten kann. Slave-Abfragen können beispielsweise zufällig verteilt werden, um die Last auf einem einzigen Knoten weiter zu senken.

Und generell gibt es einige Methoden, Redis auch ohne mehr Nodes zu beschleunigen:

- **Pipelining**: Redis beinhaltet wie vorgestellt viele Kommandos für das Absenden von mehreren Kommandos mit einem Client-Request. Am wichtigsten sind sicherlich MULTI und EXEC. Nach MULTI werden mehrere Kommandos aufgezeichnet und dann mit EXEC abgespielt. Dies geschieht quasi atomar und entspricht einer normalen Transaktion ohne einen sicheren Rollback.

- **Multiprozessoren**: Um mehrere Prozessoren auf einem Server auszunutzen, kann man die entsprechende Anzahl an Redis-Servern auf einem Server starten. So können vier Redis-Server auf einem Quad-Core-System durchaus sinnvoll sein. Da es Anfang 2010 noch keinen Proxy gab, müssten hier vier verschiedene Ports verwendet werden.

5.1.9 Bewertung

Redis ist der perfekte Dictionary/Data-Structure-Server, bei dem es nicht auf sehr komplexe Abfragen ankommt. Aus diesem Grund wird Redis auch als legitimer Nachfolger von Memcached gehandelt. Durch die Verwendung von intelligenten Schlüsseln als Key müssen gruppierte Daten zwar einzeln geholt werden, sind jedoch logisch genauso unterscheidbar, als speicherte man ein Objekt in einer Objektdatenbank. Oftmals wird daher für die Schlüssel folgendes Schema verwendet:

```
com:company:project:domainobject:field • value
```

Beispielsweise:

```
com.siemens.p2project.person.92664.name Schmidt
com.siemens.p2project.person.92664.age 42
com.siemens.p2project.person.92664.pnumber 254311
...
```

oder in Redis einfacher und mit schemafreier Liste als Value:

```
com.siemens.p2project.person.92664 Schmidt 42 354311
```

und seit Redis größer 1.2 natürlich noch viel besser mit Hashes.

Vorteile

■ Redis ist wirklich sehr schnell. Entsprechende Benchmarks sind auf der Redis-Homepage zu finden. Ein Benchmark-Befehl ist ebenfalls in der Redis-Distribution enthalten, um sofort nach dem Entpacken die Leistungsfähigkeit des eigenen Systems zu messen. Redis gibt auf einer durchschnittlichen LINUX-Maschine für das einfache Lesen und Schreiben von Key/Value-Paaren 100.000 Operationen pro Sekunde an, was sicherlich für die meisten Anwendungsfälle mehr als ausreichend ist (das Schreiben von Datenstrukturen mit reinem Java − ohne eine DB − liegt auch nur bei einigen Hunderttausend Operationen pro Sekunde). Auf Amazon-EC2-Instanzen und in VMWare-Clients ist Redis natürlich langsamer. Bei Letzteren wurden ca. 27.000 LPOP-Operationen und 500 bis 4.000 komplexere Range-Anfragen pro Sekunde gemessen. Auf der anderen Seite ist es leicht möglich, Redis mit besserer Hardware auf über 100.000 einfache Operationen pro Sekunde zu beschleunigen. Mit Hashes, Sets und Listen bietet Redis höherwertige Datenstrukturen an, die wiederum an Column-basierte Systeme erinnern.

■ Redis aufzusetzen und in Produktion zu bringen, ist genauso einfach, wie Redis zu testen. Beides dauert mit den am Anfang genannten Befehlen meist nicht mehr als eine Minute.

■ Die API von Redis bietet eine ideale Plattform, um eigene Client-Bibliotheken zu schreiben. Sie ist einfach und klar aufgebaut, sodass sich die Entwicklung sehr einfach gestaltet, wobei hier die Protokollspezifikation gut hilft.

Nachteile

■ Redis ist RAM-basiert, und die Daten müssen in den RAM passen, selbst wenn Redis eine eigene Version von Virtual Memory implementiert (*http://antirez.com/post/redis-virtual-memory-story.html*).

■ Redis skaliert in der vorliegenden Version noch nicht automatisch. Obwohl dies in der Version 2 geplant ist, kann Redis nicht im Petabyte-Bereich auf einer Vielzahl von gängiger Hardware so von selbst skalieren, wie dies z.B. bei Hadoop oder Cassandra der Fall ist.

■ Natürlich ist die Abfragemächtigkeit wie bei vielen NoSQL-Werkzeugen nicht so mächtig wie SQL. Zudem ist Redis jung und die Bibliotheken der Client-Abfragesprachen ebenfalls.

■ Redis ist typenlos, da alles als String/Bytearray gespeichert wird. Dies ist für einige Anwendungsbereiche von Nachteil, auch wenn die Clients die Typen oft sowieso kennen. Jedoch gibt es viele APIs und Möglichkeiten, dies zu umgehen. So können z.B. JSON/BSON-Daten als Values in Redis gespeichert und so die Typinformation wieder gewonnen werden. Zu prüfen ist hier nur, ob der sehr geringe Performanceverlust bei der Serialisierung akzeptabel ist.

Typische Anwendungsfälle für Redis sind daher Caches, die beispielsweise Web- oder Sitzungsdaten (Session) speichern oder statistische Daten sammeln.

Als Datenbank ist Redis nur ideal, wenn alle Daten in den RAM passen und die Daten gut in Key/Value-, Listen-, Set- oder Hash-Strukturen passen. Redis ist ebenso perfekt, wenn z.B. aus einer ungewöhnlichen Umgebung oder Programmiersprache auf die DB zugegriffen werden muss, da dann das Kommunikationsprotokoll ganz leicht implementiert werden kann.

Links

Redis-Homepage: http://code.google.com/p/redis/

Folien und Videos der NoSQL Berlin: *http://nosqlberlin.de/*

Redis online/live: *http://try.redis-db.com/*

JDBC-Redis-Java-Framework: *http://code.google.com/p/jdbc-redis/*

JRedis-Framework: *http://code.google.com/p/jredis/*

Redis Ruby-Framework: *http://github.com/ezmobius/redis-rb*

Redis Scala-Framework: *http://github.com/acrosa/scala-redis/tree/master*

5.2   Chordless

5.2.1   Überblick

Chordless gehört zu den wohl weniger bekannten Vertretern der NoSQL-DBs. Das ist auch nicht verwunderlich, da es sich um ein noch sehr junges Open Source-Projekt handelt. Das Konzept des Systems baut auf den Ideen des Forschungsprojekts Chord des Massachusetts Institute of Technology auf, dessen Ziel es ist, auf Prinzipien der Peer-to-Peer-Netzwerke aufbauende robuste, skalierbare und dezentrale verteilte Systeme zu entwickeln (*http:// pdos.csail.mit.edu/chord/*). Chordless benötigt daher keinen zentralen Server für Konfiguration oder Koordination des Clusters oder von Client-Zugriffen.

Im Kern handelt es sich bei Chordless um eine verteilte Hash-Tabelle, die nach den Algorithmen des Chord-Projekts modelliert wurde. Chordless ist dabei nicht das einzige System, das die Algorithmen des Chord-Projekts implementiert. Es ist aber das einzige System, das den Anspruch hat, eine für praktische Einsatzzwecke verwendbare Implementierung bereitzustellen, die einer Datenbank ähnliche Funktionalitäten bietet.

Steckbrief

Webadresse:	http://sourceforge.net/projects/chordless/
Kategorie:	Key/Value-Store
API:	Java
Protokoll:	Chord
Geschrieben in:	Java
Concurrency:	Optimistic Transactions with Serializable Isolation
Replikation:	integriert
Skalierung:	integriert durch Start eines neuen Nodes
Lizenz:	GNU GPL

5.2.2 Allgemeines

Chordless wurde von Martin Bruse aus Schweden in seiner Freizeit als Hobbyprojekt begonnen. Seine Vision ist es, eine verteilte Datenbank für verteilte Prozessverarbeitung zu entwickeln, die sich durch besondere Einfachheit der Benutzung sowohl für Entwickler als auch für Systemadministratoren auszeichnet. Gleichzeitig soll das System aber keine Kompromisse machen und die verteilte Ausführung von Datenbankoperationen im vollen Umfang unterstützen.

Öffentlich vorgestellt wurde das Projekt in der NoSQL-Google-Group im Juli 2009. Ein Wiki und ein aktuelles Release sind auf Sourceforge.net gehostet. Aus dem Hobbyprojekt wurde ein professionelles Projekt, nachdem Martin Bruse seinen Arbeitgeber (*http://menyou.com/*) überzeugen konnte, Chordless für einen neuartigen Webservice einzusetzen. Seitdem wird das Projekt für den Einsatz in einem Produktivsystem von Martin Bruse weiter entwickelt.

Das System ist komplett in Java entwickelt. Zum aktuellen Release gehört auch eine grafische Benutzeroberfläche für Konfiguration, Test und Überwachung. Chordless gehört zur Kategorie der Key/Value-Store-Datenbanken. Chordless ermöglicht die Key/Value-Paar-Speicherung in einer verteilten Hash-Tabelle. Als Schlüssel dient ein String, der mit dem SHA1-Algorithmus gehasht wird. Als Werte sind alle Java-Objekte erlaubt, die das Interface *Serializable* implementieren. Verteiltes Rechnen ist ähnlich Map/Reduce durch Remote Procedure Calls der Methoden der Objekte möglich, die als Werte in Chordless abgelegt sind.

Die Besonderheit von Chordless ist, dass es sich um ein nach dem Vorbild von Peer-to-Peer-Netzwerken aufgebautes System handelt. Alle Knoten eines Chordless-Rings übernehmen gleichberechtigt dieselbe Rolle. Kein Knoten übernimmt die steuernde Rolle eines Masters. Sowohl an den Eintritt als auch an den Austritt eines Knotens aus dem Cluster passen sich die Knoten ohne eine zentral steuernde Instanz an. Dadurch gibt es in einem Chordless-Ring nicht das Problem, dass der Ausfall eines spezifischen Knotens den Ausfall des Gesamtsystems verursachen kann. Ausfälle von Knoten werden vom System aufgefangen und durch Übernahme anderer Knoten kompensiert.

147

Chordless verwendet für die annähernd gleichmäßige Verteilung der Key/Value-Paare auf die Knoten das Verfahren für Consistent Hashing des Chord-Projekts.

5.2.3 Installation

Das aktuelle Release von Chordless umfasst nicht mehr als ein einzelnes Java-JAR-Archiv chordless.jar, was die Installation von Chordless unproblematisch macht. Das JAR-Archiv kann man fertig kompiliert von der Projekt-Site bei SourceForge.net herunterladen (*http:// sourceforge.net/projects/chordless/files/chordless.jar/download*). Wenn man es bevorzugt, mit der aktuellsten Version zu arbeiten, lädt man die Quellen des aktuellen Entwicklungs-stands von Chordless aus der Versionsverwaltung des Projekts unter *http://mtn-host.prjek. net/viewmtn/chordless/branch/head/info/cx.ath.troja.chordless.main*. Mit einem Klick auf den Link „Download (tar)" erhält man einen Tarball mit den aktuellen Quellen. Vorausge-setzt, auf dem verwendeten System sind das Build-Tool Ant und die aktuelle Java 6 SDK installiert, erzeugt man anschließend mit folgenden Kommandos ein aktuelles Build von Chordless:

```
$ tar -xf <filename>.tar
$ cd <filename>
$ ant dist
```

Für die ersten Gehversuche mit Chordless bietet es sich an, nach dem Herunterladen oder Build-Vorgang die integrierte grafische Benutzeroberfläche zu starten:

```
$ java -jar build/chordless.jar
```

Damit wird auf dem lokalen System ein einzelner Chordless-Knoten gestartet. Auf dem angezeigten Tab *Parameters* der grafischen Benutzeroberfläche lassen sich Konfigura-tionsparameter des Knotens wie der zu verwendende Port einstellen. Eine Beschreibung der Konfiguration folgt später in diesem Kapitel. Für einen ersten Test von Chordless wechselt man auf das Tab *Shell*. In das Textfeld fügt man mit folgendem Kommando das erste Key/Value-Paar in die Datenbank ein:

```
dhasher.put("FirstKey", "Foo Bar");
```

Zur Prüfung, ob nun unter dem verwendeten Schlüssel ein Wert in der Datenbank zu fin-den ist, gibt man folgendes Kommando ein:

```
dhasher.has("FirstKey").get();
```

Zeigt die Anzeige den Wert *<true>* an, war die vorhergehende Einfügeoperation erfolg-reich. Ein hilfreiches Feature der grafischen Benutzeroberfläche ist ein grafisches Monito-ring aller Knoten des Clusters. Diese ist unter dem Tab *Monitor* zu finden. Mit dem Button *Send Start* wird das Monitoring auf allen Knoten des Clusters gestartet. Die Knoten des Clusters werden auf dem Ring angeordnet dargestellt (siehe Abbildung 5.2.1). In der aktu-ellen Ansicht wird nur der lokal gestartete Knoten angezeigt. In einem Produktivsystem findet man in dieser Ansicht alle Knoten des Clusters.

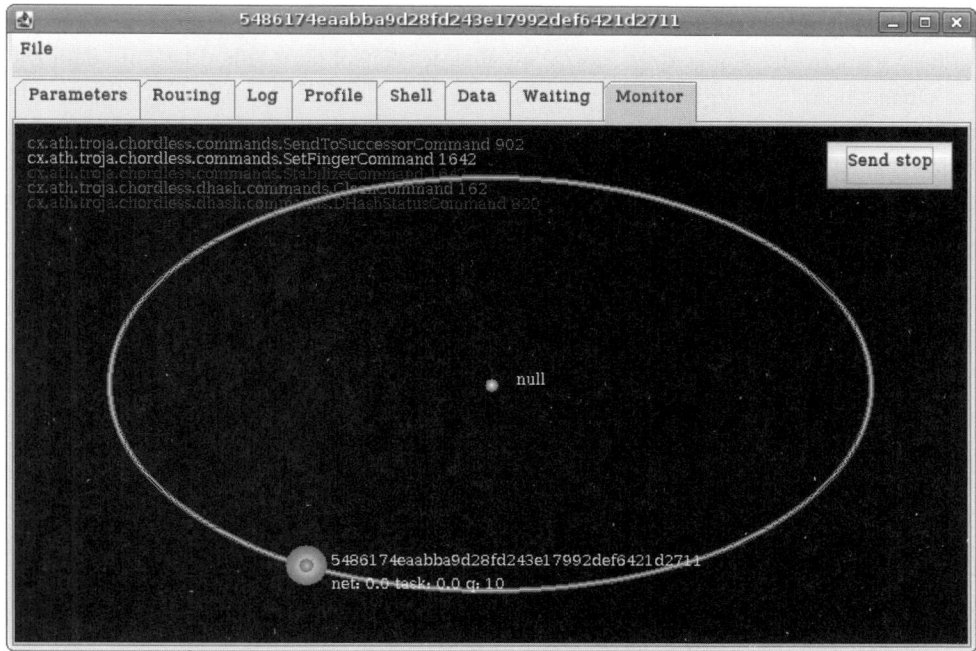

Abbildung 5.2.1 Chordless-Monitoring

5.2.4 CRUD-Operationen

Der Zugriff auf ein Chordless-Cluster für die grundlegenden Operationen Create, Read, Update und Delete ist über Java durch die Einbindung der Klassenbibliothek chordless.jar möglich. Der Zugriff erfolgt über ein *DHasher*-Objekt aus dem Paket *cx.ath.troja.chordless.dhash*. Ein Client kann sich mit einem Objekt der von *DHasher* erbenden Klasse *RemoteDHasher* mit einem Chordless-Cluster verbinden. Der Konstruktor der Klasse *RemoteDHasher* erwartet ein *SocketAddress*-Objekt. Dieses initialisiert man mit der IP-Adresse und dem Port des Knotens, über den man sich mit dem Cluster verbinden möchte. Der Standardport von Chordless ist dabei 4545.

Für die Einfügeoperation wie auch die Aktualisierungsoperation stellt das *DHasher*-Objekt die Methode *put* bereit. Als Parameter erwartet die Methode einen String als Schlüssel und als Wert ein beliebiges Java-Objekt, das die Schnittstelle *Serializable* implementiert. Für die Prüfung, ob ein bestimmter Schlüssel in der Hash-Tabelle einem Wert zugeordnet ist, verwendet man die Methode *has*. Um einen Wert zu einem Schlüssel aus der Hash-Tabelle zu lesen, benutzt man die Methode *get*. Für die Löschoperation steht die Methode *del* zur Verfügung. Als Parameter muss den Methoden *has*, *get* und *del* nur der Schlüssel des Wertes aus der Hash-Tabelle übergeben werden.

Alle vorgestellten Methoden starten einen eigenen Thread, der separat über das Chordless-Cluster hinweg die angestoßene Operation ausführt. Dies ermöglicht es, nebenläufig weiteren Programmcode im Client abzuarbeiten, ehe das Ergebnis der Operation aus dem Cluster bereitsteht. Die beschriebenen Methoden geben daher nicht das eigentliche Ergebnis zurück, sondern ein Objekt vom Typ *Delay*. Erst der Aufruf der Methode *get* auf dem *Delay*-Objekt liefert das Ergebnis der Operation nach Ablauf der nebenläufigen Durchführung zurück. Damit bei einem Fehler der Client nach Aufruf der *get*- Methode auf dem *Delay*-Objekt nicht endlos auf ein Ergebnis wartet, kann der *get*-Methode als Parameter ein Timeout-Wert in Millisekunden als *long* übergeben werden. Ohne Parameter wird der Standard von 24 Stunden verwendet. Folgender Code demonstriert beispielhaft die beschriebenen CRUD-Operationen mit Chordless:

Listing 5.2.1 Chordless: CRUD-Operationen

```
import cx.ath.troja.chordless.dhash.*;
import cx.ath.troja.chordless.dhash.storage.*;
import cx.ath.troja.nja.*;
import java.io.Serializable;

public class ChordlessTestApp {

  public static class User implements Serializable {

    private String name;

    public User(String name)
    {
      this.name = name;
    }
  }

  public static void main(String[] args) {

    RemoteDhasher rdhash = new RemoteDhasher(
      new InetSocketAddress("localhost",4545));
    long timeout = 1000 * 60;

    Delay delay = rdhash.put("FirstHashKey","FirstValue");
    delay.get(timeout);

    delay = rdhash.has("FirstHashKey");
    System.out.println("" + delay.get(timeout));

    User user = new User("Peter Mueller");
    delay = rdhash.put("FirstHashKey",user);
    delay.get(timeout);

    delay = rdhash.get("FirstHashKey")
    System.out.println("" + delay.get(timeout));

    delay = rdhash.del("FirstHashKey");
    delay.get(timeout);

    rdhash.stop();
  }
}
```

Einen lokalen Knoten erzeugt man durch Instanziierung eines Objekts der Klasse *DHash* oder wie bereits beschrieben über die GUI. Dieser verbindet sich von alleine mit vorhandenen Knoten im selben Netzwerk. Als Parameter übergibt man eine Klasse vom Typ *LockingStorage* für die Speicherung der Locks. Als Standard liefert Chordless dazu die Klasse *JDBCStorage* aus dem Paket *cx.ath.troja.chordless.dhash.Storage* mit. Diese verwendet einen JDBC-Treiber für die Speicherung. Im aktuellen Entwicklungsstadium wird für die

Speicherung der Locks nur die quelloffene Datenbank HyperSQL (*http://hsqldb.org/*) unterstützt, die mit Chordless standardmäßig ausgeliefert wird.

Der Zugriff kann dann direkt über ein *DHasher*-Objekt erzeugt werden. Dem Konstruktor übergibt man das zuvor erzeugte *DHash*-Objekt. Folgender Code-Auszug demonstriert das beschriebene Vorgehen:

```
DHash dhash = new DHash().setStorage(new JDBCStorage(new
    JDBC("org.hsqldb.jdbcDriver","jdbc:hsqldb:file:test.db"))).start();
Dhasher dhasher = new Dhasher(dhash);
```

5.2.5 Fortgeschrittene Abfragen

Chordless ist im Kern eine simple Hash-Tabelle. Abfragemöglichkeiten, wie sie aus der relationalen Welt von SQL bekannt sind, sind bei dieser nicht vorgesehen. Jedoch bietet Chordless die Möglichkeit, Methoden auf den in der Hash-Tabelle gespeicherten Objekten entfernt aufzurufen, sodass verteiltes Rechnen die Programmierung fortgeschrittener Abfragen ähnlich Map/Reduce ermöglicht.

Dafür muss sich der Anwender von Chordless jedoch eine neue Herangehensweise erarbeiten, wie er mit dieser Datenbank Abfragen erstellt, die über einfache CRUD-Operationen hinausgehen. Selbst Anwender, die mit dem Map/Reduce-Ansatz vertraut sind, müssen beim Einsatz von Chordless umdenken, da der Ansatz der entfernten Ausführung von Methoden zwar dem Map/Reduce-Ansatz ähnelt, aber doch einen anderen Weg beschreitet. Die Implementierung von Abfragen, die in der relationalen Welt durch ein simples SQL-Statement erzeugt werden können, wird dadurch zu einer deutlich aufwendigeren Aufgabe bei der Entwicklung von Anwendungen, die Chordless als Datenbank benutzen. Der Nutzen dieses spezifischen Ansatzes ist aber eine performante, verteilte Datenbank, die ohne einen zentralen Steuerungsserver auskommt, wie es sonst für Map/Reduce notwendig wäre.

Ein Beispiel soll die Herangehensweise zur Erstellung fortgeschrittener Abfragen mit Chordless verdeutlichen. Das Beispiel implementiert eine Abfrage, die die Häufigkeit des Vorkommens von Wörtern in Dokumenten zählt, die repräsentiert durch Objekte verteilt in Chordless gespeichert werden.

Die Klasse, die ein Dokument repräsentiert, ist wie folgt implementiert:

Listing 5.2.1 Chordless: Beispielklasse für fortgeschrittene Abfragen

```
import cx.ath.troja.nja.*;
import cx.ath.troja.chordless.dhash.*;
import java.util.*;

public class Document extends Persistent {

  private Identifier id;
  private String body;

  public Document(String s) {
    id = Identifier.random();
```

```
      body = s;
    }

  public Map<String,Integer> topWords(int n) {
    final Map<String, Integer> occurences = new HashMap<String,
      Integer>();
    List<String> words = Arrays.asList(body.split("\\s+"));
    for (String word : words) {
      Integer occurence = occurences.get(word);
      if (occurence == null)
        occurence = new Integer(0);
      occurences.put(word, occurence + 1);
    }
    words = new ArrayList<String>(occurences.keySet());
    Collections.sort(words, new Comparator<String>() {
      public int compare(String a, String b) {
        return occurences.get(b).compareTo(occurences.get(a));
      }
    });

    if(words.size() > n)
    {
      for (String word : words.subList(n, words.size())) {
        occurences.remove(word);
      }
    }
    return occurences;
  }

  public Object getId() {
    return id;
  }
}
```

Die Klasse *Document* erbt von der Klasse *Persistent* aus dem Paket *cx.ath.troja.nja*, die grundlegende Funktionalitäten für Objekte, die in Chordless gespeichert werden sollen, bereit stellt. Zu beachten ist die Methode *topWords*. Diese liefert ein *Map*-Objekt mit den Wörtern im Dokument als Schlüssel und deren Häufigkeiten als Wert. Um nun über mehrere in Chordless gespeicherte Dokumente die zehn am häufigsten verwendeten Wörter zu bekommen, muss man auf allen Dokumenten in einer Chordless-Datenbank die Methode *topWords* entfernt aufrufen, und deren Ergebnisse aggregieren. Wie dies konkret implementiert werden kann, zeigt folgender Code-Auszug:

Listing 5.2.2 Chordless: Beispiel der Ausführung einer fortgeschrittenen Abfrage

```
public static void main(String[] args) {
  DHash dhash = new DHash().setStorage(new JDBCStorage(
    new JDBC("org.hsqldb.jdbcDriver", "jdbc:hsqldb:file:test.db"))).start();
  Dhasher dhasher = new Dhasher(dhash);

  Document[] documents = new Document[5];
  documents[0] = new Document("Dies ist ein altes Dokument");
  documents[1] = new Document("Dies ist noch ein Dokument");
  documents[2] = new Document("Dies ist wieder ein anderes Dokument");
  documents[3] = new Document("Dies ist wieder ein anderes Dokument mehr");
  documents[4] = new Document("Das ist ein neues anderes Dokument");
  for (int i = 0; i < documents.length; i++)
    dhasher.put(documents[i]).get();

  List<Delay<Map<String,Integer>>> delays =
    new ArrayList<Delay<Map<String,Integer>>>();
  for (int i = 0; i < documents.length; i++) {
    Delay<Map<String,Integer>> delay =
      dhasher.exec(documents[i].getIdentifier(), "topWords", 10);
```

```
      delays.add(delay);
    }

    final Map<String,Integer> occurences = new HashMap<String,Integer>();
    Set<String> words = new HashSet<String>();
    for (int i = 0; i < documents.length; i++) {
      for (Map.Entry<String,Integer> entry : delays.get(i).get().entrySet()) {
        words.add(entry.getKey());
        Integer occurence = occurences.get(entry.getKey());
        if (occurence == null)
          occurence = new Integer(0);
        occurences.put(entry.getKey(), occurence + entry.getValue());
      }
    }

    List<String> theTopWords = new ArrayList<String>(words);
    Collections.sort(theTopWords, new Comparator<String>() {
      public int compare(String a, String b) {
        return occurences.get(b).compareTo(occurences.get(a));
      }

    System.out.println("Dies sind die 10 häufigsten Wörter:");
    for (int i = 0; i < 10; i++) {
      System.out.println("" + i + ": " + theTopWords.get(i) + " ("
        + occurences.get(theTopWords.get(i)) + ")");
    }

    dhash.stop();
  }
```

Zunächst werden im Auszug über einen lokalen Knoten drei Dokumente in Chordless als initiale Daten abgelegt. In einer Schleife wird auf diesen Objekten entfernt die Methode *topWords* aufgerufen. Dies erfolgt mittels der Methode *exec* eines *DHasher*-Objekts. Dieser übergibt man als Parameter den Schlüssel des Objekts, auf dem die Methode ausgeführt werden soll, den Namen der aufzurufenden Methode als String und die Parameter für den Methodenaufruf. Als Ergebnis liefert die *exec*-Methode ein *Delay*-Objekt zurück. Das bedeutet, wie bereits im Abschnitt 5.4.3 beschrieben wurde, dass die Ausführung nebenläufig angestoßen wird. Erst mit dem Aufruf der Methode *get* auf dem *Delay*-Objekt wird das Ergebnis der Ausführung zurück geliefert. Im Auszug werden die *Delay*-Objekte in einer Schleife für alle angestoßenen Methodenaufrufe von *topWords* auf den gespeicherten *Document*-Objekten gesammelt. Die von den einzelnen *Document*-Objekten zurückgegebenen Häufigkeiten werden dann in einer neuen Schleife summiert. Danach werden die Wörter nach Häufigkeit sortiert. Schließlich werden die zehn häufigsten Wörter auf der Konsole ausgegeben.

Das Beispiel zeigt bereits, dass es ein großer Aufwand ist, fortgeschrittene Abfragen durch verteiltes Rechnen mittels entfernter Methodenaufrufe für Chordless zu implementieren. Man wird schnell feststellen, dass diese in der Praxis vielfach lange Entwicklungszeit erfordern. Sicher ist der entfernte Aufruf einer Methode, wie in dem Auszug gezeigt, einfacher als das Erstellen eines Map/Reduce-Vorgangs, aber trotzdem bleibt die Schwierigkeit zu entscheiden, wie man die Schritte des Algorithmus zwischen aufrufendem Client und den Objekten im Chordless-Cluster aufteilt. Es kann an diesem Punkt in der praktischen Anwendung viel kostbare Zeit gespart werden, indem man Entwurfsmuster für häufig zu verwendende Abfrageformen entwickelt.

5.2.6   Skalierung, Replikation und Konfiguration

Zur Skalierung und Konfiguration sind nur wenige Erklärungen notwendig, da diese für Entwickler und Administratoren sehr einfach gehalten sind. Skaliert wird Chordless, indem man einen weiteren Knoten mit einer unterscheidbaren Kennzeichnung, dem Identifier, im selben Netzwerk startet. Dieser macht sich mittels einer UDP-Broadcast-Meldung anderen Knoten im Netzwerk automatisch bekannt, d.h. im selben Subnetz. Es muss keine Liste der Knoten gepflegt oder angepasst werden. Sobald den bestehenden Knoten ein neuer Knoten bekannt wird, werden die im Cluster gespeicherten Key/Value-Paare neu verteilt, sodass eine gleichmäßige Verteilung erreicht wird.

Ebenso unkompliziert funktioniert die Replikation mit Chordless. Man konfiguriert auf den Knoten eine feste Zahl von Kopien, die für jedes Key/Value-Paar im Chordless-Ring verteilt werden sollen. Dabei ist darauf zu achten, dass auf allen Knoten dieselbe Zahl an Kopien angegeben ist. Die Kopien werden dann von den Knoten automatisch verteilt. Bei einem Ausfall eines Knotens ersetzen andere Knoten mit Kopien die Daten des ausgefallenen Knotens. Automatisch sorgt Chordless danach dafür, dass wieder die angegebene Anzahl von Kopien erreicht wird, solange eine auszureichende Anzahl von Knoten existiert.

Die Konfiguration eines Knotens kann im Code über diverse Setter-Methoden der bereits vorgestellten *DHash*-Klasse erfolgen oder komfortabel über die mitgelieferte grafische Benutzeroberfläche. Tabelle 5.2.1 erklärt die Bedeutung der einzelnen Konfigurationsfelder in der grafischen Benutzeroberfläche und zugehörige *Setter*-Methoden für eine Konfiguration per Code.

Tabelle 5.2.1 Konfigurationsoptionen von Chordless

Konfigurationsfeld/Setter-Methode der *DHash*-Klasse	Beschreibung
Identifier/*setIdentifier*	Setzt einen eindeutigen Identifikator für den Knoten. Der Identifikator muss ein BigInteger-Wert sein. Die Angabe in der GUI erfolgt in Hexdezimal-Schreibweise.
Local address/*setAddress*	Setzt die IP-Adresse, über die der Knoten zu erreichen ist. Die Methode setAddress legt die IP-Adresse und den Port fest (s.u.).
Local port/*setAddress*	Setzt den Port, über den der lokale Knoten mit dem Cluster kommunizieren soll.
Copies/*setCopies*	Setzt die Zahl der Kopien, die von jedem Key/Value-Paar im Cluster gespeichert werden.

5.2.7   Bewertung

Die herausragende Besonderheit von Chordless ist die gezielte Orientierung der Architektur an den Prinzipien von Peer-to-Peer-Netzwerken. Dadurch hebt sich Chordless deutlich von anderen NoSQL-Datenbanken ab. Es bietet daher Vorteile, die in bestimmten Anwendungsfällen zur Geltung kommen können. Chordless gehört jedoch zu den noch sehr jungen Vertretern unter den NoSQL-Datenbanken. Bis das Projekt den Status eines stabilen

Releases erreicht haben wird, ist noch Entwicklungsarbeit notwendig. Auch fehlt Chordless als Open Source-Projekt noch eine starke Community, die das Projekt weiterhin trägt. Wegen seiner einzigartigen Merkmale sollte Chordless auf der Evaluationsliste in einem konkreten Projekt in Zukunft aber nicht fehlen.

Chordless ist aktuell auf den Einsatz im Java-Umfeld beschränkt, da es nur für diese Plattform Schnittstellen bietet. Chordless eignet sich insbesondere für die kostengünstige Speicherung großer wachsender Datenmengen ab dem Terabyte-Bereich und darüber hinaus, bei welchen die geforderte Reaktionszeit von Wertabfragen in einer relationalen Datenbank nicht erreicht werden kann. Chordless bietet sich auch dann an, wenn die Abfrageperformance eine bedeutende Rolle spielt. Darüber hinaus kann Chordless eingesetzt werden, wenn umfangreiches Personal für Wartung und Überwachung eines Datenbank-Clusters nicht zur Verfügung steht. Sollte der Ausfallsicherheit in einem Projekt besondere Bedeutung zukommen, so kann Chordless durch seine Peer-to-Peer-Architektur punkten. Fällt ein Knoten in einem Chordless-Cluster aus, so übernehmen sofort andere Knoten dessen Funktion.

Vorteile

- Die an Peer-to-Peer-Netzwerken ausgerichtete Architektur gewährleistet eine hohe Ausfallsicherheit, da kein Server als zentraler Steuerungs- und Koordinationsknoten notwendig ist.

- Der Aufwand für Konfiguration und Wartung von Chordless ist gering. Ein Chordless-Cluster ist mit nur wenigen Schritten aufgesetzt und konfiguriert.

- Chordless nutzt für das Auffinden der Key/Value-Paare im Ring die Algorithmen des Chord-Projekts. Daher nähert sich ab einer bestimmten Knotenzahl die Zeit, die für das Auffinden eines Knotens und damit der Key/Value-Paare benötigt wird, einem konstanten Wert. Die Reaktionszeit von Chordless ist damit primär von der Zahl der Knoten abhängig und weniger von der Menge der gespeicherten Daten.

Nachteile

- Der Einsatz von Chordless ist auf das Java-Umfeld beschränkt, da keine anderen Schnittstellen bereitgestellt werden.

- Das Open Source-Projekt ist in einem noch sehr frühen Stadium. Es hat bisher noch keine stützende Community. Es bleibt abzuwarten, ob sich Chordless als stabiles Release für den produktiven Einsatz im NoSQL-Bereich etablieren kann.

- Ein Client ist derzeit fest an einen Knoten im Chordless-Ring gebunden. Fällt der Knoten aus, ist der Chordless-Ring nicht mehr für den Client erreichbar. Ein Mechanismus zum Wechsel des Knotens muss bezogen auf das aktuelle Release in einer konkreten Anwendung noch eigens entwickelt werden.

Beim Einsatz von Chordless sollte man sich darüber bewusst sein, dass sich diese NoSQL-Datenbank in einem sehr frühen Entwicklungsstadium befindet. Außer dem Einsatz bei der

Firma Menyou (*http://menyou.com*), unter deren Dach Chordless entwickelt wird, sind keine weiteren produktiven Einsätze bekannt.

Als Einsatzgebiet wäre ein Webprojekt denkbar, in dem eine Hash-Tabelle für Java-Objekte als Datenstruktur geeignet ist. Ein möglicher Einsatzbereich für Chordless wäre ein Verzeichnisdienst im Web wie beispielsweise ein Wörterbuch mit stetig wachsender Datenmenge, der über eine Website oder als Webservice Kunden bereit gestellt wird.

Weniger geeignet ist Chordless derzeit in einem heterogenen Umfeld, in dem neben Java auch andere Plattformen zum Einsatz kommen.

5.3 Riak

5.3.1 Überblick

Riak gehört zu den bekannten Key/Value-Datenbanken und stammt vom Team Basho. Basho stellte sich aus einem ehemaligen Entwicklerteam der Internetfirma Akamai zusammen und entwickelte Riak. Obwohl man in Riak üblicherweise Dokumente speichert, werden in Riak Key/Values in sogenannten Bucket-Namensräumen eingerichtet und dann in einem Ring-Adressraum (siehe Abschnitt 2.3, Consistent-Hashing) verwaltet. Daher sollte Riak nach Aussage des Community Managers Mark Philips als Key/Value-System und nicht als DocumentDB kategorisiert werden. Doch dies ist Geschmackssache und sei dem Leser überlassen.

Riak gehört zu den BASE-Systemen. Interessant ist bei Riak, dass die JSON-Dokumente mit cleveren Pfadausdrücken per Map/Reduce durchsucht werden können. Die eigentliche Speicherengine ist bei Riak konfigurierbar. Empfohlen wird mit InnoDB eine bekannte und zuverlässige Engine aus der MySQL-Welt (*http://www.innodb.com*). Wie auch CouchDB implementiert Riak primär eine REST-Schnittstelle, verfügt aber über Bindings für viele Programmiersprachen.

Steckbrief

Webadresse:	http://riak.basho.com
Kategorie:	Key/Value Store mit starken Document-Store-Eigenschaften (JSON)
API:	REST, Erlang, JavaScript, Java, PHP, Python und Ruby
Protokoll:	Nativ per Sprache, HTTP
Geschrieben in:	Erlang und C
Concurrency:	Eventually Consistent/Vector Clocks
Replikation:	Konfigurierbare Virtual-Node-Replikation (analog zu Amazon Dynamo)
Skalierung:	Konfigurierbarer 160bit Consistent-Hashing-Ring
Lizenz:	Apache 2

5.3.2 Allgemeines

Ziel von Riak war es, nicht nur ein hochverfügbares, sondern ein möglichst immer verfügbares Datenbanksystem zu entwickeln, und zwar nach dem Vorbild von Amazon Dynamo. Dies wird mit einer *shared-nothing*-Architektur erreicht, bei der Anfragen an einen toten Rechnerknoten automatisch an andere Instanzen weitergeleitet werden (*hinted-handoff*-Strategie). Riak verwendet dabei wie z.B. auch CouchDB eine *Consistent-Hashing*-Strategie, bei der es keine Master-Knoten gibt und daher alle Knoten äquivalent sind. Daher ist eine Erweiterung des Systems im laufenden Betrieb leicht möglich, sodass sich der Inhalt selbst dynamisch ausbalanciert. Riak ist also ein BASE-System, das Availability und Partitionierungsunabhängigkeit stärker in den Vordergrund stellt. Dies bedeutet aber auch, dass Riak – analog dem Vorbild Amazon Dynamo – *eventually consistent* ist.

Bereits im August 2007 war die erste Version von Riak verfügbar. Interessant ist, dass es wie CouchDB in Erlang (und wenige Teile in C und JavaScript) geschrieben ist. Jeder HTTP-Request wird daher von einem Erlang-Prozess bearbeitet. Der Erlang-Kernel selbst ist mit weniger als 4k Codezeilen ebenfalls sehr schlank.

Im Vergleich zu CouchDB ist Riak viel mehr auf Skalierung und Verteilung im oben genannten Sinne ausgelegt. Dafür hat CouchDB in Sachen individuelle Replikation und Web-Eignung die Nase vorn. Beide Systeme ähneln sich aber etwas, da auch der Map/Reduce-Zugriff, die JSON-Daten und der HTTP/REST-Zugriff gemeinsam sind. Dennoch gibt es für Riak Sprachanbindungen in Erlang, JavaScript, Java, PHP, Python und Ruby.

Der Namespace in einem Riak-Dokument gliedert sich wie folgt (siehe Abbildung 5.3.1):

- **Buckets**: Bezeichnen den Namespace unter dem abgelegt wird.
- **Keys**: Die frei wählbaren Schlüssel als Key für das Dokument
- **Documents**: Der Inhalt des JSON Dokumentes oder sonstige Daten

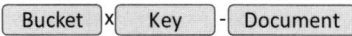

Abbildung 5.3.1 Namensraum eines Riak-Dokuments

Diese werden dann für den REST-Zugriff via HTTP hintereinandergeschaltet. So wird

```
path/<bucket>/<key>
```

verwendet, um Dokumente mit GET, POST, PUT und DELETE zu verwalten.

Interessant ist, dass das JSON-Dokument seinerseits wieder Links enthalten kann, um auf andere Dokumente zu verweisen. Damit wird es dann leichter wieder möglich, Graphen- oder relationale Strukturen aufzubauen. Dazu ein Beispiel:

Listing 5.3.1 JSON-Dokument in Riak

```
{
    bucket: "persons"
    key: "nr42"
    vclock": "g35oY2DjkMALR2TmReKp24UfHTLmsTKMOvGzCf8wAA==",
    object: {
```

```
            name: "John Doe"
            age: 42
            dept: "Sales"
        }
    links: [
        ["persons", "nr17", "greenDept"],
        ["persons", "nr911", "blueDept"]
    ]
}
```

Die hier sichtbaren Links können wiederum in Abfragen verwendet werden, um Beziehungen zu verarbeiten. Damit können teilweise auch Graphenprobleme gelöst werden, da die Links und Kanten mit Tags – d.h. Namen – versehen werden können.

Interessant ist nun, dass die Map/Reduce-Requests in der Abfrage-URL verkettet und dann ausgeführt werden. Alternativ können Map/Reduce-Anfragen auch in Erlang oder (readonly) auch in JavaScript ausgeführt werden. Eine Abfrage kann mit REST so abgesendet werden:

```
GET path/persons/nr42/_,_,        // nur REST
curl http://localhost:8098/db1/persons/nr42/_,_,_
```

Dies liefert eine Multipart-Antwort zurück, die alle Referenzen dieses Dokuments enthält. Diese Ausdrücke, die dem Pattern-Matching ähneln, können teilweise mit Inhalt gefüllt oder mit einem Slash „/" auch weiter verkettet werden.

Für das Clustering legt Riak einen 160bit-Ring an, der für die Nodes in gleiche Teile aufgeteilt wird. Dort verwalten Nodes virtuelle Knoten, die Erlang-Prozesse sind. Daten werden mit Vector-Clock-Stempeln versehen und versioniert abgelegt. Bei Konflikten gewinnt entweder der letzte schreibende Prozess oder es werden beide Versionen zurückgeliefert, sodass die Anwendung selbst den Konflikt lösen kann. Die Daten werden einzeln automatisch auf dem Cluster repliziert und immer initial auf drei Knoten verteilt. Dieser Wert (n_val, eine Bucket-Property) kann allerdings leicht verändert werden.

Auf den ersten Blick ist gar nicht ersichtlich, dass Riak es erlaubt, die Speicherengine auszutauschen. D.h. hier liegt eine austauschbare Architektur vor. Riak selbst empfiehlt mit InnoDB eine Engine aus der relationalen SQL-Welt.

Zusammenfassend ist Riak ideal für eine Umgebung, die sich leicht skalieren und um weitere Nodes erweitern lassen soll. Interessant ist zudem der Ansatz, mit dem Riak *link-walks* innerhalb der Map/Reduce-Abfragen verfolgt. Dies zeigt ein wenig in Richtung Neo4j. Die leichte Erweiterbarkeit des Ringes ähnelt der von Cassandra. Im Vergleich zu MongoDB ist Riak ein skalierbarer Ring. MongoDB ist dagegen ein schnelleres Sharding und Replikationssystem, bei dem Datenverlust auftreten kann.

Riak selbst ist in zwei Versionen erhältlich: als Open Source-Version und als Enterprise-Version. Die kostenpflichtige Enterprise-Version enthält weitere Features wie zusätzliche Replikationsformen, Verwendung des SNMP-Protokolls für die Überwachung von Nodes, ein web-basiertes Administrations-GUI und professionellen Support.

Initial wird Riak mit *dets* ausgeliefert, was etwas der Funktionalität der Berkeley DB entspricht. Weiterhin gibt es ein *gb_tree*-Modul für ausbalancierte Bäume, und es kann direkt ins Dateisystem geschrieben werden. Interessant dabei ist, dass die Persistenzmethode für jedes Bucket konfiguriert werden kann. D.h. die Speicherengine selbst kann an die Anforderungen der Daten angepasst werden.

Schließlich muss erwähnt werden, dass JSON zwar nicht das vorgeschriebene Format, aber das derzeit am besten unterstützte Format ist. Tatsächlich kann man jedes beliebige Format speichern. Bei vielen anderen Formaten ist dann allerdings die Interpretation der Dokumentsemantik nicht gegeben, sodass beispielsweise die Suche problematischer wird.

5.3.3 Installation

Riak ist für die folgenden Plattformen erhältlich:

- Debian, Ubuntu und Fedora
- Cent/OS und RHEL
- Mac OS (OS X)
- Solaris

Weiterhin kann Riak von den Sources selbst übersetzt werden, wofür allerdings die Installation der Programmiersprache Erlang erforderlich ist.

Am einfachsten ist die Installation eines kompatiblen Debian-Packages für beispielsweise 32bit Ubuntu (unter Version 8 bis 10 scheint Riak zu laufen):

```
$ wget http://downloads.basho.com/riak/riak-0.11/riak_0.11.0-
1344_i386.deb
$ sudo dpkg -i riak_0.11.0-1344_i386.deb
```

Dann wird eine Datei /usr/sbin/riak angelegt, und die Arbeit kann beginnen. Wie auch in der Riak-Dokumentation beschrieben, kann man laufende Riak-Nodes jetzt leicht zweifach testen. Einerseits den Server selbst mit:

```
$ riak ping
$ pong
```

und auf der anderen Seite die HTTP-Antwort mit:

```
curl -v http://localhost:8098/riak/test
```

(-v steht dabei für verbose, d.h. erweiterte Operationsausgaben).

Mit start und stop kann diese eine Instanz des Servers nun gestartet und gestoppt werden:

```
$ riak start
...
$ riak stop
```

In Riak gibt es auch einen Erlang-Client, mit dem CRUD-Operationen oder Abfragen getestet werden können.

5.3.4 CRUD-Operationen

Für Speicheroperationen werden PUT- oder POST-Operationen und für Leseoperationen GET HTTP-Requests verwendet. Die direkte Arbeit mit REST-Befehlen ist natürlich etwas umständlich, da einige Statusoperationen mitgegeben werden müssen. Dennoch werden hier ein paar einfache Beispiele vorgestellt. In der Praxis wird man natürlich mit einer Sprachanbindung arbeiten, die einem viele http-Argumente abnehmen und viele Eigenschaften in Form von Properties setzen kann.

Create-Operation

Starten wir mit einer einfachen Speicheroperation:

```
curl -v -X PUT -d '{"apples":"4200","banana":"2000"}' -H "Content-Type:
application/json" http://localhost:8098/riak/mybucket/fruitstock?return
body=true
```

Wir lesen diese Operation am besten von hinten nach vorne:

- Gespeichert wird auf dem lokalen Host, TCP 8098 unter der Riak-URL. Das Bucket wird hier beispielsweise `mybucket` genannt. Der Key ist `fruitstock`.

- Davor muss leider der Inhalt – nämlich JSON – mit einem zusätzlichen Header spezifiziert werden.

- Nach `-d` ist dann das aktuelle Dokument angegeben: eine Bestandsliste von Früchten.

Der URL-Parameter (nach dem ?) `returnbody=true` liefert genau dieses Dokument wieder zurück, also `{"apples":"4200","banana":"2000"}`.

Weiterhin ist interessant, das Riak einen Vector Clock String zurückliefert, in unserem Fall beispielsweise:

```
a85hYGBgzGDKBVIsDMu/qWQwJTLmsTJsUF51lC8Laa==
```

Dieser identifiziert die Version eindeutig. Im Client kann damit auf genau diese Dokumentversion verwiesen und bei Bedarf selbst eine vClock-Identifikation übergeben werden. Bei dieser Operation gibt es eine ganze Reihe weiterer Parameter, von denen hier nur einige genannt werden:

- Link: In dem übergebenen Dokument oder der URL kann weiterhin – wie im Eingangsbeispiel gezeigt – ein Link übergeben werden, der auf Relationen zu anderen Dokumenten hinweist.

- Quorum-Parameter: Es gibt weiterhin Schreibe- und Leseparameter, die den Grad der Zustimmung aller Replikate festlegen. So ist initial definiert, dass zwei Replikate zustimmen müssen, bevor eine Lese- oder Schreiboperation erfolgreich ausgeführt wird.

Interessant ist bei dieser Operation noch die Option *allow_mult*, die es erlaubt, sogenannte *siblings* zu erstellen. *Siblings* bedeutet übersetzt Geschwister und meint, dass mehrere Versionen des Dokumentes abgespeichert werden dürfen (*concurrent_updates*). Wenn dies in der Anwendung von Vorteil ist, kann so der Client selbst die verschiedenen Versionen verwalten und auf diese Bezug nehmen.

Nun soll dieses Objekt wieder gelesen werden.

Read-Operation

Eine Leseoperation wird mit einer trivialen URL durchgeführt:

```
curl -v http://localhost:8098/riak/mybucket/fruitstock
```

Und das Ergebnis ist wie erwartet:

```
"apples":"4200","banana":"2000"
```

Interessant ist hierbei, dass man mit der Angabe des bevorzugten Multipart-Typs -H "Accept: multipart/mixed" alle Versionen (*siblings*) in einer Abfrage bekommen kann. Diese sind dann auch wegen der Vector-Clock-IDs identifizierbar. Der Client kann so entscheiden, welche Version (auch im Konfliktfall) er verwenden möchte.

Delete-Operation

Wie bei der Leseoperation wird hier lediglich mit -X die Art der Operation angegeben und dann die URL:

```
curl -v -X DELETE http://localhost:8098/riak/mybucket/fruitstock
```

Und das Dokument ist gelöscht. Ist das Dokument leer oder nicht vorhanden, gibt es die typischen 204- oder 404-Fehler (*404 Not Found*).

Abfragen schauen wir uns im übernächsten Abschnitt ausführlicher an.

5.3.5 Zugriff aus anderen Programmiersprachen

Derzeit unterstützt Riak die folgenden Zugriffssprachen:

- Java
- Ruby & Rails
- Python
- PHP
- JavaScript
- Erlang

Auf Java und Ruby wollen wir hier näher eingehen.

Die Java-Client-Bibliothek

Die Java-Bibliothek verwendet den Apache http-Client, der früher im Jakarta-Commons-Paket enthalten war und jetzt als eigenständiges Projekt der *HttpComponents* ist. Schauen wir uns auch hier die CRUD-Operationen an:

- **Speichern** eines Dokuments:

```
RiakClient rclient = new RiakClient("http://localhost:8098/riak");
String value = ... // jeder Value oder jedes JSON-Dokument
RiakObject o = new RiakObject("mybucket", "fruitstock", value);

rclient.store(o);
```

■ **Lesen** eines Keys:

```
FetchResponse result = rclient.fetch("bucket", "key");
if (result.hasObject())
    o = result.getObject();
```

Ähnlich einfach funktioniert das Lesen der verschiedenen Versionen (*siblings*) eines Keys:

```
if (result.hasSiblings())
    Collection<RiakObject> siblings = r.getSiblings();
```

■ **Update** eines Keys:

```
String value2 = ... // new JSON Object
o.setValue("fruitstock");
rclient.store(o);
```

Die Update-Operation ist hier deshalb interessant, weil sie über HTTP als REST-Client gar nicht verfügbar war bzw. vorgestellt wurde. Klar ist, das ein Update mit REST erst den Key lesen, verändern und dann neu schreiben muss, da REST selbst erst einmal zustandslos ist. Jedoch ist es natürlich im Java-Code möglich, sich Objekte zu merken und diese zu verändern, weshalb hier komfortabel eine Update-Methode mit *setValue* angegeben werden kann.

Ruby

Für Ruby gibt es die Ripple-Bibliothek (*http://github.com/seancribbs/ripple*). Die Arbeit mit dem Ruby-Client ist wegen der Hash-Notation sehr intuitiv:

```
require 'riak'

# Create
bucket = client.bucket("mybucket")
item = Riak::RObject.new(bucket, "fruitstore")
item.content_type = "application/json"
item.data = JSON.generate [{"apples"=>4200},{"bananas"=>2000}]
item.store
```

In jedem Fall muss der content-type mit angegeben werden. Hier im Beispiel wird mit einer beliebigen JSON-Bibliothek ein JSON-Objekt erzeugt und übergeben:

```
# Read & delete
client = Riak::Client.new
item = client['mybucket']['fruitstore'] # print item
item.delete
```

Die Delete-Operation ist in jedem Fall erfolgreich, auch wenn das Objekt bereits nicht mehr vorhanden ist.

5.3.6   Abfragen und Links in Riak

Abfragen mit Links können in Riak ganz einfach als URL notiert werden. Dazu ein Beispiel:

```
GET /riak/mybucket/persons/AlanCKay,_,_/publications,_,1
```

Wie bekannt ist *riak* die URL, unter der die DB angesprochen wird. *mybucket* ist das Bucket, unter dem der Key *persons* gesucht wird. Was folgt, sind beliebige viele Pattern-Tripel der folgenden Form:

```
Bucket x Tag x Keep
```

Selektiert wird hier das Bucket, das vergebene Link-Tag und ob das Ergebnis dieser Stufe zuückgeliefert werden soll oder nicht. Bei Letzterem wird wie im Beispiel mit 1 angegeben, dass das Ergebnis Teil der Response sein soll. Die obige Abfrage entspricht daher einem zweifachen *inner-join*, bei dem alle Publikationen von Alan C. Kay zurückgeliefert werden. Diese Form der Abfrage und der Verlinkung (*link-walking*) ist ideal für Graphtraversierung (z.B. Freundschaftsbeziehungen) oder für baum- und listenähnliche Datenstrukturen.

Map/Reduce-Abfragen

Anders als bei CouchDB wird mit Map/Reduce-Abfragen kein Index erstellt, der dann durchsucht wird, sondern die Query wird direkt ausgeführt. Map/Reduce-Abfragen und Link-Walks lassen sich dabei beliebig kombinieren. Die Abfragen selbst können bei Riak in Erlang, JavaScript und direkt über HTTP ausgeführt werden. Weiterhin können sie beliebig verkettet werden.

Map-Abfragen werden auf den Knoten (Nodes) selbst ausgeführt, wo die Daten gespeichert sind (*data-locality*). Damit wird auch Rechenzeit verteilt. Der Reduce-Task kann ebenfalls auf einem Knoten ausgeführt werden, der die Map/Reduce-Aufgaben koordiniert.

Im Unterschied zu vielen anderen Map/Reduce-Implementierungen erwartet Riak bei der Map-Funktion eine Liste der Schlüssel (ein Bucket-Key-Paar), über die die Abfrage laufen soll. Hier kann man die Abfrage also selbst einschränken oder mit `list_keys/list_buckets` selbst alle Schlüssel angeben. Die Reduce-Tasks können in einer Abfragekette durchaus mehrfach aufgerufen und die neuen Argumente (Listen) mit den alten Argumenten verknüpft werden (auch *re-reduce* genannt).

Die generelle Definition von Map- und Reduce-Abfragen lautet wie folgt:

```
{"map|reduce":{"language":"javascript","source":
    "function(v) {return [v]; }","keep":true}}
```

Dabei können im Body der JavaScript-Funktion beliebige Inhalte stehen. Hier wird initial entweder angegeben, ob es sich um eine Map- oder Reduce-Funktion handelt. Es folgt die Angabe der Sprache in den nächsten zwei Elementen (hier JavaScript). Danach wird die JavaScript-Funktion selbst angegeben, falls sie nicht zu lang ist. Das Ergebnis dieser Phase kann bei Bedarf zurückgeliefert werden.

Oftmals ist es jedoch gerade bei langen Abfragen einfacher, diese selbst als Objekt zu speichern:

```
"bucket":"mybucket", "mykey":"mymap"
```

Hier würde daher unter dem Bucket *mybucket* und dem Schlüssel *mykey* gesucht werden und eine JavaScript-Funktion gefunden werden, um diese auszuführen.

Um beliebig viele verkettete Abfragen via HTTP abzusenden, ist folgende Notation Voraussetzung:

```
$ curl -X POST -H "content-type:application/json"
http://localhost:8098/mapred --data @-
{"inputs":[["mybucket","fruitstock1"],["mybucket","fruitstock2"],
          ["mybucket","fruitstock3"]],
"query":[
{"map":{"language":"javascript","source":
        "function(m){ ...  return x; }"}},
{"reduce":{"language":"javascript","source":
        "function(n){ ... return [y]; }"}}
]}
```

- Wie zu sehen ist, müssen alle Abfragen initial an die Ressource *mapred* und nicht an die bisherige Ressource *riak* gesendet werden.

- Danach werden die zu untersuchenden Daten als Input spezifiziert. Wie vorher erwähnt, können dabei auch Mengenoperationen helfen, größere Schlüsselmengen zu selektieren. So kann beispielsweise der Schlüssel weggelassen werden, um alle Keys des spezifizierten Buckets anzugeben, was dann einige Zeit dauern kann.

- Nach dem *query*-Schlüsselwort folgen dann die *map*- oder *reduce*-Funktionen selbst. Bei diesen Funktionen ist *keep* defaultmäßig auf *false*, nur nicht bei der letzten Abfrage in der Kette. Daher kann man nach jeder Phase auch „keep":true notieren, um die Ergebnisse der aktuellen Phase als Ergebnis zurückzuliefern.

- Die Query kann dabei mit timeout":10000 der Standard-Timeout von 60 Sekunden überschrieben werden (hier auf 10 Sekunden). Dies wird hinter der letzten eckigen Klammer angegeben.

5.3.7 Skalierung, Replikation und Konfiguration

Skalieren in Riak ist sehr einfach. Mit dem Kommando *riak join* kann eine neue Rechnerinstanz zu dem aktuellen Cluster hinzugefügt werden. Anschließend wird der neue Knoten ideal ausbalanciert. Dies bedeutet, der neue Knoten bekommt einen ausgewogenen Anteil der bereits vorhandenen Dokumente als Replikat und auch einen ausgewogenen Anteil an neuen Dokumenten zugeteilt. Dies funktioniert, weil der Datenraum partitioniert werden kann. Initial ist der Datenraum in 64 Segmente unterteilt, an dem sich ein neuer Knoten angemessen beteiligen würde. Umgekehrt geht dieses Verfahren natürlich ebenfalls. Wird ein Knoten entfernt, so wird der verlorene Segmentraum zwischen den anderen Rechnern aufgeteilt.

Riak verwaltet einen Ring nach den Prinzipien des in Abschnitt 2.3 dargestellten Consistent-Hashing-Verfahrens. Aus den Daten und Dokumenten wird ein Hash errechnet, der auf einen 2^{160} großen Schlüsselraum abgebildet wird (nicht zu verwechseln mit den Schlüsseln in einem Bucket). Es können also ca. 10^{48} Dokumente gespeichert werden. Diesen Raum oder Ring teilt man nun in Partitionen auf. Initial sind 64 Partitionen festgelegt. In unserem Beispiel wählen wir nur 8 Partitionen. Wenn zwei physische Rechner oder Nodes zur Verfügung stehen, werden vier virtuelle Nodes (vNodes) auf jedem Rechner gehalten. Riak arbeitet mit virtuellen Nodes. Jeder virtuelle Node kümmert sich um ein Partitionssegment. Auf dem ersten Knoten liegen daher vier vNodes (hier z.B. n0). Der zweite Rechner beherbergt alle vNodes n1. Die Adressräume sind wie in Abbildung 5.3.2 aufgeteilt.

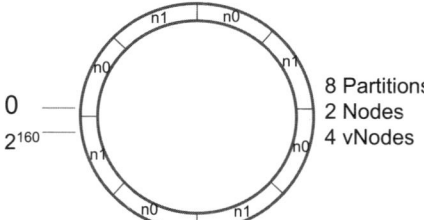

8 Partitions
2 Nodes
4 vNodes

0

2^{160}

Abbildung 5.3.2
Aufteilung des Rings bei Riak

Aufgrund der Ringstruktur und der Ausrichtung von Riak positioniert sich Riak im AP-Bereich des CAP-Theorems. Ein Riak Cluster ist partitionstolerant in dem Sinne, dass der Ausfall eines Knotens durch die Replikate anderer Knoten nach außen hin nicht sichtbar ist und es keinen *Single Point of Failure* gibt. Der Cluster ist ebenfalls *available* in dem Sinn, dass immer genügend Replikate vorhanden sind, die eine sofortige Antwort des Systems ermöglichen. Analog des CAP-Theorems ist daher die Konsistenz die Schwachstelle, da die Replikate kurzzeitig ungleich sein können. Der Client hat hier jedoch aufgrund der Vector Clocks die Möglichkeit, zu reagieren und selbst Versionen zu selektieren, was er in einem RDBMS aufgrund einer zurückgerollten Transaktion gegebenenfalls auch tun müsste.

Hinted Handoff

Mit *Hinted Handoff* wird in Riak die Technik bezeichnet, mit Node-Fehlern umzugehen. Antwortet ein Knoten auf eine Anfrage nicht, so antworten die Nachbarn – die die Daten besitzen – auf die Anfrage. Wenn die problematische Node wieder verfügbar ist, wird versucht, die bisher angelaufenen Anfragen auszuliefern und so den Knoten wieder in einen korrekten Zustand zu versetzen. Dies kann als eine Art Selbstheilungsprozess verstanden werden. Anwender bekommen von dem Ausfall des Knotens im Idealfall nichts mit.

Riak-Konfiguration

Die relevante Riak-Konfiguration orientiert sich an einigen wenigen Parametern:

- N ist die Anzahl der Replikate im System.
- R ist die Anzahl der Lesebestätigungen (Read), die zum Erfolg vorliegen müssen.
- W ist die Anzahl der Schreibbestätigungen (Write), die vorliegen müssen.

Ist die Anzahl der Replikate beispielsweise 5 und R=2, dann werden für eine erfolgreiche Leseoperation noch drei Ausfälle toleriert.

Der Anwender kann nun selbst entscheiden, wie er Riak einstellen möchte: Eine hohe Anzahl von Replikaten führt zu mehr Verfügbarkeit, vermindert aber unter Umständen die

Antwortzeit. Konkret hängt die Antwortzeit dann noch von N und W ab. Große Werte für N und W erhöhen die Datenkonsistenz, vermindern aber ggf. die Antwortzeit für ein erfolgreiches Lese- oder Schreib-Quorum. Kleine Werte für N und W verbessern dagegen die Performance.

5.3.8 Bewertung

Riak ist die klassische Amazon-Dynamo-Implementierung, als Dokumentdatenbank umgesetzt. Der Abgleich zum JSON-Store CouchDB fällt leicht, da CouchDB initial nicht und über couchdb-lounge über einen partitionierten Ring etwas anders skaliert. CouchDB bietet sich wegen seiner eher event-basierten Replikationseigenschaften daher eher für Offline- oder mobile Anwendungen an.

Direkter Konkurrent ist damit nur noch MongoDB. Hier fällt wie beschrieben zunächst auf, dass MongoDB JSON/BSON als Format festlegt, währen Riak hier etwas freier im Typ des Bucket-Key-Values ist (auch wenn MongoDB beliebige Binaries speichern kann). Wer trotz der viel höheren Performance bei MongoDB skalieren will, verwendet mit MongoDBs *auto-sharding*-Funktionalität einen ganz anderen Skalierungsansatz (ab Version 1.6). Bei diesem wird über einen Sharding-Prozess (*mongos*) auf weitere Ressourcen verteilt und dies stellt damit einen zentralistischen Ansatz dar. Riak dagegen arbeitet voll dezentral. Die Abfragen sind in MongoDB eher SQL ähnlicher als bei der Map/Reduce-Variante in Riak. MongoDB enthält dabei auch Möglichkeiten, Indexe zu setzen, was in Riak nicht vorgesehen ist.

Vorteile

- Riak skaliert extrem einfach ohne einen Master-Knoten. Jeder Knoten ist gleichwertig.
- Riak enthält eine transparente und einfache Hintergrundreplikation. Zusammen mit dem Feature des *Hinted Handoff* kann so nach Fehlern viel einfacher wieder aufgesetzt werden. In der Regel werden diese jedoch erst gar nicht sichtbar.
- Versionierung mit Vector Clocks und leichtem Zugriff auf diese Versionen ist im Vergleich mit anderen Key/Value-Stores gegebenenfalls ein Vorteil.
- Interessantes Abfragekonzept mit Pattern-Matching-ähnlichen Konzepten.
- Riak enthält ein Konzept, um (*one-way*) Beziehungen zu verwalten. Dies ist in vielen Key/Value-Datenbanken nicht enthalten. Dennoch ist dieses Feature elementar, wenn Beziehungen zwischen Daten eben doch eine Rolle spielen.
- Riak ist in Bezug auf die API und die Speicherengine vielfältig und einfach erweiterbar.

In anderen Key/Value-Stores muss unter Umständen die Verwaltung von Beziehungen selbst nachimplementiert werden. Wie im Anfragekapitel 5.3.6 dargestellt, kann man mit dem Link-Walking- und Pattern-Matching-Konzept viel leichter einfache join-Operationen abbilden, als dies sogar unter SQL zu formulieren wäre.

Nachteile

- Riak skaliert zwar ideal, ist aber ggf. weniger performant als MongoDB oder Redis, da auf eine Datenhaltung im RAM verzichtet wird. Dagegen braucht sich der Riak-Anwender aber über Datenverlust keine großen Sorgen zu machen.

- Es gibt derzeit noch keine Literatur zu Riak. Im Sommer 2010 war den Autoren auch noch keine Ankündigung über Riak-Literatur bekannt. Zu anderen NoSQL-Datenbanken wie CouchDB oder MongoDB dagegen gibt es schon einiges an Literatur.

Typische Anwendungsfälle für Riak sind Anwendungen, die einfach nur linear skalieren müssen, aber dennoch Referenzen brauchen. Dies könnten beispielsweise Web 2.0-Startups sein, die auf einem semizuverlässigen EC2 aufsetzen und linear skalieren möchten. Entscheidend ist hier die Frage, ob es sich um sicherheitskritische Daten handelt. Falls nicht, ist eventuell MongoDB oder Riak mit einem konfigurierbaren *fsync* (Plattensicherung voreingestellt alle 60 Sekunden) die bessere Wahl. Müssen die meisten Daten jedoch sicher persistent sein, ist Riak eher die erste Wahl.

6 Graphdatenbanken

Durch die enorm gestiegene Anzahl an mobilen Computern, Smartphones und leistungs-starken kostengünstigen Computerclustern sowie Cloud-Lösungen ist das Interesse an komplexen, datenintensiven und verteilten Anwendungen in den letzten Jahren stark ge-wachsen. Beispiele hierfür finden sich in unterschiedlichen Anwendungsgebieten von Semantic Web, Linked Data, Empfehlungssystemen, sozialen Netzen und dem Personal-Information-Management bis hin zu Geoinformationssystemen, Wissensrepräsentation, Textanalyse und Bioinformatik. Doch viele der stark vernetzten Informationen in diesen Anwendungsbereichen sind noch immer nicht in ihrem vollen Potential nutzbar, da einzel-ne Datensätze weder einfach miteinander verbunden, in ihrer Bedeutung beschrieben oder in einer für den jeweiligen Anwendungsfall sinnvollen Art und Weise verarbeitet und ge-speichert werden können. Diese Anwendungen fordern darüber hinaus eine bislang unge-wohnte Flexibilität und neuartige Methoden zur Datenmodellierung, Abfrage und Speiche-rung, welche im bisher vorherrschenden relationalen Datenmodell nur mit einem sehr großen Aufwand realisierbar sind. Hierzu zählen unter anderem:

■ Ein einfacher Umgang mit **rekursiv vernetzten Informationen** innerhalb unterschied-licher Datenquellen und Datenschemata als zentrales Designziel.

■ Eine effiziente Unterstützung von **semistrukturierten Datensätzen**, da der überwie-gende Teil vernetzter Informationen nicht allein aus strukturierten Daten, sondern vielmehr aus unstrukturierten, d.h. schemalosen und nur für einen konkreten Datensatz relevanten Informationen besteht [Flo05]. Dennoch sind Datenschemata in einem ge-wissen Umfang notwendig, um die Bedeutung von Daten zu beschreiben und automati-siert zu verstehen und somit bessere Entscheidungen beim Datenmanagement treffen zu können (z.B. Partitionierung von Graphen).

■ **Versionierte Datensätze und Datenschemata**, um sich den immer neuen Anforde-rungen und Erweiterungen innerhalb des Entwicklungs- und Lebenszyklus einer An-wendung anpassen zu können.

■ **Konsistenzkriterien und Indizes** für einzelne Datensätze und Relationen bis hin zu komplexen (Sub-)Graphstrukturen.

- Eine effiziente Unterstützung von **graphorientierten und semantischen Operationen** wie beispielsweise (semantische) Traversals oder Shortest-Path-Anfragen, da viele Anwendungen eine inhärente Graphstruktur aufweisen, welche mithilfe von Standardalgorithmen erforscht werden kann.

- **Bessere Integration** der Datenbankschemata und Datenobjekte in objektorientierte Programmiersprachen ohne schwer handhabbare Hilfsmittel wie objektrelationale Mapper.

- Einfache Skalierbarkeit bezüglich Anfragen und Datenvolumina mittels (teil-)automatischer **Replikation von Datensätzen** und **Partitionierung des Graphen** auf mehrere unabhängige Datenbankinstanzen unter Berücksichtigung oder auch Ausnutzung der Lokalitätsbeziehungen einzelner Daten (*data locality*).

Viele Softwareentwickler und „Software as a Service"-Anbieter realisieren bereits heute einige dieser Anforderungen mittels proprietärer SQL-Erweiterungen, spezieller SQL-Design-Patterns [BK09] wie z.B. dem *Entity-Attribute-Value*-Modell, zusätzlicher Softwarekomponenten wie *objekt-relationale Mapper,* zusätzlicher externer *Query-/Result-Caches* wie *Memcached* oder durch *manuelle Partitionierungsalgorithmen.* Hierbei entstehen allerdings recht schnell neue Probleme wie z.B. fehlende (relationale) Konsistenzkriterien bei partitionierten Datensätzen oder eine erschwerte Skalierbarkeit der Anwendungen, da die Auswirkungen zusätzlicher Softwarekomponenten wie z.B. *objektrelationale Mapper* auf die Performanz einer Anwendung in hohen Lastsituationen und bei einem schnell zunehmenden Umfang der Nutzdaten nur schwer abzuschätzen und damit zu optimieren sind. Um diese immer wiederkehrenden Probleme zu lösen, fehlte es bislang an guten, flexiblen und erfolgreichen Standardlösungen.

Einen interessanten Lösungsansatz stellen **graphorientierte Datenbanken** dar, die sich im Gegensatz zu relationalen Datenbanken auf vernetzte Informationen und deren möglichst effiziente, d.h. eine indexfreie Traversierung spezialisieren. Graphdatenbanken erfreuen sich in den letzten Jahren einer zunehmenden Beliebtheit. Diese Popularität dürfte nicht zuletzt daran liegen, dass sich sehr viele Anwendungen im Alltag ganz natürlich auf Graphen zurückführen lassen. Hierzu zählen beispielsweise:

- Hyperlink-Struktur des World Wide Webs
- Bedeutung von Seiten für Suchmaschinen (*Page-Rank*)
- Wer-kennt-wen in sozialen Netzen (*Kürzeste Wege*)
- Fahr-/Flugplanoptimierung (*Maximaler Fluss*)
- Empfehlungssysteme (z.B. Bipartite Matching)
- Betrugserkennung bei Online-Spielen und Geldtransfers
- Ausbreitungsvorhersage von Krankheiten und Seuchen
- Geoinformationssysteme und Verkehrsleitsysteme (*Kürzeste Wege*)
- Straßenbau, Infrastrukturmaßnahmen (*Minimaler Spannbaum*)
- Physikalische Struktur des Internets und damit das Internet-Routing
- Identifizierung „wichtiger" Knoten und Teilgraphen in Netzen

Darüber hinaus gibt es aber noch weitere, eher technische Aspekte von Graphdatenbanken: Mit ihrer Hilfe lässt sich das berühmte *objektrelationale Abbildungsproblem* bei der objektorientierten Softwareentwicklung vermeiden, teure Datenbankoperationen wie mehrere rekursiv verschachtelte JOINs durch einfachere Graph-Traversals ersetzen und eine Datenschemaevolution für agile Softwareentwicklungsprozesse sehr viel schneller und einfacher realisieren. Gleichzeitig bieten sie eine sehr gute und vor allem einfach(er) abschätzbare Performanz als relationale Datenbanken. Die Gründe hierfür sollen im vorliegenden Kapitel näher erläutert werden.

Graphdatenbanken sind keine revolutionäre, neue Technologie, sondern haben bereits eine lange, zumeist akademische Tradition. In den letzten 30 Jahren gab es umfangreiche Forschungen auf dem Gebiet einfacher, aber dennoch leistungsstarker graphenbasierter Datenmodelle [Mr97, PGM]. Während die Verarbeitung von sehr großen verteilten Graphen noch immer ein viel beachtetes Forschungsthema ist und viele Algorithmen in der Theoretischen Informatik sich mittels Graphen veranschaulichen lassen, wurde die Bedeutung von Graphdatenbanken in der Softwareindustrie in den frühen 1990er Jahren fast vollständig durch spezialisiertere Ansätze wie z.B. objektorientierte, geografische oder hierarchische Modelle wie beispielsweise XML verdrängt. Dennoch – oder gerade deshalb – erleben sie in den letzten Jahren ihr großes Comeback.

In diesem Kapitel soll ein Überblick über die wichtigsten derzeit auf dem Markt und im NoSQL-Umfeld verfügbaren Graphdatenbanken und ihre Zielsetzungen gegeben werden. Hierzu zählen *Neo4j*, *sones*, *InfoGrid*, *DEX*, *HyperGraphDB*, *InfiniteGraph*, *OrientDB*, *Filament* und die *VertexDB*-Familie. Darüber hinaus wird ein kurzer Überblick über verwandte Projekte wie Twitters *FlockDB* und Graph-Processing Frameworks wie *Google Pregel* und *Apache Hama/Hamburg* gegeben.

Links & Literatur

[BK09] Bill Karwin: Tables and Queries That Don't Work, *http://www.scribd.com/doc/2670985/SQL-Antipatterns*

[Mr97] R. Müller: Ein graph- und objektorientiertes Datenbank-Modell für die Kinderonkologie, Datenbank-Rundbrief Nr. 19, S.5-17, Gesellschaft für Informatik - FG Datenbanken, Mai 1997

[PGM] The Property-Graph Model, *http://wiki.github.com/tinkerpop/blueprints/property-graph-model*

6.1 Einführung und Hintergrund

Dieser Abschnitt widmet sich dem mathematischen und technischen Hintergrund von Graphdatenbanken. Vorgestellt werden nicht nur das allgemeine und das Property-Graph-Datenmodell, sondern auch unterschiedliche Graphoperationen wie Traversals bis hin zu komplexeren Berechnungen wie beispielsweise Graphpartitionierungen.

6.1.1 Das Graphdatenmodell

Graphen sind ein beliebtes Hilfsmittel, um eine große Anzahl von Problemen des täglichen Lebens mithilfe von Knoten, Kanten und ihren Beziehungen zueinander anschaulich darzustellen. So hinterlegen beispielsweise Straßennavigationssysteme die zugrundeliegenden Straßenkarten in Form eines Graphen. Orte oder Kreuzungen sind hierbei die Knoten des Graphen, und die Straßen werden in Form von Kanten repräsentiert (Abb. 6.1.1 und 6.1.2). Die Ursprünge der Graphentheorie liegen im 18. Jahrhundert, als der berühmte Mathematiker Leonhard Euler erstmals das Königsberger Brückenproblem mithilfe eines Graphen formulierte und es somit lösen konnte.

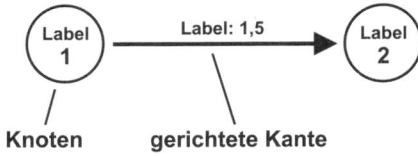

Knoten   gerichtete Kante

$G = (V, E), V= \{1,2\}, E = V \times V = \{ (1,2) \}$

Abbildung 6.1.1
Knoten und Kanten in einem Graphen

In der Mathematik wird ein Graph G durch ein Paar (Tupel) zweier Mengen, der Knotenmenge V (engl. *vertices*) und der Kantenmenge E (engl. *edges*) symbolisiert (Abb. 6.1.1). Kanten beschreiben die im Graphen existierenden Verbindungen oder Beziehungen zwischen den Knoten und können unter anderem **gerichtet** oder **ungerichtet** sein. Während gerichtete Kanten eine einseitige Beziehung von einem Knoten zu einem anderen darstellen, beschreibt eine ungerichtete Kante eine beidseitige Beziehung zwischen zwei Knoten. Die Freundschaft zwischen zwei Menschen ist also in aller Regel ein Beispiel für eine ungerichtete Kante, während die Mutter-Kind-Beziehung nur in einer Richtung gültig ist und somit einer gerichteten Kante entspricht. Analog hierzu spricht man auch von gerichteten oder ungerichteten Graphen. Werden zwei Knoten durch mehr als eine Kante verbunden, spricht man von Mehrfachkanten bzw. Multigraphen.

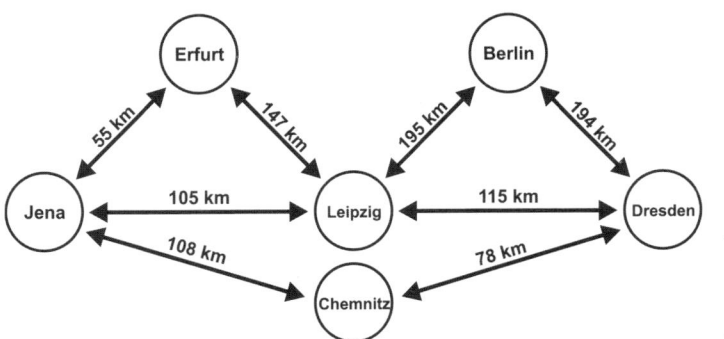

Abbildung 6.1.2
Beispiel eines Graphen mit gewichteten Kanten in einer Navigationsanwendung

Graphen sind nicht nur aufgrund der einfachen Abbildung von Beziehungen interessant, sondern auch, weil man sowohl in Knoten als auch in Kanten weitere Informationen – sogenannte *Labels* oder *Properties* – speichern kann. Von sogenannten **gewichteten Gra-**

phen spricht man beispielsweise, wenn man den Kanten eines Graphen einen numerischen Wert bzw. in diesem Sprachgebrauch ein „Gewicht" zuordnet. Im Beispiel der Straßennavigationssysteme kann solch eine gewichtete Kante (Straße) die Entfernung zweier Städte oder das Tempolimit auf der dazugehörigen Straße repräsentieren. Properties können aber auch rein textueller Natur sein. So können die Städtenamen oder die dazugehörigen Postleitzahlen als Properties im Knoten des Graphen modelliert werden.

6.1.2 Das Property-Graph-Datenmodell

Da das einfache Graphmodell aus dem vorherigen Abschnitt im praktischen Einsatz, aber auch bei der Betrachtung einiger theoretischer Problemstellungen schnell an seine Grenzen stößt, hat sich unter dem Begriff des **„Property Graph"** [PGM] in den letzten Jahren ein erweitertes Modell etabliert. Auch wenn diesem Modell bislang eine wissenschaftliche Fundierung fehlt, so hat es sich von einzelnen Variationen abgesehen mittlerweile bei allen derzeit auf dem Markt befindlichen Graphdatenbanken durchgesetzt.

Ein **Property Graph** ist ein gerichteter, multi-relationaler Graph. Die Knoten und Kanten dieses Graphen bestehen aus Objekten und darin eingebetteten Eigenschaften (Properties). Properties sind Key/Value-Beziehungen wie z.B. `"Name: Alice"`, deren Schlüssel und Wertebereiche vom jeweiligen Knoten- oder Kantenschema vorgegeben werden können. Die Knoten enthalten zusätzlich eine ID zur Bestimmung der eindeutigen Identität eines Knotenobjektes. Die Kanten sind gerichtet und können ebenfalls ein Schema besitzen, welches darüber hinaus definiert, zwischen welchen Knotentypen ein solcher Kantentyp erlaubt ist. In der Regel gibt es in einem solchen Property-Graphen mehrere Knoten- und Kantenschemata, wobei Mehrfachkanten zwischen zwei Knoten meist nur dann zulässig sind, wenn sie sich mindestens in ihrem Kantentyp unterscheiden.

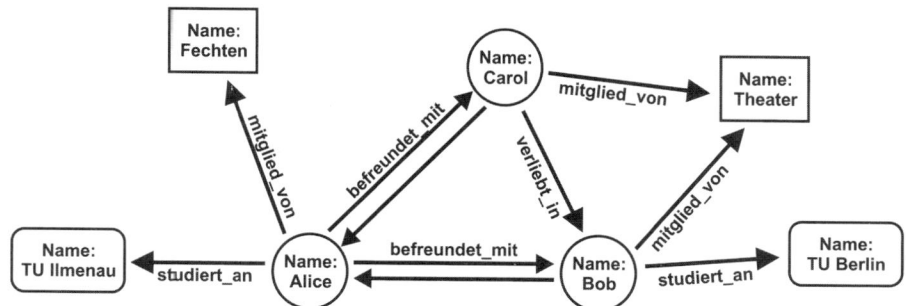

Abbildung 6.1.3 Beispiel eines Property-Graphen anhand eines „sozialen Netzes"

In einem einfachen Beispiel aus der Welt der sozialen Netze könnten die Knoten im Property-Graphen beispielsweise aus den Typen `Nutzer`, `Gruppe` und `Hochschule` bestehen und die Kantentypen aus den Typen `befreundet_mit`, `verliebt_in`, `mitglied_von`, `studiert_an`. Ein Beispiel eines solchen Graphen ist in Abbildung 6.1.3 dargestellt.

Einige Graphdatenbanken erweitern dieses Modell, indem sie die Knoten- und Kantentypen innerhalb eines hierarchischen Typsystems organisieren. Durch diese strukturelle Nähe zu objektorientierten Programmiersprachen und ihren Vererbungshierarchien wird es dem Entwickler noch einfacher gemacht, sich in der Welt der Graphdatenbanken zurechtzufinden, und die bekannten Probleme beim Mapping von objektorientierten Datenmodellen auf das Datenbankmodell können vermieden werden.

Wieder andere Graphdatenbanken erlauben neben Kanten auch sogenannte **Hyperkanten**. Eine Hyperkante kann als eine Zusammenfassung mehrerer Kanten angesehen werden, wobei gerichtete Hyperkanten einen gemeinsamen Startknoten mit mehreren Zielknoten verbinden, ungerichtete Hyperkanten dagegen eine Menge miteinander verbundener Knoten darstellen. Hierdurch wird für den Anwender die Modellierung komplexer Graphen vereinfacht, da die bekannten Probleme bei der Abbildung von *Multi-Value Attributes*, d.h. Attributen mit mehreren Werten wie beispielsweise Listen von Zeichenketten oder Zahlen einfacher modelliert werden können. Im Beispiel aus Abbildung 6.1.3 könnte also die Hyperkante `befreundet_mit` am Nutzer `Alice` nicht nur `Bob`, sondern gleichzeitig auch `Carol` enthalten. Innerhalb von Programmiersprachen würde man solche Hyperkanten in der Regel als `LIST<Nutzer>` oder `SET<Nutzer>` abbilden.

6.1.3 Repräsentation von Graphen

Für die Repräsentation und Persistenz von Graphen in Computern und auf Speichermedien gibt es eine Reihe sehr unterschiedlicher Verfahren. Viele dieser Verfahren sind sehr anwendungsspezifisch, wodurch es für Graphdatenbanken nicht immer einfach ist, sowohl eine performante Persistenz als auch eine gute Graphrepräsentation für die große Anzahl an unterschiedlichsten graphentheoretischen Algorithmen gleichzeitig bereitzustellen. Die wichtigsten Graphrepräsentationen sollen im Folgenden kurz vorgestellt werden:

- Die **Adjazenzmatrix** (Abb. 6.1.4) entspricht einer quadratischen Matrix oder Tabelle, in der alle n Knoten sowohl waagrecht als auch senkrecht aufgetragen werden. Existiert zwischen den Knoten u und v eine Kante, so wird an der Stelle $[u,v]$ der Matrix ein Eintrag für diese Kante gespeichert. Um zu prüfen, ob zwei Knoten benachbart (adjazent) sind, muss somit nur noch auf das zweidimensionale Array an der entsprechenden Position $[u,v]$ zugegriffen werden, wodurch dieses Verfahren extrem schnell ist. Aus diesem Grund hat es sich im Umfeld relationaler Datenbanken zur Darstellung und Speicherung von Tabellen durchgesetzt. Dennoch hat diese Darstellung auch Nachteile:

  - Bei schwach besetzten Matrizen bzw. Graphen mit vielen Knoten, aber wenigen Kanten ist diese Art der Darstellung aufgrund des hohen quadratischen Speicherbedarfs gerichteter Graphen von *Anzahl(Knoten)* × *Anzahl(Knoten)* Elementen sehr ineffizient. Nimmt man an, dass für jedes Element ein Byte zur Verfügung steht (d.h. 8 Bit für die Anzahl der Kanten zwischen u und v oder für ein Kantengewicht), so benötigt ein Graph mit 100.000 Knoten knapp 10 GByte Speicherplatz, auch wenn nur eine einzige Kante gespeichert werden soll.

  - Ein weiteres Problem ist, dass der direkte Zugriff von einem Knoten aus auf die ihn berührenden Kanten nicht ohne Weiteres möglich ist, da hierfür weitere Anfragen an die Datenstruktur notwendig sind. Für Algorithmen zur Wegfindungen durch einen

Graphen, aber auch Anwendungen im Semantic Web müssen wiederholt alle Nachbarn eines Knoten ermittelt werden. Bei der Adjazenzmatrix muss hierfür immer eine ganze Zeile bzw. Spalte ausgelesen werden, auch wenn der Graph nur wenige Kanten enthält und somit überwiegend Nullen gelesen werden würden. Folglich ist dieses Verfahren sehr langsam und kaum für diesen Anwendungsfall geeignet.

- Der dritte Nachteil dieser Darstellungsvariante ist, dass sich hiermit keine Hypergraphen darstellen lassen, also Graphen mit Kanten, die gleichzeitig mehr als zwei Knoten verbinden. Für einige Graphdatenbanken wäre dies bereits ein Ausschlusskriterium.

- Eine Alternative zur Adjazenzmatrix ist die **Inzidenzmatrix** (Abb. 6.1.4), bei welcher entlang der einen Achse die Knoten und entlang der anderen die Kanten aufgetragen werden. Bei Graphen mit sehr wenig Kanten ist diese Art der Darstellung deutlich effizienter als die Adjazenzmatrix, da in diesem Fall die maximale Speicheranforderung bei *Anzahl(Knoten) * Anzahl(Kanten)* Elementen liegt. Allerdings wäre ein solcher Graph nur sehr lose zusammenhängend und somit für viele praktische Anwendungsfälle eher uninteressant. Nimmt man wiederum an, dass für jeden Eintrag ein Byte zur Verfügung steht, so benötigt ein Graph mit 100.000 Knoten und 250.000 Kanten ca. 25 GByte Speicherplatz und somit deutlich mehr als mithilfe einer Adjazenzmatrix. Von Vorteil ist dagegen aber, dass mithilfe dieser Darstellungsform auch Hypergraphen abgebildet werden können.

	v1	v2	v3	v4
v1	0	0	0	0
v2	1	1	1	0
v3	2	1	0	0
v4	0	1	0	0

	e1	e2	e3	e4	e5	e6
v1	1	1	1	0	0	0
v2	0	0	-1	2	1	1
v3	-1	-1	0	0	0	0
v4	0	0	0	0	-1	1

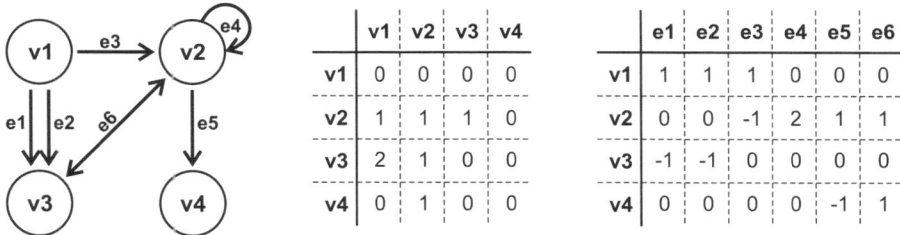

Abbildung 6.1.4 Darstellung eines Graphen als Adjazenz- und Inzidenzmatrix

- Bei der **Kantenliste** (Abb. 6.1.5) werden Knoten und Kanten getrennt gespeichert, wodurch das Einfügen und Löschen einzelner Kanten besonders effizient mit einem linearen Speicherverbrauch realisierbar ist. Ein Graph mit 250.000 Kanten verbraucht bei 8 Byte pro Kante folglich nur ca. 2 MByte. Von Nachteil ist hierbei aber, dass ein direkter Zugriff von einem Knoten auf die ihn berührenden Kanten nicht effizient möglich ist, da hierfür die gesamte Kantenliste durchsucht werden müsste.

(v1, v2), (v1, v3), (v1, v3), (v2, v2), (v2, v3), (v2, v4), (v3, v2)

v1 (v2, v3, v3), v2 (v2, v3, v4), v3 (v2), v4 ()

Abbildung 6.1.5 Graph aus Abb. 6.1.4 als Kantenliste (oben) und Adjazenzliste (unten)

■ Die **Adjazenzliste** (Abb. 6.1.5) kann als eine Art Erweiterung der Kantenliste angesehen werden, bei der die sehr große Kantenliste nach (Start-)Knoten sortiert und aufgeteilt wird. An jedem Knoten werden nun die ihn berührenden Kanten direkt gespeichert, wodurch diese wesentlich schneller zur Verfügung stehen, da weder eine Indexanfrage noch ein Festplattenzugriff notwendig ist, um die Nachbarn eines Knotens zu ermitteln (*locality of reference*). Der Aufwand solcher Anfragen ist folglich nicht mehr länger proportional zu der Gesamtzahl aller Knoten im Graphen, sondern nur noch abhängig von der Anzahl der eingehenden bzw. ausgehenden Kanten des jeweiligen Einzelknotens. Aufgrund dieses enormen Vorteiles ist die Adjazenzliste bei Graphdatenbanken das mit Abstand am häufigsten verwendete Persistenzverfahren.

6.1.4 Traversierung von Graphen

Die Traversierung von Graphen ist eine der wichtigsten Operationen innerhalb von Graphdatenbanken [RN10]. Ähnlich wie bei Baumstrukturen dienen sie der teilweisen oder vollständigen Abfrage aller Knoten eines Graphen, um hierbei interessante Datensätze zu finden. Man unterscheidet grob drei Klassen von Traversierungsmethoden: Breiten- und Tiefensuche, algorithmische Traversierungen und randomisierte Traversierungsmethoden.

■ **Breitensuche (Breadth-First-Traversal)**
Diese Methode startet an einem vom Nutzer gewählten Knoten (schwarzer Knoten in Abb. 6.1.6) und besucht zunächst bevorzugt alle Nachbarn (graue Knoten in Abb. 6.1.6), bevor der Algorithmus tiefer in den Graphen vordringt. Ein Knoten wird allerdings nur dann besucht, wenn er noch nicht zuvor besucht wurde und erreichbar ist – wenn es also einen Weg vom Startknoten zu diesem Knoten gibt. Graphen, welche aus mehreren Teilgraphen bestehen, werden folglich nicht vollständig durchsucht. Diese Methode eignet sich am besten, um Anfragen zu stellen, deren Antworten mit hoher Wahrscheinlichkeit im lokalen Umfeld des Startknotens zu suchen sind. In Verbindung mit lokalitätserhaltenden Graphpartitionierungsalgorithmen (siehe Abschnitt 6.1.7) hat diese Methode zudem den Vorteil, dass Anfragen mit hoher Wahrscheinlichkeit innerhalb einer einzigen Partition bearbeitet und somit besonders schnell beantwortet werden können.

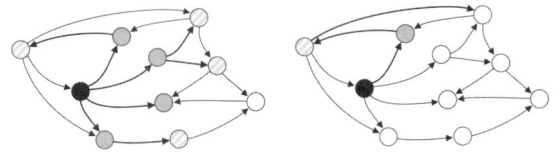

Abbildung 6.1.6
Breitensuche (links) und Tiefensuche (rechts) beginnend am Startknoten (schwarz)

■ **Tiefensuche (Depth-First-Traversal)**
Die Tiefensuche arbeitet ähnlich wie die Breitensuche, dringt aber bevorzugt tiefer in den Graphen vor, bevor sie weitere Nachbarn des Startknotens besucht. Implementierungen dieser Suchstrategie sind in der Regel speichereffizienter und schneller, liefern als Erstes aber nicht immer das beste Ergebnis – also beispielsweise den kürzesten Pfad – zurück. Dennoch bauen sehr viele wichtige Algorithmen in der Computerwissen-

schaft auf dieser Suchmethode auf. Die beschränkte und iterative Tiefensuche stellen Varianten der Tiefensuche dar, welche diese Nachteile verringern können, indem nicht mehr Pfade beliebiger Länge, sondern nur noch bis zu einer maximalen Anzahl an Kanten verfolgt werden.

■ Hamiltonwege und Hamiltonkreise

Die bislang vorgestellten Traversierungsalgorithmen für Graphen veranschlagen keinerlei Kosten für das Besuchen von Knoten und Kanten. In täglichen Leben weiß man jedoch nicht erst seit der Einführung der Ökosteuer, dass das Zurücklegen von Wegen mitunter deutliche Kosten verursachen kann. Für ein Transportunternehmen ist es also durchaus von Bedeutung, den durch die Entfernung zwischen den einzelnen Kunden gewichteten Graphen ihrer Kundenaufträge nicht irgendwie, sondern möglichst effizient mit ihren LKWs zu traversieren – ohne dabei gegen die STVO zu verstoßen.

Dieses Graphenproblem ist in der Fachwelt unter dem Namen „Hamiltonweg" oder im Speziellen auch als „Traveling Salesman" bekannt und lässt sich wie folgt formulieren:

Besuche jeden Knoten des Graphen exakt einmal und versuche dabei, die Kosten zu minimieren.

Von einem „Hamiltonkreis" spricht man hierbei, wenn der Startpunkt auch wieder das Ziel der LKW-Tour sein soll, der Weg also geschlossen ist. Es gibt auch erweiterte Varianten dieses Problems, welche eine Lösung mit mehr als einem LKW berechnen, wobei diese entweder einen gemeinsamen Startpunkt in der „LKW-Zentrale" haben oder von mehreren getrennten „LKW-Filialen" aus starten. Die praktische Bedeutung dieses Algorithmus beschränkt sich jedoch nicht nur auf Fragestellungen im Transportwesen, sondern lässt sich auf unterschiedlichste Optimierungsprobleme verallgemeinern, bei denen die gesuchte(n) Lösung(en) jeweils einem Hamiltonweg entlang eines Graphen entsprechen. In Abbildung 6.1.7 sucht beispielsweise ein Springer einen gültigen Hamiltonkreis, um jedes Feld des Schachbrettes genau einmal zu besuchen.

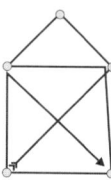 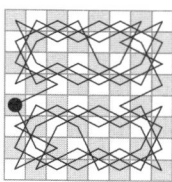

Abbildung 6.1.7
„Haus des Nikolaus" (Eulerweg) und das Springer-Problem (Hamiltonweg)

■ Eulerwege und Eulerkreise

Ein mit den Hamiltonwegen verwandtes Problem sind die Eulerwege, deren Problemstellung sich wie folgt formulieren lässt:

Besuche jede Kante des Graphen exakt einmal und versuche dabei, die Kosten zu minimieren.

Die berühmteste Anwendung dieses Algorithmus, welche bereits Kinder kennen, ist wohl das „Haus des Nikolaus". Die Frage lautet hierbei, ob dieses Haus mit nur einem „Bleistiftstrich" gezeichnet werden kann. Eine von mehreren Lösungen ist in Abbildung 6.1.7. dargestellt. In der Fachliteratur wird dagegen meist vom Problem des chi-

nesischen Postboten gesprochen, dessen Aufgabe es ist, möglichst schnell durch alle
Straßen zu laufen, um dabei Briefe für die Anwohner einzuwerfen. Etwas moderner
formuliert würde die Frage wohl lauten, welchen Weg Google StreetView nehmen
müsste, um jeden Straßenzug aufnehmen zu können, ohne dabei Straßen doppelt befahren zu müssen.

▣ Randomisierte Traversals
Einige Graphdatensätze können so groß werden, dass es nicht mehr praktikabel ist, bei
jeder Anfrage den vollständigen Graph zu traversieren. Hier helfen randomisierte Ansätze, welche sehr schnell Antworten zurückliefern, jedoch eine gewisse Fehlerwahrscheinlichkeit bzw. Unvollständigkeit aufweisen können. Wie gravierend der Fehler
ausfällt, hängt jedoch sehr stark vom jeweiligen Verfahren und dem konkreten Anwendungsgebiet ab. Somit können einerseits Anwendungen, bei denen kein absolut korrektes Ergebnis notwendig ist, beispielsweise Empfehlungssysteme im E-Commerce-
Umfeld, und andererseits beispielsweise stochastische Entscheidungsprozesse, welche
unter Umständen ohnehin auf unvollständigen oder unzuverlässigen Daten arbeiten,
deutlich beschleunigt werden.

6.1.5 Skalierung mittels Replikation und Partitionierung

Übersteigt der Umfang der zu verwaltenden Knoten und Kanten die Leistungsfähigkeit
eines einzelnen zentralen Datenbankservers, so kann mithilfe einer Replikation aller Datensätze auf zusätzliche Server die Last für einen einzelnen Server reduziert und somit die
Gesamtleistung gesteigert werden. Die Herausforderung hierbei ist es, die replizierten
Datensätze mit möglichst geringem Aufwand synchron zu halten und deren Konsistenz in
einem verteilten Datenbanksystem sicherzustellen. Um dieses Problem zu vereinfachen,
findet man häufig sogenannte *Single-Master-Multiple-Slave*-Systeme, die Schreiboperationen nur auf einem einzigen zentralen Server zulassen, aber Leseoperationen auf mehreren
Servern erlauben. Neue Datensätze werden asynchron vom Mastersystem zu den Slaves
repliziert, wodurch eine gewisse Verzögerung bei der Ausbreitung von neuen Informationen innerhalb eines solchen verteilten Systems unumgänglich ist.

Schwieriger ist es, wenn eine höhere Leistungsfähigkeit des Systems nicht mehr allein
durch die Replikation des Graphen auf weitere Systeme erreicht werden kann, sondern eine
Partitionierung dieser Daten notwendig wird, um den Graphen horizontal über mehrere
Systeme zu skalieren (siehe Abb. 6.1.8). Intuitiv erscheint es recht einfach, einen Graphen
in mehrere ähnliche Teile aufzuteilen, doch bei genauerer Betrachtung werden viele schwerwiegende Probleme deutlich:

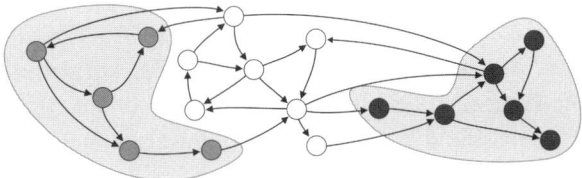

Abbildung 6.1.8
Partitionierung eines Graphen
in drei disjunkte Teilgraphen

■ Selbst bei einfachen Graphen und unter Annahme einer gleichverteilten Relevanz aller Knoten gibt es in der Mathematik keine exakte Methode, welche einen Graphen effizient in zwei oder mehrere gleichgroße Teilgraphen zerlegen kann. Meist kommt hierbei die Anforderung hinzu, dass die Anzahl der durchschnittenen Kanten minimal sein soll, damit (lokale) Graph-Traversals innerhalb möglichst weniger Partitionen und somit möglichst effizient realisiert werden können. Erfreulicherweise existieren viele gute Heuristiken, die praktikable Ergebnisse liefern können. Einige hiervon sind beispielsweise Clustering-Algorithmen, die stark vernetzte Teilgraphen suchen und diese zu abstrakten Knoten zusammenziehen. Dieser Vorgang wird wiederholt, bis der Graph auf nur noch wenige Knoten verdichtet ist. Diese Knoten stellen schließlich die gesuchten Partitionen des Graphen dar.

■ In der praktischen Anwendung zeigt es sich jedoch, dass die Annahme einer gleichverteilten Relevanz der Knoten häufig nicht haltbar ist. In vielen Fällen folgt deren Relevanz eher einer 20-80-Verteilung, d.h. 20 % der Knoten besitzen 80 % der Relevanz, und 80 % der Knoten sind nur zu 20 % relevant. Deshalb ist ohne ein zusätzliches domänenspezifisches Wissen über den Graphen und die an ihn gerichteten Anfragen, meist keine gute Partitionierung möglich. Graphdatenbanken sollten demzufolge nicht nur die Möglichkeit einräumen, Zusammenhänge im Graphen mittels anwendungsspezifischer Semantiken zu modellieren, sondern auch Semantiken bereitstellen, welche der Datenbank zu verstehen helfen, welche Kanten sich für Partitionen eignen und welche aufgrund ihrer hohen Relevanz ungeeignet sind. Im Property-Graphen eines sozialen Netzes kann hierfür beispielsweise bereits der Typ einer Kante hilfreich sein. So kann der Freundschaftsbeziehung eine höhere Relevanz zugeordnet werden als einer Gruppenbeziehung und ein Graph somit automatisch entlang der Gruppenbeziehung partitioniert werden.

■ Vor allem in sozialen Netzen gibt es häufig Knoten, die sich nicht eindeutig einer Partition zuordnen lassen, da sie in jedem dieser Teilgraphen eine bedeutende Rolle einnehmen und gleichzeitig als Bindeglied zwischen diesen sonst recht disjunkten Teilgraphen fungieren. Deshalb gibt es eine Reihe von Partitionierungsalgorithmen, die bewusst sogenannte „überlappende" Partitionierungen zulassen und die entsprechenden Knoten hierzu replizieren (Abb. 6.1.9). Um die Konsistenz dieser replizierten Knoten innerhalb unterschiedlicher Partitionen sicherstellen zu können, werden verteilte Sperr- und Transaktionsmechanismen notwendig, wodurch diese Algorithmen schlechter skalieren. Häufig trifft dies Problem aber nur auf einen geringen Prozentsatz der Knoten eines Graphen zu, wodurch diese aufwendigen Sperrmechanismen in der praktischen Anwendung nur selten größere nachteilige Auswirkungen haben.

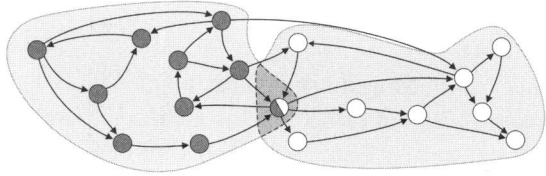

Abbildung 6.1.9
Überlappende Partitionierung eines
Graphen in zwei Teilgraphen

▓ Die bislang vorgestellten Partitionierungsalgorithmen nutzen allein die Topologie eines Graphen, um hieraus gute Teilgraphen zu extrahieren. Dennoch entspricht eine topologische Partitionierung eines Graphen nicht in allen Anwendungsfällen auch den späteren Anfragen oder Berechnungen auf diesen Graphen [MA10]. Gerade die häufig sehr dynamische Natur von Anfragen macht es deshalb notwendig, diese Anfragen bei der Partitionierung zu berücksichtigen und Graphen regelmäßig neu zu partitionieren, wobei die Anzahl der zwischen den Partitionen zu verschiebenden Knoten minimiert werden sollte [SY10].

6.1.6 Vergleich mit anderen Datenmodellen

Sowohl das allgemeine als auch das Property-Graph-Datenmodell haben auf unterschiedlichen Abstraktionsniveaus viele verwandte Datenmodelle. Im Prinzip wäre jedes dieser Modelle ebenso geeignet, komplexe Graphen und vernetze Datensätze zu modellieren, doch in der praktischen Anwendung treten recht schnell Probleme und Einschränkungen auf, die wir uns genauer ansehen wollen:

▓ **Relationales Datenmodell**

Das relationale Datenmodell gilt nicht erst seit Codd weithin als die wichtigste Quelle korrekter, vollständiger und widerspruchsfreier Informationen [Cod70]. Auch mathematisch gesehen unterscheidet sich das allgemeine Graphdatenmodell nur wenig vom relationalen Datenmodell, da vernetzte Informationen recht einfach mittels Relationentabellen abgebildet werden können. Dennoch gibt es in der praktischen Anwendung dramatische Unterschiede: Zunächst wird ein relationales Datenmodell immer a priori, also noch vor dem ersten Datensatz erstellt und dabei die ganze Datenbank bis runter zu den Datenstrukturen auf den Festplatten für dieses Datenmodell optimiert. Eine nachträgliche Änderung ist also äußerst zeit- und ressourcenaufwendig und lässt eine dynamische Erweiterung eines Datenbankschemas nur selten zu. Zweitens sind Abfragen auf vernetzten Daten, auf Baumstrukturen und in Hierarchien mittels relationaler JOINs für viele Anwender zu kompliziert und in vielen Datenbankprodukten nur mittels proprietärer Erweiterungen zum SQL-Standard effizient umsetzbar (z.B. rekursive JOINs). Hinzu kommt, dass weder eine horizontale Partitionierung noch eine Integration von Datensätzen und Datenschemata aus anderen Datenbanken unkompliziert und automatisiert möglich ist. Somit verwundert es kaum, dass viele Anwender, die dennoch relationale Datenbanken zur Speicherung von Graphen einsetzen, diese meist nur als einfachen Datenspeicher verwenden und alle darüber hinaus gehenden Operationen, Graph-Traversals, Graphpartitionierung, Information Discovery usw. in der Anwendungsschicht noch einmal implementieren, um die angesprochenen Probleme und Einschränkungen zu vermeiden.

▓ **Entity-Attribute-Value-Datenmodell (EAV)**

Vor allem im Umfeld medizinischer Anwendungen hat sich das relationale Datenmodell mit seinen sehr starren Schemata als zu unflexibel und als nicht speichereffizient erwiesen, um beispielsweise ein allumfassendes Datenbankschema für eine sehr große

Anzahl von Patienten und eine ebenso große oder gar unbekannt große Anzahl von möglichen Krankheiten und Behandlungsmöglichkeiten zu entwerfen [Mr97]. Das EAV-Model stellt hierfür eine Art Erweiterung oder Design-Pattern bereit, welches versucht, dem Problem vieler leerer Spalten in einer relationalen Tabelle zu begegnen, indem einzelne Tabellenspalten durch zusätzliche EAV-Tabellen ersetzt werden. Eine solche Tabelle könnte wie folgt definiert sein:

```
CREATE TABLE EntityAttributeChar100 (
    ID BIGINT REFERENCES Entities,
    AttrName VARCHAR(20) NOT NULL,
    AttrValue VARCHAR(100),
    PRIMARY KEY (ID, AttrName)
)
```

Die resultierenden Probleme sind damit offensichtlich: Eine EAV-Tabelle ist nur für eine referenzierte Tabelle und jeweils einen Datentyp nutzbar, wodurch sehr viele Tabellen erzeugt werden müssen und sehr komplizierte und ineffiziente Datenbankabfragen mit vielen JOINs notwendig werden. Alternativ könnte man auch auf sämtliche Konsistenzkriterien in der Datenbank verzichten, alle Datentypen als VARCHAR speichern und die Konsistenzkriterien innerhalb der Anwendungsebenen der darauf aufbauenden Softwareprodukte implementieren. Hierdurch wären allerdings Anwendungsfälle wie beispielsweise verteilte Anwendungen mit unterschiedlichen Codebasen und einer zentralen Datenbank als Integrationspunkt deutlich schwerer zu verwalten, da Änderungen am Datenschema aufwendig mit allen Softwareentwicklern koordiniert werden müssten. Das Property-Graph-Modell kann hier Abhilfe schaffen, da es sowohl die notwendige Flexibilität als auch die gewünschten Konsistenzkriterien bereitstellen kann.

■ Objektorientiertes Datenmodell

Das Property-Graph-Modell und das objektorientierte Datenmodell [GO93] sind nicht nur nahe Verwandte, Letzteres kann vielmehr als Untermenge des Property-Graph-Datenmodells angesehen werden. Hierbei sind die Knoten äquivalent zu den Objekten, die Kanten äquivalent zu den Referenzen auf andere Objekte und die Properties in den Knoten äquivalent zu den Feldern bzw. Properties in den Objekten. Dem objektorientierten Model mangelt es allerdings an einer Unterstützung von Kantentypen. Properties auf Kanten und die Flexibilität der Objektschemata sind deshalb von der Dynamik der jeweiligen Programmiersprache abhängig. Während dynamische Programmiersprachen sehr flexibel sind, aber dennoch nur vereinzelt versionierte Schemata kennen, können innerhalb von stark typisierten Sprachen nur feste Schemata verwendet werden.

■ Semantic Web-Datenmodell

Das Ziel des Semantic Webs ist es, Informationen nicht mehr länger nur ins Netz zu stellen und lose zu verbinden, sondern diese Ressourcen sowie das allgemeine Wissen der Welt auch standardisiert zu beschreiben und zu verknüpfen, um es sowohl für Menschen als auch für Maschinen automatisiert nutzbar zu machen. So könnte sich langfristig das gesamte Internet in einen einzigen verteilten Datenbankgraph verwandeln, bei dem nicht mehr länger die Knoten, sondern die Kanten – also die Verknüpfungen der Daten – im Mittelpunkt der allgemeinen Aufmerksamkeit stehen. Solch semantische Graphen mit Milliarden Knoten und Kanten können allerdings nicht mehr länger effizient anhand seiner kompletten Knoten- und Kantenmenge definiert werden. Dementsprechend werden sie durch kleinste, sozusagen atomare Bruchstücke eines Graphen – den sogenannten *Triples* bzw. *Quads* – beschrieben:

- Triple := { Subject -- Predicate --> Object }
- Quad := { Subject -- Predicate --> Object }$^{Graph/Context}$

Diese Triples definieren eine typisierte Relation zwischen jeweils zwei Knoten: einerseits dem Subjekt z.B. einer Ressource wie beispielsweise einer Internetadresse und andererseits einem Objekt, bestehend aus einer weiteren Ressource oder Nutzdaten wie beispielsweise Text oder numerischen Werten. Ähnlich wie im Property-Graphen werden Knoten (Ressourcen) anhand einer eindeutigen ID, dem sogenannten *Uniform Resource Identifier*, identifiziert. Ein Datenschema für komplexere semantische Graphdatenstrukturen können durch mehrere unterschiedliche Ansätze wie beispielsweise dem *RDF-Schema* oder der *Web Ontology Language* beschrieben werden. Graphdatenbanken und das Semantic Web stehen sich also sehr nahe, aber während sich Datenbanken eher für die großen Zusammenhänge interessieren, liegt der Fokus des Semantic Webs mehr in den Details eines Graphen.

■ **XML- und JSON-Datenmodell (Dokumentendatenbanken)**
Ziel von XML und auch von JSON ist es, Daten flexibler zu strukturieren, als es mit bisherigen Ansätzen in relationalen Datenbanken möglich ist. Charakteristisch für beide Ansätze ist die hierarchische Modellierung elementarer Daten zu komplexen semistrukturierten Datenstrukturen, wobei der Grad der Strukturierung sehr einfach an den jeweiligen Anwendungsfall angepasst werden kann [Flo05]. In dieser Hinsicht ähneln beide Ansätze dem Ziel des Property-Graphen, wobei JSON jedoch eine inhärente Typisierung und Unterstützung vernetzter Datensätze fehlt. Bei XML kann dagegen die Spracherweiterung XLINK verwendet werden, um einfache Kanten ohne zusätzliche Kanteninformationen zu realisieren. Für eine große Anzahl an Web-Anwendungen, bei denen die Vernetzung der Dokumente ohnehin nicht im Vordergrund steht, ist deshalb das XML- bzw. JSON-Datenmodell eine äußerst praktikable Lösung, um sehr gut horizontal skalierende Datenbanken zu realisieren. Genauere Informationen zu diesem Thema und zu einigen Vertretern dieser NoSQL-Datenbanken finden sich in Kapitel 4.

6.1.7 Zusammenfassung

Die Verarbeitung komplexer, dynamischer und vernetzter Informationen innerhalb großer verteilter Datenmengen ist nicht mehr länger nur ein Nischenthema für Wissenschaftler mit Supercomputern, sondern mittlerweile im Alltag vieler Menschen angekommen. Hierdurch sind neue Anforderungen an eine semistrukturierte und rekursive Modellierung, Speicherung und Manipulation dieser Informationen entstanden, die von den traditionellen Zielstellungen des sehr starren relationalen Datenmodells nur unzureichend bedient werden können. Das in der praktischen Anwendung noch recht junge Feld der Graphdatenbanken kann hierbei seine Vorteile deutlich zur Geltung bringen. Graphdatenbanken erlauben es, nicht nur Informationen mithilfe des Property-Graphen semistrukturiert zu modellieren und unter Berücksichtigung von Lokalitätskriterien zu verarbeiten, sondern auch innerhalb der gespeicherten Informationen neue, bislang unbekannte Strukturen und Zusammenhänge zu entdecken [SC02]. Gleichzeitig vereinfachen Graphdatenbanken die Konsolidierung unterschiedlicher „Datensilos", also die Zusammenführung von Datensätzen aus unterschiedlichen administrativen Quellen und mit unterschiedlichen, teils sehr dynamischen Datenschemata, da diese Probleme als natürliche Vernetzung von Datensätzen innerhalb eines Graphen angesehen werden können. Für den Anwender bzw. Entwickler ergibt sich nicht zuletzt mit dem Graph-Traversal-Pattern [RN10] ein mächtiges und dennoch sehr intuitives Werkzeug, um eine große Anzahl an graphorientierten Fragestellungen effizient beantworten zu können. Dennoch bleibt anzumerken, dass Graphdatenbanken nicht in direkter Konkurrenz zu relationalen Datenbanken stehen. Relationale Datenbanken sind optimiert für die wiederholte Verarbeitung von wohl-definierten Transaktionen auf wohl-definierte, normalisierte, schwach vernetzte Datensätzen und werden in diesem Anwendungsgebiet kaum mit ernsthafter Konkurrenz rechnen müssen. Es bleibt jedoch die Frage, ob sie in der Mehrheit ihrer Anwendungsfälle nicht das falsche Werkzeug sind.

Links & Literatur

[BK09]   Bill Karwin: Tables and Queries That Don't Work, *http://www.scribd.com/doc/2670985/SQL-Antipatterns*

[Mr97]   Robert Müller: Ein graph- und objektorientiertes Datenbank-Modell für die Kinderonkologie, Datenbank-Rundbrief Nr. 19, S.5-17, Gesellschaft für Informatik – FG Datenbanken, Mai 1997

[PGM]   The Property-Graph Model, *http://wiki.github.com/tinkerpop/blueprints/property-graph-model*

[AG08]   R. Angles, C. Gutierrez: Survey of graph database models, *ACM Comput. Surv.* 40, 1 (Feb. 2008), 1-39

[RN10]   Marko A. Rodriguez and Peter Neubauer: The Graph Traversal Pattern. Apr 2010, arXiv.org, *http://arxiv.org/abs/1004.1001*

[SC02]   Adrian Silvescu, Donia Caragea, Anna Atramentov: Graph Databases, Technical Report. May 2002

[Cod70]   E. F. Codd: A Relational Model of Data for Large Shared Data Banks, 1970

[Flo05]   Managing Semi-Structured Data, Daniela Florescu, ACM Queue, Dec 2005

[GO93]   Mark Gemis, Jan Paredaens, Inge Thyssens, und Jan Van den Bussche: GOOD: A Graph-Oriented Object Database System, 1993; In: *Proceedings of the 1993 ACM SIGMOD Intern. Conf. on Management of Data* (Washington D.C., US, May 1993), 505-510.

[MA10]   Grzegorz Malewicz, Matthew H. Austern, Aart J. C. Bik, James C. Dehnert, Ilan Horn, Naty Leiser und Grzegorz Czajkowski: Pregel: A System for large-scale Graph Processing, Google Inc, Proceedings of the 2010 International Conference on Management of Data (SIGMOD '10)

[SY10]   Sangwon Seo, Edward J. Yoon, Jaehong Kim, Seongwook Jin: HAMA: An Efficient Matrix Computation with the MapReduce Framework, Sungkyunkwan University, July 2010

6.2   Neo4j

Neo4j wurde in seiner ersten Version schon 2003 in einer ersten 24/7-Produktionsinstallation für ein Content Management System eingesetzt. 2007 wurde die Datenbank ausgegliedert und in ein Open Source-Projekt umgewandelt. Seitdem steht die Firma Neo-Technology dem Projekt als kommerzieller Partner zur Seite, um professionellen Support und kommerzielle Lizenzierung anbieten zu können. Wegen der hohen Performance, der schmalen API sowohl für Java als auch viele andere Sprachen und der kompakten Installation erfreut sich Neo4j großer Beliebtheit unter den Graphdatenbanken.

Steckbrief

Webadresse:	*http://neo4j.org*
Kategorie:	Graphdatenbank
API:	Java, REST, JRuby, Ruby, Python, Jython, Scala, Clojure, C#
Protokoll:	REST, native bindings
Geschrieben in:	Java
Transaktionsmodell:	Concurrent reads, Synchronisierung auf Knoten-Niveau bei Schreiboperationen
Replikation:	Master-Slave mit Master Failover
Skalierung:	Domänenspezifisch, semiautomatisches Sharding
Lizenz:	AGPL und kommerziell

Neo4j ist eine voll ACID-transaktionale Datenbank in Java, die alle Datenstrukturen als Netzwerke auf dem Dateisystem in einem optimierten Format speichert. Der Neo4j-Kernel ist ein sehr schneller transaktionaler Graphmotor mit allen Eigenschaften, die man von einer RDBMS erwartet – ACID, *two-phase commit*-Transaktionen, XA-Unterstützung etc.

Neo4j kann sowohl als selbständiger Server als auch als eingebetteter Server konfiguriert werden. Neo4j ist in Java implementiert und hat viele Anbindungen zu anderen Sprachen, die entweder auf der JVM laufen und Neo4j in der gleichen JVM anwenden oder mittels REST, RMI oder anderen Methoden auf den Datenbankserver zugreifen.

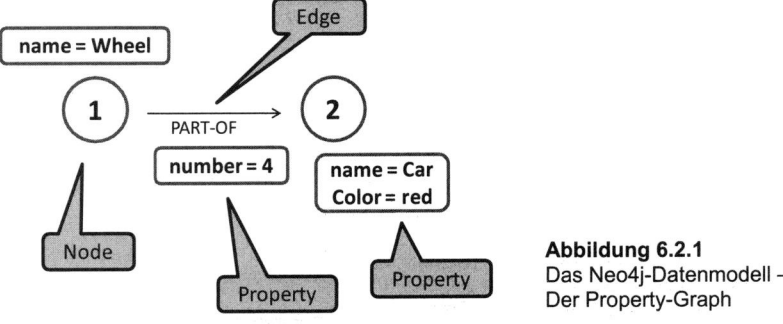

Abbildung 6.2.1
Das Neo4j-Datenmodell –
Der Property-Graph

6.2.1 Datenmodell

In einem Neo4j-Graphmodell gibt es drei zentrale Konzepte:

1. Knoten (auch Nodes order Vertices)
2. Kanten (auch Relationships, Edges) – mit Richtung und Typ (*labeled* und *directed*)
3. Eigenschaften (auch Properties, Labels) sowohl für Knoten als auch Kanten

Knoten können gleichzeitig über mehrere Kanten – auch gleichen Typs – miteinander verbunden sein. Jeder Knoten und jede Kante kann verschiedene Attribute haben, was zum Beispiel gut für wenig geordnete Daten wie anwendergenerierte Metadaten geeignet ist. Die Abbildung 6.2.1 zeigt ein kleines Beispiel. Wie man sieht, funktioniert dieses Modell sehr gut, wenn man seine Abfragen und Daten als Graphstrukturen modellieren kann.

Es gibt jedoch eine Reihe von Fällen, in denen der gesamte Graph nach Knoten oder Relationen mit gewissen Kriterien durchsucht werden muss. Zu diesem Zweck nutzt Neo4j externe Indexsysteme. Für die Volltextsuche kommen hier vor allem *Apache Lucene* und *Solr* zum Einsatz. Diese sind bis in das Neo4j-Transaktionssystem integriert, sodass die externen Indexe an der gleichen Transaktion wie der zu modifizierende Knoten im Graphen teilnehmen können. Dadurch kann der Index immer synchron zum Graphen gehalten werden und enthält keine unbenutzten Referenzen. Es gibt auch andere externe Indexsysteme, die aber hier nicht näher behandelt werden sollen.

6.2.2 Installation und CRUD-Operationen

Neo4j wird über ein *Jar* angesprochen. Dies kann entweder über *http://neo4j.org/download* heruntergeladen werden oder über Maven verwaltet werden. Falls es heruntergeladen wurde, muss es lediglich in den *Classpath* genommen werden. Im Folgenden schauen wir uns den Maven-Fall an. Neo4j kann über die Client-Sprachen an viele Frameworks wie Rails oder auch Grails angebunden werden. Im Folgenden schauen wir uns die Anbindung/CRUD-Operationen unter Java, Ruby und REST an.

Clients mit Java

Am einfachsten ist in Java die Integration mit Maven. Das Neo4j Maven Repository kann einfach in das *Project Object Model* (pom.xml) mit dem Neo4j Repository und der Abhängigkeit zu den Kernkomponenten (APOC) eingefügt werden.

Listing 6.2.1 Maven: Neo4j-Konfiguration

```
<project>
...
   <repositories>
      <repository>
         <id>neo4j-public-repository</id>
         <url>http://m2.neo4j.org </url>
      </repository>
      ...
   </repository>
</repositories>
...
```

```
<dependencies>
   <dependency>
      <groupId>org.neo4j</groupId>
      <artifactId>neo4j-apoc</artifactId>
      <version>1.0</version>
   </dependency>
   ...
</dependencies>
...
</project>
```

Nach dieser Definition erfolgt der Aufruf mit einfachen Java-Klassen:

```
GraphDatabaseService graphDb = new EmbeddedGraphDatabase("var/graphdb");
graphDb.shutdown();
```

wobei man das Verzeichnis spezifiziert, in dem die Datenbank angelegt werden soll. Nun kann man Knoten, Kanten und Eigenschaften einfach mit Java implementieren und wahlweise z.B. mit *Lucene* indexieren. Schreiboperationen werden in Transaktionen gekapselt:

Listing 6.2.2 Neo4j: Einfache Schreiboperationen

```
graphdb = new EmbeddedGraphDatabase("target/neo4j");
index = new LuceneIndexService(graphdb);
Transaction tx = graphdb.beginTx();
enum Relationships implements RelationshipType { KNOWS }
try {
   Node neo = neodb.createNode();
   neo.setProperty("name", "Mr Andersson");
   //indexiere die "name"-Eigenschaft mit Lucene für Volltextsuche
   index.index(neo, "name", neo.getProperty("name"));
   Node morpheus = neodb.createNode();
   morpheus.setProperty("name", "Morpheus");
   index.index(morpheus, "name", morpheus.getProperty("name"));
   neo.createRelationshipTo(morpheus, KNOWS);
   tx.success();
} catch (Exception e) {
   tx.failure();
} finally {
   tx.finish();
}
```

Neo4j hat an sich eine sehr kleine Java-API, die auch die CRUD-Operationen umfasst. Alle Änderungen werden in Schreibtransaktionen isoliert, um volle Konsistenz und Isolierung von Transaktionen zu gewährleisten. Die Schaffung neuer Elemente erfolgt einfach über die Referenz zur Datenbank-Referenz und eine HashMap-orientierte API für die Eigenschaften:

Listing 6.2.3 Neo4j: Update-Operation

```
Transaction tx = graphdb.beginTx();
try{
   Node node1 = graphdb.createNode();
   node1.setProperty("content","Hello World");
   Node node2 = graphdb.createNode();
   tx.success();
} catch (Exception e) {
   tx.failure();
} finally {
   tx.finish();
}
```

Relationen werden wie folgt geändert:

```
Relationship rel1 = node1.createRelationshipTo(node2, KNOWS);
rel1.setProperty("for","10days");
```

Eine komplexere Relation ist in Abbildung 6.2.2 zu sehen. Eine Änderung der Relationseigenschaften cost ist mit dem zuletzt genannten Code möglich.

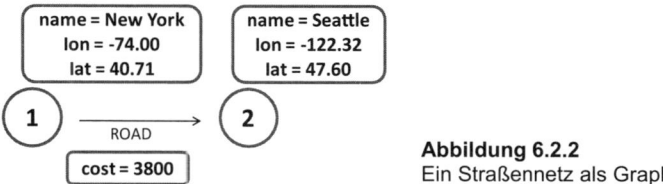

Abbildung 6.2.2
Ein Straßennetz als Graph

Die IDs neuer Knoten und Relationen werden von Neo4j vergeben, können aber mithilfe zusätzlicher Komponenten auch über eine Eigenschaft benutzerspezifischer Anforderungen wie UUIDs angegeben werden.

Änderungen und Löschoperationen werden auch in Transaktionen vorgenommen und funktionieren auf Elementebene:

Listing 6.2.4 Neo4j: Änderungs- und Löschoperationen

```
Transaction tx = graphdb.beginTx();
try{
    rel1.delete();
    node1.setProperty("content","Goodbye");
    node1.delete();
    tx.success();
} catch (Exception e) {
    tx.failure();
} finally {
    tx.finish();
}
```

Clients mit JRuby

In JRuby erfolgt die Installation über das Gem-System mit

```
gem install neo4j
```

Danach können Domänenklassen sofort in Neo4j als Graph gelagert werden, z.B. ein System von Städten, die über Straßen (mit einer cost-Eigenschaft für die Länge) miteinander verbunden sind.

Listing 6.2.5 Neo4j: Aufbau eines Straßennetzes in Ruby

```
require "rubygems"
require 'neo4j'

#Domänenmodell
class Road
    include Neo4j::RelationshipMixin

    property :cost
end

class Waypoint
    include Neo4j::NodeMixin
```

```
#neo4j node properties
property :lat, :lon, :name

#lucene indexed node properties
index :name

#relationships zu anderen waypoints
has_n(:road).to(Waypoint).relationship(Road)
end

# Das eigentliche Netzwerk
NYC = Waypoint.new :name=>'New York', :lon=>-74.00, :lat=>40.71
SEA = Waypoint.new :name=>'Seattle', :lon=>-122.32, :lat=>47.60
NYC.road.new(SEA).update(:cost => 3800)
```

REST-Clients

Nach dem Herunterladen des gängigen Installationspaketes für Neo4j REST entpackt man einfach das Packet und startet den Server unter Unix/Linux/OS X mit

```
./bin/neo4j-rest start
./bin/neo4j-rest stop
```

und unter Windows als Service mit

```
bin\neo4j-rest install
bin\neo4j-rest start
```

Danach ist der Server online und nicht konfiguriert am Port 9999 erreichbar. Die Repräsentation richtet sich nach dem Client, sodass ein Browser auf *http://localhost:9999* mit HTML bedient wird und andere Clients über den Accept-Header JSON verlangen können. Hier ein Beispiel mit curl:

```
curl -H Accept:application/json http://localhost:9999/
```

Um einen Knoten mit Eigenschaften zu erstellen, wird über POST der Dateninhalt als JSON geschickt, PUT und DELETE modifiziert und löscht Daten:

```
curl -H Accept:application/json -H Content-Type:application/json -X POST
   -d '{"name": "Thomas Anderson" "profession": "Hacker"}'
      http://localhost:9999/node
curl -H Accept:application/json -H Content-Type:application/json -X POST
   -d '{"name": "Trinity"}' http://localhost:9999/node
curl -H Accept:application/json -H Content-Type:application/json -X POST
   -d '{"to": "http://localhost:9999/node/1",
      "data": {"since": "2 days"}, "type": "KNOWS"}'
         http://localhost:9999/node/2/relationships
curl -X DELETE http://localhost:9999/relationship/1
curl -X DELETE http://localhost:9999/node/1
curl -X DELETE http://localhost:9999/node/2
```

Das Beispiel erstellt zwei Knoten:

- Thomas Anderson (`http://localhost:9999/node/1`)
- Trinity (`http://localhost:9999/node/2`),

Der dritte Aufruf von curl erstellt eine Kante (`http://localhost:9999/relationship/1`) und löscht diese wieder aus dem Datenbestand. Traversiert wird über unterschiedliche Sprachen wie z.B. Pipes oder das Traverser-Framework. Alle Parameter sind optional, und die gewünschte Form des Ergebnisses wird über die URL spezifiziert, z.B. *node*, *relationship* und *path*, sodass ein einfacher BreadthFirst-Traverser über die drei Knoten ungefähr so aussieht:

```
curl -H Accept:application/json -H Content-Type:application/json -X POST
   -d '{"order":"depth
```

mit dem Ergebnis

```
[
{   "self": "http://localhost:9999/node/64",
    "data": { "name": "Thomas Anderson" },
    ...
},
{   "self": "http://localhost:9999/node/635",
    "data": { "name": "Agent Smith" },
    ...
}
]
```

6.2.3 Fortgeschrittene Abfragen

Zurzeit gibt es keine standardisierten Graphanfragesprachen, die alle Bereiche und Projekte in diesem Bereich abdecken. Im RDF-Bereich dominiert SPARQL, eine an SQL angelehnte Abfragesprache, die sich vor allem auf die Beschreibung von Beispielteilgraphen konzentriert, um dann passende Mengen von Aussagen (Triples) aus der Menge aller Daten herauszufiltern. Es gibt aber eine ganze Menge von Graphen, die nicht RDF-kompatibel sind und eigene, nicht-standardisierte Strukturen benutzen, wie z.B. der Neo4j-Matrix-Graph und andere domänenspezifische Datenmengen.

Andere Initiativen setzen auf JSON-basierte Varianten wie zum Beispiel MQL, die Anfragesprache für Freebase. All diese Sprachen funktionieren nur auf ihren eigenen Datenmengen und bieten keine oder nur sehr wenig Unterstützung für die wirklich interessanten Graphalgorithmen und heuristischen Analysemethoden, welche für heutige große Graphen erforderlich sind. Neo4j unterstützt über die Implementierung des RDF-Standards und der Sesame SAIL-Schnittstelle auch SPARQL. In vielen Fällen werden jedoch Anfragen über andere Methoden realisiert.

Externe Frameworks

Da Neo4j oft in Verbindung mit anderen Frameworks angewendet wird, folgen auch die normalen Abfragemuster diesen Frameworks. Zum Beispiel wird in Ruby on Rails CRUD über die dort zur Verfügung stehenden Operationen abgewickelt. Eine Ruby-Graphabfrage kann z.B. so aussehen:

```
me.incoming(:friends).depth(4).each {}
```

Sie liefert Freunde mit einer gerichteten friends-Kante, maximale Tiefe 4, zurück.

Tinkerpop Gremlin und Tinkerpop Pipes

Das Projekt Tinkerpop Pipes [Tink2] liefert eine Abfragesprache, die sehr stark an XPath orientiert ist. Hier wird von Vertices als Knoten, Edges als Kanten und Labels als Eigenschaften gesprochen. Kanten werden als voll adressierbare Entitäten gesehen und können somit in die Abfragedefinition mit eingebunden werden. Die Pipes orientieren sich an unterschiedlichen atomischen Schritten, die durchlaufen werden, um den gewünschten Algorithmus zu implementieren.

Da Pipes als Iterators implementiert sind und im Wesentlichen direkt die Neo4j-Core-API der Knoten anwenden, passt diese Art der Abfrage perfekt zur Neo4j-API und ist eine sehr kraftvolle und genaue Alternative zur direkten Verwendung der Neo4j-Core-API.

```
./outE[@label='created']/inV
```

startet somit an dem gegenwärtigen Knoten, geht entlang aller ausgehenden Kanten (/outE), gefiltert nach der Eigenschaft label='created' und liefert schließlich die Knoten auf der anderen Seiten der Kanten (/inV). In Verbindung mit der Graph-Skriptsprache Gremlin [Tink1] können so auch komplexe Graphalgorithmen sehr gut ausgedrückt werden, wie z.B. für das Matrix-Beispiel aus Abbildung 6.2.3.

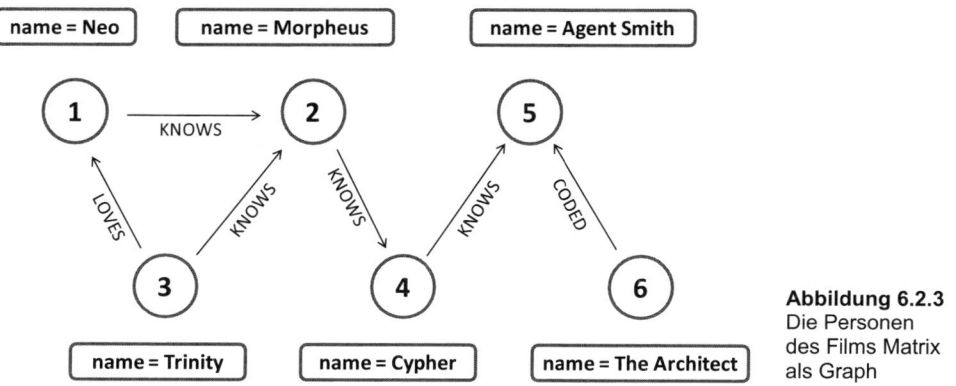

Abbildung 6.2.3
Die Personen des Films Matrix als Graph

Das nachfolgende Codebeispiel zeigt einige Abfragen mit der Gremlin-Console, in denen das Erstellen und Suchen gut sichtbar wird.

Listing 6.2.6 Neo4j: Demo-Sitzung mit Gremlin

```
            \,,,/
            (o o)
-----oOOo-(_)-oOOo-----
gremlin> #öffne einen Neo4j-Graphen als default ($_g)
gremlin> $_g := neo4j:open('tmp/matrix')
==>neo4jgraph[tmp/matrix]
gremlin> #Die Knoten mit Eigenschaften
gremlin> $neo := g:add-v(g:map('name','Neo'))
==>v[1]
gremlin> $morpheus := g:add-v(g:map('name','Morpheus'))
==>v[2]
gremlin> $trinity := g:add-v(g:map('name','Trinity'))
==>v[3]
gremlin> $cypher := g:add-v(g:map('name','Cypher'))
==>v[4]
gremlin> $smith := g:add-v(g:map('name','Agent Smith'))
==>v[5]
gremlin> $architect := g:add-v(g:map('name','The Architect'))
==>v[6]
gremlin> #Die Kanten
gremlin> g:list($cypher,$neo,$trinity)[g:add-e($morpheus,'KNOWS',.)]
==>v[4]
==>v[1]
==>v[3]
gremlin> g:add-e($cypher,'KNOWS',$smith)
==>e[3][4-KNOWS->5]
gremlin> g:add-e($trinity,'LOVES',$neo)
```

```
==>e[4][3-LOVES->1]
gremlin> g:add-e($architect,'HAS_CODED',$smith)
==>e[5][6-HAS_CODED->5]
gremlin> #Setze Neo als Startknoten ($_) über eine Volltextsuche
9
gremlin> $_ := g:key('name','Neo')
==>v[1]
gremlin> #ist das auch Neo?
gremlin> ./@name
==>Neo
gremlin> # Wie sehen die Kanten aus?
gremlin> ./bothE
==>e[0][1-KNOWS->2]
==>e[4][3-LOVES->1]
gremlin> # Nimm nur die KNOWS-Kanten
gremlin> ./bothE[@label='KNOWS']
==>e[0][1-KNOWS->2]
gremlin> # Die Namen von Neos Freunden
gremlin> ./bothE[@label='KNOWS']/inV/@name
==>Morpheus
gremlin>
gremlin> # Die Freunde der Freunde, 2 Schritte
gremlin> repeat 2
$_ := ./outE[@label='KNOWS']/inV
end
==>v[4]
==>v[3]
gremlin> # Und deren Namen?
gremlin> ./@name
==>Cypher
==>Trinity
gremlin> # Alle Knoten im Graphen mit einer ausgehenden LOVES-Kante
gremlin> $_g/V/outE[@label='LOVES']/../@name
==>Trinity
```

Traverser

Für Abfragen, die andere Muster haben, wie z.B. Pfade mit unbekannter Länge, hat Neo4j ein eigenes Traverser-Framework. Dieses ermöglicht es, die Traversierungen auf unterschiedliche Weise zu begrenzen und zu steuern. Man erstellt eine *TraversalDescription*, die angibt, wie die Abfrage behandelt werden soll, und startet die Anfrage mit der Methode *TraversalDescription.traverse (NodestartNode)*. Hier kann man eine Reihe von Parametern bereitstellen, die die Anfrage beeinflussen:

- **Order** – *TraversalDescription.order(BranchOrderingPolicy selector)* – Hiermit lässt sich festlegen, in welcher Reihenfolge der Übergang des Travers auf den nächsten Knoten passieren soll. Die vorhandenen Methoden bieten ein paar gute Startpunkte, z.B. wird *TraversalDescription.breadthFirst(). BreadthFirst* erst die Elemente einer Ebene abarbeiten, bevor zur nächsten Tiefe übergegangen wird.

- **Uniqueness** – *TraversalDescription.uniqueness(Uniqueness uniqueness)* – Hier geht es darum, wie Duplikate behandelt werden sollen. Wenn z.B. Knoten, Relationen oder Pfade mehrmals entdeckt werden, sollen dann diese Duplikate eliminiert werden? Es gibt hier mehrere Möglichkeiten, zum Beispiel lässt *Uniqueness.NODE_PATH* alle Pfade zum gleichen Endknoten zu, die wenigstens ein unterschiedliches Segment haben, sonst aber gleich sein können.

- **Pruning** – *TraversalDescription.prune(PruneEvaluator pruner)* – Mit diesem Parameter wird festgelegt, welche Verzweigungen im Graph im nächsten Schritt (nicht) weiterverfolgt werden sollen. Das PruneEvaluator-Interface bietet hier die Möglichkeit für komplexe, kontextbasierte Entscheidungen an. Es gibt aber auch einige vordefinierte Klassen wie z.B. *Traversal.pruneAfterDepth(3)*, welche nach einer Tiefe von drei Schritten keine weiteren Schritte zulässt.

■ **Filtering** − *TraversalDescription.filter(Predicate filter)* − Bei diesem Parameter geht es darum, welche Elemente in das Ergebnis einbezogen werden sollen. Hier wird die Entscheidung getroffen, welche Pfade mit in das Ergebnis einfließen. Für ein paar gewöhnliche Fälle gibt es wieder Methoden wie *Traversal.returnAllButStartNode()*.

■ **Relationship expanding** − *TraversalDescription.expand(RelationshipExpander expander)* − Damit lässt sich beeinflussen, wie Kanten von einem Knoten bearbeitet werden sollen. Die vorhandenen Methoden wie *TraversalDescription.relationships(RelationshipType type)* filtern zum Beispiel nur die angegebenen Kanten heraus. Jedoch können sehr viel komplexere *RelationshipExpander* implementiert werden, die den Kontext und die Eigenschaften von Kanten in Betracht ziehen oder bestimmte Reihenfolgen einhalten.

Außerdem kann das Traverser-Framework sowohl Knoten, Pfade als auch Kanten als Ergebnis liefern. Alle Instruktionen in der *TraversalDescription* haben Defaults, sodass man nur die notwendigen Änderungen anzugeben braucht. In Java kann eine einfache Anfrage folgendermaßen aussehen:

Listing 6.2.7 Neo4j: Einfache Traversal-Anfrage

```
TraversalDescription td = new TraversalDescriptionImpl();
td = td.
        prune(Traversal.pruneAfterDepth(2)).
        filter(Traversal.returnAllButStartNode()).
        relationships(KNOWS);

Traverser tr = td.traverse(startNode);
for ( Path path : tr )
{
    System.out.println( "End Node: "
        + path.endNode().getProperty( NodeProperty.NAME ) );
}
```

Diese Anfrage liefert uns alle Endknoten der Pfade, die über KNOWS-Kanten bis zur Tiefe 2 mit unserem Startknoten verbunden sind. In der REST-API wird der Anfragestart über die URL ausgedrückt. Die unterschiedlichen Funktionen werden in der jeweils geeigneten Sprache ausgedrückt, sodass im nachfolgenden REST-Aufruf der *PruneEvaluator* über eine JavaScript-Funktion implementiert ist.

Ein POST auf eine URL der Form

```
http://localhost:9999/node/123/traverse/path
```

mit einer Beschreibung von

```
{
    "order": "depth first",
    "uniqueness": "node path",
    "relationships": [
        { "type": "KNOWS", "direction": "out" },
        { "type": "LOVES" }
    ],
```

```
        "prune evaluator": {
            "language", "javascript",
            "body", "position.node().getProperty('date')>1234567;"
        },
        "return filter": {
            "language": "builtin",
            "name", "all"
        }
    }
}
```

würde dann Pfade, die diese Bedingung erfüllen, als Liste der Form liefern:

```
{ "nodes": [
    "http://localhost:9999/node/2",
    "http://localhost:9999/node/351",
    "http://localhost:9999/node/64"
  ],
    "relationships": [
    "http://localhost:9999/relationship/5",
    http://localhost:9999/relationship/48
  ],
    "start": "http://localhost:9999/node/2",
    "end": "http://localhost:9999/node/64",
    "length": 3
},
{ "nodes": [
    "http://localhost:9999/node/2",
    "http://localhost:9999/node/351",
    "http://localhost:9999/node/635"
  ],
    "relationships": [
    "http://localhost:9999/relationship/5",
    "http://localhost:9999/relationship/75"

  ],
    "start": "http://localhost:9999/node/2",
    "end": "http://localhost:9999/node/635",
    "length": 3
},
]
```

6.2.4 Replikation

Neo4j wendet für Replikation ein Master-Slave-Modell an. Hierbei wird von allen Servern im Cluster ein Write-Master gewählt. Alle anderen Neo4j-Instanzen agieren somit als Read-Slaves. Das bedeutet, dass alle Schreiboperationen von den Read-Slaves synchron auf dem Write-Master abgewickelt werden. Änderungen auf dem Master werden dann asynchron auf die Read-Slaves gespiegelt. Verliert ein Read-Slave den Kontakt mit dem Cluster, kann einfach eine neue Instanz eingekoppelt und auf den aktuellen Stand der Write-Master-Datenbank gebracht werden. Bei Problemen mit dem Write-Master wird von den übrigen Read-Slaves automatisch ein neuer Write-Master gewählt und der ganze Prozess wiederholt.

Dieses Replikationsszenario ist vor allem als Lösung für große Leselasten und die transparente Handhabung der Schreiblast über alle Instanzen gedacht. Die Schreiblast kann auf diese Weise nicht skaliert werden, da alle Schreiboperationen auf dem Write-Master synchronisiert werden müssen. Um Schreiblast zu verteilen, sind Sharding-Setups angebracht.

6.2.5 Horizontale Skalierung

In der aktuellen Version von Neo4j werden Integers als Identität für Kanten, Eigenschaften und Knoten verwendet, da dies die beste IO-Leistung aus den heutigen 32bit-IO-Systemen herausholt. Dies wird in zukünftigen Versionen umgestellt und begrenzt die Anzahl der Datenelemente auf ca. 12 Milliarden. Falls dies nicht ausreicht oder wenn man höhere Schreibgeschwindigkeiten erreichen will als mit einer Neo4j-Instanz möglich, muss über horizontale Skalierung (Sharding, Partitionierung des Graphen) nachgedacht werden.

Für Graphen ist es sehr schwer, eine automatische Partitionierungsstrategie zu finden. Da alle Knoten frei miteinander verknüpft und jederzeit geändert werden können, unterscheidet Neo4j mehrere Typen der Datenpartitionierung:

- **Insert-Sharding**: Die Aufteilung der Daten mithilfe von Sharding-Funktionen auf die Datenpartitionen im Datenbank-Cluster vor dem Anlegen der Daten. Zum Beispiel könnte dies bedeuten, dass alle Knoten eines Typs oder mit speziellen Eigenschaften auf speziellen Partitionen angelegt werden

- **Runtime-Sharding**: Die Optimierung der Partitionierung des Graphen, ausgehend von dynamischen Funktionen, Parametern und Analysen der Abfragemuster und anderer Operationen. Dies kann bedeuten, dass Knoten und Relationen, die oft zusammen angewendet und abgefragt werden, auf der gleichen Graphpartition landen, falls das Regelwerk dies zulässt.

- **Partielle Replikation**: Die Optimierung der Partitionierung durch die Replikation von Teilmengen der Daten einer Partition auf eine andere, um oft angewendete Teile des Graphen einander näherzubringen (siehe Runtime-Sharding).

Sharding kann mit Neo4j über externe Komponenten für den Fall des Insert-Sharding gelöst werden. In diesem Falle werden die Shard-übergreifenden Kanten über eine externe Komponente synchronisiert. Die beiden anderen Aspekte sind zurzeit in der Entwicklung und werden Teil von Neo4j 2.0 sein. Auch die wahlweise Umstellung der Primärschlüssel auf 64bit (Long) oder Strings (z.B. UUID) ist Teil der Version 2.0.

6.2.6 Bewertung

Wie schon vorher erwähnt, kommt die Anwendbarkeit eines Datenmodells und einer Implementierung immer auf die Umstände an. Neo4j wird sehr oft für die Verwaltung von Datenmengen angewendet, die unterhalb von 10 Milliarden Knoten, Kanten und Eigenschaften liegen. Diese Datenmengen sind optimal geeignet, auf einem Server teilweise im Cache warm gehalten zu werden, und bieten somit optimale Performance. Typische Anwendungsgebiete, in denen diese Daten sonst zu Problemen führen, sind:

- **Soziale Graphen**: Hier liegt der Schwerpunkt auf der Abbildung von sozialen Relationen wie `Peter->KNOWS->Emil` und anderen personenbezogenen Relationen wie `Peter->LIKES_MOVIE->The Matrix`

■ **Geographische Daten**: Im Bereich von GIS und Location Based Services sind die Daten oft geographisch positioniert und stellen Wege, Punkte, Ereignisse oder Polygone dar. Diese mit Techniken wie QuadTrees, Hilbert- Kurven und anderen spatialen Indexen zu versehen, lässt sich mit Neo4j sehr gut bewerkstelligen, da man durch die Haltung der Indexstrukturen im Graphen mehrere Aspekte einer Graphtraversierung verbinden kann. Mehr dazu in „The Graph Traversal Pattern" [Rod10].

■ **Empfehlungssysteme**: Neo4j wird zunehmend als Motor für Empfehlungssysteme wie Rexster [Tink3] angewendet. Der Vorteil hier ist die extrem schnelle Abbildung von lokal orientierten Wegbeschreibungen von Anfangsknoten durch den Graphen auf programmatischem Weg oder durch Techniken wie Flow Based Programming, Gremlin und Tinkerpop Pipes [Tink2].

Vorteile

■ Neo4j ist seit 2003 im Produktionseinsatz und stellt somit eine sehr robuste Datenbank dar. Mit der größten Community aller Graphdatenbanken hat Neo4j sowohl Anbindungen an eine Reihe von Sprachen als auch hervorragende Integration in die vorherrschenden Frameworks wie Spring, Django, Ruby on Rails, PHP etc. Neo4j hat eine breite Installationsbasis – sowohl als Teil von anderen Open Source-Projekten als auch im kommerziellen Einsatz. Im harten Produktionseinsatz bietet Neo4j unter anderem High Availability Clustering mit Master Failover an, welches in Neo4j 2.0 auch auf dynamisches Sharding erweitert werden wird.

Nachteile

■ Java-Begrenzungen: Die Performance von Neo4j hängt stark von der Leistung und Güte der JVM auf dem aktuellen Operativsystem ab. Auch Dinge wie Garbage Collection sind stark von der Implementierung und dem Lieferanten der JVM abhängig.

■ Sharding-Begrenzungen: Wie oben schon genannt, ist ein Graph an sich nicht automatisch partitionierbar, wenn man alle Leistungsmerkmale des unpartitionierten Graphen beibehalten will. Daher ist ein Minimum an manueller Optimierung der Partitionierungsstrategie zusammen mit guten statistischen Methoden notwendig. Gegenüber Systemen, die sich direkt auf die Anpassung des Datenmodells mit Hinsicht auf optimale transparente Skalierung konzentrieren (z.B. Key/Value-Stores), ist dies natürlich ein wenig aufwendiger.

Optimale Einsatzgebiete sind derzeit Daten mit Graphstruktur, vielen Traversionen oder Join-intensive Anwendungen. Weiterhin dort, wo eine einfache Installation mit vielen Zugriffssprachen und REST-Zugriff benötigt wird.

Anwendungsmöglichkeiten

Neo4j wird oft als elegante Lösung für die einfache und performante Modellierung von Domänen mit komplexen Datenbeständen wie Content-Management-Systeme, GIS-Systemen, Empfehlungsalgorithmen, Ökonomieanwendungen und ERP, sozialen Netzen, Prozessautomatisierungen und vielen anderen angewendet.

Links

[Tink1]   *http://gremlin.tinkerpop.com*

[Tink2]   *http://pipes.tinkerpop.com*

[Tink3]   *http://rexster.tinkerpop.com*

[Rod10]   Marko A. Rodriguez, Peter Neubauer: The graph traversal pattern, *http://arXiv.org, 2010.*

6.3   sones

6.3.1   Überblick

sones ist ein noch recht junger Vertreter der Graphdatenbanken, welcher sich auf das Gebiet des Informations- und Datenmanagements spezialisiert, um Probleme zu lösen, vor die man durch den Überfluss an digitalen Informationen auch im privaten Umfeld gestellt ist: Wie benennt und organisiert man seine Urlaubsphotos, E-Mails oder das Material für die Masterarbeit so, dass diese schnell wiedergefunden werden können? Wie verknüpft man diese Informationen sinnvoll mit anderen Informationen im Netz? Wie entdeckt man neue, bislang unbekannte Zusammenhänge darin? Auf welcher der vielen persönlichen Computer und Speichermedien kopiert man diese Informationen, damit diese sicher und jederzeit von jedem Gerät aus verfügbar sind und trotzdem nicht unbefugt gelesen oder gar manipuliert werden können? sones liefert hierfür einen graphorientierten Ansatz, der Informationen, ihre semantischen Beziehungen und Konsistenzkriterien als objektorientierte und semistrukturierte Graphen modelliert. Hierzu geht Sones den für NoSQL-Datenbanken recht überraschenden Weg über eine eigene Datenmodellierungs- und Anfragesprache namens Graph Query Language (GQL) und einer sehr modularen Architektur.

Steckbrief

Webadresse:	http://www.sones.de
Kategorie:	Objektorientierte Graphdatenbank
Datenmodell:	Objektorientierter Property-Graph zzgl. Mini-Ontologie der Knoten
Query-Methode:	Graph Query Language (GQL), Traverser-API
Protokoll:	REST (JSON, XML, HTML, GEXF), WebDAV
API:	C# und andere .NET-Sprachen
Persistenz:	Amazon S3, Azure Page Blobs, Enterprise Edition: GraphFS
Transaktionen:	ACID mittels Multiversion Concurrency Control (MVCC)
Replikation/Skalierung:	Peer-to-Peer-Replikation
Zielstellung:	Effizientes Management und Verknüpfung semistrukturierter (Binär-)Daten
Geschrieben in:	C# (.NET 4.0 und Mono 2.8)
Lizenzen:	Open Source AGPLv3, kommerziell und Software/Database-as-a-Service

6.3.2 Beschreibung

Der Ursprung von sones liegt in der Modellierung sozialer Netze, wodurch der Name ursprünglich für „SOziale NEtze Systeme",, stand. Relativ schnell zeigte sich jedoch, dass diese Technologie auch in ganz anderen Anwendungsgebieten wie z.B. Wissensrepräsentation, Semantic Net, Information-Lifecycle-Management oder medizinische Datenverarbeitung von Vorteil sein kann. Deshalb gründete sich im Jahre 2007 die Firma sones GmbH mit Sitz in Erfurt, welche die Entwicklung des Systems maßgeblich vorantreibt. Im Folgenden soll auf die Architektur von sones näher eingegangen werden:

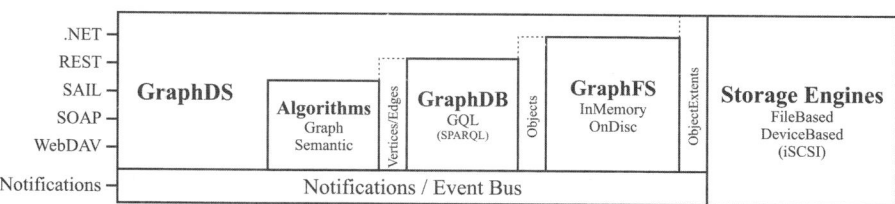

Abbildung 6.3.1 Die Architektur der sones-Graphdatenbank

Die unterste Schicht von sones bilden die sogenannten **Storage-Engines**. Diese stellen ein abstraktes Interface für eine Vielzahl unterschiedlicher Speichermedien bereit. Denkbar sind hier nicht nur Imagefiles und Festplatten, sondern auch Netzspeichermedien, welche mittels iSCSI, NFS, HTTP oder TCP/UDP angesprochen werden. Ziel dieses Interfaces ist es, neben den Nutzdaten auch zusätzliche Managementinformationen wie z.B. Performance-Charakteristiken oder Fehler zu übermitteln. Hierauf aufbauend stellt das **Graph File System** ein abstraktes Objektmanagement bereit, welches Objektnamensräume, Objekt-UUIDs für deren Identität, Objektdatenströme, Objekteditionen, Objektrevisionen, Redundanz- und Sicherheitsparameter umfasst. Im Unterschied zu klassischen Dateisystemen verwaltet das GraphFS alle Informationen eines Objektes als Metadaten des jeweiligen Objekts und steuert die Verteilung der serialisierten Objektdaten auf die einzelnen Storage-Engines oder alternativ auf lokale Dateisysteme bzw. Speicherdienste wie Amazon S3 oder Azure Page Blobs. Hierbei können auch hybride Speicherlösungen abgebildet werden, um beispielsweise häufig benötigte Objekte im RAM oder auf schnellen Solid State Discs zu halten und unwichtigere Objekte oder ältere Revision dieser auf billigere Netzwerkspeicher auszulagern. Datenkonsistenz und Transaktionen werden durch die Verwendung des *Multiversion Concurrency Control*-Paradigmas (Kapitel 2.4) und *append-only*-Schreibvorgänge sichergestellt.

Innerhalb der **Graphdatenbank** erhalten die Objekte des Dateisystems ihre Struktur, Bedeutung und nutzerspezifizierten Relationen zu anderen Objekten. Für die jeweilige Modellierung der semistrukturierten Objektschemata und deren Abfrage wird die **Graph Query Language** verwendet, welche sich teilweise am klassischen SQL, aber auch an der Object Query Language (OQL) orientiert, um den Umstieg von relationalen bzw. objektorientierten Datenbanken zu vereinfachen. Eine Sammlung verschiedenster **graphorientierter** und **semantischer Algorithmen** z.B. zur Suche des kürzesten Pfades oder des

maximalen Flusses zwischen zwei Objektinstanzen setzen auf der Graphdatenbank auf und
können in Form von GQL-Erweiterungen verwendet werden.

Das Modul **GraphDS** verbindet abschließend die vorgestellten Komponenten zu einem
Ganzen und stellt ein einfaches Interface für Nutzeranwendungen mit einer Vielzahl an
Zugriffsprotokollen wie z.B. .NET, REST und WebDAV bereit. Daneben bieten die **Noti-
fications** einen Event/Message-Bus, mit welchem eine lose Kopplung zwischen den einzelnen Softwarekomponenten von sones und zu externen Systemen realisiert wird. Hierdurch kann beispielsweise sehr einfach eine Software zur Metadatenextraktion angebunden
werden, welche bei der Speicherung von neuen Binärdaten eine Notification erhält und
anschließend diese Daten laden, analysieren und die extrahierten Metadaten mittels der
GQL in der Datenbank den Binärdaten zuordnen kann. Die derzeitige Implementierung
basiert auf IP Multicast und ist demzufolge vor allem für verteilte Anwendungen in lokalen Netzen gedacht.

6.3.3 Datenmodell

Wie die meisten anderen Graphdatenbanken implementiert sones als Datenmodel einen
Property-Graph, welcher um ein semistrukturiertes und objektorientiertes Datenschema
und eine minimale Knoten-Ontologie erweitert wurde.

Durch dieses semistrukturierte Schema der Knoten bzw. Kanten sind einige – aber nicht
zwingend alle – Properties wohl-definiert und können darüber hinaus auch weitere Charak-
teristika beinhalten: Sie können `mandatory` oder `optional` sein und damit bei jedem
Knoten verpflichtend vorhanden sein oder nicht. Eine Property kann einen einzelnen Wert
oder eine Liste bzw. einen Set von Werten beinhalten. Properties können auf Wunsch für
einen schnelleren Zugriff indiziert werden oder nicht. Mehrere dieser Properties können zu
einem `uniqueness constraint` zusammengefasst werden, wodurch sie ein Kriterium
für die Eineindeutigkeit eines Knotens innerhalb seines jeweiligen Knotentyps festlegen.
Wie in objektorientierten Programmiersprachen üblich sind auch abstrakte Typdefinitionen
und eine Vererbung der Knoten- und Kantenschemata auf abgeleitete Typen möglich.

Neben diesen im Schema definierten Properties können Knoten und Kanten aber auch
schemalose bzw. unstrukturierte Properties beinhalten, deren konkreter Typ von Knoten zu
Knoten bzw. von Kante zu Kante unter Umständen variieren kann, wodurch es derzeit
nicht möglich ist, diese Properties zu indizieren oder innerhalb von `uniqueness` bzw.
`mandatory constraints` zu verwenden.

Kanten sind bei sones keine *first-class citizens* wie in anderen Graphdatenbanken, sondern
eine Untermenge ihrer Startknoten im Graphen und werden somit ähnlich wie Properties
behandelt. Um dies zu verdeutlichen, werden bei der Erstellung eines Knotentyps beide
Begriffe vermieden und unter dem Oberbegriff „Attribute" zusammengefasst. Die weitere
Unterscheidung zwischen Property und Kante beruht dabei auf dem jeweiligen Typ des
Attributes. Ist der entsprechende Typ der eines Basisdatentyps wie beispielsweise `String`,
`Integer` oder `Boolean`, so handelt es sich um eine Property. Ist der Typ dagegen der
eines vorher definierten Knotentyps, so wird dieses Attribut als Kante interpretiert.

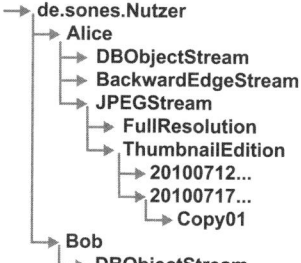

Abbildung 6.3.2
Knoten-Ontologie bei sones

sones stellt darüber hinaus eine minimale Knoten-Ontologie für die vereinfachte Verwaltung von immer wiederkehrenden Informationsmanagementaufgaben zur Verfügung. Diese definiert, wie in Abbildung 6.3.2 zu sehen ist, für jeden Knoten eine Hierarchie aus Datenströmen, Editionen, Revisionen und Kopien.

Die Datenströme eines Knotens sind mit den Attachments von Dokumentendatenbanken vergleichbar und erlauben es beispielsweise, Binärdaten direkt im Graphen zu speichern, ohne dass hierdurch die Geschwindigkeit oder der Speicherbedarf bei Graphoperationen beeinträchtigt werden würde. Die Editionen eines Knotens dienen dazu, mehrere „Sichten" dieses Knotens zu verwalten. So kann eine zweite Sicht beispielsweise nur Kanten enthalten, welche ein bestimmtes Kriterium erfüllen, wodurch aggregierte Graphen mit mehreren Hierarchieebenen realisierbar sind. Bei Binärdatenströmen könnte man sich beispielsweise Fotos in mehreren Auflösungsstufen von RAW-Daten bis hin zu Vorschaubildern oder Videos in unterschiedlichen Kodierungen vorstellen. Durch die ohnehin vorhandene Verwaltung mehrerer Knotenversionen bei der Transaktionsverarbeitung (siehe Abschnitt 2.4, *MVCC*) wird auch eine automatische Versionierung der Knoten direkt in der Datenbank ermöglicht, was in klassischen Datenbanken bislang nur mit größerem Aufwand zu erreichen war. Gleichzeitig werden auch mehrere Kopien der Knoten pro Revision verwaltet, um einerseits die Risiken von Datenverlusten zu verringern und andererseits die Knotenkopien auf anderen Nodes innerhalb eines Datenbank-Clusters einfacher verwalten zu können.

sones nutzt Ontologien wie diese, um der Datenbank zu ermöglichen, zukünftig bessere Entscheidungen beispielsweise für die Platzierung von Kopien und alten Revisionen in einem Datenbank-Cluster zu ermöglichen. Die derzeitige Unterstützung semantischer Entscheidungshilfen ist aber noch sehr rudimentär.

6.3.4 Installation

Die aktuelle Version der Open Source-Edition kann unter *http://try.sones.com* oder via GitHub heruntergeladen werden. Darüber hinaus stellt sones gehostete SaaS-Instanzen in unterschiedlichen Konfigurationen und bei verschiedenen Cloud-Anbietern bereit, womit auch größere Anwendungsfälle und kleinere Cluster getestet werden können. Zum Ausprobieren unter Linux/Mono bietet es sich aber an, den Quellcode selbst zu übersetzen. Nach dem Herunterladen und Entpacken kann das Programm mithilfe von *xbuild* übersetzt und danach gestartet werden:

```
$ git clone git://github.com/sones/sones.git
$ ./buildSolution.sh
$ mono --runtime=v4.0.30319 sonesExample.exe
```

Die sones DB startet eine InMemory-Datenbank mit einem REST-Interface und stellt unter *http://localhost:9975/WebShell* eine WebShell zum Ausprobieren bereit.

6.3.5 CRUD-Operationen

Um sones und die Graph Query Language kennenzulernen, sollte man zunächst mit der WebShell spielen. Die GQL kennt ähnlich wie SQL verschiedene Klassen von Kommandos für CRUD-Operationen. So gibt es Queries für die Definition der Objekttypen *(Graph-DDL)*, Queries für die Manipulation des Graphen, der Knoten und Kanten *(GraphDML)*, Queries zur Abfrage und Traversierung des Graphen und Queries zur Konfiguration der Datenbank mittels sogenannter Settings. sones stellt damit eine domänen-spezifische Sprache zur Verfügung, die mit Client-Bibliotheken, REST oder auch mittels einfacher Tools wie z.B. *CURL* getestet werden kann.

Arbeit mit der WebShell und der GQL

Die WebShell kann mit jedem JavaScript-fähigen Web-Browser verwendet werden und ist nach dem Start der Datenbank unter der folgenden Adresse zu erreichen:

```
http://localhost:9975/WebShell
```

Die WebShell kann verwendet werden, um beliebige Ad-hoc-Anfragen an die Datenbank zu stellen und Antworten in unterschiedlichen Formaten zu bekommen. Das normale Ausgabeformat ist JSON, kann aber wahlweise auch durch XML ("format xml"), ein einfaches textbasiertes Format ("format text") oder verschiedene Graphformate wie beispielsweise GEXF ("format gexf") ersetzt werden.

Bei der Interaktion mit sones muss jede Anfrage einer Transaktion zugeordnet werden. Somit lautet der erste Befehl wie folgt:

Listing 6.3.1 sones: Start einer Transaktion

```
GraphDB@localhost:9975 [gql-mode] > BEGIN TRANSACTION
{
  "query": "BEGIN TRANSACTION",
  "result": "successful",
  "duration": ["1", "ms"],
  "warnings": [],
  "errors": [],
  "results": [
    {
      "UUID":           "2cb95235d3050e44affaef79c0598f4d",
      "Created":        "20103004.214035.1745629(02...1130b)",
      "Distributed":    "False",
      "IsolationLevel": "ReadCommitted",
      "LongRunning":    "False",
      "State":          "Running"
    }
  ]
}
```

Neue Knotentypen erstellen

Im nachfolgenden Beispiel wird, in Anlehnung an den Property-Graphen aus Abschnitt 6.1, Abbildung 6.1.3, ein einfacher Knotentyp erstellt, welcher später als Basis für weitere abgeleitete Knotentypen dienen soll. Dieser hat eine einzelne Property mit Namen „Name", ist vom Typ String und soll sowohl automatisch indiziert werden als auch MANDATORY sein, also beim Einfügen von Datensätzen ähnlich wie 'not null' in der SQL immer angegeben werden müssen. Im Gegensatz hierzu sind Attribute standardmäßig optional und müssen somit nicht in jeder Insert-Query vorhanden sein. Dies hat mehrere Vorteile: Es wird kein unnötiger Speicherplatz für leere Attribute verbraucht, diese stören nicht bei der Ausgabe bzw. Anzeige der Datensätze, und eine zusätzliche Überprüfung der Attribute auf NULL in der Anwendungslogik ist überflüssig. Auf Wunsch kann für jedes nicht angegebene Attribut ein Standardwert in die Datenbank übernommen werden.

Listing 6.3.2 sones: Erstellung eines nutzergenerierten Knotentyps

```
CREATE VERTEX Entity ATTRIBUTES (String Name)
                     MANDATORY  (Name)
                     INDICES    (Name)
{
  "query": "CREATE VERTEX Entity...",
  "result": "successful",
  "duration": ["2", "ms"],
  "warnings": [],
  "errors": [],
  "results": [
    {
      "TYPE":       "Entity",
      "UUID":       "3148e1e9-da30-480f-9afa-5c0df3ffa324",
      "REVISIONID": "20103004.214139.2735679(02...1130b)",
      "EDITION":    "DefaultEdition"
    }
  ]
}
```

Als Rückgabewerte nach der Erstellung eines Knotentyps erhält der Anwender einige Standardattribute wie beispielsweise eine eindeutige UUID und eine Revisions-ID für die aktuelle Version des Knotentyps. Analog hierzu werden nun die restlichen Knotentypen erstellt. Diese erben jeweils alle Attribute vom gerade erzeugten Entity-Knotentypen, haben aber untereinander zirkuläre Referenzen, wodurch eine serielle Erzeugung nicht ohne Weiteres möglich ist. Deshalb wird an dieser Stelle der Befehl CREATE VERTICES verwendet, welcher wie CREATE VERTEX arbeitet, aber mehrere Knotentypen gleichzeitig erzeugen und dabei zirkulären Referenzen automatisch auflösen kann.

Listing 6.3.3 sones: Erstellung mehrerer zirkulär abhängiger Knotentypen

```
CREATE VERTICES Nutzer EXTENDS Entity
                ATTRIBUTES (Integer         Alter,
                            Nutzer          verliebt_in,
                            SET<Nutzer>     befreundet_mit,
                            SET<Gruppe>     mitglied_von,
                            SET<Hochschule> studiert_an)
```

```
              MANDATORY  (Alter),

      Gruppe EXTENDS Entity
             BACKWARDEDGES (Nutzer.mitglied_von Mitglieder),

   Hochschule EXTENDS Entity
             BACKWARDEDGES (Nutzer.studiert_an Studierende)
```

Der Knotentyp Nutzer enthält in diesem Beispiel neben dem geerbten Attribut `Name` noch das zusätzliche Attribut `Alter` vom Typ `Integer`. Alle weiteren Attribute haben Datentypen, welche nutzerdefinierten Knotentypen entsprechen, und werden somit automatisch als *Kanten* des Datenbankgraphen interpretiert. So verbindet das Attribut `verliebt_in` genau zwei Nutzerknoten, wohingegen die Attribute `befreundet_mit`, `mitglied_von`, `studiert_an` jeweils mehrere Knoten verbinden und somit im mathematischen Sinne eine *gerichtete Hyperedge* abbilden können.

Die Attribute eines Knotens erlauben bislang nur den Zugriff auf die ausgehenden Kanten eines Knotens. Für einige Anwendungen kann es aber sinnvoll sein, auch die eingehenden Kanten eines Knotens auswerten zu können. Dies geschieht bei sones über das Schlüsselwort `BACKWARDEDGES`, welches ein Mapping eingehender Kanten auf ein Attribut definiert und hierdurch einen lesenden Zugriff auf diese Kanten erlaubt. Diese Kanten können aber weder verändert werden noch eigene Attribute enthalten, da sie nur eine materialisierte Sicht auf ausgehende Kanten anderer Knoten darstellen und exklusiv von der Datenbank verwaltet werden.

Knoten und deren Properties erzeugen

Als Nächstes werden einige konkrete Knoten mit ihren dazugehörigen Properties erzeugt und der Datenbank hinzugefügt.

Listing 6.3.4 sones: Einfügen neuer Knoten in die Graphdatenbank

```
INSERT INTO Nutzer VALUES (Name = 'Alice', Alter = 21)
{
  "query": " INSERT INTO Nutzer VALUES...",
  "result": "successful",
  "duration": ["1", "ms"],
  "warnings": [],
  "errors": [],
  "results": [
    {
      "UUID":       "c365179e-53ac-4a32-b08d-bb3738b82755",
      "REVISIONID": "20103004.224242.5120932(4c4...a3)"
      "Name":       "Alice",
      "Alter":      "21",
    }
  ]
}

INSERT INTO Nutzer     VALUES (Name = 'Bob',   Alter = 23)
INSERT INTO Nutzer     VALUES (Name = 'Carol', Alter = 23)
INSERT INTO Hochschule VALUES (Name = 'TU Berlin')
INSERT INTO Hochschule VALUES (Name = 'TU Ilmenau')
```

```
INSERT INTO Gruppe     VALUES (Name = 'Theater', Ort = "Berlin")
INSERT INTO Gruppe     VALUES (Name = 'Fechten')
```

Ähnlich wie bei der Erzeugung eines Knotentyps werden auch beim Einfügen eines Knotens einige Informationen zurückgegeben, welche u.a. alle eingefügten Attribute, die UUID und RevisionsID des Knotens umfassen. Darüber hinaus ist das vorletzte Insert-Statement zu beachten, bei welchem eine bislang undefinierte Property Ort verwendet wurde. Dies ist fehlerfrei möglich, da sones wie bereits erwähnt semistrukturierte Daten modelliert und es somit zulässt, dass einzelne Knoten zusätzliche Attribute aufweisen, welche im Schema bislang nicht definiert wurden.

Kanten erzeugen

In diesem Anwendungsbeispiel wurden bislang nur Knoten und Properties, aber noch keine Kanten erzeugt. Hierfür können die Befehle Update und Link verwendet werden, um eine oder mehrere Kanten zwischen zwei oder mehreren Knoten zu erzeugen. Während sich der Syntax des Update-Querys an den gewohnten SQL-Syntax anlehnt, erinnert der Link-Query an das bekannte Triple-Format bei Semantic-Web-Anwendungen.

Listing 6.3.5 sones: Erzeugung von Kanten

```
// Erzeugt eine Hyperkante von Alice zu Carol und Bob
LINK Nutzer(Name = 'Alice')
 VIA befreundet_mit
  TO Nutzer(Name = 'Carol', Name = 'Bob')

// Erzeugt eine einzelne Kante zwischen Alice und der TU Ilmenau
UPDATE Nutzer
   SET(studiert_an += SETOF(Name = 'TU Ilmenau')
 WHERE Name = 'Alice'

// Entfernt die Kanten zwischen Bob und der TU Berlin
UNLINK Nutzer(Name='Bob')
   VIA studiert_an
  FROM Nutzer(Name='TU Berlin')

// Erzeugt mehrere Hyperkanten von jeweils allen Nutzern >67 Jahre
// zu den Knoten Volljährige und Rentner
LINK Nutzer(Alter > 67)
 VIA mitglied_von
  TO Gruppen(Name = 'Volljährige', Name = 'Rentner')
```

Das Schlüsselwort **SETOF** innerhalb eines Update-Queries bzw. die geklammerten Ausdrucke beim Link-Query sind als *distinct subselect* auf dem jeweils dazugehörigen Datentyp zu verstehen und können somit beliebig komplex werden. Sofern diese Subselects mehr als ein Ergebnis zurückliefern, werden auch mehrere Kanten gleichzeitig erzeugt.

Graphanfragen

sones nutzt innerhalb der GQL für einfache SELECT-Anfragen eine Syntax, welche an die Object Query Language von objektorientierten Datenbanken erinnert und hierbei einen Weg durch den Graphen beschreibt. Eine Auflistung aller Namen der Freundesfreunde von Alice und deren Anzahl würde hierbei wie folgt aussehen:

```
FROM Nutzer n SELECT n.Freunde.Freunde.Name,
                     n.Freunde.Freunde.Count()
        WHERE n.Name = 'Alice'
```

Arbeiten mit der C#-API

Da sones noch ein recht junges Projekt ist, ist derzeit nur eine C#-API (*GraphDSSharp*) verfügbar, welche aber relativ einfach auch von weiteren Programmiersprachen unter .NET bzw. Mono aus verwendet werden kann. Das folgende Code-Fragment erzeugt eine neue InMemory-Graphdatenbank:

```
[...]
var _GraphDS = new GraphDSSharp()
{
  DatabaseName    = "TagExampleDB",
  Username        = "Dr.Falken",
  Password        = "Joshua"
};
_GraphDS.CreateGraphDatabase(true);

using (var _Transaction = _GraphDB.BeginTransaction()) {
  [...]
  _Transaction.Commit();
}
```

Von hier an hat man mehrere Möglichkeiten weiterzuarbeiten. Zunächst kann man natürlich weiterhin GQL-Queries verwenden, um möglichst effizient mit der Datenbank zu kommunizieren. Hierfür steht unter anderem die Methode `Query()` zur Verfügung, welcher neben einer in GQL formulierten Anfrage auch mehrere Action-Methoden zum Überprüfen des `QueryResults` als Parameter übergeben werden können.

Listing 6.3.6 sones: Queries und Action-Methoden

```
Query("CREATE VERTEX Nutzer ...",    OnError);
Query("INSERT INTO Nutzer VALUES (...)", OnError);
Query("FROM Nutzer n SELECT n.Name",  OnError, OnSuccess);

void OnSuccess(QueryResult myQueryResult)
{
  if (myQueryResult != null)
    foreach (var _result in _QueryResult[0])
      Console.WriteLine(_result["Name"]);
}

void OnError(QueryResult myQueryResult)
{
  Console.WriteLine("{0} => {1}"
        myQueryResult.Query
        myQueryResult.GetErrorsAsString());
}
```

Als Weiteres bietet die C#-API ein sogenanntes *Fluent-Interface* an, welches dem Programmierer erlaubt, sehr einfach und verständlich typsicherere Anwendungen zu entwickeln. Die Erzeugung der Knotentypen aus dem letzten Abschnitt könnte mithilfe dieses Interfaces wie folgt aussehen:

Listing 6.3.7 sones: Fluent-Interface mit C#

```
// Knotentypen definieren
var _Entity         = _GraphDB.CreateVertex("Entity").
            AddString("Name", mandatory: true).
```

```
                AddIndex("Name");
var _Gruppe           = _GraphDB.CreateVertex("Gruppe").
                Extends(_Entity);

var _Hochschule       = _GraphDB.CreateVertex("Hochschule").
                Extends(_Entity);

var _Nutzer           = _GraphDB.CreateVertex("Nutzer").
                Extends(_Entity).
                AddInteger("Alter", mandatory: true).

// Kantentypen definieren
var _befreundet_mit = _SocialGraphDB.CreateEdge("befreundet_mit").
                From(_Nutzer).ToMultiple(_Nutzer).
                AddDateTime("seit");

var _verliebt_in    = _SocialGraphDB.CreateEdge("verliebt_in").
                From(_Nutzer).To(_Nutzer);

var _mitglied_von   = _SocialGraphDB.CreateEdge("mitglied_von").
                From(_Nutzer).ToMultiple(_Gruppe);

var _studiert_an    = _SocialGraphDB.CreateEdge("studiert_an").
                From(_Nutzer).ToMultiple(_Hochschule);

// Knoten- und Kantentypen in die Datenbank übernehmen

_GraphDB.CreateTypes(CheckResult, _Entity, _Gruppe, ..., _studiert_an);

// Neue Knoten mittels anonymer Klassen erstellen und
// in der Datenbank speichern

_GraphDB.Insert(_Nutzer,     new { Name = "Alice", Alter = 21 });
_GraphDB.Insert(_Nutzer,     new { Name = "Bob", Alter = 23 });
_GraphDB.Insert(_Nutzer,     new { Name = "Carol", Alter = 23 });
_GraphDB.Insert(_Hochschule, new { Name = "TU Berlin" });
_GraphDB.Insert(_Hochschule, new { Name = "TU Ilmenau" });
_GraphDB.Insert(_Gruppe,     new { Name = "Theater", Ort="Berlin"});
_GraphDB.Insert(_Gruppe,     new { Name = "Fechten" });
```

Zwar ist dieses *Fluent-Interface* fast so einfach und komfortabel wie die GQL, bleibt jedoch in manchen Punkten hinter ihrer Mächtigkeit zurück. Es ist hierbei ferner problematisch, dass den nutzergenerierten Knoten- und Kantentypen nicht automatisch entsprechende C#-Typen zugeordnet werden können, wodurch eine Typsicherheit bei Hinzufügen von Kanten und Anfragen an die Datenbank nicht hundertprozentig gewährleistet und somit kein fließender Übergang von .NET zur Graphdatenbank möglich ist.

Um dies Problem zu lösen, um die Knoten- und Kantentypen der Datenbank und .NET-Klassen enger zu verbinden und um den bekannten Anwendungsfall des Object-Mappings zu ermöglichen, kann der Anwender auch eigene Klassen erstellen und mittels Code-Annotations die einzelnen Felder und Properties in diesen Klassen auf Properties in den Knoten- bzw. Kantentypen der Datenbank abbilden. Hierzu bietet die C#-API die Klassen DBVertex und DBEdge an, von man nutzergenerierte Knoten- bzw. Kantentypen ableiten kann, die dann via Reflection in die Datenbank geladen werden können. Für die einfachere Arbeit mit diesen Datentypen bringt diese Klasse bereits einige Standardmethoden und -Properties mit.

Listing 6.3.8 sones: Direkte Arbeit mit Klassen der C#-API

```
public class Entity : DBVertex
{
  [Mandatory, Indexed]
  public String     Name      { get; set; }
  public Entity() { }
  // [Methoden...]
}

public class Gruppe : Entity
{
  [BackwardEdge("mitglied_von")]
  public Set<Nutzer>  Mitglieder   { get; set; }
  public Gruppe() { }
  // [Methoden...]
}

public class Hochschule : Entity
{
  [BackwardEdge("studiert_an")]
  public Set<Nutzer>  Studierende  { get; set; }
  public Hochschule() { }
  // [Methoden...]
}

public class Nutzer : Entity
{
  [Mandatory]
  public Int64      Alter      { get; set; }
  public Nutzer       verliebt_in  { get; set; }
  public Set<Nutzer>  befreundet_mit { get; set; }
  public Set<Gruppe>  mitglied_von  { get; set; }
  public Set<Hochschule> studiert_an  { get; set; }
  public Nutzer() { }
  // [Methoden...]'
}

// Erstelle Knotentypen via Reflection
_GraphDB.CreateTypes(CheckResult, typeof(Entity),
              typeof(Gruppe),
              typeof(Hochschule),
              typeof(Nutzer));

// Knoteninstanzen erzeugen
var _Alice   = new Nutzer   { Name = "Alice", Alter = 21 };
var _Bob     = new Nutzer   { Name = "Bob",  Alter = 23 };
var _Carol   = new Nutzer   { Name = "Carol", Alter = 23 };
var _TUBerlin = new Hochschule { Name = "TU Berlin" };
var _TUIlmenau = new Hochschule { Name = "TU Ilmenau" };
var _Theater  = new Gruppe   { Name = "Theater" }; // Kein Ort!
var _Fechten  = new Gruppe   { Name = "Fechten" };

// Knoten in der Datenbank speichern
_GraphDB.Insert(CheckResult, _Alice, _Bob, _Carol,


          _TUBerlin, _TUIlmenau,
           _Theater, _Fechten);

// Kanten hinzufügen
_GraphDB.Link(CheckResult, _Alice, _befreundet_mit, _Bob);
_GraphDB.Link(CheckResult, _Alice, _befreundet_mit, _Carol);
_GraphDB.Link(CheckResult, _Alice, _studiert_an,  _TUIlmenau);
_GraphDB.Link(CheckResult, _Alice, _mitglied_von, _Fechten);


// Einfache Anfrage
var _AlicesFreunde1 = _GraphDB.Query().
    From(_Nutzer, "n").
```

```
Select("n.Name",
       "n.befreundet_mit.Name AS Freunde").
Where("r.Name = 'Alice'").
Execute(CheckResult);

// Anfrage via Linq

var _AlicesFreunde2 =
    from nutzer
    in _SocialGraphDB.LinqQuery<Nutzer>()
    where nutzer.Name == _Alice.Name
    select new { Name = nutzer.Name,
            Freunde = nutzer.befreundet_mit };
```

Aber auch hier gibt es gewisse Einschränkungen. Als größtes Problem ist hierbei vor allem die fehlende Flexibilität des Schemas zu nennen, welches ja eigentlich ein Ziel der Graphdatenbanken ist. Weder kann C# zur Laufzeit eine Klasse um interne Daten und Logik erweitern noch können undefinierte Attribute problemlos mitgespeichert werden. Ein guter Kompromiss kann zwar durch die .NET-4.0-Erweiterung der dynamischen Objekte erzielt werden, doch nur zum Preis der Typsicherheit zur Kompilierungszeit.

Wie man an diesen Beispielen sieht, ist es nicht immer ganz einfach abzuschätzen, mit welchem der drei Werkzeuge der GQL, dem *Fluent-Interface* oder mittels nutzergenerierter Klassen es im konkreten Projekt am einfachsten ist. Die GQL ist bei der Erzeugung und bei Abfragen sehr mächtig, nutzergenerierte Klassen sind dagegen innerhalb von Schnittstellen zu objektorientierten Programmiersprachen am elegantesten, wenn auch eine korrekte Implementierung dieser Klassen durchaus aufwendig sein kann. Um dies zu vereinfachen, bietet sones die Möglichkeit, aus einem in der Datenbank bereits vorhandenen Knoten- oder Kantentyp eine .NET-Klasse zu generieren, wodurch auch die gemeinsame Nutzung eines Knoten- bzw. Kantentyp in verteilten Teams und unterschiedlichen agilen Projekten vereinfacht wird.

```
_SocialGraphDB.GenerateDLL("SocialNet.dll",
            "de.sones.demo.SocialNet",
            _Nutzer, _Gruppen);
```

Die Mächtigkeit der semistrukturierten Datenmodellierung, Abfrage und Traversals von sones geht also weit über die Möglichkeiten hinaus, welche selbst moderne Programmiersprachen wie .NET 4.0 heute liefern können. Somit kann der vollständige Funktionsumfang bislang nur mithilfe der Graph Query Language genutzt werden.

Arbeiten mit dem REST-Interface

Für die Arbeit im via Netz oder im Clusterbetrieb eignet sich am besten das REST-Interface. Als Datenaustauschformat kann beispielsweise JSON aber auch XML verwendet werden, für die reine Ausgabe zusätzlich ein einfaches Textformat, HTML oder verschiedene Graphenformate wie GXEF. Für die Verwendung der Graph Query Language via REST wird die folgende URL verwendet:

```
curl -H Accept:application/json
http://localhost:9975/gql?FROM+Nutzer+SELECT+%2A
```

Über die gleiche URL, aber mit dem HTTP-Verb POST kann man auch neue Daten einfügen:

207

```
curl -X POST -H Accept:application/json
-H Content-Type:application/json
-d '{"Name":"Alice"}' -v localhost:9975/vertices/Nutzer/
```

Die REST-Schnittstelle eignet sich auch hervorragend, um die vorhandenen Datenobjekte und ihre Verbindungen zu erforschen. Über die folgende URL können beispielsweise alle Revisionen eines Datenobjekts angezeigt werden:

```
curl -X GET -H Accept:application/json http://localhost:9975/

vertices/Nutzer/666...339/DBOBJECTSTREAM/DefaultEdition/
```

```
{
"MinNumberOfRevisions": "1",
"MaxNumberOfRevisions": "3",
"RevisionIDs": [
"20100305.001405.0559589(098a...dfbd)",
"20100305.001405.0699597(098a...dfbd)",
"20100305.001405.0959611(098a...dfbd)"]
}
```

6.3.6 Bewertung

sones ist ein noch recht junger Vertreter der Graphdatenbanken im .NET-Umfeld, welcher aber schon einen sehr vielversprechenden Funktionsumfang zur Modellierung und Verarbeitung von semistrukturierten Informationen besitzt.

Vorteile

■ Die Graph Query Language ist ein mächtiges Werkzeug zur Modellierung semistrukturierten Daten und graphorientierter Datenbankanfragen.

■ sones erlaubt es auch, umfangreiche Binärdaten in den Graphen zu integrieren, welche als eigenständige Datenströme abgelegt werden.

■ Die APIs sind einfach und klar aufgebaut und bieten somit eine ideale Plattform, um eigene Client-Bibliotheken zu schreiben oder eigene Erweiterungen in die Graphdatenbank zu integrieren.

Nachteile

■ Ein noch sehr junges Projekt mit einer nur kleinen Community.

■ Derzeit sind außer REST keine Schnittstellen zu Programmiersprachen außerhalb von .NET vorhanden.

■ Manche APIs und vor allem Algorithmen zur Graphpartitionierung sind noch im Alphastadium.

Anwendungsmöglichkeiten

Typische Anwendungsmöglichkeiten sind daher beispielsweise Informations- und Dokumentenverwaltungsprogramme, welche sehr viel Wert auf die Vernetzung ihrer Daten und eine effiziente Abfrage der dazugehörigen Metadaten benötigen. Somit könnte sones ein interessanter Kandidat für alle *Linked Data*-Projekte sein.

6.4 InfoGrid

6.4.1 Überblick

InfoGrid – die Internet Graph Database – ist nicht allein eine Graphdatenbank, sondern vielmehr ein Framework für die Entwicklung nutzerzentrierter, graphorientierter und REST-basierter Internetanwendungen. Hierbei hat das Projekt den Anspruch, die bisherig vorherrschende Aufteilung einer Software in Datenbank-Backend, Middleware und Anwendungsschicht durch einen integrierten Ansatz zu ersetzen, welcher schneller zu entwickeln, einfacher zu warten und damit deutlich kostengünstiger sein soll. Da die meisten Anwendungsinformationen heutzutage nicht mehr zentral über eine einzelne Datenbank verfügbar sind, sondern vielmehr stark verteilt im Internet vorliegen, bietet InfoGrid neben Modulen zur Entwicklung von HTTP und REST-Schnittstellen auch Module zur transparenten Integration von Informationen aus den unterschiedlichsten Datenquellen. Hierdurch können beispielsweise auch RSS- oder Atom-Feeds abgefragt, aggregiert und in InfoGrid integriert werden.

Steckbrief

Webadresse:	http://www.infogrid.org
Kategorie:	Verteilte Graphdatenbank und Web-Applikations-Framework
Datenmodell:	Vergleichbar Property-Graph, aber keine Properties auf Kanten
Query-Methode:	Traverser-API
Protokoll:	REST
API:	Java
Persistenz:	Mehrere Varianten, z.B. Image-Dateien, RDBMS, HadoopFS
Transaktionen:	ja
Replikation/Skalierung:	Peer-to-Peer-Replikation, Partitioning-Algorithmen
Zielstellung:	Graphbasierte Internetanwendungen
Geschrieben in:	Java
Lizenz:	AGPLv3 und kommerzielle Lizenzen

6.4.2 Beschreibung

InfoGrid ist ein echtes Unikat im Umfeld der NoSQL-Graphdatenbanken, da es bewusst eher mit einem Framework zur webbasierten Softwareentwicklung mit Unterstützung von Knoten und Kanten verglichen werden kann als mit einer reinen Graphdatenbank. So ist es kaum verwunderlich, dass InfoGrid sowohl umfangreiche Softwarekomponenten zur Benutzerauthentifizierung und Rechtemanagement wie beispielsweise OpenID mitbringt, sondern auch ein komplexes Framework zur Entwicklung und den Betrieb von Webapplikationen auf Basis des *Java Enterprise Edition Application Servers*. Mithilfe sogenannter

Viewlets, einer Art Templatesystem, können die Informationen innerhalb der Datenbank und damit der Inhalt der Knoten und Kanten in anwendungsspezifische Formate wie beispielsweise HTML, XML oder JSON transformiert werden. Mittels HTTP/REST können diese danach direkt an den Webbrowser eines Benutzers oder andere Zwischensysteme ausgeliefert werden. Somit erinnern die Ansätze von InfoGrid ein wenig an das Webapplikationskonzept von CouchDB, welches ebenfalls das Ziel hat, die Entwicklung komplexer Datenbankanwendungen im Webumfeld zu vereinfachen.

Ein weiteres wichtiges Merkmal von InfoGrid ist dessen einfache Integration von externen Datenquellen mittels des *Probe*-Frameworks. Hierdurch werden Daten nicht wie in relationalen Datenbanken üblich importiert und materialisiert, sondern nur lose gekoppelt. Die Daten bleiben also in ihren Datenquellen, werden aber virtuell als vollwertige Knoten und Kanten innerhalb von InfoGrid präsentiert, sodass für den Anwender kein harter Übergang zwischen verschiedenen Informationsquellen erkennbar ist. Hierdurch lassen sich Informations-Mashups deutlich einfacher realisieren, da InfoGrid als „Informationsproxy" die Komplexität des Datenaustausches, Mappings und der Synchronisierung übernimmt.

InfoGrid selbst kann ebenfalls verteilt arbeiten, wobei ein eigenes „Federation-Protokoll" mit dem Namen XPRISO den Datenaustausch und eine Peer-to-Peer-Replikation zwischen den einzelnen Instanzen übernimmt. InfoGrid kann als reine InMemory-Graphdatenbank benutzt werden oder unterschiedlichste Speichersysteme für die Persistenz nutzen und so die Knoten und Kanten des Datenbankgraphen nicht nur in speziellen Dateien, sondern auch in relationalen Datenbanken oder in einem Hadoop-Cluster speichern.

6.4.3 Datenmodell

InfoGrid ist ein wenig anders als all die anderen Graphdatenbanken. Dies wird nicht zuletzt durch die manchmal etwas sonderbar anmutende Benennung der einzelnen Komponenten deutlich. So werden die Knoten eines Graphen bei InfoGrid als *MeshObjects* bezeichnet, die Kanten als Beziehungen (*Relationships*) und der Graph selbst als „MeshBase". Wie beim Property-Graph können die Knoten unterschiedliche Properties besitzen. Fest vorgegeben sind hierbei eine indizierte UUID für die Identität eines Knotens und ein Gültigkeits- bzw. Ablaufdatum eines Knotens, nach dessen Ablauf dieser Knoten automatisch aus dem System entfernt wird. Die Properties werden nicht indiziert.

Die Kanten beinhalten seit der Version 2 von InfoGrid keine Properties mehr, da dies die Datenbank vereinfachen und deutlich beschleunigen würde. Werden Properties auf Kanten benötigt, so empfiehlt InfoGrid, einen sogenannten assoziativen Knoten zu erzeugen, welcher als Zwischenknoten zwischen den beiden eigentlich zu verbindenden Knoten eingefügt wird. Kanten sind ungerichtet und verbinden jeweils zwei unterschiedliche Knoten, wodurch keine Eigenschleifen von einem Knoten zu sich selbst abgebildet werden können.

Knoten und Kanten sind in der Regel untypisiert, können aber auf Wunsch mit einem oder mehreren Typen „gesegnet" (*blessed*) werden, wodurch Konten objektorientierte Eigenschaften erhalten und Kanten auch als gerichtet markiert werden können. Die einzelnen Typen eines Knotens oder einer Kante können sowohl manuell als auch automatisch mittels eines semantischen Modells definiert werden. Einige Beispiele solcher Modelle werden mit der Software mitgeliefert (ig-model-library), unter anderem für semantische Mashups.

6.4.4 Installation

InfoGrid kann von der Projekt-Website heruntergeladen werden, benötigt für den Start aber noch einen Java Enterprise Application Server wie beispielsweise Tomcat.

6.4.5 CRUD-Operationen

InfoGrid orientiert sich bei den grundlegenden CRUD-Operationen an den für Graphdatenbanken üblichen schemalosen Operationen. Zunächst muss jedoch ein Datenbankgraph erzeugt werden, welcher mit unterschiedlichen Speichersystemen von InMemory über lokale FileSysteme bis hin zu relationalen Datenbanken viele Implementationen umfasst.

Listing 6.4.1 InfoGrid: Erzeugen einer Datenbank

```
// Erzeuge eine InMemory-Datenbank
MeshBase mb = MMeshBase.create();

// Erzeuge eine Datenbank mit MySQL-Anschluss
MysqlDataSource _DataSource = new MysqlDataSource();
_DataSource.setDatabaseName("InfoGrid");

MysqlStore _Store = MysqlStore.create( _DataSource, "TestGraph1" );
_Store.initializeIfNecessary();

MeshBase _GraphDB = StoreMeshBase.create(_Store);

MeshObjectLifecycleManager _Life =
_GraphDB.getMeshObjectLifecycleManager();
```

Wie bei den meisten Graphdatenbanken muss jede Änderung an der InfoGrid-Datenbank innerhalb einer Transaktion erfolgen:

```
Transaction tx = null;

try {

    tx = mb.createTransactionAsap();
```

Create-Operation

Knoten und Kanten eines untypisierten Graphen können wie folgt erzeugt werden:

Listing 6.4.2 Knoten- und Kantenerzeugung

```
// Erzeugen der Knoten...
MeshObject _cnn  = _Life.createMeshObject();
    _cnn.setProperty("Name", "cnn");
    _cnn.setProperty("Url", "http://www.cnn.com");

MeshObject _xkcd = _Life.createMeshObject();
    _xkcd.setProperty("Name", "xkcd");
    _xkcd.setProperty("Url", "http://www.xkcd.com");

MeshObject _onion = _Life.createMeshObject();
```

```
    _onion.setProperty("Name", "onion");
    _onion.setProperty("Url", "http://www.onion.com");

MeshObject _good = _Life.createMeshObject();
    _good.setProperty("Name", "good");

MeshObject _funny = _Life.createMeshObject();
    _funny.setProperty("Name", "funny");


// Erzeugen der Kanten...
_cnn.relate(_good);
_xkcd.relate(_good);
_xkcd.relate(_funny);
_onion.relate(_funny);
```

Alternativ kann InfoGrid auch typisierte Knoten und Kanten verwalten. Ist das Graphdatenmodel bereits vorhanden, so können typisierte Knoten entweder nachträglich oder auch schon bei ihrer Erzeugung mit einem Knotentyp „gesegnet" werden:

```
_funny.bless(TaggingSubjectArea.TAG);

MeshObject _good = _Life.createMeshObject(TaggingSubjectArea.TAG);
```

Ein Typ definiert unter anderem, welche Properties auf einem Knoten zulässig sind. Da Properties ebenfalls typisiert sein können, ist ihre Erzeugung ein wenig aufwendiger:

```
_funny.setPropertyValue(TaggingSubjectArea.TAG_NAME,
        StringValue.create("funny"));

_good.setPropertyValue (TaggingSubjectArea.TAG_NAME,
        StringValue.create("good"));
```

Ist kein Fehler aufgetreten, können wir die Transaktion abschließen:

```
} finally (
  if ( tx != null) tx.commitTransaction();
)
```

Read-Operation

InfoGrid bietet neben den üblichen Methoden für Knoten und Kanten natürlich auch eine Reihe einfacher Graph-Traversal-Operationen wie beispielsweise Operationen zum Abfragen der Nachbarn eines Knotens:

Listing 6.4.3 InfoGrid: Read-Operationen

```
// Eine Property bzw. alle Properties abfragen
Object     _cnn_url = _cnn.getProperty("Url").value();
PropertyType[] _cnn_all = _cnn.getAllPropertyTypes();

// Alle Knotentypen abfragen
EntityType[] _cnn_types = _cnn.getTypes();


// Nachbarn eines Knotens abfragen
MeshObjectSet _goods = _good.traverseToNeighbors();
for (MeshObject n : _goods) {
  // Findet _cnn, _xkcd
}

MeshObjectSet _funnies = _funny.traverseToNeighbors();
for (MeshObject n : _funnies) {
  // Findet _onion, _xkcd
```

```
        }

        // Webseiten, die sowohl gut als auch lustig sind: xkcd
        MeshObjectSet _GoodAndFunny = _goods.intersect(_funnies);
```

Mithilfe des XPRISO-Protokolls können auch Knoten und Kanten aus entfernten InfoGrid-Datenbanken geladen und als normales lokales Objekt gelesen, aber auch manipuliert werden. Alle Änderungen werden dabei nicht nur lokal, sondern auch in der Originaldatenbank angewendet. Ein entferntes Objekt kann hierfür beispielsweise via REST über seine eindeutige URL referenziert und geladen werden.

```
        // Lade einen Knoten von der angegebenen URL

        MeshObject _RemoteObject = _GraphDB.
                   accessLocally(RemoteIdentifier);

        // Setze eine Property, welche automatisch synchronisiert wird...
        _RemoteObject.setProperty( property_type, property_value );

        // Traversiere die Nachbarn, welche automatisch nachgeladen werden
        MeshObjectSet neighbors = _RemoteObject.traverseToNeighbors();
```

Update/Delete-Operation

Über den LifecycleManager können Knoten und Kanten modifiziert und auch wieder gelöscht werden.

```
        _funny.unbless(TaggingSubjectArea.TAG);

        _Life.deleteMeshObject(_good);
```

6.4.6   Models

Mittels Graphmodellen werden bei InfoGrid Typen für typisierte Knoten und Kanten erstellt. Hierbei wird jedem Knoten- und Kantentyp ein Namespace (Subjectarea) zugeordnet, über den diese Typen später in der Datenbank angesprochen werden können.

Listing 6.4.4 InfoGrid: XML-Model

```
<!DOCTYPE model PUBLIC '-//InfoGrid.org//InfoGrid Model//EN'
'http://infogrid.org/dtds/model.dtd'>
<model>
 <subjectarea ID="org.infogrid.model.Tagging">
   <name>org.infogrid.model.Tagging</name>
   <username>Tagging Subject Area</username>
   <userdescription>Tagging tool</userdescription>
   <entitytype ID="org.infogrid.model.Tagging/Tag">
     <name>Tag</name>
     <username>Tag</username>
     <userdescription>A tag</userdescription>
     <propertytype ID="org.infogrid.model.Tagging/Tag_Name">
     <name>Name</name>
        <username>Name</username>
        <userdescription>
           The public representation of the Tag
        </userdescription>
        <datatype>
           <StringDataType/>
        </datatype>
        <defaultvalue>undefined</defaultvalue>
     </propertytype>
```

```
    </entitytype>

    <relationshiptype ID="org.infogrid.model.Tagging/Tag_Tags_MeshObject">
        <name>Tag_Tags_MeshObject</name>
        <username>Tags</username>
        <userdescription>
            Relates a Tag to the zero or more MeshObjects that it tags.
        </userdescription>

    <src>
        <e>org.infogrid.model.Tagging/Tag</e>
        <MultiplicityValue>0:N</MultiplicityValue>
    </src>
    <dest>
        <MultiplicityValue>0:N</MultiplicityValue>
    </dest>
    </relationshiptype>
</subjectarea>
```

6.4.7 Bewertung

Vorteile

- InfoGrid bietet ein komplettes graphorientiertes Web-Applikations-Framework.

- Eine Integration unterschiedlicher Informationsquellen und eine Verteilung der Datenbank sind sehr einfach möglich.

- Semantische Graphmodelle können sehr einfach in einer XML-basierten Modellierungssprache definiert werden.

- Mit der Web-Applikation „MeshWorld" hat man ein umfangreiches Tool für die Administration der Datenbank und Manipulation der Knoten und Kanten des Graphen.

Nachteile

- Die ungewohnten Namen und Bezeichnungen der Elemente der Datenbank machen einen Umstieg von anderen Graphdatenbanken kompliziert.

- Bislang werden nur die UUID der Knoten indiziert. Indizes für Properties, aber auch Volltextindizes fehlen bislang.

- Komplexere Queries werden nicht unterstützt.

- Transaktionen gelten nicht für Traversals, wodurch es unter Umständen zu Inkonsistenzen bei langen/langsamen Traversals kommen kann.

Anwendungsmöglichkeiten

InfoGrid biete sich natürlich vor allem für Web-Applikationen an und lässt in dieser Hinsicht nur wenige Wünsche offen. Zu den verbleibenden Wünschen zählen allerdings die Unterstützung von ausgefeilten Queries und eine Indizierung der Properties.

6.5 DEX

6.5.1 Überblick

DEX (Data Exploration) stammt als einzige in diesem Buch vorgestellte Graphdatenbank aus dem akademischen Umfeld. Sie wird seit 2006 von der Data Management Group (DAMA-UPC) an der polytechnischen University of Catalonia entwickelt. Seit März 2010 ist dieses Projekt ausgegründet und wird nun vom Universitäts-Spin-off Sparsity Technologies weiterentwickelt und gepflegt. Die Software steht sowohl als kommerzielle Variante als auch als Community-Version zur Verfügung, wobei Letztere für einen einzelnen temporären Graphen mit bis zu einer Million Knoten und einer beliebigen Anzahl an Kanten verwendet werden kann. Eine Open Source-Variante ist derzeit nicht in Planung.

Neben dem einzigartigen wissenschaftlichen Hintergrund ist die hybride Architektur, bestehend aus einem C++-Kern und Java-Bindings, ein weiteres Alleinstellungsmerkmal von DEX. Hierdurch soll nach eigenen Angaben dem Anspruch Genüge getan werden, die derzeit schnellste Graphdatenbank im NoSQL-Umfeld zu sein [SU10]. Ein weiterer Schwerpunkt von DEX ist die einfache und performante Integration verschiedenster Datenquellen, wobei unterschiedliche Datenquellen auf (virtuelle) Graphen abgebildet werden und somit Informationen aggregiert, vernetzt und auswertet werden können.

Steckbrief

Webadresse:	http://www.dama.upc.edu/technology-transfer/dex
Kategorie:	Graphdatenbank
Datenmodell:	Typisierter und gerichteter Multigraph mit Attributen (Property-Graph)
Query-Methode:	Traverser-API
API:	Java
Persistenz:	Eigenes Persistenzformat
Transaktionen:	Derzeit nicht vorhanden
Replikation/Skalierung:	Derzeit nicht vorhanden
Zielstellung:	Hohe Performanz und Integration verteilter Informationsquellen
Geschrieben in:	Java mit C++-Kern
Lizenz:	Kommerzielle und Test-Lizenz, aber *keine* Open Source-Lizenz

6.5.2 Beschreibung

DEX ist ein Framework für die Modellierung, Manipulation und Abfrage großer persistenter Graphstrukturen. Hierbei beschränkt sich DEX nicht nur auf die bekannten navigationsbasierten Anfragen wie beispielsweise Graph-Traversals, sondern bietet auch Module für eine große Zahl struktureller Fragestellungen [BM07]: Analyse der Kantenbeziehungen und der Relevanz von Knoten und Kanten, Clustering und Community-Entdeckung, Mustererkennung und Graph-Mining, bei denen Subgraphen mit bestimmten Eigenschaften innerhalb eines großen Graphen gesucht werden, und Module für eine effiziente Keyword-Suche innerhalb der Knoten- und Kanteninformationen.

Um diese weitreichenden Operationen anbieten zu können, unterschiedet DEX in seiner Architektur bewusst zwischen den persistenten Graphen, die als *DBGraphen* bezeichnet werden, und temporären *RGraphen*, die als Zwischen- oder Endergebnisse bei Anfragen erzeugt werden. Die DBGraphen teilen sich wiederum in einen Schemasubgraphen und einen Datensubgraphen auf. Während der Datensubgraph die eigentlichen Daten des Graphen vorhält, speichert der Schemagraph die notwendigen Metadaten wie beispielsweise die Datenquelle (CSV, XML, ODBC, JDBC ...), die Datensätze in diesen Quellen (Zeilen, Spalten, XML-Elemente ...) und die Typen und Properties der Knoten und Kanten in dem entsprechenden Graphen.

Properties bzw. Attribute auf Knoten werden automatisch indiziert, sofern man dies nicht explizit ausschließt. Zusätzlich können Attribute als „transient" markiert sein, wodurch diese nicht persistiert, sondern automatisch gelöscht werden, sobald die Graphdatenbank geschlossen wird. Hierdurch lassen sich Zwischenergebnisse komplexer Berechnungen direkt in den Knoten oder Kanten speichern.

6.5.3 Datenmodell

Auch wenn DEX den Begriff des Property-Graphen vermeidet und sein Graphdatenmodell als typisierten und gerichteten Multigraph mit Attributen beschreibt, kann dieses Datenmodell durchaus als Property-Graph bezeichnet werden. Im Vergleich zum klassischen Property-Graph können Kanten hierbei aber etwas freier definiert werden. Diese können beispielsweise wie gewohnt gerichtet sein und Knoten zweier bestimmter Knotentypen miteinander verbinden, aber auch ungerichtet sein oder zwei Knoten beliebigen Knotentyps miteinander verbinden. Neuartig sind sogenannte *virtuelle Kanten*, die statt Knoten Attribute gleichen Wertes miteinander verbinden, hierbei aber nicht persistent, sondern nur im Hauptspeicher gehalten werden. Somit erinnern diese virtuellen Kanten im Ansatz ein wenig an *Foreign Key*-Konstrukte in relationalen Datenbanken, womit ohne zusätzlichen Konfigurationsaufwand Informationen anhand ihres Wertes vernetzt und als Konsistenzkriterium verwendet werden können.

6.5.4 Installation

DEX kann nach einer Registrierung von der Projekt-Website heruntergeladen werden. Zum Starten wird die Java Runtime 5.0 oder neuer benötigt. Als Betriebssystem kann sowohl Windows (32 Bit), MacOS X (32 Bit) als auch Linux (32/64 Bit) verwendet werden. Nachdem man die Library `jdex.jar` zum Klassenpfad hinzugefügt hat, kann man nun das erste Beispielprogramm entwickeln und wie folgt starten:

```
$JAVA_HOME/bin/java -cp ./jdex.jar myDEXGraph
```

6.5.5 CRUD-Operationen

Die wichtigste und umfangreichste Programmierschnittstelle von DEX ist zweifelsfrei die Java-API. Hiermit können Knoten, Kanten und Attribute (Properties) auf beiden sehr einfach angelegt und somit ein Property-Graph erstellt werden. Darüber hinaus bietet die Java-API eine große Anzahl an graphspezifischen Algorithmen, mit denen der Inhalt eines Graphen auf unterschiedlichste Art und Weise abgefragt und bisweilen unbekannte Zusammenhänge entdeckt werden können.

Im folgenden Beispiel wird ein Teil des Property-Graphen aus Abschnitt 6.1.2 erzeugt:

Listing 6.5.1 DEX: Erzeugung und Ausgabe eines Graphen

```
DEX     _DEX      = new DEX();
GraphPool _GraphPool = _DEX.create("TagExample.dex");
DbGraph  _graphDB  = _GraphPool.getDbGraph();

// Erzeuge den Knotentyp RESOURCE...
int Resource = _graphDB.newNodeType("Resource");
long Name    = _graphDB.newAttribute(Resource, "Name", STRING);
long Url     = _graphDB.newAttribute(Resource, "Url", STRING);

// ...und einige dazugehörige Knoten
long cnn     = _graphDB.newNode(Resource);
long onion   = _graphDB.newNode(Resource);
long xkcd    = _graphDB.newNode(Resource);
_graphDB.setAttribute(cnn,   Name, "cnn");
_graphDB.setAttribute(onion, Name, "theonion");
_graphDB.setAttribute(xkcd,  Name, "xkcd");
_graphDB.setAttribute(cnn,   Url, "http://cnn.com");
_graphDB.setAttribute(onion, Url, "http://theonion.com");
_graphDB.setAttribute(xkcd,  Url, "http://xkcd.com");

// Erzeuge den Knotentyp TAG...
int Tag      = _graphDB.newNodeType("Tag");
long TagName  = _graphDB.newAttribute(Tag, "Name", STRING);

// ...und einige dazugehörige Knoten
long good     = _graphDB.newNode(Tag);
long funny    = _graphDB.newNode(Tag);
_graphDB.setAttribute(good,  TagName, "good");
_graphDB.setAttribute(funny, TagName, "funny");

// Erzeuge ungerichteten Kantentyp Tags
int Tags     = _graphDB.newUndirectedEdgeType("Tags");
int since    = _graphDB.newAttribute(Tags, "since", INT);

long e1       = _graphDB.newEdge(cnn,   good,  Tags);
long e2       = _graphDB.newEdge(xkcd,  good,  Tags);
long e3       = _graphDB.newEdge(onion, funny, Tags);
long e4       = _graphDB.newEdge(xkcd,  funny, Tags);
_graphDB.setAttribute(e4, since, 2005);

System.out.println("Xkcd ist getagged mit:");
Objects xkcdTags = _graphDB.explode(xkcd, Tags, OUT);
Objects.Iterator it1 = xkcdTags.iterator();

while (it1.hasNext()) {
  System.out.println(_graphDB.getAttribute(it1.next(), Name));
}

it1.close();
xkcdTags.close();

System.out.println("Alle getaggten Ressourcen ohne Duplikate:");
```

```
Objects allResources = _graphDB.select(Resource);
Objects.Iterator it2 = _graphDB.iterator();

while (it2.hasNext()) {
  long node = it2.next();
  if (_graphDB.explode(node, Tags, OUT).size() > 0)
    System.out.println(_graphDB.getAttribute(node, Name));
}

it2.close();
allResources.close();

_GraphPool.close();
_DEX.close();
```

Auch wenn die API zweifelsfrei sehr intuitiv und effizient ist, so erfüllt die Verwendung von einfachen Integer-Datentypen für Knoten, Kanten und deren jeweilige Typen kaum den Wunsch nach einer hundertprozentig typsicheren API. Hier wäre eine Kapselung der Rückgabewerte in eigene Datentypen wünschenswert, um so manchen Fehler aufgrund versehentlich falsch geschriebener Variablennamen schon durch den Java-Compiler erkennen zu können.

6.5.6 Graphoperationen

Neben Traversals bietet DEX eine große Anzahl an Graphalgorithmen. Im Folgenden sind exemplarisch eine Breitensuche und ein Algorithmus zur Suche von kürzesten Wegen zwischen zwei Knoten dargestellt.

Breitensuche

Der Algorithmus startet an einem bestimmten Knoten, verfolgt nur die festgelegten Kantentypen, aber alle Knotentypen, und sucht bis zum Ende des Graphen.

Listing 6.5.2 DEX: Breitensuche

```
// Finde und setze den Startknoten
long idsource = graph.findObj(graph.findType("Stadt"),
                              new Value("München"));

TraversalBFS bfs = new TraversalBFS(graph, idsource);

// Erlaube nur die folgenden Kantentypen bei der Suche
bfs.addEdge(graph.findType("Autobahn"),
            Algorithm.NAVIGATION_FORWARD);

bfs.addEdge(graph.findType("Bundesstraße"),
            Algorithm.NAVIGATION_FORWARD);

// Erlaube alle Knotentypen bei der Suche
bfs.addAllNodes();

long idnode;

// Starte den Algorithmus
while (bfs.hasNext()) {
    idnode = bfs.next();
}

bfs.close();
```

Kürzester Weg

Der Algorithmus startet auch hier an einem bestimmten Knoten und versucht, möglichst schnell zum Zielknoten zu gelangen. Hierbei sollen nur bestimmte Kanten verfolgt werden, und es ist ein Limit von sieben Hops vorgesehen, die der Algorithmus nicht überschreiten soll.

Listing 6.5.3 DEX: Kürzester Weg

```
// Finde und setze den Start- und Zielknoten
int   nodetype = graph.findType("Stadt ");

long idsource = graph.findObj(nodetype,
                    new Value("München"));

long iddest   = graph.findObj(nodetype,
                    new Value("Berlin"));

SinglePairShortestPathBFS sp =
    new SinglePairShortestPathBFS(graph, idsource, iddest);

// Erlaube nur die folgenden Kantentypen bei der Suche
sp.addEdge(graph.findType("Autobahn"),
        Algorithm.NAVIGATION_FORWARD);

sp.addEdge(graph.findType("Bundesstraße"),
        Algorithm.NAVIGATION_UNDIRECTED);

// Maximale Anzahl an Zwischenschritten
sp.setMaximumHops(7);

// Starte den Algorithmus
sp.run();

long[] spAsNodes;
long[] spAsEdges;
int    hopsDone;

// Ergebnismenge abfragen
if (sp.existsShortestPath()) {
    spAsNodes = sp.getPathAsNodes();
    spAsEdges = sp.getPathAsEdges();
    hopsDone  = sp.getCost();
}

sp.close();
```

6.5.7 DEX-Skripting

DEX verwendet ein dynamisches Datenmodell, welches in der Regel mittels der Java-API erzeugt und modifiziert wird. Für den schnellen oder wiederholten Import von Massendaten ist es aber unter Umständen unpraktisch, immer erst ein Programm zu schreiben, welches diese Aufgabe erfüllt. Hierfür bietet DEX ein umfangreiches Skripting-Framework an, womit diese immer wiederkehrenden Tätigkeiten deutlich vereinfacht werden können. Als Inputformate versteht DEX neben CSV- auch XML-Dateien, RDF-Graphen und SQL-Datenbanken via JDBC.

Im folgenden Beispiel wird zunächst ein Datenbank-Graph erstellt und danach das Schema des Graphen definiert, d.h. die notwendigen Knoten- und Kantentypen. Im Anschluss wird ein weiteres Skript verwendet, um ein Mapping der CSV-Daten auf Knoten und Kanten festzulegen.

Listing 6.5.4 DEX: Skripting

```
// Resources2Tags
create dbgraph PhoneCalls into 'calls.dex'

create node 'Resource' (
  'Name'    string unique indexed,
  'Url'     string indexed
)
create node 'Tag' (
  'Name'    string unique indexed
)

create undirected edge 'Tags' from 'Resource' to 'Tag' (
  'since'   int
)

create virtual edge ResourceTag from Resource.Name to Tag.Name

load nodes 'Resources.csv'
  columns 'Name', 'Url'
  into 'Resource'
  fields terminated ';'
  from 1
  max 1000
  mode rows

load nodes 'Tags.csv'
  columns 'Name'
  into 'Tag'
  fields terminated ';'
  from 1
  max 1000
  mode rows

load edges 'Resources2Tags.csv'
  columns 'Resource', 'Tag', 'comment'
  into 'Tags'
  ignore 'comment'
  where tail 'Resource' = 'Resource'.'Name'
        head 'Tag'      = 'Tag'.'Name'
  fields terminated ';'
  from 1
  mode rows

drop attribute Resource.Url
drop edge 'Tags'
drop node 'Resource'
drop node 'Tag'
```

6.5.8 DEX-Shell

Neben dem einfachen Im- und Export von Graphdaten mittels des Skripting-Frameworks bietet DEX ein einfaches Kommandozeilentool, um den Inhalt eines Datenbankgraphen abzufragen und zu manipulieren. Das Programm wird wie folgt aufgerufen:

```
java -cp CLASSPATH edu.upc.dama.dex.shell.Shell DEX_IMAGE
```

Hierbei muss der CLASSPATH die JDEX-Bibliothek enthalten, und DEX_IMAGE ist eine bereits vorhandene DEX-Datenbank. Die folgenden Befehle sind eine kurze Übersicht über die wichtigsten Kommandos der Datenbank-Shell:

- Objekt-Abfrage:

```
select "<type_name>"
select "<type_name>" "<attribute_name>" <op> <value>
select <attribute_id> <op> <value>
explode <node_id> "<edgetype_name>" in|out|both
neighbors <node_id> "<edgetype_name>" in|out|both
findType "<type_name>"
findObject <attribute_id> <value>
findEdge <node_id> <node_id> "<edgetype_name>"
findEdges <node_id> <node_id> "<edgetype_name>"
count (<objects_expression>|<array_expression>)
```

- Attribute:

```
findAttributes "<type_name>"
findAttribute "<type_name>" "<attr_name>"
getAttributes <object_id>
getAttribute <object_id> "<attribute_name>"
attributeCount <attribute_id>
attributeSize <attribute_id>
```

- Globale Variablen:

```
get <global_variable>
set <global_variable> <value>
```

- Ausgaben:

```
edges
nodes
print schema
print types
print attributes
print type "<type_name>"
print object <object_id>
print globals
```

- Export/Dump:

```
dump schema
dump data
dump storage
```

6.5.9 Bewertung

DEX ist noch ein recht unbekannter Vertreter der Graphdatenbanken. Dies mag sicherlich in vielerlei Hinsicht dem akademischen Hintergrund geschuldet sein, der eine Selbstvermarktung nicht als wichtigstes Ziel ansieht. Dass es aber keine Open Source-Variante von DEX gibt, ist weniger verständlich.

Vorteile

- Nach Messungen von DEX die derzeit schnellste Graphdatenbank [SU10, BM07].

- Gut für vernetzte Probleme mit einer Integration von Daten aus dritten Quellen.

- Neben Graphtraversierungen werden auch strukturelle Anfragen unterstützt.

Nachteile

■ Keinerlei Netzwerkschnittstellen wie beispielsweise REST

■ Derzeit keine Graphpartitionierung

■ Eine Community zu DEX ist praktisch nicht vorhanden.

■ Fehlende Open Source-Variante

Anwendungsmöglichkeiten

Da DEX derzeit keine Graphpartitionierung anbietet, ist es als Datenbank nur dann geeignet, wenn alle Daten von einem einzelnen Rechner vollständig verarbeitet werden können. Dort ist DEX derzeit aber die schnellste und umfangreichste Graphdatenbank, vor allem wenn es darum geht, unterschiedliche Datenquellen einfach zu integrieren und auszuwerten.

Literatur

[SU10]   David Dominguez-Sal, Pere Urbon, Aleix Gimenez, Sergio Gomez, Norbert Martínez-Bazán, Josep-L Larriba-Pey, (DAMA-UPC): Survey of Graph Database Performance on the HPC Scalable Graph Analysis Benchmark, 1st International Workshop on Graph Databases, JiuZhai Valley, China, July 2010

[BM07]   Norbert Martinez-Bazan, Victor Muntes-Mulero, Sergio Gomez-Villamor, Jordi Nin, Mario-A. Sanchez-Martinez, Josep-L. Larriba-Pey: DEX: High-Performance Exploration on large Graphs for Information Retrieval, CIKM '07: Proceedings of the sixteenth ACM Conference on Information and Knowledge Management; New York, USA

6.6 HyperGraphDB

6.6.1 Überblick

Die HyperGraphDB hat – wie einige andere Graphdatenbanken auch – ihre Wurzeln nicht im Bereich der Graphtheorie selbst, sondern ist anwendungsbedingt in dieses Themengebiet vorgestoßen. Ihre eigentlichen Ursprünge liegen im Bereich der künstlichen Intelligenz, der Verarbeitung natürlicher Sprache und des Semantic Webs, wodurch es verständlich ist, dass das Graphdatenmodell und die Benennung einzelner Elemente der Datenbank teilweise stark von den üblichen Modellen und Begriffen abweichen. So dienen Hypergraphen als mathematische Grundlage des Datenmodells, welche im Vergleich zum normalen Property-Graphmodell mit einer Kante mehr als zwei Knoten verbinden können [MV08, KH09]. In der speziellen Implementierung der HyperGraphDB können darüber hinaus auch Kanten mit anderen Kanten in einer direkten Beziehung stehen, wodurch einige Anwendungsfälle vereinfacht werden. Die HyperGraphDB lässt sich nicht nur als objektorientierte Embedded-Datenbank verwenden, sondern kann auch als verteilte Peer-to-Peer-Datenbank für intelligente Agentensysteme eingesetzt werden.

Steckbrief

Webadresse:	http://www.kobrix.com/hgdb.jsp
Kategorie:	Graphdatenbank
Datenmodell:	Hypergraph bestehend aus: - Knoten: Java-Objekte (POJO) - Kanten: Java-Objekte, welche das Kanten-Interface implementieren
Query-Methode:	HGQuery API, Traverser API
API:	Java
Persistenz:	Berkeley DB
Transaktionen:	ACI(D), Software-Transactional-Memory
Replikation/Skalierung:	Peer-to-Peer
Zielstellung:	Künstliche Intelligenz, Verarbeitung natürlicher Sprache und Semantic Web
Geschrieben in:	Java 5
Lizenz:	LGPL

6.6.2 Datenmodell

Die grundlegende Datenstruktur der HyperGraphDB ist das *Atom*. Es ist ein typisiertes Objekt, welches als Basis für alle anderen Objekte der Datenbank dient, anwendungsspezifische Daten enthalten und mit ein oder mehreren anderen Atomen in Verbindung stehen kann. Somit sind diese Atome einerseits mit der Object-Klasse in objektorientierten Programmiersprachen als auch mit den Knoten im klassischen Graphmodell vergleichbar. Kanten sind spezialisierte Atome, welche eine der Kantenschnittstellen implementieren und somit – ähnlich wie bei InfoGrid – spezielle assoziative Knoten zwischen zwei „normalen" Knoten. Hierbei wird allerdings nicht ausgeschlossen, dass eine Kante mit einer anderen Kante in direkter Beziehung stehen kann, wodurch sich unter Umständen mancher Anwendungsfall deutlich einfacher abbilden lässt.

Ein Unikum der HyperGraphDB ist, dass das Typsystem der Datenbank intern selbst als Hypergraph verwaltet wird. Somit bestehen die verwalteten Typen wiederum aus Atomen, welche auf vielfältige Art und Weise miteinander in Beziehung stehen können. Beispielsweise wird die Vererbungsinformation zwischen zwei voneinander abgeleiteten Typen mittels einer Hyperkante abgebildet.

Als weiteres Alleinstellungsmerkmal unter den Graphdatenbanken muss eine Java-Klasse, welche in der HyperGraphDB als Knoten gespeichert werden soll, von keinerlei (abstrakten) Basisklassen erben, keinerlei Interfaces implementieren oder mittels Code-Annotations auf eine bestehende Datenbankklassen abgebildet werden. Java-Klassen werden einfach mittels Reflection und der Java-Standard-Serialisierung gespeichert, wobei die HyperGraphDB für jeden neuen und bislang unbekannten Datentyp automatisch einen entsprechenden Datenbanktyp generiert. Dies ist zweifelsfrei praktisch, da sich ein Entwickler hierüber keinerlei Gedanken mehr machen muss und somit auch Fehler vermieden werden können. Dennoch wird dies natürlich durch eine im Vergleich zu anderen Datenbanken etwas schlechtere Performance erkauft, da hierbei etliche, eigentlich überflüssige Informationen innerhalb der Java-Objekte mitgespeichert werden.

6.6.3 Installation

Die HyperGraphDB kann von der Projekt-Website heruntergeladen werden und liegt danach in zwei Varianten vor. Das Java-Archive `HyperGraphDB.jar` stellt den Kern der Datenbank dar und enthält keinerlei Komponenten für eine Peer-to-Peer-Kommunikation und Replikation. Das Paket `hgdbfull.jar` hat dagegen eine volle Unterstützung für eine JXTA- sowie Jabber-basierte Kommunikation zwischen mehreren verteilen HyperGraph-DB-Instanzen.

Zum Starten wird die Java Runtime 5.0 oder neuer benötigt. Als Betriebssystem wird sowohl Windows als auch Linux unterstützt. Nachdem man die Library `HyperGraph-DB.jar` und die native Java-Schnittstelle zur BerkeleyDB zum Klassenpfad hinzugefügt hat, kann man sein erstes Beispielprogramm entwickeln und wie folgt starten:

```
java -Djava.library.path=$HGDB_ROOT/native
     -cp ./HyperGraphDB.jar myFirstHypergraph
```

6.6.4 CRUD-Operationen

Die HyperGraphDB unterschiedet sich beim Umgang mit Knoten und Kanten bzw. Java-Objekten in vielerlei Hinsicht von anderen Graphdatenbanken. Zu Beginn wird eine Datenbankinstanz erzeugt und eine Transaktion gestartet:

```
HyperGraph graph = HGEnvironment("c:/temp/test_hgdb");
graph.getTransactionManager().beginTransaction();

try
{
```

Create-Operation

Für das Erzeugen von klassischen Knoten und Kanten kennt die HyperGraphDB keine gesonderten Befehle, da sie wie bereits erwähnt via Reflection und Serialisierung alle Java-Objekte verarbeiten kann. So existiert als einziger Befehl das Hinzufügen eines Objektes zur Datenbank.

Listing 6.6.1 HyperGraph: Create-Operation

```
HGHandle xHandle = graph.add("Hello World");
HGHandle dHandle = graph.add(new double [] {0.9, 0.1, 4.3434});

// Tag und Website sind beliebige nutzergenerierte Java-Klassen
HGHandle _good  = graph.add(new Tag("good"));
HGHandle _funny = graph.add(new Tag("funny"));

HGHandle _cnn   = graph.add(
   new Website("cnn",   "http://www.cnn.com"));
HGHandle _xkcd  = graph.add(
   new Website("xkcd",  "http://www.xkcd.com"));
HGHandle _onion = graph.add(
   new Website("onion", "http://www.onion.com"));
```

Als Rückgabewert erhält der Anwender einen sogenannten Datenbank-Handler, welcher die Identität des Datenbankobjektes zur Laufzeit der Datenbank repräsentiert und mit Deskriptoren von Dateisystemen vergleichbar ist. Über diesen Handler kann sicher auf ein Datenbankobjekt zugegriffen und dieses auch manipuliert werden.

```
Tag _GoodTag = (Tag) HyperGraph.get(_good);
HGHandle _GoodHandle = HyperGraph.getHandle(_GoodTag)
```

Für manche Anwendungen kann es dennoch interessant sein, eine persistente Identität eines Objekts zu erhalten. Dies kann über den folgenden Aufruf erfolgen und beispielsweise eine UUID des Objekts zurückliefern:

```
HyperGraph.getPersistentHandle(_GoodTag)
```

Kanten werden wie normale Atome einfach in die Datenbank eingefügt. Hierzu muss ein Atom bzw. eine Java-Klasse allerdings das Interface `HGLink` implementieren. Um dies zu vereinfachen, gibt es bereits drei verschiedene Standardimplementierungen für Kantenobjekte:

- `HGPlainLink` ist eine einfache Kante.
- `HGValueLink` ist eine Kante mit einem zusätzlichen Java-Objekt, welches beispielsweise als Kantengewicht interpretiert werden kann. Mit diesem Wrapper ist es möglich, eine beliebige Java-Klasse als Kante zu nutzen, ohne Änderungen hieran vornehmen zu müssen.
- `HGRel` ist eine Kante mit zusätzlichen Bedingungen an die hiermit verbundenen Knoten des Graphen.

```
HGHandle _cnn_good   = graph.add(new HGPlainLink(_cnn,   _good));
HGHandle _xkcd_good  = graph.add(new HGPlainLink(_xkcd,  _good));
HGHandle _xkcd_funny = graph.add(new HGPlainLink(_xkcd,  _funny));
HGHandle _onion_funny = graph.add(new HGPlainLink(_onion, _funny));
```

Mit Hypergraph können beliebige Werte in den Atomen bzw. in den mit diesen verbundenen Atomen indiziert werden. Nach dem Anlegen eines Indizes wird dieser automatisch mit neuen Daten gefüllt und bei der Bearbeitung von Queries verwendet. Bereits zuvor hinzugefügte Atome werden von einem neu angelegten Index erst beim Neustart der Datenbank indiziert. Ist dieses Verhalten nicht erwünscht, kann die Indizierung dieser Atome auch manuell ausgelöst werden.

```
graph.getIndexManager().register(new ByPartIndexer(

    // Typ des Atoms
    graph.getTypeSystem().getTypeHandle(Website.class),

    // Zu indizierendes Feld des Atoms
    "Url");

graph.runMaintenance();
```

Die noch offene Transaktion wird wie folgt abgeschlossen:

```
graph.getTransactionManager().commit();
}

catch (Throwable t)
{
    graph.getTransactionManager().abort();
}
```

Read-Operation

Für Anfragen an die Datenbank nutzt die HyperGraphDB eine stark an klassische Anfrage-
sprachen oder an die LINQ-Schnittstelle von C# angelehnte Syntax von Methodenaufrufen, womit auch sehr komplexe Bedingungen formuliert werden können.

Als Rückgabewert wird eine (geordnete) Menge an Datenbank-Handles ohne Wiederholun-
gen ausgegeben, welche unter anderem mit einem Iterator effizient ausgelesen werden kann.

Listing 6.6.2 HyperGraph: Read-Operation

```
HGQueryCondition _QueryCondition =
        new And(

                // "FROM Website"...
                //    bzw. WHERE $type == Website.class
                new AtomTypeCondition(Website.class),

                // ...WHERE Url == 'http://www.xkcd.com'
                new AtomPartCondition(
                    new String[]{"Url"},
                    "http://www.xkcd.com",
                    ComparisonOperator.EQ));
HGSearchResult _ResultSet = graph.find(_QueryCondition);
try
{
    while (_ResultSet.hasNext())
    {
        HGHandle _CurrentHandle = _ResultSet.next();
        Website _CurrentSite = (Website) graph.get(_CurrentHandle);
        System.out.println(_CurrentSite.getName());
    }
}
finally
{
    _ResultSet.close();
}
```

Alternativ kann die Ergebnismenge auch mit dem folgenden Befehl materialisiert und in
eine generische Liste umgewandelt werden:

```
List<Website> _AllMatchingSites = graph.getAll(_QueryCondition);
for (Website _website : _AllMatchingSites)
    System.out.println(_website.getName());
```

Für wiederholte Anfragen ist dies natürlich sehr ineffizient, deshalb kennt die Hyper-
GraphDB auch eine Art „*prepared statements*", wie man sie aus relationalen Datenbanken
gewohnt ist. Hierfür wird die HGQuery-Klasse verwendet, welche nur einmal die Anfrage
analysiert, einen Anfrageplan erstellt, diesen intern speichert und ihn somit bei Bedarf sehr
schnell ausführen kann.

```
HGQuery _PreparedQuery = HGQuery.make(graph, _QueryCondition);

HGSearchResult _ResultSet = query.execute();
```

Update- und Delete-Operation

Um eine Änderung an einem Java-Objekt in die Datenbank zu übernehmen, reicht es aus,
dieses Objekt erneut zu speichern. Soll das Objekt jedoch ersetzt oder gelöscht werden, so
muss dies über den Datenbank-Handle erfolgen, damit auch alle internen Referenzen und
Indexeinträge konsistent geändert werden.

```
_xkcd.setName("xkcd");
graph.update(_xkcd);

graph.replace(_xkcd, new Website(...));

graph.remove(_xkcd);
```

6.6.5 Graphoperationen

Die HyperGraphDB bringt ein umfangreiches Framework für Graph-Traversals mit. Hierbei wird wiederum die Definition des Traversers von seiner eigentlichen Anwendung auf einem Startknoten getrennt, um diesen Vorgang optimieren zu können.

Listing 6.6.3 HyperGraph: Graphtraversion

```
DefaultALGenerator _AdjacencyList = new DefaultALGenerator(
    graph,
    hg.type(CitedBy.class),                    // interessante Kante?
    hg.and(hg.type(ScientificArticle.class),   // interessanter Knoten?
        hg.eq("publication", "Science")),
    true,                                      // Vorgänger ausgeben?
    false,                                     // Nachfolger ausgeben?
    false);                                    // Ergebnis umkehren?

HGTraversal _Traversal = new HGBreadthFirstTraversal(
    _StartingArticle,                          // Startknoten
    _AdjacencyList);

ScientificArticle currentArticle = startingArticle;

while (_Traversal.hasNext())
{
    Pair _Next = _Traversal.next();
    ScientificArticle _NextArticle = graph.get(_Next.getSecond());

    System.out.println("Article " + current +
                        " quotes " + nextArticle);

    currentArticle = nextArticle;
}
```

6.6.6 Peer-To-Peer-Framework

Eine Verteilung der Graphdaten kann mithilfe eines agentenbasierten Peer-to-Peer-Frameworks realisiert werden. Die verteilten Instanzen eines Graphen können hierbei mittels der Agent Communication Language (ACL), einem FIPA-Standard (*Foundation for Intelligent Physical Agents*), über XMPP/Jabber kommunizieren [FIA02]. Dieses recht komplexe Framework geht aber weit über das den Rahmen dieses Kapitels hinaus, weshalb hierauf nicht weiter eingegangen wird.

6.6.7 Bewertung

HyperGraphDB ist eine umfangreiche Graphdatenbank, der ihr Ursprung in Bereichen außerhalb der klassischen Anwendungsbereiche der NoSQL-Graphdatenbanken durchaus sehr stark anzumerken ist.

227

Vorteile

▓ Die HyperGraphDB kann direkt Java-Objekte (POJO) als Knoten (Atome) und mit minimalem Aufwand auch Kanten speichern.

▓ Die Hyperkanten können gleichzeitig mehrere Knoten verbinden, aber auch Kanten mit Kanten, wodurch einige Anwendungsfälle vereinfacht werden.

▓ Es ist eine mächtige Anfragesprache in Form von Methodenaufrufen vorhanden, wodurch Anfragen sehr effizient abgearbeitet werden können.

▓ Die Datenbank kann durch die Konfiguration von mehreren unabhängigen Datenbank-Peers in einem Peer-to-Peer-Netzwerk relativ einfach skalieren.

Nachteile

▓ Die ungewohnten Namen und Bezeichnungen der Elemente der Datenbank machen einen Umstieg von anderen Graphdatenbanken kompliziert.

▓ Zwar ist eine mächtige Anfragesprache in Form von Methodenaufrufen vorhanden, welche sich bestens für Ad-hoc-Anfragen eignen würde, doch ein entsprechender Sprachentwurf ist bislang nicht über die Ideensammlungsphase hinausgekommen.

▓ Die BerkeleyDB für die Persistenz ist zweifellos nicht die performanteste Speichermöglichkeit.

▓ Die Datenbank kann zwar verteilt arbeiten, die Dokumentation hierzu ist aber noch sehr lückenhaft, und derzeit sind keine Graphpartitionierungsalgorithmen verfügbar, um diesen Vorteil auch praktisch nutzen zu können.

▓ Eine einfache, beispielsweise REST-basierte Netzwerkschnittstelle ist nicht vorhanden.

Anwendungsmöglichkeiten

Die HyperGraphDB kommt aus den Bereichen der künstlichen Intelligenz, Verarbeitung natürlicher Sprache und des Semantic Webs und ist für diese Anwendungsfälle zweifellos am besten geeignet. Die sehr gute Verarbeitung von komplexen Anfragen macht die Datenbank aber auch für andere Anwendungsfälle interessant.

Literatur

[MV08]   Amadís Antonio Martínez-Morales, Dr. María-Esther Vidal: A Directed Hypergraph Formal Model for RDF, Workshop on Semantic Web, Ontologies, and Databases, Universidad Simón Bolívar, Venezuela, February 12, 2008

[KH09]   Steffen Klamt, Utz-Uwe Haus, Fabian Theis: Hypergraphs and Cellular Networks, Public Library of Science, 2009

[FIA02]   FOUNDATION FOR INTELLIGENT PHYSICAL AGENTS, FIPA TC Communication, 2002, *http://www.fipa.org/specs/fipa00061/SC00061G.html*

6.7 InfiniteGraph

6.7.1 Überblick

InfiniteGraph ist die derzeit jüngste verteilte Graphdatenbank im NoSQL-Umfeld. Sie baut auf der Infrastruktur der bekannten Objektdatenbank Objectivity/DB auf und ist somit die erste Graphdatenbank, welche von einem etablierten Datenbankhersteller entwickelt und vertrieben wird, wodurch nicht zuletzt die mittlerweile enorm gestiegene Bedeutung der Graphdatenbanken nochmals deutlich wird. Objectivity/DB ist jedoch kein klassisches Datenbankprodukt, sondern eher als Framework oder Bibliothek zu verstehen, mit dem andere Softwarehersteller die Funktionalität einer verteilten Objektdatenbank direkt in ihre Applikation integrieren können.

Steckbrief

Webadresse:	http://www.infinitegraph.com/
Kategorie:	Verteilte Graphdatenbank
Datenmodell:	Property-Graph
Query-Methode:	Traverser-API
API:	Java, C# in Planung
Persistenz:	Objectivity/DB
Transaktionen:	Lokal und verteilt
Replikation/Skalierung:	Objectivity/DB, derzeit keine Graphpartitionierung
Zielstellung:	Anwendungen mit großen und komplexen Graphdatenmodellen
Lizenz:	Kommerziell, Demoversion verfügbar

6.7.2 Beschreibung

Das zugrundeliegende objektorientierte Datenbanksystem Objectivity/DB wird von der 1988 gegründeten Objectivity Inc. entwickelt und gepflegt, welche darüber hinaus nicht nur die für den Sektor der objektorientierten Datenbanken wichtige Object Management Group (OMG), sondern auch die Object Data Management Group (ODMG) mit gegründet hat. Somit wundert es kaum, dass Objectivity/DB eine umfassende Objektdatenbank ist und sich schon seit vielen Jahren auch einen guten Ruf im Bereich der verteilten Datenbanken gemacht hat. Hierbei setzt Objectivity/DB auf Mechanismen, die heutigen Graphdatenbanken durchaus bekannt sind. Hierzu zählen:

- Jedes Objekt in der Datenbank hat eine eindeutige Identität.
- Mehrere Objekte werden in sogenannten Containern zusammengefasst, welche man im Umfeld von Graphen als Partitionen ansehen könnte. Problematisch dabei dürfte aber unter Umständen sein, dass die ID des Containers mit in die ID des Objekts einfließt und somit nur statische und keinesfalls überlappende Partitionen realisierbar sind.

229

- Objekte können via Kanten miteinander verbunden werden. Hierbei erweitert Objectivity/DB die klassischen objektorientierten Kanten und lässt auch Mehrfachkanten und bidirektionale Kanten zu.

- Die Datenbank kann nicht nur klassische SQL- und OQL-Anfragen beantworten, sondern kennt auch ein Iterator-Konzept, welches im Großen und Ganzen einem Graph-Traverser entspricht.

- Für die Ausfallsicherheit und die Replikation der Objekte nutzt Objectivity/DB ein synchrones und quorum-basiertes Verfahren, wie es auch in anderen NoSQL-Projekten üblich ist.

InfiniteGraph nutzt diese umfangreichen Vorentwicklungen und konnte so in kurzer Zeit eine graphorientierten Programmierschnittstelle anbieten. Im Moment ist ihr Funktionsumfang zwar noch sehr eingeschränkt, entwickelt sich jedoch stetig.

6.7.3 Datenmodell

Auch wenn InfiniteGraph den Begriff des Property-Graphen bislang selbst nicht verwendet, entspricht ihr Datenmodell einem solchen. Dementsprechend werden alle nutzergenerierten Knoten und Kanten des Graphen jeweils durch objektorientierte Klassen definiert, welche wiederum von Basisklassen ableiten. Hierdurch haben die Properties der Knoten und Kanten ein statisches Grundschema, welches beispielsweise eine eindeutige Identität in Form eines 64-Bit-Integers zur Verfügung stellt und um weitere Properties erweitert werden kann. Die Verbindungen zwischen den Knoten und Kanten sind derzeit rein dynamischer Natur, aber es ist wahrscheinlich, dass sich dies in der Zukunft ändern wird und ein Schemamanager die Konsistenz der Graphstruktur sicherstellen kann.

Bei InfiniteGraph sind Knoten und Kanten gleichberechtigte Objekte (*first-class citizens*). Kanten haben aufgrund ihrer hohen Bedeutung für InfiniteGraph allerdings ein paar gesonderte Eigenschaften. Da in vielen Analysen eine enorm große Anzahl an Kanten zu verarbeiten ist und ein großer Prozentsatz hiervon kaum relevant ist, kann jeder Kante explizit ein Gewicht und zukünftig auch eine Gültigkeitszeitspanne zugeordnet werden. Somit wird die effektive Anzahl der Kanten und die Komplexität des Graphen innerhalb von Analysen reduziert und das Endergebnis unter Umständen früher erreicht.

Für die Indizierung der Properties kann InfiniteGraph sowohl mit eigenen Indextypen umgehen als auch Indices aus dem Open Source-Projekt Lucene verwenden. Zusätzlich können einzelne Knoten mit einem „Namen" versehen werden, wodurch ein schneller Zugriff auf diese möglich ist.

6.7.4 Installation

Um eine Testversion von InfiniteGraph zu erhalten, ist eine Registrierung notwendig. Nach dem Herunterladen sollte man die aktuelle Installationsanleitung beherzigen, da die Installation aufwendiger ausfällt als bei vergleichbaren NoSQL-Datenbanken. Vor allem ist darauf zu achten, dass die Bibliotheken `oojava.jar` und `InfiniteGraph-X.jar` im Klassenpfad enthalten sind und die Datenbank `oostartams` sowie der Dienst `oolockserver` gestartet sind.

6.7.5 CRUD-Operationen

Wie bei jeder Datenbank üblich muss zunächst eine neue Datenbank erstellt und eine Transaktion gestartet werden.

Listing 6.7.1 InfiniteGraph: Erstellen einer Datenbank

```
public static void main(String[] args)
{
    Transaction   tx      = null;
    GraphDatabase graphDB = null;

    try
    {
        // Erzeugen einer Datenbank
        String graphName = "TagGraph";
        String props     = "graph.properties";
        GraphFactory.create(graphName, props);
        graphDB = GraphFactory.open(graphName, props);
        tx = graphDB.beginTransaction(AccessMode.READ_WRITE);
```

Create-Operation

Die Entwicklung eines Graphmodells mit InfiniteGraph beginnt am besten mit der Modellierung der Knoten- und Kantentypen als Java-Objekte. Hierzu leitet man seine eigenen Klassen von der jeweiligen Basisklasse ab und erweitert diese um die gewünschten Properties. Ein neuer Knotentyp kann wie folgt erstellt werden:

Listing 6.7.2 InfiniteGraph: Create-Operationen

```
// Knotentyp für Tags
class Tag extends BaseVertex
{

    private String label;

    public Tag(String label)
    {
        setLabel(label);
    }

public String getLabel()
    {
        fetch();
        return this.label;
    }

    public void setLabel(String label)
    {
        markModified();
        this.label = label;
    }

    @Override
    public String toString()
    {
        return this.label;
```

```
    }
};

// Knotentyp für Resources
class Resource extends BaseVertex
{
  private String uri;

  public Resource(String uri)
  {
    setURI(uri);
  }

  public String getURI()
  {
    fetch();
    return this.uri;
  }

  public void setURI(String uri)
  {
    markModified();
    this.uri = uri;
  }

  @Override
  public String toString()
  {
    return this.uri;
  }

};
```

Eine Kante wird analog hierzu vom Basistyp `BaseEdge` abgeleitet werden.

Listing 6.7.3 InfiniteGraph: Festlegen des Kantentyps

```
// Kantentyp zwischen Ressource und Tags
class TaggedWith extends BaseEdge
{
    private Timestamp stamp;

    public TaggedWith(Timestamp stamp)
    {
        setStamp(stamp);
    }

    public Timestamp getstamp()
    {
        fetch();
        return this.stamp;
    }

    public void setStamp(Timestamp stamp)
    {
        markModified();
        this.stamp = stamp;
    }

    public String getStamp()
    {
        return „Created on " + stamp;
    }

};
```

Nun können verschiedene Instanzen dieses Knotentyps erzeugt und in der Datenbank gespeichert werden.

Listing 6.7.4 InfiniteGraph: Erzeugen und Speichern von Knoten

```
// Erzeugen der Ressource und Tags
Resource cnn   = new Resource("http://cnn.com/");
Resource onion = new Resource("http://theonion.com/");
Resource xkcd  = new Resource("http://xkcd.com/");

Tag      good  = new Tag("good");
 Tag       funny = new Tag("funny");

// Knoten der Datenbank hinzufügen
graphDB.addVertex(cnn);
graphDB.addVertex(onion);
graphDB.addVertex(xkcd);
graphDB.addVertex(good);
graphDB.addVertex(funny);

// xkcd in einen gesonderten Knotennamenindex einfügen
graphDB.nameVertex("xkcd", xkcd);
```

Auf den Kanten soll jeweils ein Label mit dem Zeitstempel ihrer Erzeugung vermerkt werden, bevor diese der Datenbank hinzugefügt werden.

Listing 6.7.5 InfiniteGraph: Zeitstempel für Kanten

```
// Timestamp für die Tags
java.util.Date date = new java.util.Date();
Timestamp  time  = new Timestamp(date.getTime());

TaggedWith tagT1 = new TaggedWith(time);
TaggedWith tagT2 = new TaggedWith(time);
TaggedWith tagT3 = new TaggedWith(time);
TaggedWith tagT4 = new TaggedWith(time);

// Kanten: Ressourcen <-> Tags
cnn.addEdge  (tagT1, good,  EdgeKind.BIDIRECTIONAL);
xkcd.addEdge  (tagT2, good,  EdgeKind.BIDIRECTIONAL);
onion.addEdge(tagT3, funny, EdgeKind.BIDIRECTIONAL);
xkcd.addEdge  (tagT4, funny, EdgeKind.BIDIRECTIONAL);

// Commit und weiter als read-only
tx.checkpoint(true);
```

Read-Operation

Die Abfrage von Knoten und Kanten kann entweder recht simpel durch einen einfachen automatischen Namensindex oder einen frei definierbaren Index erfolgen oder durch ein Graph-Traversal.

Listing 6.7.6 InfiniteGraph: Read-Operation

```
// Einfache Queries
System.out.println("Listing all tags and resources:");
System.out.println("Tag: " + good.toString());

for (EdgeHandle edge: good.getEdges())
  System.out.println(" Resource: " +
          edge.getEdge().getOrigin().toString());
    System.out.println("Tag: " + funny.toString());

for (EdgeHandle edge: funny.getEdges())
```

233

```
        System.out.println(" Resource: " +
                edge.getEdge().getOrigin().toString());


// Tags von xkcd ausgeben
System.out.println("xkcd is tagged with:");

Resource resource = (Resource) graphDB.getNamedVertex("xkcd");
for (EdgeHandle edge: resource.getEdges())
    System.out.println(" Tag: " +
            edge.getEdge().getTarget().toString());
```

Update-Operation

Eine Änderung an einem Knoten oder einer Kante wird, sofern die entsprechende Klasse korrekt implementiert wurde, sofort in die Datenbank übernommen. Hierbei ist es wichtig, dass der Aufruf `markModified()` im Setter eines Properties vorhanden ist. Eine zusätzliche Property kann beispielsweise durch den folgenden direkten Aufruf erzeugt werden:

```
_xkcd.setProperty("Comic-Site", true);
```

Delete-Operation

Mit den Aufrufen `removeProperty(...)`, `removeEdge(...)`, `removeEdgeById()`, `removeVertex(...)` und `removeVertexById(...)` können Properties, Kanten und Knoten wieder entfernt werden.

6.7.6 Graphoperationen

Ein Graph-Traverser kann wie folgt erstellt werden:

```
_navigator = _xkcd.navigate(Guide.SIMPLE_BREADTH_FIRST,
                Qualifier.ANY,
                [... Suchkriterium ...],
                [... Aktion für jeden Treffer ...]);

_navigator.start();
_navigator.stop();
```

Im Unterschied zu einigen anderen Graphdatenbanken bekommt die Methode, welche bei jedem auf das Suchkriterium zutreffenden Knoten aufgerufen wird, sehr viele Informationen über den aktuellen Traversallauf wie beispielsweise den Pfad vom Ursprung bis zum derzeitigen Treffer. Bezugnehmend auf das Beispiel aus dem letzten Abschnitt können folgende Traverser erstellt werden:

Listing 6.7.7 InfiniteGraph: Graph-Traverser

```
System.out.println("Listing all paths to tagged sites:");
PrintResult resultPrinter = new PrintResult();
isResource qualifier     = new isResource();
Navigator   navigator;

// Alle Nachbarn von 'good' ausgeben
navigator = good.navigate(Guide.SIMPLE_BREADTH_FIRST,
                Qualifier.ANY, qualifier, resultPrinter);
navigator.start();
navigator.stop();
```

```
// Alle Nachbarn von 'funny' ausgeben
navigator = funny.navigate(Guide.SIMPLE_BREADTH_FIRST,
                    Qualifier.ANY, qualifier, resultPrinter);

navigator.start();
navigator.stcp();

// Gib das Ergebnis pro Pfad aus
class PrintResult implements NavigationResultHandler
{
  public void handleResultPath(Path result, Navigator navigator)
  {

    System.out.print("Found matching path : ");
    System.out.print(result.get(0).getVertex().toString());

    for(Hop h : result)
    {
      if(h.hasEdge())
          System.out.print("<->" + h.getVertex().toString());
    }

    System.out.println();

  }
};


// Ein qualifizierter Pfad ist ein Pfad, dessen
// letzter Knoten eine Resource ist
class isResource implements Qualifier
{
    public boolean qualify(Path currentPath)
    {
        if (currentPath.getFinalHop().getVertex().hasProperty("uri"))
            return true;
        return false;
    }

};
```

6.7.7 Bewertung

InfiniteGraph ist definitiv noch zu jung und neu im Gebiet der Graphdatenbanken, um über diese Implementierung bereits eine qualifizierte und faire Aussage treffen zu können. Dennoch ergeben sich schon heute einige Vorteile und Erweiterungsvorschläge an das Infinite-Graph-Entwicklerteam.

Vorteile

- Mit Objectivity/DB ein erprobter Unterbau, welcher Persistenz und Verteilung sicherstellt.

- Viele grundlegende graphorientierte Konzepte kennt InfiniteGraph bereits aus der Welt der Objektdatenbanken.

- Als Objektdatenbank eine sehr gute Unterstützung für objektorientierte Programmiersprachen wie Java und C# (API angekündigt).

Nachteile

- Sehr junges Projekt, an dessen APIs und Implementierungen sich wahrscheinlich noch viel verändern wird.
- Derzeit keine Netzwerkschnittstellen wie beispielsweise REST.
- Keine komplexeren Graphpartitionierungen.
- Keine Unterstützung von Ad-hoc-Queries.
- Keine *uniqueness* oder *mandatory constraints* für die Properties eines Knoten- oder Kantenschemas.
- Keine Import-/Exportschnittstellen für gängige Graph- oder Semantic-Web-Formate (RDF).

Anwendungsmöglichkeiten

Da InfiniteGraph als eine Erweiterung der Objektdatenbank Objectivity/DB angelegt ist, bietet es sich natürlich an, diese Graphdatenbank vor allem im Zusammenhang mit einer bereits bestehenden Objectivity/DB-Installation einzusetzen, um graphorientierte Teilaspekte einer Anwendung einfacher entwickeln, warten und schneller berechnen zu können.

6.8 OrientDB

6.8.1 Überblick

Die OrientDB ist ein noch recht junger Vertreter der Graphdatenbanken im NoSQL-Umfeld und eigentlich eine Dokumentendatenbank, welche aber in letzter Zeit durch graphorientierte Erweiterungen von sich reden gemacht hat. Die Geschichte der Orient-Produktfamilie reicht dabei mehr als zehn Jahre zurück und umfasst neben einem in C++ geschriebenen Vorläufer der derzeitigen Datenbank aktuell auch einen verteilten Key/Value-Store (*OrientKV*) und eine reine Objektdatenbank. Als Besonderheit im Vergleich mit den meisten anderen NoSQL-Datenbanken nutzt die OrientDB für Anfragen eine um graphorientierte Elemente und Methoden erweiterte Untermenge des SQL-Standards und bringt ein umfangreiches Rechtemanagement mit. Mit dem OrientDB-Studio und der OrientDB-Console bekommt ein Nutzer darüber hinaus ein mächtiges webbasiertes bzw. kommandozeilenorientiertes Werkzeug zur Verwaltung der Datenbank und ihrer einzelnen Datensätze.

Steckbrief

Webadresse:	http://www.orienttechnologies.com
Kategorie:	Dokumentendatenbank mit graphorientierten Erweiterungen
Datenmodell:	Property-Graph mit Knoten- und Kantenschema
Query-Methode:	Traverser-API, Untermenge von SQL zzgl. Grapherweiterungen

API:	Java 6, REST (JSON)
Persistenz:	Eigenes Format der Datenbank-Imagedateien
Transaktionen:	ACID, MVCC
Zielstellung:	Vereinigung von Key/Value-Stores, Dokumentendatenbanken und Graphdatenbanken in einer Lösung
Lizenz:	Apache 2.0

6.8.2 Datenmodell

Ähnlich wie die meisten Graphdatenbanken nutzt auch die OrientDB das Property-Graph-Modell für die Modellierung der Knoten und Kanten. Im Vergleich zu anderen Graphdatenbanken kann sie aber sowohl ein schemaloses Datenmodell, ein vollständig durch ein Schema definiertes Datenmodell und eine Mischung beider Modelle nutzen. Nutzt man ein Datenbankschema, so können Properties auf Knoten und Kanten indiziert, als `mandatory` markiert und der Gültigkeitsbereiche der Werte dieser Properties eingeschränkt werden.

Bislang einzigartig ist die unmittelbare Integration von Sicherheitsrollen in die Datenbank – eine Funktionalität, welche in anderen Graph- und NoSQL-Datenbanken nur selten zu finden ist.

6.8.3 Installation

Zum Starten der OrientDB wird die Java Runtime 6.0 oder neuer benötigt. Als Betriebssystem kann jedes Betriebssystem mit einer verfügbaren Java Virtual Machine verwendet werden. Nachdem man die Libraries unter `~/lib` zum Klassenpfad hinzugefügt hat, kann man die Datenbank und die dazugehörige Textkonsole starten:

```
ORIENT database v.0.9.3 www.orientechnologies.com
Type 'help' to display all the commands supported

>
```

Nun können unterschiedliche Befehle wie beispielsweise `create database` oder `select` Queries verwendet werden.

6.8.4 CRUD-Operationen

Die OrientDB orientiert sich bei den grundlegenden CRUD-Operationen an den für Graphdatenbanken üblichen schemalosen Operationen. Dennoch kann zusätzlich auch ein Schema für die Knoten- und Kantentypen verwendet werden. Für beide Varianten bietet die OrientDB sowohl ein *Fluent-Interface* für Java als auch SQL-artige Statements an. Hierbei ist zu beachten, dass es sich bei der OrientDB eigentlich um eine Dokumentendatenbank handelt, welche durch ein Graphschema Dokumente für Knoten und Kanten eines Graphen definiert.

Create-Operation

Die Befehle zum Erzeugen von Knoten mit schemalosen Properties und das Verknüpfen von zwei Knoten sind in dem folgenden Anwendungsbeispiel dargestellt:

Listing 6.8.1 OrientDB: Erzeugung eines Graphen

```
ODatabaseGraphTx graphdb =
        new ODatabaseGraphTx("local:/tmp/tagexample");

graphdb.open("Dr.Falken", "joshua");

// Erzeugen der Knoten...
OGraphVertex _cnn   = graphdb.createVertex()
                               .set("Name", "cnn")
                               .set("Url",  "http://www.cnn.com")

OGraphVertex _xkcd  = graphdb.createVertex()
                               .set("Name", "xkcd")
                               .set("Url",  "http://www.xkcd.com")

OGraphVertex _onion = graphdb.createVertex()
                               .set("Name", "onion")
                               .set("Url",  "http://www.onion.com")

OGraphVertex _good  = graphdb.createVertex()
                               .set("Name", "good");

OGraphVertex _funny = graphdb.createVertex()
                               .set("Name", "funny");

graphdb.setRoot("graph", _xkcd);
```

Kanten werden innerhalb der OrientDB als eigenständige Unterdokumente innerhalb der Knotendokumente verwaltet. Somit wird dem Startknoten einer Kante eine Out-Edge hinzugefügt und dem Zielknoten eine In-Edge. Hierdurch werden also vier Dokumente pro Knoten-Kante-Knoten-Beziehung gespeichert.

```
// Erzeugen der Kanten...
_cnn.link  (_good);
_xkcd.link (_good);
_xkcd.link (_funny);
_onion.link(_funny);
```

Read-Operation

Die OrientDB bietet eine Reihe einfacher Graph-Traversal-Operationen wie beispielsweise Operationen zum Abfragen der Nachbarn eines Knotens:

```
// Abfragen aller Nachbarn von _cnn...

for (OGraphVertex node : _cnn.browseEdgeDestinations()) {
    System.out.Println(node);
}
```

Von Vorteil ist es hierfür allerdings, die SQL-Schnittstelle zu verwenden, da diese deutlich mächtigere Anfragen erlaubt, auch wenn derzeit noch keine Projektionen verfügbar sind:

```
SELECT FROM OGraphVertex WHERE Name = 'cnn'
SELECT FROM OGraphVertex WHERE outEdges.size() > 0
SELECT FROM OGraphVertex WHERE @Version > 5
SELECT FROM OGraphVertex WHERE Name = 'good' TRAVERSE[(<minDeep>, <max-
Deep>)] (Url.length() > 0)
<maxDeep>)] (Url.length() > 0)
```

Update-Operation

Änderungen an einer Knoten- oder Kanten-Property können jederzeit durchgeführt werden. Danach muss der Knoten bzw. die Kante erneut gespeichert werden. Einfach geht dies wiederum mittels der SQL-Schnittstelle. Ein Query könnte wie folgt aussehen:

```
UPDATE OGraphVertex SET Url = 'http://www.xkcd.com'
                  WHERE Name = 'xkcd' AND @Version = 1
```

Delete-Operation

Das Entfernen eines Knotens wird wie folgt erledigt:

```
graphdb.delete(_cnn);
```

Oder wiederum eleganter mittels der SQL-Schnittstelle:

```
DELETE OGraphVertex WHERE Name = 'cnn'
```

Kanten und die damit verbundenen zwei Kantendokumente können nicht direkt angesprochen und gelöscht werden, sondern werden durch die Angabe ihrer Start- und Zielknoten gelöscht.

```
_cnn.unlink(_good);
```

Zum Beenden der OrientDB wird der folgende Befehl verwendet:

```
graphdb.close();
```

6.8.5　Datenbankschemata

Die OrientDB kann auf Wunsch auch ein Schema zu den gespeicherten Knoten- und Kantendokumenten anlegen und verwalten, um die Typsicherheit der Graphdatenbank zu verbessern. In Java lauten die Befehle für ein Beispielschema wie folgt:

```
OClass Nutzer  = graphdb.getMetadata().getSchema().
                 createClass("Nutzer").
                 setSuperClass(OGraphVertex);

OClass Freunde = graphdb.getMetadata().getSchema().
                 createClass("Freunde").
                 setSuperClass(OGraphEdge);

Nutzer.createProperty ("Nick", OType.STRING).
                  setNotNull(true).
                  createIndex(true);
Nutzer.createProperty ("Age", OType.INTEGER).
                  setMin("18").
                  setMax("120").
                  setMandatory(true).
                  setNotNull(true).
                  createIndex(true);

Nutzer.createProperty ("Freunde",      OType.EMBEDDEDMAP, Freunde);

Nutzer.createProperty ("BesterFreund", OType.LINK,        Freunde);

Freunde.createProperty("Freund",       OType.LINK,        Nutzer).
                  setMandatory(true).
                  setNotNull(true).
```

```
                              createIndex(true);

  Freunde.createProperty("seit", OType.DATE).
                         setMin("2010-01-01 00:00:00");
  graphdb.getMetadata().getSchema().save();
```

Auf das Schema kann auch über die SQL-Schnittstelle Einfluss genommen werden. Allerdings sind die Statements hierfür deutlich weniger mächtig als die Java-Befehle:

```
CREATE PROPERTY Nutzer.Nick STRING
CREATE LINK Freunde FROM Nutzer.Freunde To Nutzer.Freunde INVERSE
```

6.8.6 HTTP-REST-Schnittstelle

Auf unterschiedliche Instanzen der OrientDB kann auch via Netzwerk zugegriffen werden.
Wie häufig bei NoSQL-Datenbanken erfolgt die Kommunikation hierbei via HTTP/REST,
und alle Dokumente werden als JSON-Strings übermittelt. Die URL der REST-Schnittstelle ist dabei wie folgt:

```
http://[IP-Adresse]:[port]/[document|class|...]/[database]/...
```

Create-Operation

Ein neues Dokument kann mittels eines POST-Requests angelegt werden. Als Antwort
erhält man die eindeutige ID des Dokuments:

■ Anfrage:

```
HTTP POST: http://localhost:2480/document/tagexample
{
  "_class" : "OGraphVertex",
  "Name"   : "xkcd",
  "Url"    : "http://www.xkcd.com"
}
```

■ Antwort:

```
9:11
```

Read-Operation

Soll ein Dokument gelesen werden, so muss die eindeutige ID des Dokumentes bekannt
sein:

■ Anfrage:

```
HTTP GET: http://localhost:2480/document/tagexample/9:11
```

■ Antwort:

```
{
  "_id"    : "9:11",
  "_ver"   : "2",
  "_class" : "OGraphVertex",
  "Name"   : "xkcd",
  "Url"    : "http://www.xkcd.com"
}
```

Update-Operation

Sollen Daten innerhalb eines Dokumentes verändert werden, so muss das gesamte Dokument neu gespeichert werden:

■ Anfrage:

```
HTTP PUT: http://localhost:2480/document/tagexample/9:11
{
 "_class" : "OGraphVertex",
 "Name"   : "xkcd",
 "Url"    : "https://www.xkcd.com"
}
```

■ Antwort:

```
leer
```

Delete-Operation

Das Löschen eines Dokuments geschieht wie folgt:

■ Anfrage:

```
HTTP DELETE: http://localhost:2480/document/tagexample/9:11
```

■ Antwort:

```
leer
```

SQL-SELECT-Operationen

Ein Query kann mittels der folgenden URL an die SQL-Schnittstelle abgesetzt werden:

■ Anfrage:

```
HTTP POST: http://localhost:2480/query/tagexample
SELECT * from Tag
```

■ Antwort:

```
{ "result": [
 {
   "_id":    "-3:1",
   "_ver":   1,
   "_class": "OGraphVertex",
   "Name":   "funny",
 },
 {
   "_id":    "-3:2",
   "_ver":   1,
   "_class": "OGraphVertex",
   "Name":   "good",
}] }
```

6.8.7 Bewertung

Die OrientDB ist ein recht interessantes Projekt, welches eines der großen Ziele der NoSQL-Bewegung – die polyglotte Persistenz – ernst nimmt und von einem Key/Value-Store bis hin zu einer Graphdatenbank alles basierend auf einer einzigen Softwareplattform anbieten kann.

Vorteile

- Mit der dokumentenorientierten OrientDB haben auch die graphorientierten Erweiterungen einen erprobten Unterbau, welcher Persistenz und sehr schnelle Operationen sicherstellt.

- Anwender können wählen, ob sie ihre Daten im Key/Value-Store, in der Dokumentendatenbank oder in der Graphdatenbank speichern wollen, ohne dafür auf unterschiedliche Projekte zurückgreifen zu müssen.

- Anwender können wählen, ob sie lieber schemalos arbeiten oder ein typsicheres Schema für ihre unterschiedlichen Daten definieren wollen.

Nachteile

- Keine komplexeren Graph-Traversals und Graphpartitionierungen. Eine Unterstützung der Gremlin-Abragesprache ist allerdings für Herbst 2010 geplant.

- In Hinsicht auf graphorientierte Erweiterungen und der REST-Schnittstelle noch ein sehr junges Projekt, an dessen APIs und Implementierungen sich noch viel verändern wird.

6.9 Weitere graphorientierte Ansätze

Neben den in diesem Kapitel bereits vorgestellten Graphdatenbanken gibt es sowohl im NoSQL-Umfeld als auch im akademischen Umfeld noch eine Menge weiterer graphorientierter Ansätze und Implementationen des allgemeinen Graphmodells [AG08]. Viele dieser verwandten Technologien wie Twitters FlockDB oder Google Pregel spezialisieren sich allerdings auf ganz spezifische Probleme und Zielsetzungen, wodurch sie streng genommen keine vollwertigen Graphdatenbanken darstellen. Dieser Abschnitt bietet einen kurzen Streifzug durch diese Technologien am Rande der Graphdatenbanken.

6.9.1 Twitters FlockDB

Webadresse:	http://github.com/twitter/flockdb
Kategorie:	Graph Sharding Framework
Datenmodell:	Anwendungsspezifische Knoten und Kanten
Protokoll/API:	Thrift-RPC, Ruby
Persistenz:	Verteilte MySQL-Instanzen
Replikation/Skalierung:	Graph-Sharing anhand der Knoten-IDs (64 Bit)
Zielstellung:	Skalierbare Speicherung von Adjazenzlisten
Geschrieben in:	Scala (Java 1.6), Flock-Client: Ruby
Lizenz:	Apache 2.0

Aus einem bestimmten Blickwinkel ist Twitter als einer der größten sozialen Echtzeit-Nachrichtenaustauschdienste ein großer gerichteter sozialer Graph, in dem entlang der Kanten Kurznachrichten versendet werden können. Diese recht interessante Mischung aus einem einerseits vergleichsweise einfachen Datenmodell, aber dennoch enormen Skalierungs- und Echtzeitanforderungen erklärt die manchmal vielleicht etwas eigenwillig anmutenden Architekturentscheidungen, die Twitter zur Realisierung seiner Graphdatenbank gewählt hat.

Twitter hat mit der FlockDB eine verteilte und ausfallsichere Graphdatenbank speziell für die performante Verwaltung (Speicherung, Änderung und Entfernung) einer sehr großen Anzahl an Nutzerbeziehungen entwickelt. Hierbei steht eine einfache horizontale Skalierbarkeit im Mittelpunkt, welche durch eine Aufteilung des Graphen in beliebig viele Shards realisiert wird. Darüber hinaus bietet die FlockDB eine effiziente Abarbeitung komplexer Anfragen, welche beispielsweise beim Zustellen von Tweets benötigt werden, da diese unter Umständen Referenzen auf andere Nutzer „@otheruser" oder Keywords „#fail" beinhalten. Graph-Traversals oder Algorithmen für eine automatische Graphpartitionierung gehören dagegen explizit nicht zu den Zielen der FlockDB.

Das Datenmodell des sozialen Graphen ist sehr einfach gehalten. Wie im nachfolgenden Listing dargestellt, wird die Information, dass Alice den Kurznachrichten von Bob folgt, auf zwei Datenbankeinträge abgebildet: eine Vorwärtskante, um schnell die Personen herauszufinden, denen Alice folgt, und eine Rückwärtskante, um schnell herauszufinden, welche Leute sich für Bobs Kurznachrichten interessieren.

```
Alice -- follows    (pos, 9:54 today, count, normal) --> Bob
Bob   -- followed_by (pos, 9:54 today, count, normal) --> Alice
```

Beide Kanten enthalten darüber hinaus eine Position für Sortieraufgaben, einen Zeitstempel und ein Statusfeld. Für die Persistenz dieser Datensätze benutzt die FlockDB standardmäßig mehrere MySQL-Instanzen, welche durch das Twitter-eigene Partitionierungs-Framework Gizzard verwaltet werden (Abbildung 6.9.1) [GIZ09].

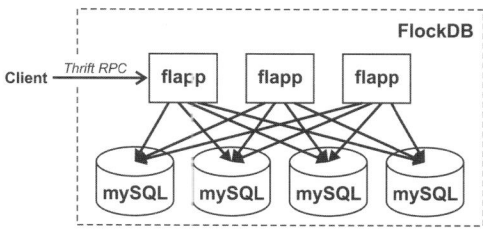

Abbildung 6.9.1
Verteilte Architektur der FlockDB

Die Applikationsserver, die von Twitter „flaps" genannt werden, sind nicht zuletzt aufgrund der hohen Anforderungen an eine gute horizontale Skalierbarkeit und eine statuslose Operation in Scala geschrieben und laufen auf der JavaVM. Somit können zu jedem Zeitpunkt, an dem beispielsweise die Anfragelast aufgrund politischer oder kultureller Ereignisse sprunghaft steigt, zusätzliche Applikationsserver ohne Änderungen an den Datenbanken hinzugefügt werden. Ausfälle auf Datenbankebene können ausgeglichen und die Reaktionszeit der Webanwendung von der Reaktionszeit der Datenbankebene entkoppelt werden, da die Applikationsserver Schreiboperationen zwischenspeichern, bis diese erfolgreich gespeichert wurden. Für die Partitionierung stehen bislang nur einfache Algorithmen zur Verfügung, welche die Knoten und Kanten anhand ihrer IDs aufteilen und somit keinerlei Datenlokalität berücksichtigen.

Zusammenfassend ist die FlockDB eine interessante Graphdatenbank für alle, die enorme Skalierungsanforderungen haben und deren Fragestellungen sich auf einfache „1-Hop"-Nachbarschaftsbeziehungen abbilden lassen. Für komplexere Anfragen und insbesondere Graph-Traversals muss man aber weiterhin auf andere Datenbanken zurückgreifen.

6.9.2   Google Pregel

Webadresse:	http://www.google.com
Kategorie:	Graph Processing Framework mittels Bulk Synchronous Parallel
Datenmodell:	Knoten := { Knotentyp, Kantentyp, Nachrichtentyp } zzgl. Aktivitätsstatus
API:	C++
Persistenz	Google File System, BigTable
Replikation/Skalierung:	Master/Slave-Architektur, Graph-Sharding anhand der Knoten-IDs (64 Bit)
Zielstellung:	Effiziente Berechnungen auf sehr großen verteilten Graphen
Geschrieben in:	C++
Lizenz:	Keine, da nur Google-intern verfügbar

Map/Reduce ist Googles wichtigstes Framework, da mit diesem laut eigner Aussage ca. 80 % aller Berechnungen realisiert werden. Es ist zweifelsfrei ein sehr mächtiges Werkzeug für alle hochgradig parallelisierbaren Aufgabenstellungen mit seriellen Datenzugriffsmustern. Doch mit graphorientierten Algorithmen hat es ernsthafte Probleme, da diese stark von zufälligen Datenzugriffsmustern und rekursiven Operationen geprägt sind. Map/Reduce sieht nicht vor, dass Ergebnisse direkt als Input in weitere Berechnungen einfließen, ohne dass diese zunächst in irgendeiner Form persistiert werden, wodurch sehr viel unnötiger I/O-Verkehr entsteht und eine möglicherweise vorhandene Datenlokalität nicht ausgenutzt werden kann. Ferner sind Algorithmen wie beispielsweise eine Matrix-Multiplikation, Page-Rank oder eine Breitensuche für viele Anwender zu schwierig auf ein reines Map/Reduce-Framework abzubilden.

Für solche Fragestellungen sind Datenflussmodelle eigentlich deutlich besser geeignet. Diese erlauben, dass mehrere Tasks parallel auf (externe) Daten zugreifen, unabhängig voneinander verarbeiten, und dass das Ergebnis dieser Verarbeitungsschritte automatisch neue Tasks anstößt, wodurch die Notwendigkeit einer externen Synchronisation vollständig entfällt. Doch in der Regel sind auch diese Modelle zu schwierig zu programmieren und zu schwer ausfallsicher zu skalieren, um den enormen Anforderungen bei Google gerecht werden können.

Mit Pregel hat Googles deshalb ein neues Framework vorgestellt, welches sich auf die verteilte und ausfallsichere Berechnung großer Graphprobleme spezialisiert hat [MA10]. Fälschlicherweise wird es häufig in die Kategorie der Graphdatenbank einsortiert, in der es aufgrund seiner deutlich unterschiedlichen Ziele allerdings nicht gehört. Im Gegensatz zu den Datenflussmodellen verwendet Pregel das etwas einfachere *Bulk Synchronous Parallel Model (BSP)*, welches eine explizierte Synchronisierung vorsieht [Val90]. Den Ablauf einer Berechnung innerhalb des BSP-Modells kann man sich am einfachsten als Gesellschaftsspiel vorstellen. Wie viele Brett- oder Kartenspiele besteht auch das BSP-Spiel aus der Wiederholung mehrerer Runden, welche wiederum aus mehreren Spielphasen bestehen, bevor schlussendlich ein Endergebnis vorliegt.

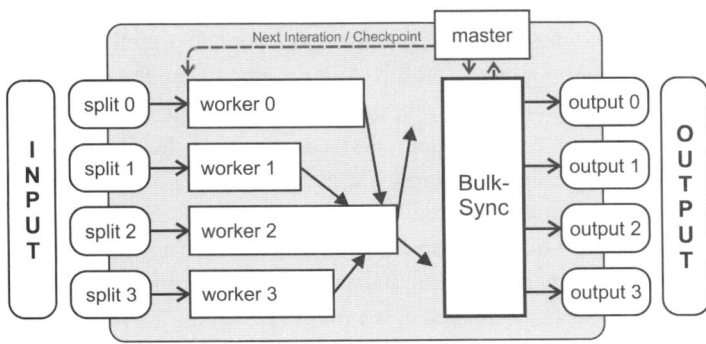

Abbildung. 6.9.2
Bulk-Synchronous-
Parallel-Modell (BSP)

Die einzelnen Phasen sind wie folgt:

■ **Parallele Verarbeitungsphase**

In dieser Phase berechnen alle Teilnehmer (hier: Knoten bzw. Prozessoren mit mehreren Knoten) unabhängig voneinander und nur auf Basis ihrer lokal verfügbaren Informationen, also z.B. den Karten auf ihrer Hand, einen Algorithmus, der im Weiteren Einfluss auf ihre Entscheidungen nehmen wird. Hierdurch ändert sich unter Umständen das Wissen (der interne Zustand) eines Teilnehmers und die Topologie seines taktischen Graphen, der seine Taktik gegenüber einem anderen Teilnehmer repräsentiert (entspricht der ausgehenden Kante zu diesem Teilnehmer).

■ **Kommunikationsphase**

Nach Abschluss der lokalen Berechnungen können die Teilnehmer untereinander frei kommunizieren, Daten (z.B. Karten) austauschen, Bündnisse schließen oder Vereinbarungen aufkündigen. Diese ausgetauschten Nachrichten können natürlich den weiteren Verlauf der nächsten Verarbeitungsphase beeinflussen, da diese Nachrichten für die Teilnehmer neue lokale Informationen darstellen.

■ **Barriere**

In dieser Phase warten alle Teilnehmer auf das Ende der globalen Kommunikationsphase. Somit dient diese Phase der Synchronisierung der Teilnehmer, bevor eine neue Verarbeitungsphase beginnen kann, der Master einen Zwischenstand (*Checkpoint*) des aktuellen Graphen persistiert oder das Ende des Algorithmus erreicht ist. Durch diese

Barriere können Endlosschleifen (*Deadlocks*) und inkonsistente Zwischenstände sehr einfach und elegant vermieden werden.

Im Datenmodell, auf dem Pregel dieses BSP-Spiel aufbaut, besteht ein Knoten jeweils aus einem Knotentyp, einem Kantentyp und einem Nachrichtentyp. Hierdurch ist das Datenmodell recht einfach gehalten, kann aber bei Bedarf beispielsweise mithilfe von Protocol Buffers zu komplexeren Datentypen erweitert werden. Hinzu kommt, dass die Knoten ihren Aktivitätsstatus speichern und eine gemeinsame Berechnungsvorschrift besitzen, wodurch diese ihre gespeicherten Knoten- und Kanteneigenschaften modifizieren bzw. Kanten löschen oder neue Kanten erzeugen können. Kanten selbst haben in diesem Modell aber keine eigene Berechnungsvorschrift und sind somit ihren anhängigen Knoten untergeordnet.

Um Konflikte besser automatisch und deterministisch auflösen zu können, definiert Pregel eine Reihenfolge, in der verschiedene Operationen am Anfang einer Berechnungsrunde ausgeführt werden: Zunächst werden Kanten entfernt, dann Knoten mit all ihren Kanten, dann werden Knoten hinzugefügt und dann Kanten. Erst danach wird die Berechnung eines Knoten ausgeführt. Für Konflikte, die trotzdem nicht gelöst werden können, existieren mehrere Handler, die der Nutzer implementieren kann, um eine eigene Fehlerbehandlungsmethode zu implementieren. So können beispielsweise Nachrichten an unbekannte oder nicht mehr existierende Knoten je nach Algorithmus entweder alle verbliebenen Kanten zu diesem Zielknoten entfernen oder diesen Zielknoten (neu) erzeugen.

Um das Ende der lokalen Berechnungen und Topologie-Modifikationen zu kennzeichnen, besitzt jeder Knoten einen „Haltezustand", welcher aber durch eintreffende Nachrichten anderer Knoten unterbrochen werden kann. Befinden sich alle Knoten im „Haltezustand" und es sind keine weiteren Nachrichten mehr im Umlauf, so ist das Ende des Algorithmus erreicht, und das Endergebnis liegt vor.

Ein einfaches Anwendungsbeispiel für das Pregel-Programmiermodell ist im folgenden Codeauszug zu finden. Hierbei berechnet jeder Knoten seine Entfernung zu einem vorher festgelegten Zielknoten. Zu Beginn kennt nur dieser Zielknoten selbst seine Entfernung von „0" und sendet deshalb an all seine Nachbarknoten die Nachricht, dass diese die Entfernung „1" haben. Jeder weitere Knoten wertet in jeder Runde die eingehenden Nachrichten aus, und sofern einer seiner Nachbarn einen geringeren Abstand zum Ziel berichtet hat, als diesem aktuell bekannt ist, wird diese Information gespeichert und wiederum an die Nachbarn weitergegeben. Die Laufzeit des Algorithmus und damit die Anzahl der Runden sind hierbei vom Durchmesser des Graphen abhängig, da die Information in jeder Runde nur entlang einer Kantenmenge gesendet wird.

Listing 6.9.1 Pregel: Programmiermodell

```
// Knoten-/Kanten-/Nachrichtentyp
class MinDistanceVertex
    : public Vertex<int, int, int> {

  // Nachrichten empfangen
  void Compute(MessageIterator* msgs)
  {
```

```
    int _MinDist = IsSource(vertex_id()) ? 0 : INF;

    // Finde den kleinsten Wert innerhalb der Nachrichten
    for (; !msgs->Done(); msgs->Next())
        _MinDist = min(_MinDist, msgs->Value());

    if (_MinDist < GetValue())
    {
        // Setze den internen Wert auf die neue
        // minimale Distanz
        *MutableValue() = _MinDist;

        // Sende die neue minimale Distanz
        // an alle Nachbarknoten
        SendMessageToAllNeighbors(_MinDist + 1);

    }

    // Superstep-Synchronisation
    VoteToHalt();

    }

}
```

Pregel ist wie die meisten Frameworks von Google nach dem *Master-Slave*-Prinzip aufgebaut. Der Master ist vor Beginn der ersten Runde dafür verantwortlich, die Knoten auf Prozessoren zu verteilen und hierfür eine möglichst gute Graphpartitionierung zu finden, um einerseits die Kommunikationskosten in der dazugehörigen Phase minimal zu halten, aber auch, um die Prozessoren möglichst gleichmäßig auszulasten. Pregel selbst bietet außer einer zufälligen Partitionierung auf Basis der Knoten-ID derzeit nur wenig Unterstützung an. Der Master steuert auch die explizite Synchronisierung der Barrierephase und fragt zum Schluss das Endergebnis ab, sobald alle Knoten das Ende des Spieles signalisiert haben.

Pregel ist noch zu neu, um heute schon Aussagen über seinen Nutzen und Erfolg machen zu können. Die Zukunft wird zeigen, ob das BSP-Modell einen ähnlichen Siegeszug wie Map/Reduce feiern und somit als Standardverarbeitungsmodell Einzug in viele Graph-Frameworks und Graphdatenbanken halten wird.

6.9.3   Apache Hama/Hamburg

Webadresse:	http://incubator.apache.org/hama/
Kategorie:	Matrix/Graph Processing Framework mittels Bulk Synchronous Parallel
Datenmodell:	Vom jeweiligen Subprojekt abhängig
Persistenz:	HBase
Replikation/Skalierung:	Setzt auf Hadoop auf und nutzt ZooKeeper für das Cluster-Management
Zielstellung:	Effiziente Berechnungen auf sehr großen verteilten Matrizen und Graphen
Geschrieben in:	Java
Lizenz:	Apache 2.0

Apache Hama ist ein noch sehr junges Projekt innerhalb der Apache-Familie und erst vor kurzem mit dem ehemals eigenständigen Projekt Hamburg vereint worden. Hama ist eine Erweiterung des Apache Hadoop-Frameworks und bietet aufbauend auf dieser Map/Reduce-Infrastruktur Bibliotheken für die Berechnung sehr großer, datenintensiver und verteilter Matrizen und Graphen (Subprojekt *Angrapa*) für vor allem wissenschaftliche Fragestellungen. Hierbei nutzt es ähnlich wie Google Pregel das *Bulk Synchronous Parallel*-Modell und ist laut eigener Aussage hiermit in der Lage, mehrere Tera- bis Petabytes zu verarbeiten.

Auch wenn Pregel und Hama offensichtlich zwei getrennte Entwicklungen sind, ähnelt sich ihre Architektur sehr stark. In der Implementierung zeigen sich jedoch nicht zuletzt in der Wahl der Programmiersprache deutliche Unterschiede. Für die Kommunikation zwischen den Knoten nutzt Hama die vorhandenen Hadoop RPC-Mechanismen und synchronisiert die BSP-Barrierephase mittels ZooKeeper.

Für den theoretischen Hintergrund sei auf den Abschnitt über Google Pregel verwiesen. Ein kurzer Überblick über Apache Hama ist außerdem in [SY10] zu finden.

6.9.4 Die VertexDB-Familie

Webadresse:	http://www.dekorte.com/projects/opensource/vertexdb/ http://github.com/stevedekorte/vertex.lua http://github.com/stevedekorte/vertex.js
Kategorie:	Graphdatenbank aus dem Blickwinkel eines Dateisystems
Datenmodell:	Knoten mit Properties (Key => Mehrere Werte)
Query-Methode:	HTTP GET teilweise JSON-Format
API:	HTTP (GET, POST), Ruby
Persistenz:	Tokyo Cabinet (Key/Value-Store)
Replikation/Skalierung:	via Tokyo Cabinet
Zielstellung:	Einfacherer Umgang mit Links in Dateisystemen
Geschrieben in:	VertexDB in C, Vertex.lua in Lua, Vertex.js in JavaScript
Lizenz:	BSD, teilweise MIT

Die Familie der VertexDBs ist ein noch sehr junges und kleines Projekt, das eine ganz eigene Herangehensweise an Graphdatenbanken verfolgt. Es lehnt sich dabei ein wenig an die FUSE-Dateisystem-API an, die unter Linux eine beliebte Kernel-Schnittstelle ist, um Dateisysteme im Userspace zu implementieren. Die VertexDB erweitert dabei diese Schnittstelle um einige Methoden, um hierdurch Graphen einfacher persistieren zu können.

Intern arbeitet die ursprüngliche VertexDB mit nur einem Thread, nutzt aber die libevent-Bibliothek für eine asynchrone Kommunikation und einen integrierten HTTP-Server. Die JavaScript-Implementierung Vertex.js nutzt dagegen die node.js-Bibliothek. In allen Versionen der Datenbank wird der Tokyo Cabinet Key/Value-Store für die Speicherung der Knoten und Kanten eines Graphen verwendet. Die Kommunikation mit dem Nutzer erfolgt jeweils mittels HTTP. Hierbei werden allerdings nur HTTP-GET- und HTTP-POST-Methoden verwendet, es handelt sich also nicht um eine vollwertige REST-Schnittstelle. Anfragen und Antworten sind teilweise als Text oder JSON formatiert, wobei die neueren Versionen der Datenbank verstärkt auf JSON setzen und somit nicht mehr abwärtskompatibel zur ursprünglichen Implementierung sind.

Die VertexDBs können mit Transaktionen umgehen, indem mehrere Anfragen entweder in einem HTTP-POST (statt als HTTP-GET) oder bei den beiden neuen Implementierungen in einem JSON-String übertragen werden. Alte Knoten werden aber nicht sofort physikalisch aus der Datenbank entfernt, sondern erst durch einen automatischen Garbage-Collector-Lauf. Zusätzlich zu einer reinen Graphdatenbank bringen die VertexDBs die Möglichkeit mit, zeitgesteuerte Queues zu verwalten.

Die VertexDBs modellieren die Knoten eines Graphen als Verzeichnisse eines Dateisystems. In diesen Verzeichnissen kann es sowohl Dateien geben, die Key/Value-Beziehungen speichern, als auch Links, die auf andere Knoten verweisen. Schlüssel, die mit einem „_" beginnen werden dabei als Key/Value-Paare interpretiert, alle anderen als Verweise. In den Werten der Key/Value-Paare konnten ursprünglich nur Texte gespeichert werden, doch die neueren Implementationen können mittlerweile auch mit unterschiedlichen Wertetypen umgehen und kennen zusätzlich auch einen reservierten Schlüssel „_type", mit dem der Typ eines Wertes definiert werden kann.

Im Folgenden wird ein einfaches Beispiel gezeigt, wie Knoten und Kanten mittels der HTTP-Schnittstelle erzeugt, verwaltet und abgefragt werden können:

Listing 6.9.2 VertexDB: Beispiel

```
// Erstellung eines Knotens via HTTP GET
GET  /tags/good?action=mkdir
GET  /tags/good?action=write&mode=set&key=_name&value=good

// Erstellung eines Knotens via HTTP GET und POST
GET  /tags/funny?action=mkdir
POST /tags/funny?action=write&mode=set&key=_name
funny

GET  /res/cnn?action=mkdir
GET  /res/cnn?action=write&mode=set&key=_name&value=cnn
GET  /res/cnn?action=write&mode=set&key=_url&value=http://www.cnn.com
GET  /res/xkcd?action=mkdir
GET  /res/xkcd?action=write&mode=set&key=_name&value=xkcd
GET  /res/xkcd?action=write&mode=set&key=_url&value=http://www.xkcd.com
GET  /res/onion?action=mkdir
GET  /res/onion?action=write&mode=set&key=_name&value=onion
POST /res/onion?action=write&mode=set&key=_url
http://www.onion.com

// Vorwärtskanten anlegen
GET  /res/cnn/?action=link&key=tags&toPath=/tags/good
GET  /res/xkcd/?action=link&key=tags&toPath=/tags/good
GET  /res/xkcd/?action=link&key=tags&toPath=/tags/funny
GET  /res/onion/?action=link&key=tags&toPath=/tags/funny

// Rückwärtskanten innerhalb einer Transaktion anlegen
POST /tags/?action=transaction
 good?action=link&key=taggedResources&toPath=/res/cnn/
 good?action=link&key=taggedResources&toPath=/res/xkcd/
 funny?action=link&key=taggedResources&toPath=/res/xkcd/
```

```
funny?action=link&key=taggedResources&toPath=/res/onion/

// URL von cnn auslesen
GET  /res/cnn/_url?action=read
=> http://www.cnn.com

// Mit welchen Tags ist xkcd getagged worden?
/res/xkcd/tags?action=select&op=values&whereKey=name
=> ["good", "funny"]
```

Die neueren VertexDB-Implementationen wie beispielsweise die VertexDB.js weichen vom reinen HTTP-basierten Protokoll ihres Vorgängers ab und nutzen ein JSON-basiertes Format, das in der Regel via HTTP-POST übermittelt wird. Der Inhalt und dessen Aufbau ist aber von wenigen Ausnahmen wie beispielsweise typisierten Properties abgesehen der gleiche. Ein Beispiel:

■ Request:

```
POST /
  Content-Type: application/json-request
  Content-Length: ...

  [
    ["mk",    "tags/funny/name", "String", "funny"],
    ["link",  "tags/funny", "name", "/res/xkcd/tags"],
    ["mread", "/res/xkcd/tags/name"]
  ]
```

■ Response:

```
  Content-Type: application/json
  Content-Length: ...
  Status-Code: 200

  [
    null,
    null,
    "funny",
  ]
```

Das gleiche Beispiel nochmals mit der etwas einfacheren Ruby-API der VertexDB:

Listing 6.9.3 VertexDB unter Ruby

```
  require 'gbase'

  base = myVertexDB.new
  base.clear!

  base.write '/tags/good',  {:_name => 'good'}
  base.write '/tags/funny', {:_name => 'funny'}

  base.write '/res', {

    cnn   => {:_name => 'cnn',
              :_url  => 'http://www.cnn.com',
              :tags  => '../../tags/good' },

    xkcd  => {:_name => 'xkcd',
              :_url  => 'http://www.xkcd.com',
              :tags => {
                  1 => '../../tags/good',
                  2 => '../../tags/funny'
              }
            },
```

```
onion => {:_name => 'onion',
          :_url  => 'http://www.onion.com',
          :tags  => '../../tags/funny' },
}

base.link '/tags/good',  'taggedResources', '/res/cnn',
base.link '/tags/good',  'taggedResources', '/res/xkcd'
base.link '/tags/funny', 'taggedResources', '/res/xkcd',
base.link '/tags/funny', 'taggedResources', '/res/onion'
```

Vorteile

- Sehr einfach, intuitiv zu verstehen und sehr schnell

- Mit Tokyo Cabinet eine erprobte Persistenzschicht

Nachteile

- Keine Properties auf Kanten

- Keine komplexeren Abfragen wie beispielsweise Graph-Traversals

- Sehr junges Projekt, an dessen APIs und Implementierungen sich noch viel verändern wird

6.9.5 Filament

Webadresse:	http://filamentgraph.org
Kategorie:	Graph Persistence Framework
Datenmodell:	Property-Graph
Query-Methode:	Traverser-API
API:	Java
Persistenz:	Mehrere, z.B. SQL-Storage (Oracle, Postgres)
Transaktionen:	Abhängig vom Persistenzverfahren
Zielstellung:	Schlanker GraphDB-Kernel für sehr einfache Graphprobleme
Geschrieben in:	Java
Lizenz:	BSD

Filament ist ein sehr kleines und schlankes Framework für die Persistenz von Graphen und Anfragen basierend auf Graph-Traversals. Es verwendet standardmäßig eine InMemory-Datenbank oder eine relationale Datenbank in Form eines Triple-Stores für die Persistenz der Knoten, Kanten und Properties. Das folgende Beispiel erstellt einen Graphen, versieht ihn mit Tags und nimmt eine Traversion vor.

```
// Original-Quelle:
// http://sourceforge.net/apps/wordpress/filament/2010/03/04/
// get-a-taste-of-graph-databases-a-filament-example/
public class FirstStepDemo {

    public static final String KEY_LABEL  = "label";
```

```
public static final String KEY_URI     = "uri";
public static final String TAG         = "tag";
public static final String TAGGED_WITH = "taggedWith";

private static SimpleGraph graph;

public static void main(String[] args) throws Exception {

    //  Stelle eine Verbindung zur persistenten DB her
    Connection conn = getJdbcConnection(...);
    graph = DefaultGraph.create(new SqlStoreFactory(conn));

    try {

        Node tagLibrary = graph.rootNode();
        Node cnn        = getOrCreateResource("http://cnn.com/");
        Node onion      = getOrCreateResource("http://theonion.com/");
        Node xkcd       = getOrCreateResource("http://xkcd.com/");

        Node funny      = getOrCreateTag("funny");
        Node good       = getOrCreateTag("good");

        tagResource(cnn,   good);
        tagResource(xkcd,  good);
        tagResource(onion, funny);
        tagResource(xkcd,  funny);

        System.out.println("Listing all tags and resources");
        for (Edge tagEdge : graph.rootNode().edges(TAG)) {
            Node tag = tagEdge.getHead();
            System.out.println("\t" + tag.get(KEY_LABEL));
            for (Edge taggedEdge : tag.edges(TAGGED_WITH)) {
                Node resource = taggedEdge.otherEnd(tag);
                System.out.println("\t\t" + resource.get(KEY_URI));
            }
        }

        System.out.println("Xkcd is tagged with:");
        for (Edge e : xkcd.edges(TAGGED_WITH)) {
            Node tag = e.otherEnd(xkcd);
            System.out.println("\t" + tag.get(KEY_LABEL));
        }

        System.out.println("All tagged sites (no duplicates)");
        Predicate tagFilter = new Predicate() {
            public boolean apply(Step step) {
                return TAGGED_WITH.equals(step.getEdge().getType());
            }
        };

        NodeTraverser traverser = new FilteredNodeTraverser(false)
                                      .out(TAG)
                                      .in(TAGGED_WITH)
                                      .onlyReturn(tagFilter);
        for (Node _Node : traverser.nodes(graph.rootNode())) {
            System.out.println( "\t" + _Node.get(KEY_URI));
        }

        conn.commit();

    } finally {
        graph.close();
        conn.close();
    }

}

private static void tagResource(Node resource, Node tag) {

    // Nachschauen, ob hier schon mit diesem Tag getagged wurde.
```

```
if (resource.connection(tag, TAGGED_WITH, Direction.OUT)
    != null) return;
  resource.addEdge(tag, TAGGED_WITH);
  //Alternativ: graph.addEdge(resource, tag, TAGGED_WITH);
}

private static Node getOrCreateTag(String label) {
  Collection found = graph.findObjects(KEY_LABEL, label);
  if (found.isEmpty()) {
    Node result = graph.newNode();
    result.put(KEY_LABEL, label);
    graph.rootNode().addEdge(result, TAG);
    return result;
  }
  return (Node) found.iterator().next();
}

private static Node getOrCreateResource(String uri)  {
  Collection found = graph.findObjects(KEY_URI, uri);
  if (found.isEmpty()) {
    Node result = graph.newNode();
    result.put( KEY_URI, uri );
    return result;
  }
  return (Node) found.iterator().next();
}

}
```

Vorteile

■ Sehr kleines und leichtgewichtiges Framework für den Umgang mit Graphen

■ Sehr einfach an eigene Persistenzschichten anpassbar

Nachteile

■ Keine komplexeren Graphoperationen wie beispielsweise Partitionierungen

■ Persistenz via Triple-Store in einer relationalen Datenbank ist im Vergleich zu anderen Lösungen recht langsam.

■ Keine Netzwerkschnittstellen

Links & Literatur

[AG08]   Renzo Angles, Claudio Gutierrez: Survey of Graph Database Models, ACM Comput. Surv., 2008

[Val90]   Leslie G. Valiant: A Bridging Model for Parallel Computation, Comm. of ACM 1990

[GIZ09]   Gizzard, a framework for creating distributed datastores,
          http://github.com/twitter/gizzard

[MA10]   Grzegorz Malewicz, Matthew H. Austern, Aart J. C. Bik, James C. Dehnert, Ilan Horn, Naty Leiser und Grzegorz Czajkowski: Pregel: A System for large-scale Graph Processing, Google Inc., Proceedings of the 2010 international Conference on Management of Data (SIGMOD '10)

[SY10]   Sangwon Seo, Edward J. Yoon, Jaehong Kim, Seongwook Jin: HAMA: An Efficient Matrix Computation with the MapReduce Framework, Sungkyunkwan University, July 2010

7 Weitere NoSQL-Datenbanken

In den vorigen Kapiteln wurde gut ein Dutzend der wichtigsten NoSQL-Datenbanken ausführlich erwähnt. Daher werden wir Ihnen in diesem Kapitel einen kurzen Überblick über die ca. 40 wichtigsten weiteren NoSQL-Datenbanken geben, die nachweisbar noch Einzug in die Industrie gefunden haben. Wie groß der Raum der NoSQL-Systeme derzeit tatsächlich ist, ist nicht zu bestimmen. Auf den wichtigsten Referenzseiten zu NoSQL wird alle paar Tage ein neues Datenbanksystem eingetragen. Weit über 100 NoSQL-Systeme sind dort bereits verzeichnet. Sicherlich sind viele von diesen Datenbanken noch jung und auch viele von kleinen Gruppen oder Einzelpersonen erstellt. Dennoch dürften derzeit mindestens 30 bis 40 dieser Datenbanken bereits in nichttrivialen Anwendungen in der Industrie eingesetzt sein und eine Community mitbringen. Ziel dieses Kapitels ist, diese Anwendungen vorzustellen und auf Stärken und Schwächen hinzuweisen, damit Sie diese Systeme vielleicht auch in den Lösungsraum mit einbeziehen können.

Wir beginnen mit dem Bereich der Wide Column Stores, in dem es derzeit noch sehr wenige Systeme gibt. Hier fällt auch die Abgrenzung zu vielen Key/Value-Datenbanken (siehe Kapitel 3 und 5) – aufgrund der mächtigen Erweiterungen ebendieser – schwer. Aber mit Hypertable und Cloudera gibt es zwei Vertreter, die als Hadoop-Derivate in der Liga der Petabyte-Scale-Datenbanken spielen.

Im folgenden Teil werden die NoSQL-Datenbanken vorgestellt, die in der ausführlichen Analyse vorher keinen Platz mehr gefunden haben, aber dennoch relevant für eine Evaluation wären. Darunter sind Systeme wie Amazon Dynamo, die die NoSQL-Welt nachhaltig geprägt haben, aber nicht Open Source sind. Oder das NoSQL-System Voldemort, welches im Vergleich zu vielen anderen Key/Value-Systemen bereits sehr oft eingesetzt wird.

7.1 Wide Column Stores

7.1.1 Hypertable

Hypertable wurde von Doug Judd gegründet und ahmt die Idee von Googles BigTable mit dem Map/Reduce-Framework beziehungsweise von Apache Hadoop nach. Da Hypertable Open Source ist, gibt es zwei Websites:

- *http://www.hypertable.org*
- *http://www.hypertable.com*

Die erste Website hostet das Open Source-Projekt selbst. Die zweite bietet kommerziellen Support auf Hypertable-Basis. Hypertable kann auf Hadoop aufsetzen und die Daten auch in das HDFS-Dateisystem speichern.

Hypertable ist stark an das Googles BigTable-Modell angelehnt. Google selbst bietet damit Services wie YouTube, Blogger, Google Earth, Google Maps, Orkut und natürlich die Suchmaschine selbst an. Dies ist also das Anwendungsfeld, das Hypertable anspricht. Hypertable wird auch von *baidu.com* und *rediff.com* eingesetzt. Ersteres ist das chinesische Äquivalent zur Suchmaschine Google und Letzteres eines der größten indischen Web-Portale.

Anders als Apache Hadoop ist Hypertable in C++ geschrieben und daher um einiges schneller.

Das primäre Ziel von Hypertable ist es, sehr große Datenvolumen zu verarbeiten und diese Online-Anwendungen zur Verfügung zu stellen. Die Datensätze werden in tabellenähnlicher Form zur Verfügung gestellt und über einen Primärschüssel indiziert. Gleichzeitig werden die Daten auch in dieser Primärschlüsselabfolge gespeichert, sodass Bereichsabfragen sehr effizient durchgeführt werden können. Dies ist besonders ideal für Analyseanwendungen im Bereich der Business Intelligence. Die gespeicherten Daten bekommen alle einen Zeitstempel, was eine revisionsartige Archivierung der Daten ähnlich dem MVCC-Prinzip bedeutet.

Anwender können mit Apache Thrift auf Hypertable zugreifen. Dies bedeutet, dass bereits initial Java-, PHP-, Python-, Perl- und Ruby-Anbindungen vorhanden sind. Aber auch Schnittstellen für andere Sprachen können für Thrift ohne besonders großen Aufwand selbst entwickelt werden.

Spannend ist bei NoSQL-Datenbanken natürlich immer die Abfragemächtigkeit. Hier bietet Hypertable HQL an (Hypertable Query Language). HQL ist eine SQL-Untermenge mit einigen speziellen Erweiterungen. Die Selektion von Reihen, Bereichen und auch Zeitbereichen (aufgrund der Timestamps) innerhalb der Reihen kann damit recht effizient vonstatten gehen. Im Vergleich zur Abfragesprache Apache Hive ist HQL effizienter im Index-Lookup. Hive ist dagegen als SQL-Engine über Apache Hadoop SQL-mächtiger, wenn es um Weiterbearbeitung oder *join*-ähnliche Abfragen geht. Interessant wäre daher eine Kombination aus beiden Abfragesprachen.

Interessant ist weiterhin, dass es für Hypertable eine sehr stabile Brücke zu dem ActiveRecord Framework/Pattern in Ruby on Rails gibt. In Arbeit ist für Hypertable ebenfalls eine Brücke zum Django Framework, die mit dem Erscheinen des Buches ebenfalls verfügbar sein müsste.

Ein Ziel der Weiterentwicklung von Hypertable ist es, eine skalierbare SQL-Abfragemächtigkeit zu erreichen. Eine sehr schwierige Aufgabe, die Hypertable aber so früh wie möglich erreichen möchte.

Der Vorteil von Hypertable liegt sicherlich in der höheren Performance für Range-Abfragen. Open Source und Rails-Fähigkeit sprechen ebenfalls dafür, Hypertable zu evaluieren.

Ein Einsatzgebiet für Hypertable ist sicherlich der Bereich, in dem extreme Datenmengen skalierbar analysiert werden müssen, wenn Hadoop/HBase evtl. aus Performancegründen gerade nicht mehr in Frage kommen. Dennoch muss sicherlich genau geprüft werden, ob die Mächtigkeit von HQL ausreicht, wenn komplexere Abfragen gebraucht werden.

7.1.2 Cloudera

Cloudera (*cloudera.com*) stellt eine eigene Distribution von Hadoop zur Verfügung. Auf dieser Basis bietet Cloudera Consulting, Training, Support, und Zertifizierung für Hadoop und die Cloudera-Produkte an.

Wichtigste Cloudera-Produkte sind der Cloudera Desktop und die Distribution selbst. Die Idee der Distribution ist, Hadoop noch einfacher zu installieren, zu konfigurieren und laufen zu lassen. Kernstück dessen ist der Cloudera Desktop, mit dem die folgenden Aufgaben bearbeitet werden können:

- Import und Export von Daten
- Cluster Monitoring und Health Supervision
- File Browser ermöglichen beispielsweise, die zu bearbeiteten Daten hochzuladen und die Ergebnisse zu sichten.
- Job-Aministration: Das Erstellen, Löschen und das Überwachen von Jobs
- Insbesondere zur letzteren Aufgabe gibt es Hilfsmittel, mit dem Job-Metadaten erstellt, die Arbeitszeit der Jobs überwacht und die Jobs gezählt werden können. Fehlerhafte Jobs können neu gestartet werden.

Die Distribution enthält RPMs und Debian Packages, Linux Services und die gesamte Dokumentation. Als interessantes Zusatztool ist Sqoop ein Werkzeug, mit dem Daten aus relationalen Datenbanken extrahiert werden können. Sqoop analysiert dazu die Tabellen mit ihrem Schema und überträgt die Daten dann dateiweise ins Hadoop-Filesystem HDFS. Ferner ermöglicht Sqoop den Import in eine Hive Data-Warehouse-Struktur, um von dort aus wieder SQL-ähnliche Analysen durchzuführen. Bei Hive werden SQL ähnliche Statements in Map/Reduce-Abfragen übersetzt.

Dies alles zeigt die Vorteile von Cloudera auf. Firmen, die kommerziellen Support benötigen, greifen eventuell besser auf Cloudera zurück. Man sollte aber vergleichen, ob die

Mächtigkeit des Cloudera Desktops benötigt wird oder ob die Hadoop-ZooKeeper-Features ausreichen. Cloudera ist auch dann eine gute Wahl, wenn Daten aus relationalen Datenbanken exportiert und nach Hadoop oder Hive importiert werden sollen, da z.B. die Hive-Analysemächtigkeit benötigt wird. Cloudera ist kommerziell in vielen Firmen wie LinkedIn, Samsung, Rackspace etc. in Einsatz.

7.2 Document Stores

Terrastore

Zu den bekanntesten Dokument Stores gehört zunächst Terrastore. Das auf Google Code gehostete Projekt (*http://code.google.com/p/terrastore*) setzt auf der Terracotta-Technologie auf, bei der Java Virtual Machines geclustered werden. Im Prinzip setzt man bei Terrastore extrem einfache JVMs auf beliebig vielen Nodes auf. Diese kann man dann mit einem http-Protokoll oder mit einer Java-API ansprechen. Dann kann man wie in CouchDB JSON-Dokumente ablegen und CRUD-Operationen darauf absetzen. Der *Document Space* kann dabei automatisch partitioniert werden. Terracotta stellt hier sogenannte *per-Document*-Persistenz zur Verfügung. Dabei wird als Transaktionsebene Read-Committed garantiert, was *dirty-reads* verhindert, aber noch *non-repeatable-read-* und *phantom-read-* Probleme beinhaltet. Diesen Nachteil muss der Anwender – wie bei vielen NoSQL-Systemen – tragen, erhält dafür aber beste Skalierbarkeit. In Terracotta können Event-Listener einfach registriert werden. Auf der Query-Ebene stehen einfache Vergleichsoperatoren für Bereichsabfragen (Range-Queries) und Abfragen mit Java-Prädikaten zur Verfügung.

OrientDB

OrientDB (*http://www.orientechnologies.com*) ist eine interessante Java-Lösung, die Dokumente, Objekte, Graphen und Key/Values verwalten kann. Die Software steht auch als embedded Version mit ca. 500 kB zur Verfügung und ist besonders auf hohe Performance optimiert. Je nach Konfiguration sind damit Abfragen von bis zu einigen Hunderttausend Operationen möglich. OrientDB spielt daher von der Performance in einer ähnlichen Liga wie Redis und MongoDB. Abfragen sind in einer nativen Sprache und in SQL möglich. Zusätzlich gibt es REST- und http-Schnittstellen, die auch JSON verarbeiten können. Für den Key/Value-Server gibt es ein interessantes Cluster-Management, welches die NoSQL-Bibliothek Hazelcast verwendet, um die Statusinformation für das *fail-over management* zu verwalten. Lösungen mit Multi-Master-Replikation, *read-only replicas* und *write quorum* sind in Arbeit. OrientDB zu evaluieren, lohnt sicherlich. Die Datenbank ist leistungsfähiger, als die Webseiten den Anschein haben, da OrientDB bisher nichts in Marketing investiert hat. Eine umfangreichere Beschreibung von OrientDB ist in Kapitel 6.8 zu finden.

Weitere Document Stores

Eine gewisse Bedeutung haben ebenfalls die folgenden Dokumentdatenbanken:

▪ **ThruDB**: Setzt auf der Apache Thrift-Bibliothek auf und bietet daher Bindings für diverse Programmiersprachen an. Als Persistenzengine kann dabei BerkeleyDB, das Filesystem, MySQL oder Amazon S3 eingestellt werden. Ziel ist eine horizontale Skalierbarkeit und Performance unter Verwendung einer Memcache-Integration. Link: *http://code.google.com/p/thrudb*.

▪ **RavenDB**: RavenDB ist eine Lösung auf .NET-Basis. Auch hier werden JSON-Dokumente via HTTP gespeichert. Document Sharding wird unterstützt. Für Queries wird LINQ genutzt. Ein http-Zugriff ist ebenfalls möglich. Link: *http://github.com/ravendb/ravendb*.

▪ **Apache Jackrabbit**: implementiert das Java JSR 170 und 283 und ist damit eher ein komplexes Content Management System und kein NoSQL-System. Es kann auf fast jeder Datenbank oder jedem Filesystem aufsetzen. Link: *http://jackrabbit.apache.org*.

Damit ist der Bereich der Dokumentdatenbanken abgeschlossen, und wir wenden uns den Key/Value-Datenbanken zu.

7.3 Key/Value/Tupel-Stores

In diesem Abschnitt betrachten wir Amazon Dynamo, Amazon SimpleDB, Scalaris und die Tokyo-Familie etwas ausführlicher. Weitere Key/Values Stores wie Memcached, GT.M, Scalien und BerkeleyDB werden nur kurz angesprochen.

7.3.1 Amazon Dynamo

Amazon Dynamo ist eines der bekanntesten Key/Value-Systeme. Es ist nicht als öffentliches Framework erhältlich, sondern dient als interne Basis für viele Amazon-Dienste und -Services wie beispielsweise S3. Dennoch war Amazon Dynamo mit seiner Architektur richtungsweisend für viele andere Key/Value- und NoSQL-Systeme. Im Jahre 2007 wurde auf dem „ACM Symposium on Operating Systems Principles" ein Paper dazu veröffentlicht, welches die Erkenntnisse der verwendeten Technologien wie *Consistent Hashing, Vector Clocks, Quorum-Writes*, Versionierung etc. beschrieben hat.

Spannend ist das System deshalb, weil Amazon zu den weltweit größten Online-Anbietern gehört und nach eigenen Angaben mit mehreren zehntausend Servern zu Spitzenzeiten über zehn Millionen User-Anfragen bearbeitet. Ausfallzeiten kann sich Amazon dabei nicht wirklich leisten, sodass die Verfügbarkeit für Dynamo das wichtigste Entwicklungskriterium war. Wichtigste Anwendungsgebiete für Dynamo sind beispielsweise Bestsellerlisten, der Einkaufswarenkorb für jeden Kunden, Verkaufshitlisten, Kundenpräferenzen etc.

Kennzeichnend für solche Web 2.0-Systeme von Amazon ist, dass in der Regel auch geringere Anforderungen an die Abfragen vorliegen. Dies ist für die oben genannten Anwendungsgebiete relativ klar. Weiterhin ist Amazon Dynamo ein hochgradig verteiltes und lose gekoppeltes System. Es ist darauf ausgelegt, mit handelsüblicher Hardware und Software zu arbeiten. Da diese oft ausfallen kann, wurde die Konsistenz zugunsten der Verfügbarkeit geopfert.

Um automatisch und inkrementell zu skalieren, hat Amazon Dynamo das Konzept der *„virtual" nodes* eingesetzt, bei denen ein Rechner für mehrere virtuelle Rechner verantwortlich ist. Das *Consistent-Hashing* wird dann mit einem MD-5 Key auf dem Schlüssel durchgeführt, um zu ermitteln, wo die Daten gespeichert werden sollen. Für diesen Hashing-Ring gibt es eine koordinierende Instanz.

Replikation für eine Instanz findet wie üblich auf beliebig vielen anderen nachfolgenden Knoten statt. Daten werden bei Dynamo in Versionen geschrieben, sodass durchaus inkonsistente Zustände auftreten können. Falls mehrere unterschiedliche Objektzustände festgestellt werden, ist der Client dafür verantwortlich, die Versionen zusammenzuführen, d.h. beispielsweise die Produkte zweier Einkaufswagen zusammenzuführen. Beim Schreiben oder Updaten eines Datensatzes auf verschiedenen Knoten wird nach dem Vector-Clock-Prinzip immer die Version gespeichert, von der der Client ausgeht. Für das Lesen und Schreiben kann definiert werden, wie viele Knoten mindestens eine erfolgreiche Operation durchgeführt haben müssen.

Als *hinted handoff* wird weiterhin ein Verfahren bezeichnet, bei dem ein Replikat Metadaten des Knotens enthält, die zeigen, für welchen fehlerhaften Knoten die Daten eigentlich ursprünglich gedacht waren. Diese Daten werden dann im Cache gehalten, und es wird versucht, sie auszuliefern, sobald der fehlerhafte Knoten wieder ansprechbar ist.

Interessant ist jedoch, dass Amazon Dynamo keine eigene Speichertechnik entwickelt hat, sondern auf bekannte Datenbanken aufsetzt. Dynamo gibt an, in verschiedene Berkeley DB-Versionen, MySQL und In-Memory-Lösungen mit Persistenz schreiben zu können. Der Vorteil einer austauschbaren Lösung liegt darin, die Datenbank der Datengröße besser anpassen zu können. Die Software ist überwiegend in Java geschrieben, und die Kommunikation der Knoten findet ebenfalls mit Java NIO statt.

Mit dieser Architektur ist Amazon Dynamo Vorbild für viele ähnliche Systeme wie z.B. die CouchDB-Lounge.

Weiterführender Link

http://www.allthingsdistributed.com/2007/10/amazons_dynamo.html

7.3.2   Dynomite und KAI

Dynomite und KAI sind beides Clones der Amazon Dynamo-Implementierung. Dynomite ist dabei in Erlang geschrieben und bietet ein Thrift-Interface. Wie bei Dynamo können auch hier verschiedene Speicherlösungen als Unterbau verwendet werden.

KAI ist ein Dynamo-Clone aus Japan, der – nach Angaben der Autoren – in der Social Networking-Seite *http://home.goo.ne.jp* eingesetzt wird und zehn Millionen Anwender bedient. KAI verwendet die Memcached-API. Daher sind viele Clients verfügbar, sodass das System von Ruby, Java, Python, PHP, C/C++, Telnet usw. aus angesprochen werden kann. Für KAI existieren Publikationen, und dies sind derzeit umfangreichere Publikationen als für Dynomite.

Links

http://wiki.github.com/cliffmoon/dynomite/dynomite-framework

http://sourceforge.net/projects/kai

7.3.3 MEMBASE

Ein ganzes eigenes Kapitel hätte sicherlich auch dem Key/Value-Server MEMBASE gewidmet werden können. Dieses erst spät im Sommer 2010 erschienene Tool ist erst im Sommer 2010 unter Apache-Lizenz freigegeben worden. Es setzt auf das erfolgreiche Memcached-Protokoll auf und wurde von einer Gruppe von Firmen entwickelt. Federführend sind jedoch NorthScale, Zygna und NHN zusammen mit weiteren Contributoren des memcached-Projekts. Die Idee dahinter ist, dass bereits Tausende von Anwendungen memcached verwenden und jetzt mit dem gleichen MEMBASE-Protokoll automatisch skalieren können.

Es gibt Client-Bibliotheken für fast alle Programmiersprachen. MEMBASE enthält im Wesentlichen einen Data Manager (der das Memcached-Protokoll sprechen können muss) und einen Cluster-Manager, der in Erlang geschrieben ist.

Ziel von MEMBASE ist es ebenfalls, in wenigen Minuten auf einem Server installiert zu sein (dafür gibt es verschiedene vordefinierte Images für z.B. Ubuntu, RedHat, Fedora, Windows etc.) und dann automatisch zu skalieren. Die DB arbeitet mit Caches im Hauptsprecher und repliziert auf Replika-Server. Hier kann Master-Slave oder Peer-to-Peer repliziert werden. Die DB unterstützt dabei auch besonders die Persistenz auf Solid-State Disks. Es können aber auch eigene Backend-Speicher angegeben werden, da die Speicher-API offengelegt ist.

Die Daten werden in MEMBASE in sogenannten vBuckets, also virtual Buckets, gespeichert. Das Ausbalancieren der Knoten wird durch den *rebalance orchestrator*-Prozess vorgenommen, der die Migration der virtuellen Buckets vornimmt. Einzelne Knoten werden vom *node health monitor* überwacht.

Interessant dabei ist, dass Konsistenz garantiert wird. Dennoch wird gleichzeitig eine geringe Latenzzeit, hoher Durchsatz und eine vorhersagbare Performance garantiert. Dies wirft die Frage auf, ob einige schreibende Zugriffe blockierend sind.

Angesichts des umfangreichen Supports durch gleich drei Firmen wird MEMBASE sicherlich auch in der Zukunft in der oberen Liga der Key/Value-Systeme mitspielen.

261

Links

http://northscale.com/products/membase_server.html

http://membase.org

7.3.4   Voldemort

Voldemort ist nicht nur der Bösewicht in einer bekannten Fantasy-Buchreihe für Kinder. Voldemort gehört auch zu den bekannten Key/Value-Systemen in der Liga der NoSQL-Datenbanken. Wie Riak und Cassandra ist Voldemort inspiriert von Amazons Dynamo. Es verwundert daher nicht, dass hinter Voldemort auch eine der großen Web-Firmen steht, nämlich das Business-Netzwerk LinkedIn.

Die Entwicklung von Voldemort begann wie bei vielen anderen Vertretern der NoSQL-Datenbanken als Ein-Mann-Projekt. Jay Kreps begann 2007 mit der Entwicklung, kurz nachdem er bei LinkedIn als Software Engineer eingestiegen war. Bei LinkedIn hatte man zu der Zeit wie viele andere größere Web-Unternehmen auch mit den Eigenarten von relationalen Datenbanken zu kämpfen. Konkret suchte man nach einer alternativen Datenbank für die Speicherung von Aktivitäten der Nutzer im Businessnetzwerk. An diesem Punkt kam die Idee einer nicht-relationalen Eigenentwicklung von Jay Kreps gerade zur rechten Zeit. Das Projekt Voldemort war geboren. Aufbauend auf den Konzepten von Amazons Dynamo wurde Voldemort entwickelt und ist mittlerweile mit einem Cluster von etwa zehn Maschinen bei LinkedIn für die Speicherung von Nutzeraktivitäten im Produktiveinsatz.

Durch die Freigabe als Open Source unter der Apache-2.0-Lizenz fanden sich schnell andere Web-Firmen, die Voldemort produktiv einsetzen. Dies führte zum Aufbau einer eigenständigen Community. Somit sind nunmehr bei LinkedIn drei Vollzeitentwickler für die Weiterentwicklung von Voldemort verantwortlich und etwa genauso viele bei anderen Firmen. Ein kommerzieller Support für Voldemort wird bisher nicht angeboten.

Der Code von Voldemort wird auf github unter *http://github.com/voldemort* gehostet. Bei der Entwicklung stehen hohe Performance und horizontale Skalierbarkeit an oberster Stelle der Prioritätenliste. Weiterhin ist es ein sehr wichtiges Ziel, dass das System ohne Abstriche produktiv eingesetzt werden kann. Dafür werden andere Features wie beispielsweise eine Implementierung des Map/Reduce-Algorithmus zurückgestellt. Aus diesem Grund sind auch die Abfragemöglichkeiten bei Voldemort begrenzt. Zum aktuellen Entwicklungsstand unterstützt Voldemort für einzelne Key/Value-Paare ausschließlich simple Schreib-, Lese- und Löschoperationen. Funktionen zum Filtern nach bestimmten Kriterien oder zur Aggregation der Daten sind zum aktuellen Entwicklungsstand in Voldemort nicht vorhanden. Daher muss man die Aggregation oder Auswertung von Daten bei Voldemort derzeit vollständig auf Client-Seite implementieren.

Als Programmiersprache kommt bei Voldemort Java zum Einsatz. Für folgende Programmiersprachen werden aktuell Clients bereitgestellt:

- Java

- Python

- C++

Wie die anderen Key/Value-Stores ist auch Voldemort im Kern eine verteilte Hash-Tabelle. Ein Voldemort-Cluster kann mehrere solcher Tabellen speichern, die als *Store* bezeichnet werden. Für einen *Store* ist der Datentyp für Schlüssel und Wert fest einzustellen. Der Datentyp ist dabei im Prinzip frei wählbar, solange eine geeignete Implementierung der Serialisierung für den Datentyp von Voldemort bereit gestellt wird. Folgende Datentypen werden derzeit unterstützt:

- JSON

- String

- Java Object (durch klassische Java Objekt-Serialisierung)

- protobuf (*http://code.google.com/p/protobuf/*)

- Identity (pure Bytes)

Die Serialisierung ist eine der getrennten Schichten in Voldemorts Architektur. Was uns zum interessantesten Aspekt von Voldemort führt: die mehrschichtige Architektur. Voldemort ist in verschiedene logisch getrennte Schichten unterteilt, wobei jede Schicht ein simples Interface für die Operationen *PUT*, *GET* und *DELETE* bereitstellt. Die Schichten sind sehr flexibel gestaltet, sodass verschiedene Implementierungen einer Schicht zur Laufzeit zum Einsatz kommen können. Es ist auch möglich, neue Zwischenschichten zu entwickeln wie beispielsweise eine Schicht für die Datenkompression.

Das aktuelle Release von Voldemort unterscheidet folgende Schichten:

- Client-API

- Conflict Resolution

- Serialization

- Routing & Read Repair

- Network Client/Server (HTTP/Sockets)

- Failover

- Storage Engine

Skalierung und Replikation

Voldemort ist für eine unkomplizierte horizontale Skalierung ausgelegt. Jeder Knoten in einem Voldemort-Cluster übernimmt dabei exakt dieselben Funktionen. Es gibt keinen steuernden oder verwaltenden Knoten. Insofern ähnelt der Aufbau eines Voldemort-Clusters einem Peer-to-Peer-Netzwerk. Die Key/Value-Paare werden bei der Partitionierung über das von Amazons Dynamo übernommene Consistent Hashing auf die Knoten verteilt. Aus dem Schlüssel wird dabei ein Hash-Wert berechnet der einem Knoten zugeordnet werden kann. Näheres zum Consistent Hashing ist in Abschnitt 2.3 nachzulesen.

Die Funktionalität des Auffindens eines Key/Value-Paares wird in der Routing-Schicht in Voldemort implementiert. Diese ist derzeit Teil des Clients. In Zukunft soll es möglich sein, die Routing-Schicht sowohl auf Client- als auch auf Cluster-Ebene zu positionieren.

Eines der Ziele bei der Entwicklung der horizontalen Skalierbarkeit von Voldemort war es, berechenbares Skalieren zu ermöglichen. Es sollte mit simpler Multiplikation möglich sein zu berechnen, bei welcher Knotenzahl und Last welche Performance zu erwarten ist. Damit eine annähernd lineare Berechenbarkeit möglich ist, unterstützt Voldemort daher nur sehr simple Abfragemöglichkeiten. Mehr als Lesen, Ändern und Löschen einzelner Key/Value-Paare wird von Voldemort aktuell nicht unterstützt.

Voldemort bietet einen eingebauten Replikationsmechanismus. Auf Ebene eines *Stores* wird definiert, wie viele Replika im Cluster vorgehalten werden sollen. Die Verteilung der Replika führt das Voldemort-Cluster automatisch aus. Die Prüfung der Konsistenz der Replika wird durch die Versionierung der gespeicherten Werte ermöglicht. Die Auflösung von Konflikten geschieht im aktuellen Release auf der Client-Seite. Für die Versionierung wird von Voldemort der von Amazons Dynamo übernommene Vector-Clock-Mechanismus verwendet.

Fazit

Voldemort ist ein interessanter Vertreter unter den Key/Value-Stores, der insbesondere durch eine flexible Schichtenarchitektur heraussticht. Die Dokumentation des Projekts unter *http://www.project-voldemort.com* ist noch sehr knapp gehalten und lässt viele Fragen offen. Das Projekt ist zwar schon produktiv im Einsatz, aber viele der geplanten Features sind noch in der Entwicklung.

Links

http://www.project-voldemort.com

http://github.com/voldemort

7.3.5 Scalaris

Scalaris ist ein interessantes Projekt des Zuse Institutes aus Berlin und der Firma onScale GmbH. Das Projekt wurde mit EU-Mitteln gefördert und implementiert eine hochskalierbare und rein RAM-basierte Lösung, die aber im Gegensatz zu vielen anderen NoSQL-Systemen komplett transaktional ist. Dies mag für einige Leser unverständlich klingen, da man sich ja noch wenigstens etwas Sicherheit wie bei Redis oder MongoDB wünscht. Die Scalaris-Autoren erläutern jedoch ausführlich, warum in einem replizierenden, verteilten System Festplattenpersistenz tatsächlich keinen Mehrwert an Sicherheit bringt. So wie in *Consistent Hashing*-Ringen immer verfügbare Replikate sind, sind in Scalaris ebenfalls immer Replikate verfügbar. Wenn ein Replikat oder Node scheitert, so kann dieser ggf. auch woanders wieder hergestellt werden. Dies funktioniert sowohl in persistenten Systemen als auch in RAM-basierten Systemen.

Scalaris ist in Erlang geschrieben und kann daher zuverlässig nebenläufige Prozesse ausführen. Intern setzt Scalaris auf den in den früheren Kapiteln beschriebenen Paxos-Algorithmus, d.h. auf einem Consensus-Protokoll auf. Scalaris gibt es in vielen vordefinierten Packages für diverse Linux-Versionen.

Wird auf einem Knoten mehr RAM verwendet, als verfügbar ist, dann wird normalerweise der *SwapSpace* des Systems verwendet. Dies sollte ggf. verhindert und kontrolliert werden. Wird jedoch auch der SwapSpace knapp, so stellt Scalaris ebenfalls einige Speichermöglichkeiten für die Platte bereit. Dafür kann Scalaris für zwei NoSQL-Datenbanken konfiguriert werden bzw. auf diese zurückgreifen:

- **ETS**: Dies ist eine Speicherbibliothek in Erlang und steht für „Erlang built-in term storage". Dieses System startet einen Prozess je Tabelle und bietet *sets, ordered_sets, bag* und *duplicate_bag* als Datenstrukturen an. Die Operationen werden wie in Scalaris atomar und isoliert ausgeführt.

- **Tokyo Cabinet**: Die weiter unten besprochenen Key/Value-Bibliothek von Mikio Hirabayashi.

Die Scalaris-Autoren weisen jedoch darauf hin, dass dies in Scalaris keine Persistenz bedeutet. Persistenz ist bei Scalaris eher der Gesamtzustand und nicht Daten auf einer Platte.

Für Scalaris gibt es eine Java-, eine Erlang- und eine REST-API. Letztere verarbeitet JSON-Dokumente, mit der auch Transaktionen spezifiziert werden können. Neben einzelnen atomaren Operationen (read, write, delete) kann man wie üblich Transaktionen verarbeiten. Dabei ist es effizienter, Erlang-Objekte zu verarbeiten für die es wiederum gesonderte Aufrufe gibt. Scalaris enthält ebenfalls die Möglichkeit, Ereignisse und URLS/Topics mit *publish/subscribe* zu verarbeiten.

Listing 7.3.1 Transaktionen in Scalaris

```
Transaction tr = new Transaction();
    tr.start();
    int alice = new Integer(transaction.read("alice")).intValue();
    int bob = new Integer(transaction.read("bob")).intValue();
    transaction.write("alice", new Integer(alice - 5).toString());
    transaction.write("bob", new Integer(accountB + 5).toString());
transaction.commit();
```

Wie man sieht, muss sich der Anwender auch um die Typen der Daten kümmern.

Fazit: Scalaris scheint ideal für Systeme, die Transaktionalität benötigen und dennoch hohe Performance zur Verfügung stellen müssen. Der Preis dafür ist, ein hochgradig verteiltes Peer-to-Peer-System aufsetzen zu müssen. Danach kümmert sich Scalaris jedoch um alles Weitere wie Failover, Datenverteilung, Replikation, Datenkonsistenz mittels Transaktionen und der Lastverwaltung.

Link

http://code.google.com/p/scalaris

7.3.6   Die Tokyo-Produktfamilie

Selten haben Ein-Mann-Projekte in der Storage-Welt so viel Wirbel verursacht wie die Tokyo Produktfamilie des Japaners Mikio Hirabayashi (*http://1978th.net*). Dieses Projekt wurde von Mixi Inc., dem japanischen Facebook-Äquivalent gefördert, der dies auch in Produktion einsetzt. Interessant ist dabei, dass es sich nicht nur um eine Datenbank, sondern um eine ganze Familie von Werkzeugen handelt:

- **Tokyo Cabinet**: Key/Value-Store-Bibliothek

- **Kyoto Cabinet**: modernere Version von Tokyo Cabinet

- **Tokyo Tyrant**: Key/Value-Store als Server-Variante

- **Tokyo Dystopia**: Volltextsuchsystem auf Records

- **Tokyo Promenade**: ein Content Management System

Offensichtlich ist dies all das, was man in einem Facebook-ähnlichen System benötigt. Kyoto Cabinet (KC) ist ein später erstelltes Äquivalent zu Tokyo Cabinet, das in multithreaded-Umgebungen schneller ist, eine kleinere Datenbankdatei hat und portabler ist.

Tokyo Cabinet wird in vielen anderen Systemen und NoSQL-Systemen verwendet. Umso erstaunlicher ist, dass es selbst nicht sonderlich bekannt ist und weder Bücher noch eine Community zu finden sind. Die Datenbank ging aus der Datenbank QBM hervor, die jetzt nicht mehr verfügbar ist.

Kennzeichen der Datenbank ist, dass neben der Hash-Engine auch Key/Values auf B-Tree Basis angeboten werden. Dies bedeutet, dass zu einem Schlüssel auch mehrere Werte möglich sind. Dies erinnert an *bag*-ähnliche Datenstrukturen aus Redis. Dabei werden auch noch Sortierkriterien angeboten, sodass die Ablageform beeinflusst werden kann. Weiterhin gibt es eine Engine, die die Einträge mit einer fixen Länge ablegt. Dies bedeutet zwar weiteren Performancegewinn, aber auch weitere Einschränkungen in Bezug auf Manipulationsmöglichkeiten und variable Länge der Felder. Als Letztes gibt es eine Table Engine, die schemalose Daten in Tabellenform unterstützt und damit wieder an eine Dokumenten-DB erinnert. Hier gibt es Indizierung und damit wieder eine bessere Unterstützung für Abfragen. Dazu ein Beispiel mit einer weiteren Ruby-Bibliothek: rufus-tokyo (*http://github.com/jmettraux/rufus-tokyo*).

Listing 7.3.2 Einfache Hashes mit Tokyo Cabinet (TC)

```
tcdb = Rufus::Tokyo::Cabinet.new('hash.db')
# db = Rufus::Tokyo::Tyrant.new('localhost', 45001) # Server Variante
tcdb['key'] = 'myvalue'
p tcdb['key'] # => 'myvalue'
db.close
```

Listing 7.3.3 Key/Value-Ablage in Tabellenform

```
tcdb = Rufus::Tokyo::Table.new('table.tdb')
tcbd['key'] = {'label' => 'banana', 'quantity' => 300}
tcbd['key'] = {'label' => 'apple', 'quantity' => 800}
tcbd['key'] = {'label' => 'cherry', 'quantity' => 500}
tcbd['key'] = {'label' => 'grape', 'quantity' => 400}
print tcbd.query { |n|
```

```
n.add_condition '', :numge, '450'
n.order_by 'quantity'
} # liefert die cherry- und dann die apple-Zeile als Objekt zurück
```

Performance ist eines der Kernkriterien, weswegen Tokyo Cabinet in Betracht ziehen sollte. Je nach Konfiguration sind hier im Embedded Mode über eine Million Speicheranfragen pro Sekunde möglich. Damit ist zumindest die Embedded Version von Tokyo Cabinet (TC) schneller als die schon sehr schnellen NoSQL-Werkzeuge MongoDB, Redis, BerkeleyDB und OrientDB. Die Konfigurations- und Abfragemöglichkeiten sind jedoch geringer, da TC pro Eintrag nur wenige Bytes mehr in das eigentliche Record hineinschreibt. Selbst unter Ruby sind im Embedded Mode 50.000 bis 100.000 Speicheroperationen pro Sekunde durchaus erreichbar.

Sprachanbindungen sind für C, C++, Perl, Lua, Java, Python und Ruby (mit verschiedenen GEM-Bindings) unter der LGPL verfügbar. An weiteren Anbindungen (z.B. PHP, JRuby etc.) wird derzeit gearbeitet. Die API-Dokumentation für die meisten Sprachen wie C++, Java, Python und Ruby ist zudem gut gepflegt. Da TC in Produktion eingesetzt wird ist es weiterhin wichtig, dass die Datenbankdatei nicht einen korrupten Zustand annehmen kann. Weiterhin gibt es 64Bit Implementierungen, sodass auch große Datenmengen (im Exabyte Bereich) geschrieben werden können. Tokyo Cabinet ist weiterhin Thread Safe und bietet Transaktionen an.

Link

http://1978th.net/

7.3.7 Weitere Key/Value-Systeme

Nicht unerwähnt sollen in der Key/Value-Kategorie einige Systeme bleiben, die teilweise sehr oft in Produktivumgebungen eingesetzt werden.

- ■ **MemcachedDB**: MemcachedDB (*http://memcachedb.org*) ist eine Bibliothek auf Basis des Sourcecodes der berühmten Caching-Bibliothek Memcached (http://*memcached.org*), die von vielen bekannten Web-Portalen genutzt wird (Twitter, Flickr, Wikipedia, You-Tube, Digg etc.). Für die Persistenz verwendet MemcachedDB die nachfolgende BerkeleyDB. Kennzeichen sind laut Dokumentation, dass transaktional gearbeitet wird, die DB mittels Replikation hochverfügbar gemacht werden kann und zum Memcache-Protokoll kompatibel ist.

- ■ **BerkeleyDB**: BerkeleyDB (*http://www.oracle.com/database/berkeley-db/db/index.html*) ist eine in C geschriebene Embedded-Datenbank, die als SQL-, als XML- und als Key/Value-Variante zur Verfügung steht. Mittlerweile gehört diese NoSQL-Datenbank zu Oracle. Der Zugriff ist aus vielen Programmiersprachen möglich, z.B. C++, Java, C#, Python, Perl. Es gibt Implementierungen in C und Java (C++ für die XML-Variante). BerkeleyDB unterstützt Master/Slave-Replikation und *serializable transaction isolation*.

■ **GT.M**: Schon lange spielt die Datenbank GT.M (*http://fisglobal.com/Products/Tech-nologyPlatforms/GTM/index.htm*) des auf Finanzsoftware spezialisierten Anbieters FIS in der NoSQL-Liga mit. Auch diese Datenbank gibt es in verschiedenen Ausprägungen wie Key/Value und XML. Es existieren Anbindungen für viele Sprachen. Da das Produkt aus der Finanzbranche kommt, spielen ACID-Transaktionen eine große Rolle. Interessant ist, dass GT.M auch eine äquivalente API wie für SimpleDB anbietet.

■ **Keyspace**: Keyspace von Scalien (*http://scalien.com*) ist eine ursprünglich in Italien entstandene Lösung, die auf dem Concurrency-Protokoll Paxos basiert. Es existieren Sprachanbindungen für HTTP (Text, HTML, JSON), C, C++, PHP, Ruby, Java, Perl und Python.

Natürlich gibt es noch viele weitere Lösungen. Viele Firmen entlassen ihre Entwicklungen in die Open Source-Welt. Ein gutes Beispiel dafür sind auch die Lösungen von Twitter wie **FlockDB** oder **Gizzard**. Dies sind Lösungen, die teilweise in Scala geschrieben sind und Twitters Social Graph abbilden und für ein Sharding der Daten sorgen (*http://github.com/twitter/gizzard, http://github.com/twitter/flockdb*).

7.4 Google App Engine Storage

Google darf natürlich in dieser Liste der NoSQL-Systeme nicht fehlen. Doch das Google-System ist nicht einfach einzuordnen, da es intern und zum Anwender hin verschiedene Sichten realisiert.

Zunächst einmal ist der Datastore von Google nur über die App Engine erreichbar. Der Anwender nutzt daher eine komplette ‚Platform as a Service' (PaaS) in der Cloud. Die Datenbankdienste werden meistens in Zusammenspiel mit einer Java- oder Python-Web-Anwendung genutzt. Dabei stellt Google weitere Software (SaaS, Software as a Service) zur Verfügung wie den Zugriff auf E-Mail oder Kalender.

Von diesen Anwendungen in der Cloud kann der Entwickler dann auf eine Untermenge der Standard APIs JDO oder JPA zugreifen. Dies wird auf GQL (Google Query Language) abgebildet und ist ein Subset der klassischen Suchsprachen wie SQL, JDO oder JPA. Dies ist nötig, weil Google die Daten intern in Googles BigTable ablegt, welches dann wiederum auf dem GFS (Google File System) läuft. Google versucht an dieser Stelle ziemlich clever, die Limitierungen von BigTable zu verbergen und dem Anwender JPA und JDO vorzugaukeln. Man arbeitet daher ganz normal mit Entities und Beziehungen unter JPA und JDO, wie man das ganz ähnlich auch schon in früheren EJB-Zeiten getan hat.

Interessant ist dabei, dass mit JDO und JPA dann auch – ganz im Gegensatz zu anderen NoSQL-Systemen – Transaktionen von Anbeginn an unterstützt werden. Dies gilt für Entities einer Gruppe, die dann ebenfalls auf einem Server gespeichert werden.

Das Speichern von Daten geschieht wie üblich mit *get*- und *put*-Befehlen, und einfache Suche ist dann auch direkt möglich:

```
order = Order(id = 42, amount = 300, buyer = `Tom`)
person.put
query = Order.all()
query.filter('amount <` , 1000)
query.order(`buyer`) # nun iterieren
```

Alternativ kann auch GQL direkt aufgerufen werden:

```
db.GqlQuery("SELECT * FROM Order WHERE amount < 1000 ORDER BY buyer LIMIT
50")
```

Dabei können durchaus auch *named parameters* verwendet werden. Dies ist zwar immer noch nicht so angenehm wie LINQ oder Hibernate *Criteria*, jedoch für einen BigTable-Aufsatz derzeit schon recht komfortabel.

Link

http://code.google.com/appengine/docs/whatisgoogleappengine.html

7.5 Weitere ‚Soft'-NoSQL-Lösungen

Abschließend stellen wir Ihnen in diesem Abschnitt weitere bekannte NoSQL-Lösungen vor, die Sie kennen und je nach Datenmodell unbedingt evaluieren sollten. Auf Basis von J2EE stellt die Firma **GigaSpaces** (*http://www.gigaspaces.com*) mit ihrem Produkt XP Application Server/Data Grid eine hochskalierbare Gesamtlösung bereit. Die Lösung basiert auf dem Design Pattern *space-based*, in dem nicht nur Datenhaltung, sondern auch Logik auf physisch unabhängige Knoten – sogenannte Processing-Units (PUs) – verteilt werden.

Interessant ist auch die **Hazelcast**-Bibliothek (*http://www.hazelcast.com*). Die diesem System zugrundeliegende Idee ist ebenso einfach wie genial. Man nehme die Java-Util-Bibliothek und -Datenstrukturen und mache sie *cloud*-fähig. Neue Knoten setzt Hazelcast dynamisch auf. Es handelt sich dabei um eine Peer-to-Peer-Lösung, bei der es keinen Master und auch keinen *Single Point of Failure* gibt. Standardmäßig gibt es ein Backup für die Daten. Noch mehr Backups können allerdings leicht eingestellt werden. Da hier eine RAM-basierte Lösung vorliegt, ist Hazelcast ebenfalls sehr schnell. Für das Deployment eignen sich hier virtuelle Server wie EC2 von Amazon ideal. Angenehm ist bei Hazelcast, das man lediglich eine Java jar-Datei benötigt, um mit der Arbeit zu beginnen. Hazelcast liefert selbst einen Screencast und Dokumentation, wie in Minuten auf vielen Servern installiert und gestartet werden kann. Mit der einfachsten EC2-Servervariante konnte eine 100-Node-Installation damit 400.000 Operationen pro Sekunde verarbeiten.

In die Kategorie der RAM-basierten Systeme fällt auch die **Prevayler**-Bibliothek (*http://www.prevayler.org*), bei der man das Observer Pattern für jeden Schreibzugriff implementiert. Die Daten werden hier periodisch gesichert, wodurch das System ebenfalls sehr schnell wird.

Die Mutter der dokumentenbasierten Systeme ist natürlich **IBMs Lotus**-Familie (*http://www-01.ibm.com/software/lotus*), in der schon früh eine in C geschriebene Dokumenten-

269

datenbank enthalten war. Sie bietet Schnittstellen für Java, HTTP, C, REST und einiges mehr. NoSQL-Eigenschaften wie einfache Replikation, Master/Master-Replikation und *Eventually Consistency* waren hier schon von Anbeginn enthalten.

Abschließend seien an dieser Stelle noch einige andere Architekturen angesprochen. Dazu gehören die semistrukturierten Datenbanken wie z.B. aus der **ISIS**-Familie (*http://www.un-esco.org/webworld/isis/isis.htm*) oder bekannte skalierbare *Shared-Nothing*-Architekturen wie von **Greenplum** (*http://www.greenplum.com*).

Aber auch *column-oriented*-Datenbanken haben in vielen Teilen ihren Siegeszug angetreten. Hier werden die Daten nicht in Reihen für einen Eintrag, sondern spaltenorientiert gehalten. Dies ist für Data-Warehousing viel effizienter. Die Analyse der Daten und ihrer Anforderungen sollte daher auch die physische Organisation der Daten im Datenbanksystem beeinflussen. Bekannte Systeme dieser Art sind z.B. **Vertica** (*http://www.vertica.com*), **C-Store**, das bekannte Forschungsprojekt **MonetDB** (*http://monetdb.cwi.nl*) oder **Sybase IQ**.

Weitere hochinteressante NoSQL-Kandidaten sind **Objektdatenbanken**, die sich in den 90er Jahren zwar im Markt noch nicht durchsetzen konnten, aber heute trotzdem eine starke Marktreife besitzen und immer eine Evaluierung lohnen. Gerade in Anwendungsgebieten, wo – analog zu Graphdatenbanken – direkte Links und Traversierung der Objekte wichtig sind, sind Objektdatenbanken perfekt geeignet. Ein wesentlicher Schwachpunkt war die Bindung der Objektdatenbanken an eine Programmiersprache. Dies ist bei vielen NoSQL-Datenbanken nicht der Fall. Jedoch bieten fast alle Objektdatenbankhersteller ihre Produkte in den führenden Programmiersprachen an und halten diese Sprachen aktuell, sodass das Sprachbindungsargument nicht mehr unbedingt ein Gegenargument ist. Bekannte Objektdatenbanken werden von **Versant** (Object Database, **db4o**), **Objectivity**, **Gemstone**, **Progress** und vielen anderen angeboten.

Auch **XML-Datenbanken** wie **MarkLogic**, **EMC Documentum**, **Tamino**, **eXist**, **Sedna**, **Xindice** und **BerkeleyDB XML** haben in den letzten Jahren viel dazugelegt. Die führenden XML-Datenbanken sind mittlerweile alle *cloud-ready* und bieten viele Features wie Replikation oder schnelle Navigation, die sich die NoSQL-Welt auf die Fahnen geschrieben hat.

Zusammenfassung

In diesem Kapitel konnte nur ein kleiner Teil der NoSQL-Datenbanken angesprochen werden. Hier sollte die Tatsache zum Ausdruck kommen, dass jede Datenbankklasse meistens perfekt für ein Aufgaben- oder Anwendungsgebiet oder für eine Datenklasse geeignet ist. Es ist klar, dass das Zusammenbringen dieser drei Dimensionen – Datenbank × Anforderung × Datenart – sehr schwierig ist. Im nächsten Kapitel wird daher versucht, dies ganz rudimentär in Angriff zu nehmen.

8   Orientierung im Datenbankraum

Wer sich in der relationalen Datenbankwelt auskennt, dem sind schon Dutzende von Datenbanken bekannt, zwischen denen er wählen muss, wenn er ein spezielles Problem lösen will. Schon in den 90er Jahren war auch die Zahl der nichtrelationalen Datenbanken groß. Doch spätestens mit der explosionsartigen Entstehung der NoSQL-Datenbanken seit dem Webzeitalter wird es zunehmend schwerer, nicht nur den Überblick zu behalten, sondern auch die beste Entscheidung zu treffen.

Dieses Kapitel widmet sich daher den Fragen, die man stellen muss, um zu einer optimalen Entscheidung zu kommen. Da es in diesem Buch um NoSQL geht, wird natürlich die Frage „NoSQL oder nicht NoSQL" im Vordergrund stehen. Aber nicht ausschließlich, denn alle Fragestellungen können auch innerhalb der relationalen oder innerhalb der NoSQL-Welt hilfreich sein.

Bei der Auswahl der passenden Datenbanken gibt es derzeit drei zentrale Probleme:

■ **(Un-)Kenntnis**: Durch die Dominanz der relationalen Datenbanksysteme werden andere Datenbanksysteme kaum gelehrt. Studenten verlassen die Universitäten meistens mit einem guten Basiswissen der relationalen Modellierung und Kenntnissen über die ein bis zwei wichtigsten relationalen Datenbanken. Für andere Modelle lassen die Lehrpläne und Studienzeiten kaum Zeit. Und diese Schwerpunktsetzung in der Ausbildung ist auch berechtigt, da relationale Datenbanken vielleicht für die Mehrzahl aller Problemstellungen die geeignete Lösung sind. Dennoch würden viele Unternehmen sicher enorm profitieren, wenn die Entwickler und Entscheider das gesamte Datenbankspektrum besser kennen würden.

■ **(Un-)Flexibilität**: Im Web 2.0-Zeitalter tauchen zunehmend auch Problemstellungen auf, die nicht in ein relationales Modell passen. Der Grund der Entwicklung von Amazon Dynamo (siehe Kapitel 7) ist hier ein klassisches Beispiel. Dennoch zeigt ein Blick in die Industrie, dass „NoSQL-Problemstellungen" häufig in relationale Datenbanken gepresst werden. Die Verwaltung von Daten mit Graphstruktur in relationalen Datenbanken ist ein klassisches Beispiel. Teilweise kann man es Unternehmen aber auch gar nicht verdenken, da oft eine Reihe von nicht-funktionalen Anforderungen die Datenbanken vorgeben. So gehen Unternehmen oft langfristige Bindungen an einen Datenbankhersteller ein, was mit einem hohen Investment verbunden ist. Und um den entsprechenden Return On Investment zu erreichen, muss dann an dieser Datenbank festgehalten werden. Genauso wie Vielfalt in den Programmiersprachen für manche Unternehmen ein Problem ist, kann auch Datenbankvielfalt ein Problem für Unternehmen sein. Es kann aber auch genau umgekehrt sein. Firmen wie Facebook haben mit Apache Thrift früh auf Sprachvielfalt gesetzt, und viele Web 2.0-Unternehmen kommen mit Datenbankvielfalt bestens zurecht

■ **Fehlende Richtlinien**: Ein weiteres großes Problem besteht darin, dass es keinen Leitfaden oder keine Roadmap für die Datenbankentscheidung gibt. In der Industrie gibt es entweder die genannten Bindungen an Datenbanken oder manche Entscheider haben Vorlieben für bestimmte Datenbanken, die dann ausgewählt werden. Eine Stärken-Schwächen-Analyse (*SWOT – Strengths, Weaknesses, Opportunities, Threats*) findet extrem selten statt.

Das im letzten Punkt angesprochene Manko wollen wir ausgleichen, indem wir hier einen Leitfaden entwickeln, der die für eine erfolgreiche Analyse wichtigen Fragestellungen beinhaltet.

8.1 Grundlegende Gedanken

Gerade bei der Wahl zwischen relationalen und NoSQL-Datenbanken fällt die Entscheidung meistens nicht allzu schwer, wenn man die grundlegende Ausrichtung der Datenbanken betrachtet. Bei relationalen Datenbanken wird davon ausgegangen, dass das Modell das Optimale ist. Und die Trennung von Modell einerseits und Suche und Anwendung andererseits gibt dem in der Regel auch recht. Jedoch wird erst in zweiter Linie darauf geachtet, wie skaliert werden kann. So ist die Skalierung in der Cloud mit relationalen Datenbanken oft eher ein Bonus und verläuft nicht immer komplett reibungslos.

Umgekehrt achten die meisten NoSQL-Systeme zuerst auf die Skalierung und danach erst auf das passende Datenmodell oder die Suchfunktionalität. Daher skalieren oder replizieren die meisten NoSQL-Systeme recht einfach, dafür ist aber das Datenmodell nicht relational und die Suchfunktionalität nicht so weit fortgeschritten. Dies zeigen Map/Reduce oder Aufsätze wie Apache Hive oder Pig.

Dennoch entscheiden sich mehr und mehr Unternehmen nicht nur wegen der Skalierbarkeit für NoSQL, sondern wegen der Kombination aus Skalierbarkeit, Schemalosigkeit, Änderbarkeit und dem Replikationsmodell: Faktoren, die zusammengenommen für die sogenannte Elastizität der Datenbank stehen.

Um sich am Ende für die richtige Datenbank entscheiden zu können, müssen einfach alle Anforderungen betrachtet werden, und zwar *funktionale* und besonders auch *nicht-funktionale* Anforderungen. Die folgenden Abschnitte listen diese Anforderungen beispielhaft auf. Dabei lässt sich die Trennung zwischen funktionalen und nicht-funktionalen Anforderungen in allen Kategorien nicht immer klar ziehen. Abbildung 8.1. gibt einen Überblick über die sechs Kategorien, die wir uns im Folgenden näher ansehen.

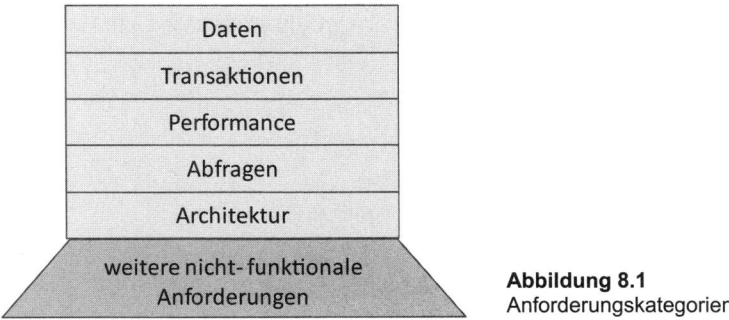

Abbildung 8.1
Anforderungskategorien

Natürlich geben die nachfolgenden Kategorien und Fragestellungen nur eine grobe Richtung für die Bewertung bestimmter Systemgruppen vor. Es ist klar, dass jedes Projekt diese gewichten und auswerten und dann auf Basis ganz konkreter Daten zu einem Ergebnis kommen muss.

8.2 Datenanalyse

Als Erstes kann mit der Analyse der Daten angefangen werden. Heutzutage liegen im Unternehmen oder im Fluss der Anwendungen die verschiedensten Datenarten vor. Oftmals haben verschiedene Daten auch verschiedene Anforderungen. Idealerweise sollten diese dann auch anders oder von einem anderen System behandelt werden. Daraus ergeben sich die nachfolgenden zu analysierenden Punkte.

A: Datenart

Ein Blick auf ein typisches Unternehmenssystem fördert oftmals die typischen Datenarten zutage:

- Domain-Daten
- Log-Daten
- Event-Daten
- Message-Daten
- unternehmenskritische Daten (z.B. sichere Finanzdaten)
- Business-Daten (wie Aufträge)
- Metadaten
- temporäre Daten
- Session-Daten
- geographische Daten
- und viele mehr.

In der Praxis werden diese Daten niemals analysiert und betrachtet. Dabei ist relativ klar, dass sicherheitskritische Finanzdaten völlig andere Anforderungen an das (Datenbank-)

System haben als temporäre Daten oder Session-Daten. Und dies in Bezug auf viele Dimensionen wie Partitionierbarkeit, Konsistenz etc.

B: Daten- und Speichermodell

Die nächste Dimension der Daten betrifft die Frage, wie Daten gespeichert werden sollen. Auch hier ist die Auswahl recht groß und beinhaltet beispielsweise:

■ relational

■ spaltenorientiert

■ dokumentenorientiert

■ graphenorientiert

■ objektorientiert

■ usw.

Zunächst einmal muss für jede Anwendung initial untersucht werden, in welcher Form die Daten überhaupt vorliegen oder einfließen. Werden Daten aus einem Web-Formular eingegeben, dann fließen sie evtl. zwingend in ein bestimmtes Format wie Objekte oder XML. Dies bedeutet aber noch lange nicht, dass die Daten in diesem Format gespeichert oder weiterverarbeitet werden müssen.

Typischerweise ergeben sich aus diesen unterschiedlichen Modellen viele weitere Fragestellungen wie:

1. Braucht man eine strikte Trennung des Datenmodells vom Rest der Anwendung?
2. Braucht man eine starke Typisierung?
3. Reicht generell ein sehr loses Schema?

In diesem Zusammenhang ist es wichtig, sich die unterschiedlichen Philosophien zu vergegenwärtigen. Im bekannten relationalen Modell wird mit definierten Relationen, starker Typisierung und den üblichen Normalformen gearbeitet. NoSQL-Systeme, insbesondere die dokumentenorientierten Datenbanken schlagen einen völlig anderen Weg ein, der vielleicht gut mit einer Analogie der Programmiersprachen veranschaulicht werden kann: Durch das Einziehen einer Schicht mit der Java VM gewinnt man in vielerlei Hinsicht an Flexibilität. Die Analogie ist, dass in einer dokumentenorientierten NoSQL-Datenbank die Datenbankengine das Dokument lediglich interpretieren können muss (also z.B. das JSON-Format). Welchen inneren Aufbau dann aber das Dokument hat, ist völlig frei. Dies hat einen enormen Agilitätsgewinn zur Folge, da Daten einfach erweitert und angereichert werden können, ohne dass dies Auswirkungen auf andere Daten hat oder *alter table*-ähnliche Kommandos ausgeführt werden müssen. Dies kann in agilen Web 2.0-Umgebungen von Vorteil sein. Auf der anderen Seite können das fehlende Schema und die fehlenden Assoziationen ein Nachteil sein, wo dann wieder relationale Systeme punkten.

C: Datennavigation

Wie eben schon angesprochen ist die Navigation zwischen den Daten ebenfalls ein zentrales Element der Entscheidung für oder gegen eine Datenbank. Wie viele Beziehungen bestehen überhaupt untereinander? Sinnvoll zu messen ist daher beispielsweise die Frage, wie intensiv die Daten in einer Anwendung überhaupt verknüpft werden müssen (*join*). Geodaten sind hier auch wieder typisch für navigationsintensive Daten, die anders beispielsweise Session-Daten sicherlich gut in Graph- oder Objektdatenbanken aufgehoben sind. Artikel eines Warenkorbes könnten dagegen besser in Dictionary-Servern wie beispielsweise Redis gespeichert werden, da es hier keine Navigation innerhalb des Warenkorbes gibt.

D: Datenmenge

In Bezug auf die Datenmenge der Anwendung gibt es ebenfalls wieder viele Dimensionen. Einmal gibt es die Datenmenge insgesamt und weiterhin die im Durchschnitt benötigten oder zu schreibenden Daten. Die gesamte Datenmenge hat wiederum Auswirkungen darauf, ob *sharding* oder *partitioning* angewendet werden kann.

Häufig wird der Einsatz von NoSQL-Systemen abgelehnt, weil man meint, die Datenmenge sei nicht groß genug, um ein NoSQL-System zu rechtfertigen. Und in der Tat werden in den meisten Datenbanksystemen heute Datenmengen verwaltet, die sich noch nicht im Tera- oder Petabyte-Bereich befinden. Daher würden klassische relationale Systeme durchaus passen. Beachtet man aber die Geschwindigkeit, in der neue Datenmengen anwachsen, dann ist es durchaus sinnvoll, NoSQL-Systeme von Anfang an in Betracht zu ziehen. In so vielen Bereichen wie Geodaten, Social Web oder Sensordaten ist klar, dass die Datenmenge über Jahrzehnte hinaus noch explodieren wird und nativ skalierbare Systeme immens an Bedeutung gewinnen.

E: Datenkomplexität

Ein abschließender Punkt kann sein, wie sehr die Anwendung oder der Anwender neue komplexe Datentypen selbst definieren muss. Ein typisches Beispiel sind hier typintensive Anwendungen, die viel mit XML oder SGML arbeiten oder auch Geodaten verarbeiten. Aber auch schon mit JSON in NoSQL-Dokumentdatenbanken arbeitet man viel näher an selbstdefinierbaren Typen, die von der Anwendung interpretiert werden können, als in relationalen Modellen. Aber natürlich gilt es auch hier abzuwägen, ob leistungsfähige O/R-Mapper für relationale Datenbanken nicht Ähnliches abbilden können, wenn mit Objekten gearbeitet werden soll.

Zusammenfassend kann hier festgehalten werden, dass eine große Datenmenge, ein eher loses Schema, eher wenig *join*-intensive, dafür aber navigationsintensive Daten einen evaluierenden Blick in Richtung NoSQL rechtfertigen können.

8.3 Transaktionsmodell

Teilweise lassen sich aus der Art der Daten auch schon die Transaktionsanforderungen ableiten. Dies lässt sich von zwei Seiten aus betrachten:

A: Klassische Transaktionsmodelle

Die Transaktionsanforderungen lassen sich hier erst einmal grob in zwei Kategorien brechen:

- **ACID**: Das bekannte Modell für atomare, konsistente, isolierte und dauerhafte Operationen. Viele Anwendungen brauchen diese starke Transaktionalität.
- **BASE**: Auf der anderen Seite des Spektrums liegen die für NoSQL typischen BASE Anforderungen, die in den vorigen Kapiteln zum CAP-Theorem bereits erwähnt worden sind. Base steht für *Basically Available, Soft State, Eventually Consistency*.

Oftmals gibt es noch Modelle zwischen diesen beiden Extremen, so dass das Spektrum fließend ist.

B: CAP-Abwägung

In Abschnitt 2.3 wurde bereits das CAP-Theorem erläutert, bei dem nur zwei der drei Kombinationen aus *Consistency, Availability* und *Partition Tolerance* erreichbar sind (CA, CP oder AP).

Aus den beiden hier genannten Punkten A und B folgt, dass initial zu untersuchen ist, ob die Daten überhaupt partitioniert werden müssen. Ist dies nicht der Fall, lassen sich Verfügbarkeit und Konsistenz leichter erreichen. Dies spricht dann eher für ein klassisches, relationales Ein-Server-System. Muss jedoch partitioniert werden, sieht die Fragestellung in Bezug auf Transaktionen anders aus. Bei Anwendungen, die NoSQL-Systeme nutzen, fällt dann meistens die Entscheidung, die Konsistenz auf Kosten der Verfügbarkeit (Availability) zu opfern.

Letztlich muss für die Anwendung damit auch analysiert werden, welcher typische Isolations-Level für Transaktionen gefordert ist (*read uncommitted, read committed, repeatable read, serializable*), und damit, welche Verletzungen in der Anwendung noch erlaubt sind (wie *dirty-read, non-repeatable read* und *phantom reads*). Bei vielen typischen Web-Anwendungen ist klar, dass hier mit NoSQL-Datenbanken auf schwache Transaktionsebenen gesetzt werden kann.

8.4 Performancesapekte

Auch bei diesem komplexen Themenbereich muss zunächst geklärt werden, was mit Performance gemeint ist. Wiederum gibt es viele Aspekte.

A: Performance-Dimensionen

- Latenzzeit der Antworten
- vorhersagbares Antwortverhalten
- Datendurchsatz in Bezug auf Anfragen

Auch hier stellt sich die Frage nach der Anzahl und der Verteilung der Datenbankanfragen. Ein typisches Beispiel für die Analyse und Schlussfolgerungen in Bezug auf Latenzzeit und ein vorhersagbares Antwortverhalten liefert wieder Amazon Dynamo. Bei vielen 10 Millionen gleichzeitigen Anwendern zu Spitzenzeiten wurde auf eine gute Verteilung der Antwortzeiten Wert gelegt: z.B. 99,9% der Antworten in maximal 30ms. Bei den meisten NoSQL-Systeme mit *Consistent Hashing* lassen sich viele Systemparameter anpassen, um diese Werte zu optimieren.

B: Scale-up versus Scale-out

- Unter **Scale-up** versteht man das vertikale Vergrößern von Ressourcen eines Datenbanksystems in Form von Speicher und/oder CPU.
- Unter **Scale-out** versteht man das Erweitern des Systems durch Einfügen zusätzlicher Computerressourcen, wie es in Cloud-Umgebungen üblich ist.

Für die meisten Anwendungen reicht ein Scale-up völlig aus. Viele Tausende Anfragen pro Sekunde können oft mit einem System gut bedient werden. Aus diesem Grunde ist derzeit für die Mehrzahl der Industrieanwendungen eine Cloud-Anwendung noch nicht interessant. Wenn allerdings Scale-up ausreicht, dann spricht das unter Umständen dafür, dass es effizienter ist, mit einem klassischen relationalen System zu arbeiten. Liegt auf der anderen Seite die Anfragehäufigkeit über dem Maß, für das Scale-up reicht, lohnt es sich, nach Scale-out-Systemen zu schauen. Die NoSQL-Welt liefert hier wie beschrieben mit Hadoop, Cassandra, CouchDB etc. viele Systeme, die in der Cloud sehr einfach via Scale-out skalieren.

8.5 Abfrageanforderungen

Eine der wichtigsten Fragen für die Datenbankanalyse ist natürlich, wie abfrageintensiv die Anwendung ist und welche Form von Abfragen gebraucht wird. Üblicherweise lässt sich leicht beantworten, ob es sich um eine Anwendung handelt, die Data-Warehouse-Analysen benötigt und in den Business-Intelligence-Bereich fällt. Auch dabei stehen zwei Fragen im Vordergrund:

▓ Wie mächtig müssen die Werkzeuge sein, mit denen die Daten analysiert werden müssen? Hier hat die relationale Welt natürlich viele Jahre Vorsprung. Extrem analyseintensive Daten, die in einem System vorhanden sein müssen, sind daher für relationale Systeme quasi prädestiniert.

▓ Welche Abfragekonstrukte werden wirklich benötigt? Reichen vielleicht grundlegende Operationen, wie sie Redis bietet, oder benötigt man SQL- oder LINQ-Mächtigkeit?

Bevor man sich hier auf eine Seite schlägt, muss natürlich auch überlegt werden, ob nicht hybride Lösungen verwendet werden können. Diese gibt es sowohl innerhalb eines Systems als auch evtl. in der Kombination von zwei Datenbanksystemen: einem Live-System und einem Analysesystem. HadoopDB, GenieDB oder Hypertable in Kombination mit Hive sind nur wenige Beispiele von leistungsfähigen Kombinationen.

Obwohl NoSQL-Datenbanken hier klar hinten liegen, hat die NoSQL-Community, -Industrie und -Forschung die mächtigen skalierbaren Abfragen zu ihrem Heiligen Gral ernannt und investiert dort kräftig. Ein Beispiel dafür, dass hier stark aufgerüstet wird, ist die Tatsache, dass Amazons Elastic MapReduce Service seit Mitte 2010 auch Apache Pig unterstützt.

In der Anfangszeit der NoSQL-Systeme stand natürlich ‚nur' Map/Reduce zur Verfügung (siehe Abschnitt 2.1), was zwar skalierbar ist, aber den Nachteil hat, in der Abfragemächtigkeit nicht mit SQL & Co. mithalten zu können, und zudem oftmals komplizierter zu programmieren ist. Viele NoSQL-Systeme bieten aber derzeit einige Abfrageerweiterungen an, um diese Schwäche auszugleichen.

8.6 Architektur

Viele der bereits vorgestellten Fragestellungen beziehen sich auch auf die Architektur, wie beispielsweise Scale-out vs. Scale-up. Doch es gibt weitere grundlegende Architekturfragen:

A: Verteilungsarchitektur

Grundlegend für die Datenbankauswahl ist das Einsatzgebiet und mithin der Grad der Verteilung. Hier gibt es im Wesentlichen die folgenden Ebenen:

▓ lokale Anwendung

▓ parallele Anwendung

▓ einfache verteilte (distributed)/Grid-Umgebung

▓ verteilt per Service- oder Cloud-Umgebung

▓ mobile Anwendung

▓ Peer-2-Peer-Anwendung

Sowohl relationale als auch NoSQL-Datenbanken eignen sich mal mehr, mal weniger gut für die genannten Ebenen. Ein Beispiel: Wäre die Anforderung beispielsweise, auf verschiedenen Systemen – auch mobilen – mit wenig Aufwand lauffähig zu sein und dazu eine replizierte Peer-2-Peer-Architektur zu unterstützen, bei der auch Offline-Arbeit möglich sein soll, dann wäre sicherlich CouchDB die Datenbank der Wahl. Beim Selektionsprozess müssen daher genügend Kenntnisse und Fakten gesammelt werden, um die Gesamte DB-Welt auf diese Kategorien abzubilden.

B: Datenzugriffsmuster

Jede Anwendung hat typische Datenzugriffsmuster (*Data Access Patterns*). Die Kunst besteht darin, diese schon vorher herauszufinden oder zu erahnen. Beispiele sind die Folgenden:

- Typisch für die Spieleindustrie sind viele Schreibzugriffe, aber wenige Lesezugriffe. Hier werden meistens Statusinformationen geschrieben, die kaum gelesen werden und nur wenige Tage oder Stunden überdauern, da nur ein Gesamtergebnis berechnet wird.

- Bei Einkaufsportalen sieht das wiederum oftmals ganz anders aus. Hier liefern Produkte nur wenige Daten zum Schreiben. Dafür sind die Lesezugriffe oftmals sehr zahlreich.

Aber Zugriffsmuster werden nicht nur durch die Menge der Lese- und Schreibzugriffe und durch die Geschwindigkeit bestimmt. Viele andere Faktoren wie Transformationen, Replikation oder Caching-Strategien können hier eine Rolle spielen und in den Mustern auftauchen. Bei den genannten Faktoren muss dann analysiert werden, mit welchen SQL- oder NoSQL-Systemen diese am besten umgesetzt werden können.

Einige dieser Datenzugriffsmuster sind hier beschrieben worden:

http://www.slideshare.net/jboner/scalability-availability-stability-patterns

8.7 Weitere nicht-funktionale Anforderungen

Die bisher beschriebenen Aspekte decken die wichtigsten grundlegenden Analysekriterien ab. In Unternehmen kann es aber noch eine Vielzahl weiterer nicht-funktionaler Anforderungen geben, die ein Ausschlusskriterium für eine DB sein können:

- **Art der Replikation:** Für viele Projekte ist auch die Art der Replikation wichtig. In vielen Systemen kann die Anzahl der Replikate einfach konfiguriert werden, und es wird dann automatisch repliziert. In einigen Systemen wird mit einem Befehl repliziert, in CouchDB beispielsweise über einen einzigen http-Request. Hier wird auch oft zwischen *eager-* (sofortiger) und *lazy*-Replikation (irgendwann) unterschieden.

- **Refactoring Frequenz:** Ganz entscheidend ist auch, wie oft und wie viel die Anwendung refaktorisiert werden muss. Dies zu Beginn der Anwendung sagen zu können, ist nicht leicht. Viele Datenmodelle werden in Projekten zu final erklärt und dann später doch noch aufgebohrt. Ganz entscheidend ist aber, ob man in relationalen Tabellen später mit *alter table* und einer eventuellen Wartungszeit (*downtime*) leben kann oder nicht. Kann man dies nicht gut, so empfehlen sich hier auch wieder NoSQL-Systeme mit dynamischem Schema. Die Frage ist ebenso, ob der DB-Administrator eine Rolle spielen oder Aufgaben übernehmen soll oder ob Änderungen im Datenbankschema von Entwicklern aufgefangen werden sollen. Der letzte Fall spricht dann eher für ein (Document-)NoSQL-System.

- **DB-Unterstützung**: Welche Datenbankunterstützung (Support) braucht man? Eine ganze Reihe junger NoSQL-Systeme bieten natürlich noch nicht die gleiche Unterstützung durch den Hersteller, durch Freelancer oder durch Literatur, wie es in der relationalen Datenbankwelt der Fall ist. NoSQL-Frameworks (hier Dynamo-Clones) wie beispielsweise Dynomite oder KAI sind evtl. wunderbar passend, die oben genannte Infrastruktur fehlt aber. Für Großunternehmen stellt sich daher sicher die Frage, wie dieses ersetzt werden kann. Aber man kann auch sehen, dass die zu den wichtigen NoSQL-Datenbanken gehörenden Beratungsunternehmen Venture Capital einsammeln und dass schon einige Firmen gegründet wurden, die Beratungs- und Supportleistungen anbieten (CouchDB, MongoDB, Cassandra, Sones, Neo4j, Cloudera etc.).

- **Qualifikation der DB-Entwickler & einfache Bedienung**: Ein Kriterium kann auch das Wissen der Entwickler sein. Hier gibt es aufgrund der kurzen Entwicklungszeit von NoSQL-Datenbanken natürlich Defizite bei der Qualifikation der Entwickler. Dennoch sind viele NoSQL-Datenbanken viel einfacher aufzusetzen, zu bedienen und zu programmieren als klassische relationale Datenbanken. Die NoSQL-Systeme opfern aber bisher – wie in Kapitel 1 beschrieben – die Leistungsfähigkeit der klassischen Datenbanken für eine automatische Skalierbarkeit. Es gilt daher beispielsweise die Frage zu klären, ob Entwickler für RDBMS-Features wirklich spezielles Skalierungswissen benötigen oder doch anderes Spezialwissen.

- **Unternehmensrestriktionen/-vorgaben:** Einer der häufigsten Gründe, warum eine Entscheidung gegen NoSQL-Datenbanken fällt, sind bisher einfach Unternehmensrestriktionen. Viele Unternehmen haben bestehende (relationale) Infrastrukturen oder Vertragsbindungen. In ersterem Fall kann es auch sein, dass sich NoSQL-Datenbanken nicht in das bestehende Datenbank-, Data-Warehouse- oder SOA-Umfeld integrieren lassen. Dies gilt es zu prüfen.

- **DB-Vielfalt**: Ist Datenbankvielfalt als Kultur überhaupt im Unternehmen möglich? Bieten Datenbanken mit verschiedenen Ausrichtungen so viele Vorteile, dass eine Vielfalt wünschenswert ist? Oder will man nur eine Datenbank verwalten und strebt deshalb eine allgemeine und einheitliche Lösung an? Im Web 2.0-Zeitalter gibt durchaus immer mehr Unternehmen, die sowohl Datenbank- als auch Programmiersprachenvielfalt unterstützen und dies als Wettbewerbsfaktor auffassen.

- **Sicherheit**: Ein Kriterium für die DB-Auswahl ist sicherlich auch, welche Sicherheitsanforderungen bestehen (*security*). Wird z.B. ein umfangreiches Rollen- und Benutzer-Management oder integrierte Verschlüsselung benötigt? Bei diesem Kriterium sind die Add-on-Lösungen der klassischen relationalen Welt der NoSQL-Welt weit überlegen.

- **Sicherung/Wiederherstellung**: Wie schnell und einfach muss das DB-System gesichert und wiederhergestellt (*backup restore*) werden können? Da NoSQL-Systeme meistens trivial skalieren und replizieren, ist eine Backup-/Restore-Funktionalität bei vielen NoSQL-Systemen eher zu finden. Dies gilt daher auch besonders für den nächsten Punkt.

■ **Crash Resistance**: Wie unempfindlich ist das System gegen Ausfälle (*crash resistance*)? Gibt es einen *Single Point of Failure*?

■ **Lizenzkosten/Open Source**: Wie hoch sind die Datenbankkosten? Ist Open Source ein Vorteil oder ein Nachteil für das Projekt?

8.8 Anwendungsfälle für NoSQL-Datenbanken

Werden diese Kriterien für die hier vorgestellten NoSQL-Datenbanken untersucht, dann ergibt sich das Bild aus Tabelle 8.1.

Tabelle 8.1 Anwendungsfälle und ihre Datenbanken

Anwendungsfall	NoSQL-Datenbank
Viele Beziehungen/Graphstruktur	Neo4j, Sones etc.
Individuelle Replikation, Offline- oder mobiler Einsatz	CouchDB
Viele große unstrukturierte Daten	Amazon S3, Hadoop
Sehr viele strukturierte Daten	HBase, Amazon Simple DB, Google- und MS Azure Datastore
Hochverfügbare Systeme	Cassandra, Riak, Membase
Unzusammenhängende Daten, statistische Daten, mehr *writes* als *reads*, hohe Performance per Instanz	Redis, MongoDB
Flüchtige Daten	memcache und deren Derivate

Polyglot Persistence und DaaS

Aus dieser Tabelle und den unterschiedlichen Anforderungen der Daten ergibt sich eigentlich zwangsläufig der Ruf nach dem Einsatz mehrerer Datenbanken. Daher wurde bereits Anfang des Jahrtausends der Begriff *Polyglot Persistence* propagiert.

In diesem Sinne mag man vielleicht im ersten Impuls dazu neigen, auf jede unterschiedliche Anforderung mit der perfekten Datenbank zu reagieren. Kritiker sehen jedoch die *Cost of Complexity* und warnen vor einen solchen Vorgehen. Damit ist gemeint, dass der Einsatz, Wartung, Weiterentwicklung und Interkonnektivität von mehr als einer Datenbank Aufwand und damit Geld kostet. Dies trifft in der Regel auch zu. Daher sollten diese Kosten sorgfältig gegen die Vorteile der perfekten Handhabung abgewogen werden.

Dennoch ist der Trend zu beobachten, dass die Cost of Complexity generell mit der Zeit abnimmt. Und zwar aufgrund des Trends, in der Cloud auch Datenbanken als einen Service verwenden zu können. Dies wird seit einiger Zeit als **DaaS** alias Database-as-a-Service bezeichnet.

Wenn Unternehmen zunehmend auf die Cloud setzen oder selbst aus ihrer lokalen Infrastruktur Datenbankdienste als einen Service verwenden können, dann wird die Cost of Complexity deutlich geringer, weil die Verwendung der Datenbanken trivialer wird.

Dieser Trend zu DaaS ist unverkennbar. Amazon AWS bietet neben der NoSQL-Datenbank Simple DB eine Vielzahl von relationalen Datenbanken als Service (Stand 2010):

- IBM DB2
- Oracle 11g
- MySQL
- SQL-Server
- PostgreSQL
- Sybase
- Vertica

Und was bei relationalen Datenbanken geht, geht auch bei NoSQL-Datenbanken. Daher entstehen allerorts Start-ups, die entsprechende Dienste anbieten. Neben den großen Diensten wie Googles oder MS Azures Datastore gibt es beispielsweise DaaS für CouchDB (Cloudant), MongoDB (MongoHQ) oder Redis (Redis to go).

Das Argument der Cost of Complexity sollte also keinesfalls leichtfertig und ohne eine genaue Analyse gegen eine Polyglot Persistence verwendet werden. In vielen Fällen stehen hinter dem Argument der Cost of Complexity weniger objektive Gründe als vielmehr der Zwang, schon getätigte Investitionen zu begründen, oder persönliche Gründe.

8.9 Fazit

Sicherlich sind in dieser Aufstellung nicht alle möglichen Kriterien enthalten. Datenbanken enthalten viele Schrauben für das Feintuning. Und jede dieser Schrauben kann eine Anforderung sein, die für Ihre Entscheidung wichtig ist. Ein Beispiel dafür ist die Einstellungsmöglichkeit für die tatsächliche Persistenz der Daten mittels *fsync*. Dennoch, die meisten globalen Kriterien wurden vorgestellt und Vergleiche zwischen den klassischen relationalen und den NoSQL-Systemen gezogen.

Es ist nun an Ihnen zu entscheiden, welche Kriterien in eine Entscheidungsmatrix einfließen und wie diese gewichtet werden. Aber erst danach kommt der schwierige Teil. Welche Datenbank ist optimal für die vorliegende Gewichtung geeignet? Hier ist es wichtig, ein möglichst breites Datenbankspektrum zu kennen und dann die Zeit zu haben, möglichst viele dieser Datenbanken in einem Prototyp zu evaluieren. Mit diesem Buch haben Sie hoffentlich einen guten Eindruck vom Spektrum der NoSQL-Datenbanken erhalten. Zum Abschluss finden Sie die oben genannten Kriterien in Tabelle 8.2 nochmals in einer übersichtlichen Form zusammengefasst.

Tabelle 8.2 Übersicht über alle Anforderungen für die DB-Analyse

Anforderung	
Datenanalyse	– Datenart – Daten-/Speichermodell – Datennavigation – Datenmenge – Datenkomplexität
Transaktionsmodell	– klassische Transaktionsmodelle – CAP-Abwägung
Performance-Aspekte	– Performance-Dimensionen – Scale-up versus Scale-out
Abfrageanforderungen	
Architektur	– Verteilungsarchitektur – Datenzugriffsmuster (Data Access Patterns)
weitere nicht-funktionale Anforderungen	– Replikation – Refactoring – Support – Know-how & Einfachheit – Unternehmensvorgaben – Datenbankvielfalt – Sicherheit – Backup/Restore – Ausfallsicherheit – Lizenz/Open Source

Register

Immer in Bewegung

Baron, Hüttermann
Fragile Agile
Agile Softwareentwicklung richtig
verstehen und leben
176 Seiten.
ISBN 978-3-446-42258-2

Gehören Sie auch zu denen, die sich schon in einem agilen Projekt quälen mussten und enttäuscht waren, dass die Agilität nicht funktioniert hat? Und das, obwohl man doch immer wieder hört, mit agilen Methoden oder Vorgehensweisen sei der Erfolg quasi garantiert. Woran liegt es, dass viele agile Projekte nicht erfolgreich sind?

In diesem Buch zeigen Pavlo Baron und Michael Hüttermann mit Witz und Esprit, welche Fallstricke die agilen Werte und Prinzipien bereithalten und wie sie in vielen Projekten falsch interpretiert werden. Natürlich zeigen sie auch, wie man es besser machen kann, wie man Agilität richtig versteht und im Projekt lebt. Sie greifen dabei auf ihre Erfahrungen aus zahlreichen Projekten zurück und erzählen eine Reihe von lehrreichen Anekdoten, die Sie zum Schmunzeln bringen werden.